SV

Hans Mayer
AUGENBLICKE
Ein Lesebuch

Herausgegeben
von Wolfgang Hofer
und
Hans Dieter Zimmermann

Suhrkamp Verlag

Zweite Auflage 1987
© Suhrkamp Verlag Frankfurt am Main 1987
Alle Rechte vorbehalten
Quellennachweise am Schluß des Bandes
Druck: Memminger Zeitung
Printed in Germany

AUGENBLICKE

Inhalt

V. Augenblicke im Theater

VI. Augenblicke der Musik

VII. In eigener Sache

Anhang

I. Konstellationen

Werthers »Leiden«

Ein Buch, das vor zweihundert Jahren erschien. Was wäre daran besonders zu feiern? Ein sehr berühmter Roman, gewiß. Viel wurde darin und darüber geweint. Allein zweihundert Jahre, das pflegte Bertolt Brecht zu erinnern, sind eine lange Zeit.

Die hessische Landschaft des »Werther« ist unsere nicht mehr. Die Furcht der jungen Leute vor dem Gewitter, die Lottchen, der eigenen Beklemmung ungeachtet, zur Spielmeisterin beim Abzählspiel werden läßt, macht lächeln. Die Natur in diesem Buch ist in allen Jahreszeiten als unmittelbare gegenwärtig: nicht bloß der junge Werther vermag sie als solche zu fühlen. Stadt, Dorf und Land sind absolute Gegensätze. Werther ist »auf dem Lande«, was für ihn und seine Zeitgenossen noch heißt: jenseits der städtischen Riten und Gesittungen. Poesie ist ein Teil des eigenen Fühlens geworden: man erlebt poetisch, und auch die Natur wird als eine poetische vermittelt. Diese Aufgabe kann, wofern sie nur die gewünschten Empfindungen bereithält, sogar eine gefälschte Ersatzdichtung erfüllen, nämlich der angeblich so keltische »Ossian«. Natur und Kunst, sie scheinen einander zu entsprechen.

Bisweilen ergibt das heute beim Lesen ein kleines Gelächter: »Sie stand auf ihren Ellenbogen gestützt, ihr Blick durchdrang die Gegend; sie sah gen Himmel und auf mich, ich sah ihr Auge tränenvoll, sie legte ihre Hand auf die meinige und sagte: ›Klopstock!‹«

Sehr fern mutet dergleichen an: nach zweihundert Jahren. Wer auf die politische Sprengkraft des Buches im Jahre 1774 verweist, macht sich etwas vor. Historische Revolten sind *historische* Revolten. Auch ist es mit der bürgerlichen und gegenfeudalen Revolte in »Werthers Leiden« nicht so weit her. Da wurde bei Lenz, dem damaligen Freund des Werther-Autors, mehr gesagt und demonstriert: im »Hofmeister«, im »Neuen Menoza«, erst recht in den »Soldaten«. Im »Werther« ist das bürgerliche Selbstbewußtsein, das sich in Kritik der adelsstolzen Feudalwelt ergeht, kaum mehr als Ressentiment aus Demütigung. Die Episode, worin Werther vor der Hochnäsigkeit der Provinzjunker aus der Adelssoiree weichen muß, ist Goethe selbst in Wetzlar nicht widerfahren. Das gehörte zum Realanteil der Lebensgeschichte des jungen Selbstmörders und Braunschweigischen Legationssekretärs Karl Wilhelm Jerusalem. Der Romancier des »Werther« entnahm das Motiv den Berichten über Jerusalems Verhalten und Sterben, die ihm Kestner erstattet hatte, der Bräutigam, dann Ehemann der Lotte Buff: also der Albert des Romans.

Der »Werther« ist *kein* Werk der bürgerlichen Empörung. Goethes schneidende Kritik am Feudalwesen ist – merkwürdigerweise – in seiner Jugend, also im Sturm und Drang, trotz »Götz« und »Prometheus« und »Urfaust«, weit weniger stark akzentuiert als später im »Tasso« und in den Schriften aus der Zeit der Französischen Revolution. Erst recht darf man die Totalsatire einer höfischen Welt in »Faust II«, nämlich in den Szenen am Kaiserhof und nach dem Teufelssieg des Kaisers über den Gegenkaiser, als Ausdruck eines Goetheschen bürgerlichen Selbstbewußtseins interpretieren.

Überdies: das politische Feuer von einst wärmt uns nicht. Es leuchtet freilich durch die Dunkelheit, wenn es gilt, die sonderbare, fast einer Hysterie nahekommende *Wirkung* dieses Buches zu verstehen. Daß selbst die verhältnismäßig ephemere Motivik der Feudalkritik im Roman mithalf, Empörung der bürgerlichen Zeitgenossen freizusetzen, denen es ähnlich ergangen war wie dem jungen Werther, ist unbestreitbar. Außerdem gibt es einen sonderbaren Kronzeugen: *Napoleon Bonaparte*. Der Korse war ein Kind von fünf Jahren, als das Buch erschien. Der literarische Erfolg des »Werther« erwies sich jedoch allenthalben in Europa, und bis hinüber nach Amerika und nach China, als so dauerhaft, daß auch der junge Bonaparte die Geschichte schließlich fast auswendig wußte, wie so viele seiner Zeitgenossen, und übrigens wie der junge Edgar Wibeau, bei Plenzdorf, in der DDR.

Goethe war ein Mann von 59 Jahren, der Kaiser der Franzosen ging ins vierzigste Lebensjahr an jenem 2. Oktober 1808, als die beiden in Erfurt zusammentrafen. Sie unterhielten sich, da der Imperator das Gespräch zu lenken hatte, wie konnte es anders sein, über »Werthers Leiden«. Bonaparte war aufgestiegen als General der Revolution, sie hatte ihn zum Konsul gemacht, ein Staatsstreich des 18. Brumaire gab ihm die Diktatur, die schließlich, nach vielen Kriegen und ephemeren Siegen, als Kaisertum legitimiert wurde. Kaiser Napoleon hatte eine eigene neue, revolutionär-bonapartistische Aristokratie kreiert, über die sich die alte Adelswelt mokierte. Man kann das bei Proust nachlesen. Allein der Empereur las seinen »Werther« jetzt anders. Nun störte ihn, inmitten der Liebesgeschichte, das Motiv des gedemütigten, aus der Adelsszenerie gestoßenen Bürgers. Das sei ein Kunstfehler, meinte er zu Goethe. »Ich hörte ihm«, so hat Goethe berichtet, »mit heiterem Gesichte zu und antwortete mit einem vergnügten Lächeln, ... daß an dieser Stelle etwas Unwahres nachzuweisen sei.«

Sprach so der geschmeidige Höfling, oder war es Spott, oder gar Einverständnis mit Napoleon darüber, daß der Sozialkonflikt ein fremdes, störendes, folglich unkünstlerisches Moment bedeute? Es wird so leicht nicht auszumachen sein.

Der Antifeudalismus in »Werthers Leiden« wäre kaum ein Anlaß, den Roman von 1774 aus der Obhut der Germanistischen Seminare zu entlassen. Die gesellschaftliche Position Goethes liegt nicht so sehr in solchen Elementen einer enthüllenden Kritik. Goethe mißtraute den Negationen, seine Wahrheit suchte er in den Sympathien. Daran aber fehlt es im »Werther« nicht. Sie gelten den *Kleinen Leuten*. Goethe selbst »ist« Werther insoweit, als er mit Leichtigkeit den Zugang findet zur Welt der Kinder und der armen Leute. Darin ist er ein Protagonist des Sturm und Drang und seines ebenso innigen wie erfolglosen Suchens nach der plebejischen Tradition, nach dem Volk. Entsprechend sind, kontrapunktisch zur Bürgergeschichte des jungen Werther, die plebejischen Episoden angeordnet: die arme Bauernfamilie mit den vielen Kindern, und der Bauernknecht, der seine Herrin liebt und begehrt. »Leute von einigem Stande werden sich immer in kalter Entfernung vom gemeinen Volke halten«, schreibt der Romanheld voller Mißbilligung. Setzt aber hinzu: »Ich weiß wohl, daß wir nicht gleich sind, noch sein können ...« Auch dies ist ferngerückt. Eine Natur und Gesellschaft, die es nicht mehr gibt. Tränen von einst, und ein Lächeln von heute. Aber da ist eine unsterbliche Liebesgeschichte, wird eingewandt werden. Freilich: sie hat sich sogar noch, bei den Franzosen immerhin, im Opernrepertoire gehalten. Als »Werther« von Massenet. Unverwüstlich im französischen Konsum wie »Mignon«

von Ambroise Thomas, und wie der »Faust« von Gounod. Gar kein Grund, darüber zu spotten. Nicht eben sehr Goethisch, dies alles, doch meist sehr hübsche Musik. Unpolitisches Musiktheater immerhin, wie angemerkt werden darf. Rossinis »Tell« und die Schilleropern des jungen Verdi waren weitaus bewußter als politische Forderungen des Tages konzipiert. Was mit den gesellschaftlichen Positionen Goethes wie Schillers zu tun hat.

Eine Liebesgeschichte also, die blieb? Wie sonderbar. Dies ist *eine durchaus unreine Liebesstory*. Die Verlobten Albert und Lotte, und da ist noch ein Dritter. Vielleicht hat Charlotte den Werther stärker geliebt, als den Bräutigam und Gatten. Einiges läßt daran denken. Doch fehlt es an aller Leidenschaft, die gesetzliche Bindungen negiert. Die »Wahlverwandtschaften« gehen weit über den »Werther« hinaus. Der Romancier des »Werther« ist nicht schüchtern: die Sache will es nicht. Werthers Liebe ist kranke Liebe, auch Liebe eines Kranken. Eine legale Verbindung in der deutschen Bürgerprovinz, und dann ist da noch einer, der Störer, der Fremdling und Unbehauste. Liebt Werther seine Charlotte, oder liebt er in ihr vor allem die Unerfüllbarkeit solcher Liebe, den Untergang, den Tod?

Einer, der sich gut auskannte bei Werther, hat es so gesehen. Vor Abschluß seines Romans »Lotte in Weimar« hat *Thomas Mann* seine Gedanken zum Werther in einem Vortrag formuliert. Unbedenklich bezog er die Begebenheiten des Selbstmörders im Roman auf Begebenheiten des Dr. Goethe. Da sind die moderierten Gefühle und Bedingungen von Johann Christian Kestner und Charlotte Buff. »In dieses Verhältnis tritt Goethe als Dritter, als von beiden Brautleuten bewunderter und herzlich wohlgelittener Freund und Gefährte ein – der Dichter, das Genie, der treuherzige und aufrichtige, aber auch wieder treulose und in irdischem Sinne unzuverlässige Vagabund des Gefühls ...«

Vagabund des Gefühls. In einer anderen Goetherede von Thomas Mann wird, ähnlich wie im Roman »Lotte in Weimar«, von Goethes *Hang zum erotischen Parasitentum* gesprochen. Die verlassene Friederike Brion, und jetzt die verlobte Charlotte in Wetzlar. Gleich darauf die blutjunge Maximiliane von La Roche, allein die heiratet den um 20 Jahre älteren Peter Brentano und zieht zu ihm nach Frankfurt. Lotte Buff hatte blaue Augen, die Maxe dagegen schwarze. Werthers Lotte hat die schwarzen

Augen der Maximiliane Brentano. In Thomas Manns Roman nimmt die Hofrätin Charlotte Kestner das noch vierzig Jahre später übel ...

Ein Vagabund des Gefühls. Auch in Weimar bei Charlotte von Stein; den Geheimrat von Willemer drängt er mit mehr als sechzig Jahren in die undankbare Rolle Alberts aus dem »Werther«.

Man muß all dies Biographische nicht wissen, und wird doch beim Lesen oder Wiederlesen von »Werthers Leiden« die angeblich so schöne und reine Liebesgeschichte als ambivalent, unrein, absonderlich und nicht typisch empfinden.

Hier wird *Georg Lukács* seinen Einspruch geltend machen. Ihm ist (in einer Wertherstudie von 1936) das berühmte Buch nicht allein »einer der größten Liebesromane der Weltliteratur« im ästhetischen Verstande, sondern insbesondere, »weil Goethe das ganze Leben seiner Periode mit allen ihren Konfliken in diese Liebestragödie konzentriert hat«.

Tat er das wirklich? Allerdings hat der alte Mann, der so ungern an Werther erinnert wurde, und doch fast zwanghaft auf ihn zurückkam, zu Eckermann gemeint, die sogenannte Wertherzeit sei überhaupt keine geschichtlich situierbare Epoche, sondern bedeute vielmehr die Lebensetappe eines jeden jungen Menschen: »Gehindertes Glück, gehemmte Tätigkeit, unbefriedigte Wünsche sind nicht Gebrechen einer besonderen Zeit, sondern jedes einzelnen Menschen ...« Daher könne sich die Wertherzeit stets wiederholen.

Das ist auch für Lukács ein bißchen viel an sogenannter Zeitlosigkeit. Die Werthertragödie sei zwar allgemein, doch nicht zeitlos, nämlich als »Konflikt von Persönlichkeit und Gesellschaft in der bürgerlichen Gesellschaft«.

Wirklich? Georg Lukács glaubt so schließen zu dürfen, weil er »Werthers Leiden« als *eine Tragödie der noch unverlorenen Illusionen* interpretiert. Werther geht, nach dieser Deutung, »in der Morgenröte der heroischen Illusionen des Humanismus vor der Französischen Revolution tragisch unter«.

Das ist groß gedacht, verkleinert jedoch Goethes Roman, dessen spezifische Größe just in der Ambivalenz liegt: in Goethes höchst kunstvoller und – ihrerseits – heroischer *Nichtidentifikation mit dem jungen Werther.* Die Emotion dieses berühmtesten Buches einer Epoche sogenannter »Empfindsamkeit« ist gedrosselte Empfindung; der sorgsam arbeitende Romancier operiert aus dem Pathos der Distanz.

Das hat der fünfundzwanzigjährige Dr. Goethe gewollt und geleistet. Schon am Aufbau des Romans läßt es sich entdecken. Das erste Buch ist Übersetzung Goethescher Erleidnisse in Wetzlar. Die Jahreszeit stimmt: Mai bis September 1771. Damals war der junge Jurist am Reichskammergericht. Anfang September reiste er ohne Abschied ab: Flucht wie so oft vorher und später. Vom zweiten Buch des Romans hat Kestner, nach Erscheinen eines Buches, das ihn verstören mußte, ziemlich kühl brieflich bemerkt: »Der zweite Teil geht uns garnichts an. Da ist Werther der junge Jerusalem, Albert der Pfälzische Legationssekretär und Lotte des letzteren Frau ...«

So ist es. Blauer Frack und gelbe Weste sind Merkmale des Selbstmörders Jerusalem; ihm lieh Kestner, auf eine briefliche Bitte hin, die bei Goethe wiederkehrt, die Pistolen »zu einer vorhabenden Reise«; beim sterbenden Jerusalem, einem Freunde Gotthold Ephraim Lessings, fand man das aufgeschlagene Exemplar der »Emilia Galotti«. Kestner hatte getreulich referiert: »Barbiergesellen haben ihn getragen; das Kreuz ward vorausgetragen; kein Geistlicher hat ihn begleitet.«

Das ist Kestners Bericht aus Wetzlar nach Frankfurt, *doch alles ist von Goethe*: so wie alles aus Oberlins Krankheitsbericht über den umnachteten Lenz von Georg Büchner ist. Der Vergleich gehört zur Sache. Nicht allein, weil erstaunlicherweise, wenngleich mit Händen zu greifen, die Wertherstruktur in Büchners Erzählung niemals genauer untersucht wurde. Mehr noch, weil an dieser Nachfolge des Goetheromans bei Büchner *die spezifische Größe und Modernität von »Werthers Leiden«* zu ermessen ist.

Dieser Roman des jungen Goethe ist *ein vollkommenes Kunstwerk*. Das konnte gelingen, weil der Erzähler die äußerste Nähe und Ferne unbekümmert und gleichzeitig als optisches Kunstmittel einsetzte. Am 28. August läßt er *Werther* ins Tagebuch schreiben: »Heute ist mein Geburtstag.« In durchaus unerhörter Weise arbeitet der Romancier mit den »Korrespondenzen«: wie ein Erzähler des 20. Jahrhunderts. Dokumentarisches wird wörtlich zitiert, ohne als Zitat herausgehoben zu sein: so wird es Bestandteil der epischen Totalität. Literarische Reflexion ist ein

Teil des scheinbar natürlichen Geschehens. Werther ist ein Literat, der sich der Introspektion zu bedienen weiß. Er verwandelt Erleben in Literatur. Von Homer geht er zu Ossian über, und der Erzähler will uns bedeuten, daß darin ein Erkrankungsvorgang zu diagnostizieren sei.

Entsprechung auch in der Wechselwirkung zwischen Natur und individuellem Ergehen. Frühlingsglück am Anfang, am Schluß ist es schauerlich und winterlich geworden. Werther tötet sich in unmittelbarer Weihnachtsnähe. Ein Vorgang der seelischen Vereisung wird als ein klinischer dargestellt. Lotte nennt ihn krank, er widerspricht nicht. Der Erzähler hält die Erzählung immerdar in der Schwebe zwischen tiefer Anteilnahme für einen untergehenden Menschen, der an sich und der Gesellschaft zugrunde geht, und kühler Diagnostik. Wo im ersten Teil, in der Glücks- und Jugendphase, die Briefe Werthers und seine Tagebuchnotizen alles aussagen konnten, wird im Vollzug der Krankheitsgeschichte der berichtende Herausgeber eingeschaltet, der mitfühlend ist, aber doch ein Anderer. So wird die Geschichte gleichzeitig von innen und außen erzählt.

Mit *Leitmotiven* überdies. Eine wagnerisch anmutende Transformation der Reflexionen und sprachlichen Wendungen macht den Leser zum Mitfühlenden *und* zum Diagnostiker. Einfühlung und Verfremdung gleichzeitig als Kunstmittel eingesetzt. »O was ist der Mensch, daß er über sich klagen darf!« So debütiert Werthers Geschichte. Am 4. Mai 1771. »Was ist der Mensch, der gepriesene Halbgott!«, heißt es am 6. Dezember. Alles ist darauf angelegt, in einem Weltaussage zu werden, *und* Symptom eines pathologischen Falles. Man vergesse nicht, daß Goethe, nicht bloß im ersten Buch des Romans, sondern auch späterhin immer wieder, *seine eigene Passion als Krankengeschichte analysiert*. Nach Abschluß der Redaktion schreibt er, am 1. Juni 1774, an den Grafen Schönborn: »Allerhand Neues hab ich gemacht. Eine Geschichte des Titels ›Die Leiden des jungen Werthers‹, darin ich einen jungen Menschen darstelle, der, mit einer tiefen reinen Empfindung und wahrer Penetration begabt, sich in schwärmende Träume verliert, sich durch Spekulation untergräbt, bis er zuletzt durch dazutretende unglückliche Leidenschaften, besonders eine endlose Liebe zerrüttet, sich eine Kugel vor den Kopf schießt.«

Man kan es nicht besser, und nicht kühler sagen. Das schreibt ein Diagnostiker und unheilbarer Literat. Zwar arbeitet er mit eigenem Lebensmaterial, doch geht es vor allem um Literatur. Er hat die Stirn, im März 1774, während er am Roman schreibt, ausgerechnet Lotte Kestner heiter mitzuteilen, sie sei die ganze Zeit bei ihm gewesen. »Ich lasse es Dir eh'stens drucken. Es wird gut, meine Beste.«

Doch ist das nur die eine Seite eines durchaus zweideutigen Vorgangs aus »Dichtung« und »Wahrheit«. Die andere ist, daß Goethe den Werther schreiben mußte, um weiterzuleben und *weiterschreiben* zu können. Werther muß darum sterben: gleichsam stellvertretend. Goethe schauderte auch später immer wieder vor dem zurück, was als Materie in den Roman einging. Der 2. Auflage von 1775 setzte er zweimal ein Motto voran. Das zum zweiten Buch ermahnt den Wertherleser: »Sei ein Mann und folge mir nicht nach.«

Der erste und perfekteste von Goethes Romanen. Vergleichbar in der Art, wie hier das Erlebte und Durchdachte ganz in die spezifische dichterische Form einging, mit sehr wenigen anderen Goethewerken, sieht man von der eigentlichen Lyrik ab. Vergleichbar im Verlauf dieses langen Schaffens im Grunde nur dem »*Torquato Tasso*« und der *Marienbader* »*Elegie*«. Das nimmt nicht wunder, denn diese drei Werke gehören insgeheim zusammen, und mußten so erbittert durchgearbeitet und geformt werden, weil es auch später von neuem letal zuging. Tasso sei ein »gesteigerter Werther«, schrieb der Franzose Ampère, ein Neffe des Physikers, und Goethe freute sich über diese Charakteristik. Die Marienbader Elegie, nach der Begegnung mit einer allzu jungen Pandora, erhielt ein Motto aus dem »Tasso« und wurde mit zwei anderen Gedichten zur »Trilogie der Leidenschaft« vereinigt. Das dritte und letzte soll lindern und lösen, was die beiden ersten aufgewühlt hatten, das zweite Poem, also die »Elegie«, und das erste, das den Titel »An Werther« trägt ... Darin heißt es:

> Wir feierten dein kläglich Mißgeschick,
> Du ließest uns zu Wohl und Weh zurück;
> Dann zog uns wieder ungewisse Bahn
> Der Leidenschaften labyrinthisch an ...

Zweideutigkeit der Form auch in dieser dreifachen Vollendung. Der »Werther« als Roman aus Erzählung und Deutung, aus Innen und Außen. Der »Tasso« als ein Schauspiel, dem die Tragödie nicht gestattet wird. Die »Elegie« als Gedicht, das die Grenzen aller Erlebnislyrik überschreitet. Vollkommene Werke trotz, oder wegen solcher Widersprüche.

Fragt man nach der »Botschaft« des Wertherromans, so wird Verlegenheit herrschen. Schöne Sprache? Aber gegen das Ende zu, darüber möge man sich nicht täuschen, gerät Werther ins Schwatzen, seine Gefühlskadenzen sind, nach dem Willen des Erzählers, gar nicht mehr schön, sondern klinisch.

Eben dies macht »Werthers Leiden« zum eminent modernen Buch, dessen Fortsetzungen geschrieben wurden im »Lenz« und auch im bedrohlichen Innen/Außen der Romane von Franz Kafka.

Alles vollzieht sich *durch Sprache*. Die hatte es so noch nicht gegeben. Nicht »schöne Sprache«, sondern genaue, die zuerst sich ihre Tatbestände auffinden und benennen mußte. Keiner hat das früher und klarer gesehen als *Lenz*, der sowohl den tiefen wie den bösen Blick besaß. In seinen »Briefen über die Moralität der Leiden des jungen Werthers«, die 1775 verfaßt wurden, heißt es: »Eben darin besteht Werthers Verdienst, daß er uns mit Leidenschaften und Empfindungen bekannt macht, die jeder in sich dunkel fühlt, die er aber nicht mit Namen zu nennen weiß.«

Das erfährt, jäh und an unerwarteter Stelle, der junge Edgar Wibeau bei *Ulrich Plenzdorf*. Er kennt das Buch nicht, weiß sich keinen Verfasser zu denken. Auch seine angepaßten Partner und Gegenspieler, sein Albert und seine Charly-Charlotte haben kein Erinnern, weil »Werthers Leiden« nicht zum Pflichtpensum des Nationalen Kulturerbes gehört. Doch die Sprache wirkt noch zweihundert Jahre später verstörend. Wo sie erklingt, auf Band gesprochen oder live, entwest sie die allzu gewitzten Denkklischees und die allzu bequemen Floskeln. Man wird, wie Lenz erkannt hatte, mit Leidenschaften und Empfindungen bekanntgemacht, die jeder in sich dunkel fühlt, ohne sie benannt zu haben. Der »Werther« ist geblieben, was er war: genaue Benennung von Empfindungen und Reflexionen, von solchen der Kommunikation, und auch von solchen der Isolation. Was so verstörend blieb, man sollte es feiern.

Prinz Leonce und Doktor Faust

Viel wissen wir nicht von der Entstehung des Lustspiels »Leonce und Lena«. Am 3. Februar 1836 hatte der Verlag Cotta ein Preisausschreiben erlassen. Man suchte nach einem guten Lustspiel. Das »Intelligenzblatt« veröffentlichte den Aufruf des Verlags; Georg Büchner las den Text im Straßburger Exil. Er hatte den Winter hindurch an seiner Untersuchung über das Nervensystem der Barben gearbeitet und auch den größten Teil des »Lenz« entworfen. Die Arbeit an der Novelle war dann abgebrochen worden. Nun mochte es ihn reizen, eine ganz andere literarische Arbeit als Ausgleich zum wissenschaftlichen Tagespensum in Angriff zu nehmen. Ein Lustspiel schien dafür besonders geeignet zu sein. Die von Cotta gesetzte Frist lief am 1. Juli 1836 ab. Büchner muß sogleich mit der Arbeit begonnen haben. In wenigen Frühlingswochen entstand das Lustspiel, aber der Termin war nicht einzuhalten, die Frist lief ab, und aus Stuttgart schickte man das Paket mit der Handschrift an den Einsender zurück, ohne die Sendung auch nur geöffnet, geschweige denn gelesen zu haben.

Auch das Projekt des »Woyzeck« scheint damals schon aufgetaucht zu sein, denn in einem Brief vom 2. September 1836, der vermutlich an den Bruder Wilhelm gerichtet war, findet sich der Satz: »Dabei bin ich gerade daran, sich einige Menschen auf dem Papier totzuschlagen oder verheiraten zu lassen, und bitte den lieben Gott um einen sorgfältigen Buchhändler und ein groß Publikum mit so wenig Geschmack als möglich. Man braucht einmal zu vielerlei Dingen unter der Sonne Mut, sogar, um Privatdozent der Philosophie zu sein.« Der Hinweis auf den Mörder Woyzeck ist unverkennbar. Meinte er aber gleichzeitig auch die Heirat zwischen dem Prinzen Leonce und der Prinzessin Lena? Im September 1836 lag das Lustspiel bereits vor, so daß Büchner nicht mehr »daran war«, die fürstliche Eheschließung zu dramatisieren. Oder muß man jener Briefstelle einen Hinweis auf das verlorene Schauspiel »Pietro Aretino« entnehmen?

Der erste Eindruck beim Lesen dieses Lustspiels, das für den Cotta-Verlag bestimmt war, ist negativ. Alles scheint aus zweiter und dritter Hand zu sein. Leonce und Lena, Valerio und die übrigen Figuren haben viel gelesen. Prinz und Vielfraß, Prinzessin und empfindsame alte Jungfer führen ein Leben aus zweiter Hand, eine Existenz vom Büchermarkt: wobei auch solche ironische Reflektierung eines nach literarischen Regeln geführten Daseins abermals aus zweiter Hand ist, wiederum also Nachahmung. Leonce hat allen Monologen Manfreds, Child Harolds, Don Juans zugehört, dazu den Tiraden der Helden Tiecks und Brentanos. Das wird gar nicht verleugnet. Schon der Name Leonce will erkennen lassen, daß irgendeine Beziehung des Prinzen vom Reiche Popo zu Clemens Brentanos Lustspielhelden Ponce de Leon herzustellen sei. Handlungselemente entlehnte Büchner unbedenklich bei Brentano. Übrigens auch bei Alfred de Musset und seinem Lustspiel »Fantasio«. Dazu noch ein antithetisches Motto aus Alfieri und Gozzi. Ein Shakespeare-Zitat als Überschrift des ersten Aktes und Verse Chamissos, die dem zweiten Akt vorangestellt sind.

Alles scheint auf ein Lustspiel der literarischen Nachempfindung hinzudeuten, weshalb die Literaturkritik geraume Zeit das einzige Lustspiel Georg Büchners mißmutig als Nebenwerk abzutun suchte, da es im wesentlichen konzipiert worden sei, um etwas Geld einzubringen: darin durchaus vergleichbar den beiden Übersetzungen historischer Dramen von Victor Hugo, die Büchner im Sommer und Herbst 1835 auf Wunsch Gutzkows geliefert hatte. Übrigens scheint auch Karl Gutzkow selbst, immerhin die einzige bedeutende literarische Persönlichkeit damaliger Zeit, mit der Büchner in Verbindung stand (eine Begegnung hat auch hier nicht stattgefunden), nicht allzuviel von Leonce und Lena gehalten zu haben. Er nennt das Lustspiel zusammen mit den Komödien Tiecks und Brentanos, was bei diesem dezidierten Gegner deutscher Romantik durchaus kein Lob bedeuten soll, ruft dann aber zum weiteren Vergleich die Handwerksposse eines Angely und sogar die unverwüstliche Frau Birch-Pfeiffer auf, was nicht eben von tiefer literarischer Einsicht zeugt, aber erkennen läßt, wie wenig er von dem Lustspiel hielt, im Vergleich zu »Dantons Tod«, dem der gleiche Gutzkow immerhin den Weg in die Öffentlichkeit bereitet hatte.

Man sollte die Rechnung jedoch nicht ohne Büchners hintergründige Ironie machen. Wie manche Romanciers in der Mitte des Zwanzigsten Jahrhunderts eine Überfülle äußerst genauer Details dem Leser darzubieten scheinen, eben dadurch aber nicht äußerste Genauigkeit der Schilderung anstreben, sondern umgekehrt das Gesamtbild durch das Übermaß der Einzelheiten verschwimmen machen, so ergibt hier die Anhäufung literarischer Requisiten aus dem Fundus der deutschen und französischen Romantik in Wirklichkeit *kein Werk romantischer Epigonenkunst*, sondern ein Gebilde, das mit der deutschen Romantik in seiner eigentlichen Substanz nichts mehr zu tun hat. Dies ist nicht mehr – was Gutzkow auch sagen mochte – ein romantisches Spiel auf der Grenze zwischen Kunst und Natur, sondern eine Dichtung, die sich bewährter literarischer Rezepte der Romantiker zu durchaus unromantischen Zwecken bedient. Wer nach den literarischen Positionen des Lustspiels »Leonce und Lena« fragt, sollte sich bei den allzu vielen Romantismen nicht aufhalten, auch den Weltschmerz-Tiraden des Prinzen keine übermäßige Bedeutung beimessen, sondern genauer untersuchen, wie es dies Lustspiel eigentlich mit der deutschen Klassik hält.

Wenn dem nun so wäre, daß Georg Büchner ausgerechnet dem Verlag Cotta, dem Verlag mithin der deutschen Klassik, ein Lustspiel eingereicht hätte, das insgeheim gar nichts anderes anstrebte als eine Demolierung der klassischen deutschen Literatur und ihrer philosophischen Grundlegung, des philosophischen Idealismus? Wischt man die romantische Übermalung fort, so stößt man *überall auf Polemik und Parodie*, wobei es erstaunlicherweise weit mehr um Goethe geht als um den von Büchner stets so intensiv bekämpften Schiller. Der große Brief an die Familie vom 28. Juli 1835, der eine Apologie des Revolutionsdramas für den häuslichen Gebrauch im Elternhaus angestrebt hatte, enthielt folgende Sätze: »Was noch die sogenannten Idealdichter anbetrifft, so finde ich, daß sie fast nichts als Marionetten mit himmelblauen Nasen und affektiertem Pathos, aber nicht Menschen von Fleisch und Blut gegeben haben, deren Leid und Freud mich mitempfinden macht und deren Tun und Handeln mir Abscheu oder Bewunderung einflößt. Mit einem Wort, ich halte viel auf Goethe oder Shakespeare, aber sehr wenig auf Schiller.« Der Prinz Leonce dagegen benimmt sich drei Akte lang in ziemlich unverschämter Weise so, als parodiere er insgeheim die Ekstasen und Krisen des Goetheschen Faust.

Büchners Lustspiel entsteht in jenen dreißiger Jahren des neunzehnten Jahrhunderts, da in allen europäischen Literaturen ein Typ des weltschmerzlich aufbegehrenden, dann resignierenden oder auch verzweifelnden Helden auftaucht, der allenthalben die Herkunft von Goethes Faustgestalt erkennen läßt. Die Helden des Lord Byron: Manfred und Child Harold. Eugen Onegin bei Puschkin und Lermontows »Held unserer Zeit«; der Konrad Wallenrod des Polen Mickiewicz und Immermanns Merlin; weltschmerzlich untergehende Faustgestalten bei Grabbe wie bei Lenau. Ihnen allen war gemeinsam, daß sie die Faustgestalt als Konflikt des genialen Individuums mit einer beengten Gesellschaft der Restaurationszeit, zaristischer Unterdrückung oder geldgieriger Spießbürgerei des Bürgerkönigtums verstanden, wobei der Held jedesmal zugrunde ging. Selbstmord, Tod im Duell, Höllenfahrt oder resigniertes Dahinleben: das allein war den Faustgestalten jener Ära von ihren Autoren zugemessen. Keine Gnade von oben, kein Ewig-Weibliches, das zu erlösen vermochte. In allen Fällen aber wurde die Geschichte Fausts in der Restaurationsära nach Goethes Vorbild als Tragödie dargestellt.

Büchner gestaltete seinen Faust als Lustspielfigur. Schon die erste Szene des Lustspiels legt es erkennbar auf Parodie an. Dies ist nicht mehr literarische Reminiszenz, sondern ein Spiel mit allzu bekannten und vertrauten Konstellationen der Weltliteratur. *Prince Leonce präsentiert sich gleichzeitig als Hamlet wie als Faust.* Mit seinem Hofmeister, einer Art von Polonius aus dem Königreich des hegelisierenden Königs Peter, unterhält er sich im Hamlet-Stil, und auch Hamlets berühmte Wolken sind wieder einmal Gesprächsthema. Kontrapunktisch mit dieser Hamlet-Szene verbunden ist aber eine Art von Faust-Monolog. Kein gespielter Wahnsinn des Prinzen Hamlet, sondern ein ironisches Achselzucken über Grenzen und Begrenztheiten der menschlichen Individualität. »O, wer sich einmal auf den Kopf sehen könnte! Das ist eins von meinen Idealen. Mir wäre geholfen.« Eigentlich ein würdiger Gegenstand der Meditation für den Vater des Prinzen: wie wäre es möglich, gleichzeitig Ich und Nicht-Ich zu sein. Leonce kommt in seinem Monolog – denn es ist einer, da der Prinz nicht, wie sein prinzlicher Kollege Hamlet, mit seinem Gerede die Absicht verfolgt, Repliken eines Polonius oder Rosenkrantz hervorzulocken – kurz vor Erscheinen Valerios noch einmal auf das Thema zurück: »O, wer einmal jemand anders sein könnte! Nur 'ne Minute lang.«

Wiederum spielt er mit dem Gedanken an die Möglichkeit eines Persönlichkeitstausches. Er möchte ein anderer sein, gleichzeitig aber doch Leonce bleiben, denn sonst wäre der Austausch vermutlich ohne Reiz. Wissen, wie man zu sich steht, wenn man gleichzeitig ein anderer wurde. Darum ging es wohl auch beim Doktor Faust, der die Wirklichkeitsschranken seiner Individualität durch Magie zu sprengen suchte, um alle menschlichen Möglichkeiten zugleich für sich einzutauschen. Faust wollte gleichzeitig die Realität und die Virtualität, *also auch gleichzeitig das Ich und das Nicht-Ich*. Ein solches Streben führte ihn auf den Weg der Tragödie. Bei Leonce wird daraus nicht bloße Denkspielerei, sondern eine Parodie der Faust-Situation. Schon die erste Szene enthält alle Elemente einer parodistischen Abwandlug des Faust-Monologs.

Freilich wäre es verfehlt, nur dieses Moment in den Tiraden des Prinzen entdecken zu wollen. Bei Büchner ist in jeder Szene seiner dramatischen Werke stets vielerlei ineinander montiert. Allen Figuren ist·es eigentümlich, daß sie zwar eigene Konturen besitzen und der dramatischen Lage entsprechend agieren, Büchner selbst aber an beliebiger Stelle ihr dramatisches Dasein jäh beiseite zu schieben vermag, um seine eigenen Sätze anzubringen. So kann man in »Dantons Tod« beobachten, wie authentische Büchner-Gedanken nicht bloß bei Danton, sondern erstaunlicherweise plötzlich auch bei Robespierre auftreten, der dann einen Augenblick wie sein Gegenspieler Danton spricht: eigentlich wie ihr gemeinsamer Verfasser.

Ähnlich auch in der ersten Szene des Lustspiels. Eine Hamlet-Situation, ein parodierter Faust-Monolog, dann plötzlich Bemerkungen über die verschiedenen Lebensweisen, die durch bloße Langeweile erzeugt wurden: man glaubt einen Brief Büchners an Gutzkow zu lesen. Wenige Sätze später macht sich Leonce an die Enthüllung der Helden und Heiligen, der Bürger und Genies als raffinierter Müßiggänger: man glaubt, Dantons Bemerkungen über den verfeinerten Epikureismus zu hören.

Auch in Leonces' Selbstmordversuch des Zweiten Aktes wird ein hämisches Spiel mit Faust-Motiven getrieben. Leonce meint in der nächtlichen Begegnung mit Lena den höchsten Augenblick erlebt zu haben. Sogar die Parodie der kristallnen reinen Schale wird geliefert: montiert freilich mit einem authentischen Dichterbild Georg Büchners: »Die Erde ist eine Schale von dunklem Gold: wie schäumt das Licht in ihr und flutet über ihren Rand, und hellauf perlen daraus die Sterne. Dieser eine Tropfen Seligkeit macht mich zu einem köstlichen Gefäß. Hinab, heiliger Becher!«

Doch Valerio ist zur Stelle und verdirbt mit der gelben Weste und den himmelblauen Hosen (den parodierten Werther-Farben!) die schönste Selbstmordstimmung. Nun bleibt, für diesen lustspielhaften Faust, bloß noch die Flucht nach Italien. Im Ersten Akt bereits war das Reservoir einer deutschen Italien-Sehnsucht so ausführlich aufgezählt worden, daß die parodistische Note, die Goethe- und Faust-Reminiszenz, unverkennbar hervortrat. Zumal Leonce kaum zwei Sätze vorher den Vorschlag Valerios, man solle zum Teufel gehen, mit dem ästhetischen Hinweis abgetan hatte: »Ach, der Teufel ist nur des Kontrastes wegen da, damit wir begreifen sollen, daß am Himmel doch eigentlich etwas sei.«

Auch diese Sehnsucht nach der Gleichzeitigkeit von Ich und Nicht-Ich, von deutscher Kleinfürsterei und italienischem Lazzaroni-Treiben, ist sowohl Faust wie Faust-Parodie. Am Schluß dieses sonderbaren Lustspiels nimmt Büchner das Thema noch einmal auf, um es in einem grotesken Bild als einzige Möglichkeit zu präsentieren, die Realität mit der Virtualität zu koppeln. Man wird in Deutschland bleiben, im Ländchen Popo, aber man macht sich dort, im deutschen Norden, ein südliches Gelände zurecht. Mit Hilfe der Brennspiegel und durch Zerschlagung aller Uhren. Der Augenblick ist dann Ewigkeit, Faustens Zeit steht still, der Zeiger ist gefallen, aber in ganz anderem Sinn als bei Goethe; ein künstlicher Süden wurde erzeugt mit Melonen und Feigen, musikalischen Kehlen, den klassischen Leibern im Idealsinne der Weimarischen Kunstfreunde – und einer commoden Religion! (Daß sich Prinzessin Lena vor ihrem Entschluß zur Flucht in die Rolle der Iphigenie in Aulis geträumt hatte, über welcher schon das Opfermesser gezückt ist, und daß die Gouvernante, die es mehr mit der Romantik hält und offensichtlich nicht sehr gute Kenntnisse der klassischen Literatur besitzt, den unbekannten Prinzen und Bräutigam lobend anpreist: »aber – er soll ja ein wahrer Don Carlos sein!«, sei nur angemerkt.) Leonce – Hamlet – Faust plus Faust-Parodie. *Lena ist Romantik plus Romantikparodie.* Beide wollen ihrem Dasein entfliehen, der Staatsraison entstreben, um frei über sich und ihr Schicksal entscheiden zu können. Ein Unbekannter entdeckt in der Fremde eine Unbekannte, verliebt sich in sie und wird wiedergeliebt. Ein Höchstmaß freier Entscheidung wurde geleistet. In höchster Freiheit aber verwirklichte sich ein Schicksal, das determiniert war. Es hätte gar keiner Flucht und Freiheit bedurft, denn dieser Prinz sollte ohnehin diese Prinzessin heiraten. Parodiert wird zu alledem noch Hegel, denn was sich in diesem Lustspiel ereignet, darf wirklich als »List der Idee« verstanden werden. Weshalb es auch nur einen Augenblick paradox wirkt, während es durchaus dialektisch zugeht, wenn Prinz und Prinzessin die Masken abnehmen und vom Hofstaat als prädestiniertes Brautpaar gefeiert werden. Die beiden Akteure der Willensfreiheit, die von der Idee überlistet wurden, können jetzt nur noch unisono ausrufen: »Ich bin betrogen!« Lena möchte noch an Zufall glauben, aber Leonce weiß es besser. Er ruft nicht: »O Zufall!«, wie die Prinzessin, sondern – nach Büchners Meinung – weitaus richtiger: »O Vorsehung!«

Hier nun findet sich *die geistige Gemeinschaft zwischen Danton, Leonce und Woyzeck.* Immer wieder der zernichtende Fatalismus, die Klage über menschliche Selbstentfremdung durch geschichtliche Determination. Weil dem so ist, nach Büchners Meinung, sollte man sich tapfer verhalten, die Fatalität mit ihrem ehernen Gesetz als solche erkennen und auf alle Flausen der »sogenannten Idealdichter« verzichten. Das Lustspiel »Leonce und Lena« demonstriert die Thesen des Büchnerbriefes aus Straßburg vom 28. Juli 1835. In lustspielhafter Form vollzieht sich am Prinzen Leonce und an der Prinzessin Lena das eherne Gesetz der Determination und der Selbstentfremdung. Bei solchen Zuständen aber muß alle Literatur und Philosophie einer Individualität und Idealität der Parodie verfallen. Kein größeres Dokument des Kampfes um menschliche Möglichkeiten als Goethes Faust: darum mußte Büchners These eines lustspielhaften Faust-Prinzen mit den Elementen der Parodie, der Anspielung, des Zitats arbeiten. Büchners Zeitgenossen, wie Gutzkow, hatten das

Lustspiel für epigonale Romantik gehalten. Man sollte eher geneigt sein, darin eine Vorwegnahme bestimmter Formen eines epischen Theaters zu erblicken. Es ist kein weiter Weg von der Faust-Parodie in Büchners Lustspiel zur Faust-Parodie bei Brecht im »Aufhaltsamen Aufstieg des Arturo Ui«. Der Unterschied zwischen beiden läge im Gegensatz der Begriffe Unaufhaltsam und Aufhaltsam.

Daß Büchners Motto mit Alfieri und Gozzi keine wirklichen Zitate gegeneinander stellen will, wurde von der literarhistorischen Forschung inzwischen eruiert. Im wörtlichen Sinne finden sich diese Sätze über den Ruhm und den Hunger weder bei dem italienischen Tragiker noch bei seinem Landsmann, dem Komödiendichter. Gemeint ist auch hier eine Absage an die Idealdichter, deren Inbegriff im Heldenpathos eines Alfieri gesehen wird. Mit seiner Gegenfrage nach der Rolle des Hungers, des materiellen Faktors, von dem Büchner in seinen Briefen an Gutzkow so genau zu sprechen pflegte, behält Gozzi auch im Motto das letzte Wort.

»Da wollte man idealistische Gestalten«, sagt Lenz in Büchners Erzählung, »aber alles, was ich davon gesehen, sind Holzpuppen. Dieser Idealismus ist die schmählichste Verachtung der menschlichen Literatur.« Büchners Haß gegen den Idealismus und die bürgerlichen Repräsentanten dieses Prinzips in Kunst und Philosophie durchzieht auch seine Lustspielwelt, die so romantisch anmutet und so unromantisch ist. Romantische Requisiten; Hegel-Parodie; idealistisches Freiheitsstreben, das eingefangen wird von der listigen Idee. Zuletzt bleibt das eherne Gesetz. Wie im Danton. Wie im Woyzeck.

Nachdenken über den Großen Nörgler
Zum 50. Todestag von Karl Kraus

Wer den Karl Kraus liest, der vor fünfzig Jahren starb, am 12. Juni 1936, und in Wien, der lebt immer im Heute. Das mag sonderbar klingen, denn auf den ersten (und grundfalschen) Blick waren alle Texte dieses Kritikers und Polemikers an den Tag gebunden: als Antwort bisweilen auf Ereignisse, weit häufiger jedoch auf journalistische Reaktionen aus Anlaß von Ereignissen. Journalisten haben mit dem Tag zu tun, dem jeweils ablaufenden. Journalismus ist Gelegenheitsarbeit und Alltagsarbeit. Karl Kraus sammelte all diese Leitartikel und Glossen, Berichte über Kriminalfälle, Lobreden und Verrisse, sichtete, las genau, nur allzu genau!, schrieb darüber und dagegen – und machte alles dauerhaft.

Er schleifte die Tagesschreiber von einst mit sich in eine – begrenzt haltbare – literarische Unsterblichkeit. Wer dächte noch an einen einstmals mächtigen Mann im Wiener Zeitungswesen wie jenen Moriz Benedikt, den Herausgeber und Leitartikler der liberalen »Neuen Freien Presse«, gäbe es nicht, bei Karl Kraus, den alten Biach aus den »Letzten Tagen der Menschheit«, jenem Riesendrama über den Ersten Weltkrieg. Wer wüßte noch den Namen jener eifrig mitschreibenden Frontberichterstatterin Alice Schalek, die im Schützengraben auftaucht und darum bittet, ein bißchen mitschießen zu dürfen auf den Feind, was ihr gewährt wird, und worüber sie anschließend berichtet. Man kennt sie auch heute noch, denn sie lebt weiter in solchen schrecklichen Zitaten bei Karl Kraus.

Als der Zweite Weltkrieg zu Ende war, sprachen die Darsteller des Schauspielhauses Zürich, zumeist Emigranten, die noch einmal davongekommen waren, an zwei Abenden die Texte dieser »Letzten Tage der Menschheit«. Als Rückblick und zugleich als Gegenwart. Therese Giehse sprach die Alice Schalek, und die Schalek war abermals Gegenwart: lange nach dem – physischen – Tode einer im übrigen vergessenen Journalistin. Die Schalek war eine große Kunstfigur geworden, ganz wie Lady Macbeth oder Offenbachs Metella aus dem »Pariser Leben«, oder wie der

Schuster Knieriem der an den Kometen glaubt, aus Nestroys »Lumpazivagabundus«. Um drei Meister zu nennen, die Karl Kraus geliebt hat: William Shakespeare, Johann Nestroy und Jacques Offenbach.

Wie konnte das geschehen: die Verwandlung des Ephemeren ins Dauerhafte; der Tagesereignisse und Tagesglossen in Dokumente einer zu Ende gehenden Menschheitsgeschichte, wie Karl Kraus wirklich vermutet, nicht bloß behauptet hat. Es geschah als Verwandlung. *Verwandlung durch Sprache.* Die Sprache von Karl Kraus verwandelte das Sprachlose leidender Menschen, auch den Schrei, auch die Zote, er verwandelte die gedruckte Lüge ebenso wie die gesprochene Phrase in Literatur, die man zitieren kann, und woran sich Leser und Bewunderer von Karl Kraus wiedererkennen. Mitten im Ersten Weltkrieg, als sich zwischen Berlin und Wien die Bande der Allianz bereits gelockert hatten, unterzeichneten die Diplomaten der beiden Kaiserreiche ein großtuerisches neues Dokument, worin die frühere Allianz »ausgebaut und vertieft« wurde. Man las darüber hinweg, wußte genau, was davon zu halten war. Karl Kraus wußte es auch, doch er las nicht darüber hinweg. Er spießte die Formel auf, wiederholte sie auch später, bei anderen Anlässen immer wieder. »Ausgebaut und vertieft«. Ernst Bloch liebte und zitierte die Formel. Er kannte seinen Karl Kraus.

Berlin und Wien. Ein Bündnis »auf Gedeih und Verderb«. Das klingt markig und schön und hat nichts zu bedeuten. Bei Karl Kraus aber, in den »Letzten Tagen der Menschheit« wird das aufgeteilt auf zwei Sprecher. Ein Dialog. »Auf Gedeih-«, sagt der eine. »Und Verderb«, wiederholt der andere. Genau so ist es gekommen.

Karl Kraus, der Jude aus Gitschin in Böhmen, hat an die Sprache und ihre unfehlbare Wahrheit geglaubt: an seine deutsche Sprache. Und er glaubte an den eigenen Zorn über Trägheit des Denkens und Fühlens. Vor allem jedoch übermannte ihn stets von neuem der große Zorn, wenn er zusehen mußte, wie *Erinnerung betrogen und zerstört wurde.* Mit Hilfe von Tagesdenken und ephemerem Fühlen: mit den Verhaltensweisen also, wie man heute sagen würde, einer Wegwerfgesellschaft. Karl Kraus hat wohl als einer der ersten unter uns und in unserem Jahrhundert *den Erinnerungsverlust* und die ebenso gedanken-

wie gefühllose bloße »Modernität« als Untergangssymptome benannt.

Sein Zorn war nicht mit dem Haß zu verwechseln. Kraus hat viele verachtet. Heute wird man zugeben müssen: in den meisten Fällen war er historisch im Recht. Bei Kaiser Wilhelm II. wie bei dem ungarischen Herausgeber eines Wiener Erpresserblättchens, wo vor allem an jenen Artikeln verdient wurde, die nicht erschienen. Sein öffentlich plakatiertes »Hinaus mit dem Schuft aus Wien!« hatte Erfolg. Nicht erfolgreich war eine andere von Kraus aus eigener Tasche bezahlte Plakataktion, als er den Wiener Polizeipräsidenten Schober, den er zu Recht verantwortlich machte für polizeiliche Willkür nach dem Brand des Wiener Justizpalastes, zum Rücktritt aufforderte. Natürlich tat Schober, wie er zu betonen pflegte, »nur seine Pflicht«, und blieb im Amt. Ein schönes Couplet von Kraus, das Schoberlied, blieb übrig. So kam auch dieser Schober auf die Nachwelt.

Die Psychologen, nicht zu reden von den Psychoanalytikern, hatten es stets schwer mit Karl Kraus, da alles scheinbar so leicht schien. Jüdischer Selbsthaß. Organminderwertigkeitsgefühl, weil Kraus das nicht aufweisen konnte, als er in seiner Jugend Schauspieler werden wollte, was man damals eine »schöne Bühnenerscheinung« zu nennen pflegte. Aristokratische Freundschaften *und* gnadenloser Hohn für alle offiziellen Wiener Günstlinge der Literatur, des Theaters, der Presse: nicht zu reden von der innigen Vermischung der Literatur mit dem Kommerz. Kraus legte sich gleichzeitig mit den Juden an und mit den Antisemiten, mit den Aristokraten vom Ballhausplatz und mit seinem einstigen Bewunderer Franz Werfel. Er war stets ein Ärgernis.

Der Briefwechsel zwischen Sigmund Freud und Arnold Zweig droht zu scheitern, als bei Zweig von Karl Kraus die Rede ist. Als Max Rychner, der schweizerische Essayist, der gleichzeitig Hofmannsthal bewundert *und* Karl Kraus, ein kleines Buch veröffentlicht über den Herausgeber der »Fackel«, bemerkt Hofmannsthal herablassend: »Ich kenne Ihr Buch über Kraus nicht. Ich habe es nur einmal in Wien in einem Buchladen liegen sehen und war verwundert über die Zusammenstellung der beiden Namen ...« Die Fackel habe er seit 15 Jahren nicht mehr gelesen; ein negatives Urteil von Kraus über ihn selbst berühre ihn nicht.

Kraus habe dafür keine »Substanz«. Freilich wird dann, im Jahr 1924, hinzugesetzt: »Ich habe ihn vor dreißig Jahren recht gut gekannt; wir waren beide damals sehr junge Menschen, doch ich erinnere mich genau: Es war auch damals nichts in ihm, auch kein Wille, sich zu fundieren, nichts als ganz kurze Zwecke und Absichten.«

Auch damals. Das war am Ausgang des 19. Jahrhunderts. Zur Zeit des glanzvollen Auftretens eines jungen Dichters mit dem Pseudonym Loris, der Terzinen schrieb über die Vergänglichkeit, ein lyrisches Dramolett mit dem Titel »Der Tor und der Tod«, symbolistische Prosa im Zeichen des Engländers John Ruskin oder des Italieners Gabriele d'Annunzio. Der Glanz des jungen Loris-Hofmannsthal verlosch dann bald. Am Ausgang des Jahrhunderts stand Hofmannsthals Absage an den immoralischen Ästhetizismus, der das Elend nicht sehen will, in Hofmannsthals »Märchen der 672. Nacht«, wo der reiche Liebhaber der schönen Dinge sehr sinnlos, und auch sehr häßlich, zu Tode kommt.

Um dieselbe Zeit beschloß der nun auch nicht mehr junge Karl Kraus, gleichfalls vom Jahrgang 1874, eine Zeitschrift zu gründen. Das berühmte rote Blättchen, das Unzähligen im Lauf der Jahre und Jahrzehnte zur geistigen Nahrung, bisweilen zur Droge werden sollte. »Die Fackel. Herausgeber: Karl Kraus. Erscheint dreimal im Monat. Preis der einzelnen Nummer 20 Heller.« Herausgegeben im III. Wiener Bezirk im eigenen Verlag »Die Fackel«.

Wie hatte es der späte Hofmannsthal formuliert, fünf Jahre vor seinem Tode mit 55 Jahren? Kraus entbehre der Substanz. Er habe »nichts als ganz kurze Zwecke und Absichten«. *Hier* lag das profunde Mißverstehen. Hofmannsthal verwechselte die stets ephemeren Anläße des Schreibens von Kraus mit dessen Riesenarbeit: der Verwandlung des Tagesgeschehens ins Dauerhafte. In eine bis dahin ungekannte und unerhörte Form der Literatur. Mit Hilfe von Sprache. Doch ohne Hofmannsthals illusionäre Hoffnung auf »ewige« Werte und Substanzen. So wurde Hofmannsthal nach 1914 zum Lobredner des Prinzen Eugen und zum Propagandisten im Pressequartier. Karl Kraus übernahm für sich die Rolle des Nörglers. Der reichsdeutsche Parallelfall machte *Thomas Mann* zum Laudator Friedrichs von Preußen. Sein Bruder Heinrich Mann wurde auch seinerseits zum Nörgler. Er machte sich, mitten im Kriege, zum Laudator des französischen Erbfeindes Emile Zola.

Der Nörgler steht allein und hat ein schweres Leben. Er freut sich nicht, wenn die Zeitung Freudiges zu berichten hat. Er trauert nicht bei der Hoftrauer. Karl Kraus war berühmt als Redner und Vorleser. Ausverkaufte Säle. Er selbst sprach vom »Ein-Mann-Theater«. Allein die österreichische Geheimpolizei, gut geschult seit den Tagen des weiland Fürsten Metternich, war nach dem Kriegsausbruch am 1. August 1914 auf der Hut. Kraus durfte vorerst nicht öffentlich auftreten. Als das Verbot dann aufgehoben wurde und man sich noch Siegesfreuden erhoffte, begann er seine Rede mit dem Klischeesatz »In dieser großen Zeit« . . ., um sogleich hinzuzusetzen, die er noch gekannt habe, als sie sooo klein war . . . Abermals hatte Kraus nichts getan, als die Sprache beim Wort zu nehmen.

Der »Nörgler« wird nun seine Rolle in dem Riesendrama, das er wohl schon im Sommer 1915 zu schreiben beschloß. Das Vorspiel, das alles bereits im Keim enthält, entstand im Sommer dieses zweiten Kriegsjahres. Der Epilog, nach Angaben von Kraus, im Juli 1917: also mehr als 15 Monate *vor* dem tatsächlichen Kriegsende mit Kapitulation und Untergang des Kaiserreiches. Kraus hatte alles vorausgedacht. In der endgültigen Buchausgabe umfaßt dies Drama für ein »Marstheater«, wie Kraus, abermals im sprachlichen Doppelsinn, formuliert hatte, genau 770 Seiten. Es endet, von heute her gesehen, bereits mit der genauen Vorausschilderung einer Atomkatastrophe. Dann spricht eine »Stimme von oben«, allein sie erinnert nicht mehr an Goethes Rufe von oben im »Faust«. Sie spricht:

> Der Sturm gelang. Die Nacht war wild.
> Zerstört ist Gottes Ebenbild!
> Großes Schweigen.

Dann noch ein einziger Satz. Die Stimme Gottes:

> Ich habe es nicht gewollt.

Gesperrt gedruckt. Der Satz ist ein Zitat. So hatte der uralte Kaiser Franz Josef gesprochen, als sich das Unglück ankündigte.

Wer so zu Ende denkt und alles vorauszufühlen vermag, ist wahrhaft einsam. Dem Manne, der das verachtet, was die anderen als »Literatur« bezeichnen, und was für ihn nur den Titel einer satirischen Operette abgibt, opfert das Leben seiner besonderen, unvergleichbaren Art der Literatur.

Eines der schönsten Gedichte von Kraus, die er selbst als »Worte in Versen« zu kennzeichnen liebte, hält den Vorgang fest.

Nächtliche Stunde

Nächtliche Stunde, die mir vergeht,
da ich's ersinne, bedenke und wende,
und diese Nacht geht schon zu Ende.
Draußen ein Vogel sagt: es ist Tag.

Nächtliche Stunde, die mir vergeht,
da ich's ersinne, bedenke und wende,
und dieser Winter geht schon zu Ende.
Draußen ein Vogel sagt: es ist Frühling.

Nächtliche Stunde, die mir vergeht,
da ich's ersinne, bedenke und wende,
und dieses Leben geht schon zu Ende.
Draußen ein Vogel sagt: es ist Tod.

Er starb mit 62 Jahren. Noch in Wien. Ein paar Jahre später hätte man wohl auch ihn an die Rampe transportiert: zur Selektionierung, wie der Mörderausdruck lautete. Kraus war herzleidend. Man weiß wenig von ihm. Der scheinbar so unablässig von sich selbst zu sprechen und über sich zu schreiben schien, von Theaterbesuchen und Streichen, die er den Redakteuren gespielt hatte, gab kaum je etwas von sich preis. Eines seiner letzten Worte, so wird versichert, habe, wohl in einem Augenblick der Schmerzen, »Pfui Teufel« gelautet. Das letzte Wort eines einsamen Nörglers?

Eines Großen Nörglers. Karl Kraus hat stets gewußt, wer er war und was sein Werk bedeutete. Er hat sich nicht »überschätzt«, wie jene behaupteten, denen er nachwies, daß sie überschätzt seien. Er war in Wirklichkeit auch niemals einsam. Karl Kraus und die Folgen. Die sind unabsehbar. *Elias Canetti* hat davon einen Lebensbericht gegeben. Der zweite Band seiner Erinnerungen trägt den Titel »Die Fackel im Ohr«. Was wörtlich zu verstehen ist: die Diktion und Thematik der »Fackel« von Karl Kraus erweckt den zögernden Schriftsteller Elias Canetti, der keine Vorlesung des Meisters versäumt. Der Umschlag dieses Memoirenbandes zeigt die Kärntnerstraße und die Wiener Oper. Genauer gesagt: die sogenannte »Sirk-Ecke« aus den »Letzten Tagen der Menschheit«.

Man sollte genauer nachdenken über diese beiden Männer vom Jahrgang 1874: *Hugo von Hofmannsthal und Karl Kraus*. Nicht etwa, um abgestorbene literarische Polemiken zu beleben, sondern *um die Polarisationen damaliger Politik, Literatur und Ästhetik zu verstehen*, die mit diesen beiden Namen verbunden sind. Übrigens auch, um die geheimen Gemeinsamkeiten zu ahnen, von denen beide wußten. Hofmannsthals Hinweis auf eine frühe Nähe, die später zur eisigen Fremdheit werden sollte, verdient es, überdacht zu werden: auch im Wortsinne des »gemeinsamen Daches«.

Beide gehörten im untergehenden Österreich-Ungarn zur Minderheit einer Minderheit einer Minderheit. Deutsche Minderheit in einem slawischen und ungarischen Nationalitätenstaat. Städtisch bürgerliche Minderheit zwischen Bauern und Großgrundbesitzern in einem Staatswesen, das durch Metternich kunstvoll vom modernen Kapitalismus ferngehalten wurde, daß die Wiener Filiale des Hauses Rothschild als einzige erfolglos blieb. Jüdische Minderheit schließlich unter den Bürgern und den Deutschen. Als Großdeutschland ausgerufen wurde, registrierte man auch Hofmannsthal: unreine Herkunft. Man übersah sie großzügig im Opernhaus und dem Richard Strauss zuliebe, weil der Verfasser des »Rosenkavalier« seit 1929 tot war.

Diese Nähe war es wohl, die schließlich Entfremdung und Feindschaft hervorrief. Als beide jedoch zur schöpferischen Identität gelangten, entstand jene Antinomie, die unüberwindbar blieb. Beide stehen, Kraus wie Hofmannsthal, in einer sonderbaren Privatphilosophie *zwischen Ursprung und Untergang*.

Im Januar 1924, also kurz vor dem fünfzigsten Geburtstag,

schreibt Karl Kraus: »Das Übermaß meiner Arbeit beruht nicht in der Verpflichtung, meine Darstellung den Tatsachen folgen zu lassen, sondern in dem Zwang, daß die Tatsachen meiner Darstellung folgen, wodurch, so winzig und thematisch unwürdig jene auch sein mögen, die endgültige Gestalt zum ungeheuerlichen Problem wird«. Genauso beginnt das berühmte Lied von der Presse, das Couplet aus der magischen Operette »Literatur« von 1922:

> Im Anfang war die Presse
> Und dann erschien die Welt.

Das Paradox ist durchaus ernst gemeint. In der Metaphysik von Karl Kraus ist die Kausalität ebenso aufgehoben, wie die Subjekt-Objekt-Relation. Kraus glaubt in seinen Visionen am nächtlichen Schreibtisch alle Ereignisse, alle Einzelheiten einer Welt-Dekomposition vorweggenommen zu haben, so daß er die Ereignisse, die ihn ausnahmslos zu bestätigen scheinen (und bestätigt haben!), als Nachlieferung durch die Wirklichkeit betrachtet. Darum wird er nicht müde zu betonen, er vertrete keinerlei Meinung, denn Meinung könne sich nur als Meinen von Realitäten darstellen, die eben durch Kraus dieses Vorranges und verursachenden Charakters entkleidet wurden. Die Presse als Ursprung ist gleichfalls wörtlich gemeint. Daß sie schuld an den Ereignissen sei, sie eigentlich verursacht habe, daß ihre schwarze Magie zum Weltkrieg führte und zum Weltuntergang führen werde, war Grundüberzeugung. Vielleicht sehen wir heute diese Art, Beziehungen zwischen Wirklichkeit und Zeitung herzustellen, als gar nicht mehr absurd an ...

All diese Positionen aber sind Ausdruck einer Grundposition. Die ist allerdings, von Kraus her gesehen, nicht historisch, sondern übergeschichtlich. Es ist *die Position zwischen Ursprung und Untergang*. Beides sind Grundbegriffe dieser Metaphysik, sie entsprechen einander. Im Begriff der »*Nachwelt*« sind sie dialektisch vereinigt, denn Kraus empfindet sich als Nachwelt gegenüber dem Ursprung, und er sieht die Nachwelt, die nach ihm kommen wird, im Zeichen des Untergangs. Mit dieser dialektischen Verschränkung begann bereits im Mai 1912 die Rede »Nestroy und die Nachwelt«, die zum fünfzigsten Todestag des großen Wiener Dramatikers gehalten wurde. Kraus dekretierte damals: »Wir können sein Andenken nicht feiern, indem wir uns, wie's einer Nachwelt ziemt, zu einer Schuld bekennen, die wir abzutragen haben. So wollen wir sein Andenken feiern, indem wir uns zu einer Schuld bekennen, die wir zu tragen haben, wir Insassen einer Zeit, welche die Fähigkeit verloren hat, Nachwelt zu sein (...).«

Das Wort vom »Ursprung« hatte für Kraus eine Bedeutung, worin sich Kunst und Religion in eigentümlicher Mischung vereinigten. Ursprung bedeutet Kindheit und Kindheitserleben: von dort her sein Leben und das seiner Mitwelt zu messen, wird dieser Mann nicht müde. Auch er ist in Leben und Werk, ganz wie der um drei Jahre ältere, 1871 geborene *Marcel Proust*, auf der Suche nach einer verlorenen Zeit, nach der Kinderzeit. Ursprung bedeutet weiterhin die bewahrte oder unter Mühen wiedererrungene Ursprünglichkeit des Erlebens, vor allem des Kunsterlebens. *Sprache vor allem ist Ursprung*: nur dem authentischen Dichter gewährt sie den Umgang mit ihrer Ursprünglichkeit, also daß ein Spracherlebnis »unmittelbar« bleibt und nicht durch dazwischengeschaltete literarische Erlebnisse und Reminiszenzen vermittelt wurde. »Beim Ursprung bleiben« hat schließlich für Karl Kraus noch einen religiösen Sinn: den der Gottesnähe, die aber für ihn von der Sprach- und Kunstnähe nicht zu trennen ist.

> Zwei Läufer laufen zeitentlang,
> der eine dreist, der andre bang:
> Der von Nirgendher sein Ziel erwirbt;
> der vom Ursprung kommt und am Wege stirbt.
> Der von Nirgendher das Ziel erwarb,
> macht Platz dem, der am Wege starb.
> Und dieser, den es ewig bangt,
> ist stets am Ursprung angelangt.

Karl Kraus verstand sich als Dichter, der dem Ursprung nahegeblieben war und von daher das Recht herleitet, eine ursprungslos gewordene Mitwelt zu verurteilen. Eine Mitwelt, die das Recht verloren habe, Nachwelt zu heißen, da Nachwelt noch eine Beziehung des Späteren, Nachgeborenen zu den Ursprüngen einstiger Meisterschaft voraussetzt; was Karl Kraus seiner Mitwelt und Umwelt ausdrücklich absprach.

Von hier aus, vom Gedanken des »Ursprungs«, erschließt sich die rätselhafte, widerspruchsvolle Gestalt dieses Menschen und Künstlers. Schaut man die Jahrgänge der »Fackel« durch, dazu die Versbände und dramatischen Gebilde, die Aphorismenbücher, Übersetzungen und Bearbeitungen, so will es scheinen, als habe dieser rastlos Arbeitende stets nur von sich gesprochen, kaum etwas anderes betrieben als lärmende Autobiographie. Er spricht stets in der ersten Person, scheinbar werden wir in die Einzelheiten seiner Nachtarbeit, Theaterbesuche, Vorleseabende und Kaffeehausstunden eingeweiht. In Wirklichkeit verschwimmen die Bildkonturen immer mehr, je weiter einer den gesamten Karl Kraus liest. Am Schluß ist die menschliche Substanz, der dieses große poetisch-kulturkritische Werk entsproß, nahezu rätselhaft geworden. Hinter dem, was die Zeitgenossen, auch Freunde von Kraus, oft als Geltungssucht bezeichneten, als Ich-Besessenheit, sogar als Exhibition der Privatsphäre, verbirgt sich eine strenge Distanz, spürt man Scheu und Takt. Von seinem Eigensten scheint Karl Kraus nur wenig enthüllt zu haben.

Es gibt kaum einen Künstler der neueren Literaturgeschichte, der so sehr wie Kraus *aller Elemente des Utopischen, des Zukunftssüchtigen* ermangelt. Kraus hält es mit der antiken Vorstellung, wonach das goldene Zeitalter am Ursprung war, und später bloß noch als Verfall verstanden werden muß. Dieser Auffassung vom Ursprung entsprach folgerichtig die Häufung von Untergangsvisionen in dieser dichterischen Vorstellungswelt. Wenn die aurea aetas längst vergangen ist, nur noch vom Kind Karl Kraus als Abglanz erahnt werden konnte, so bedeutet die Nachwelt bloß noch Niedergang und schließlich Untergang.

Auch das Werk *Hugo von Hofmannsthals* ist, vor allem nach dem Ende des Weltkriegs, als Dichtung einer Endzeit und Todessucht entstanden.
Hofmannsthals insgeheim angstvolle, nach außen hin selbstsicher auftretende Forderung einer Erneuerung der modernen

Kunst aus dem Geist des Barock, verstanden als festliche Einheit aus Landschaft und Geschichte und Theater, gipfelnd in einem Salzburger »Großen Welttheater« nach Calderón, war nicht bloß ein Irrweg, sondern ein – damals – höchst zeitgemäßer Irrweg. Man möge sich die Parallelaktion von Hugo von Hofmannsthal und *Paul Claudel* vor Augen halten. Auch bei Claudel in jener ersten Nachkriegszeit der Versuch, ein Welttheater aus dem Geist der Katholizität, der Konterreformation und der spanischen Bühnentradition zu errichten. Der »Seidene Schuh« als Gegenstück zu Hofmannsthals Bemühungen um das neubarocke Welttheater. Beide aber, Hofmannsthal wie Claudel, stellten sich mit diesem Rekurs auf das Jesuitentheater der Gesellschaftsproblematik ihrer Zeit entgegen. Ihr Barockbegriff war in aller Bewußtheit als Heilsformel gegen gesellschaftliche Zusammenbrüche und Revolutionen gedacht. Allein Claudel ist ungebrochen, sein Tun hängt mit der arroganten Glaubensgewißheit eines Bekehrten zusammen. Sein Briefwechsel mit André Gide in jenen Jahren zeigt eine Art des Dichtens und des Verhaltens zur Zeit, die ebenso abgefeimt ist wie naiv, ebenso unbelehrbar wie monumental.

Hofmannsthal war weder abgefeimt noch naiv, weder unbelehrbar noch monumental. Das macht: er war nicht von Hause aus, was Claudel, wenngleich ebenfalls in bewußter Stilisierung, zu sein vermochte. Claudel stand in einer Tradition, Hofmannsthal besaß Tradition. Die Ambivalenz seines Verhaltens zu den Religionen, literarischen Überlieferungen, Gesellschaftsklassen verhinderte immer wieder, daß sich die Einheit aus Mensch und Zeit, Sein und Schein, Leben und Schreiben verwirklichte. Ein anderer, auch ein österreichischer Dichter, der jüdischen Herkunft nach gleichfalls in einer Lage, die den bösen Blick erlaubte auf Hofmannsthals geheime Schwächen, hat diesen Fall Hofmannsthal, bei aller Sympathie, sehr nüchtern beschrieben. In *Hermann Brochs* berühmter Studie über »Hofmannsthal und seine Zeit« kann man lesen: »Der Bruch mit dem von Vater und Großvater eingerichteten bürgerlichen Sein war keineswegs bloß das Aufgeben von etwas, mit dem man wie mit einem natürlichen Besitz frei schalten dürfte, nein, es war weit mehr, es war ein Verrat, war Verrat an ihrer Assimilationsleistung, war wiederum ein Verstoß gegen das ›Erwirb es um es zu besitzen‹ und war daher Schuld; wahrlich, es war Schuld, und wie jede Schuld wäre sie unentschuldbar gewesen –, doch war es wirklich nichts als Schuld? War es nicht gleichzeitig eine notwendige Wiedervergeltung? Denn auch jene beiden hatten Schuld auf sich geladen, da sie die jüdisch-feudalen Absichten des Ahnen zunichte gemacht hatten und ins christlich-bürgerliche Lager abgeschwenkt waren«.

Hermann Broch folgert daraus bei seiner Sozialanalyse des Falles Hofmannsthal: »Der Adelsanspruch des Künstlers, gegründet auf der Kraft des Über-sich-selbst-Hinauswachsens, das war die Assimilationsaufgabe, und Hofmannsthal wäre der letzte gewesen zu meinen, daß sie vermittels gesellschaftlicher Beziehungen zur Aristokratie hätte erfüllt werden können. Denn durch keinerlei Leistung kann man sich in eine Klasse einkaufen; selbst ins Proletariat muß man hineingeboren sein, auf daß die Klassenzugehörigkeit den sozialen Platz im Volksganzen verbürge.«

Auch Hofmannsthal leitet seine Dichtung der Endzeit, wie Hermann Broch erkannt hat, aus dem Ursprungsverlust ab. Allein diese Entwicklung gehörte nicht allein zur jüdischen Existenz, sondern zum Anachronismus des Österreich/Ungarn. Ein nichtjüdischer Schriftsteller und Zeitgenosse von Hofmannsthal, den er übrigens nicht mochte, nämlich Robert Musil, sprach vom Reiche Kakanien.

Hofmannsthal fühlte sich vorgeprägt und zum Untergang geprägt: Dies hängt mit dem Tode zusammen und einer Todessüchtigkeit, die in aller Dichtung Hofmannsthals ihr Wesen treibt. Für den jungen Loris war das ein oft kokettes, wohl auch modisches Spiel: ein Getändel mit den Agonien.
Darin lag noch viel Attitüde einer modischen Décadence. Später wurde im »Jedermann« der Tod sogar Requisit. Schließlich aber stellte sich Hofmannsthals Verhältnis zum Leben und zur Tradition immer deutlicher und ernsthafter *unter das Gesetz des Todestriebs*. Die Zukunft war ausgespart worden. Historismus und Bildungsgläubigkeit wurden für diesen Dichter, soviel Bedeutung er ihnen als Ideologe jeweils einräumen mochte, mehr

und mehr zum Ausdruck einer Sehnsucht nach dem, was dahinging und unwiederholbar ist. Die Überfeste seiner mythologischen Opern waren insgeheim als Leichenfeiern zu verstehen. Das Ritual, bei dessen Erfindung dieser Dramatiker so erfolgreich zu sein pflegte – von der silbernen Rose bis zum Kredenzen des Glases mit Wasser in der »Arabella« –, war Totenritual.

In Hofmannsthals Aufzeichnungen aus der letzten Lebenszeit findet sich folgender Satz: »Was uns zur Betrachtung der Vergangenheit treibt, ist die Ähnlichkeit des Gewesenen mit unserem Leben, welche ein Irgend-wie-Eins-Sein ist. Durch Erfassung dieser Identität können wir uns selbst in die reinste Region, den Tod versetzen.«

Das hatte bereits der junge Loris empfunden und in den »Terzinen über Vergänglichkeit« ausgesprochen:

> Und daß mein eignes Ich, durch nichts gehemmt,
> Herüberglitt aus einem kleinen Kind
> Mir wie ein Hund unheimlich stumm und fremd.

> Dann: daß ich auch vor hundert Jahren war
> Und meine Ahnen, die im Totenhemd,
> Mit mir verwandt sind wie mein eignes Haar,

> So eins mit mir als wie eignes Haar.

Präexistenz und Todessüchtigkeit. Man ist nicht fern der Privatmetaphysik von Karl Kraus, der Spannung zwischen Kult des Ursprungs und Wollust des Untergangs. Im Grunde waren auch für Hofmannsthal alle Ideologien und historisch-politischen Sinngebungen des Augenblicks nicht überaus wichtig. Das Wesentlichste in ihm, so glaubte er zu spüren, war die Vorprägung durch die Toten. Sein Schaffen war für ihn nichts anderes als ein Weg zum Tode: Progression und Regression in einem.

Vom »*habsburgischen Mythos*« in der Literatur hat man oft gesprochen, um diese sonderbare Konstellation aus Hofmannsthal und Karl Kraus, Musil und Broch, Rilke und Werfel und Trakl zu charakterisieren. Vielleicht kommt man bei der Deutung besser vorwärts, wenn einer auf den beliebten Ausflug ins Mythische verzichtet. Nimmt man die bildenden Künstler der Sezession hinzu und die Wiener Schule von Arnold Schönberg, auch einem Manne vom Jahrgang 1874, und Sigmund Freud und die Wiener Schule der neuen Logiker, so entsteht eine sonderbare Integration, die mehr ausdrückt als eine bloße Addition der berühmten Namen und folgenreichen Strömungen in Kunst und Wissenschaft. Natürlich hat alles unmittelbar mit dem Untergang dieses habsburgischen Reiches zu tun, das seit der Revolution von 1848 und der Thronbesteigung Franz Josefs in der Agonie lag und nicht sterben konnte. Als ein »monstrum sui generis« hatte man im 17. Jahrhundert das Staatsgebilde des Heiligen Römischen Reiches Deutscher Nation gekennzeichnet. Auch der Nationalitätenstaat der Habsburger war ein solches »monstrum« höchst besonderer Art. In den Anfängen des Todeskampfes gehörten dazu noch oberitalienische Reichsteile mit Venedig und Mailand. Wer heute dort herumreist oder in Kroatien und Slowenien ebenso wie in Ungarn und noch in Galizien, das heute zur Sowjetunion gehört, wird an der gelben Tünche der öffentlichen Gebäude die Residuen dieses habsburgischen Monstrums diagnostizieren können: zählebig und absurd, anachronistisch und gegenwärtig. Die Angehörigen einer bürgerlichen Oberschicht deutscher Sprache wußten, daß sie ein unzeitgemäßes Leben führten: was Behaglichkeit ebensowenig ausschloß wie Zynismus.

Der bürgerliche Liberalismus in Österreich nach der Niederlage von 1866 hatte, im Gefolge einer nun langsam nachgeholten Kapitalisierung des Landes und der Schaffung von neuen Verkehrswegen, etwas spärliche Zuversicht aufkommen lassen. Zu Beginn der 90er Jahre hingegen, als Hofmannsthal und Kraus debütierten und die Ära des Imperialismus angebrochen war, offenbarte sich die Absurdität dieses Reichsgebildes auf allen Gebieten: in Technik und Wirtschaft, Außen- wie Innenpolitik, nicht zuletzt im Kontrast zwischen der starken proletarisch-industriellen Zusammenballung in Wien und der bäuerlichen Struktur der sogenannten habsburgischen Erblande. Nun empfanden die jungen Debütanten, in wie hohem Maß sie als Minderheit einer Minderheit zu wirken hatten. Ihr Schaffen stand damit, nicht allein bei Kraus und Hofmannsthal, in der *Dialektik von fragwürdigem Ursprung und präzis berechenbarem Untergang.* Fragwürdig war der Ursprung dieses Reiches, das zusammengerafft wurde durch Eheschließungen und Allianzen, Verrat und Gewalt, und das keine Legitimität besaß, wenngleich es sich als einzig legitim ausgab. Da man in der modernen *bürgerlichen* Gesellschaft lebte, war Legitimität im Sinne des Ancien Régime nicht mehr möglich; nach dem modernen bürgerlichen Nationalitätenprinzip erst recht nicht. Das haben Hofmannsthal und Kraus genau gewußt.

Ein Gedicht von Karl Kraus trägt die Überschrift »Felix Austria« und spielt damit an auf das lateinische Diktum der Habsburger: Bella gerant alii, tu felix Austria nube. Kriege sollen die anderen führen. Das glückliche Österreich erweitere sich durch profitable dynastische Heiraten. Dazu diese Worte in Versen:

> Sie wollte sich durch Heirat nur vermehren
> und hat das Siegen andern überlassen,
> und dies behagte allen Landeskindern.
> Um aber noch gemütlicher zu spassen,
> geizte sie einmal doch nach blutigen Ehren.
> Und glänzend glückt' es ihr, sich zu vermindern.

Dies ist abermals des Nörglers Stimme. Verzweifelt muß er mitansehen in diesen Zwanziger Jahren und in einer österreichischen Republik, daß alle Greuel und Gemeinheiten der Kriegszeit nichts bewirkt haben. Man richtet sich wieder ein. Im wienerischen Jargon: Man richtet sich's. Das Reich Kakanien ging unter; die felix Austria ist arg vermindert! Und doch: das Vorwort zu den »Letzten Tagen der Menschheit« spricht es aus in unvergeßlichen Sätzen: »Denn über alle Schmach des Krieges geht die der Menschen, von ihm nichts mehr wissen zu wollen, indem sie zwar ertragen, daß er ist, aber nicht, daß er war. Die ihn überlebt haben, ihnen hat er sich überlebt, und gehen zwar die Masken durch den Aschermittwoch, so wollen sie doch nicht aneinander erinnert sein. Wie tief begreiflich die Ernüchterung einer Epoche, die, niemals eines Erlebnisses und keiner Vorstellung des Erlebten fähig, selbst von ihrem Zusam-

menbruch nicht zu erschüttern ist, und von der Sühne so wenig
spürt wie von der Tat, aber doch Selbstbewußtsein genug hat,
sich vor dem Phonographen ihrer heroischen Melodien die Oh-
ren zuzuhalten, und genug Selbstaufopferung, sie gegebenfalls
wieder anzustimmen.«

Sätze, die nach einem Ersten Weltkrieg und einer ersten Niederlage geschrieben wurden. Wie gesagt: Wer den Karl Kraus liest,
der lebt immer im Heute.

Karl Kraus und die Folgen. Wer so fragt, hat Karl Kraus selbst
zitiert: dessen berühmtes Pamphlet über »Heine und die Folgen«
vom Jahre 1910. Gipfelnd in der – ungerechten – These: »Heine
war nur ein Draufgänger der Sprache; nie hat er die Augen vor
ihr niedergeschlagen.« Das ist abermals Metaphysik des Ursprungs. »Er kam vom Ursprung nicht.« Heine und die Folgen:
die finde man im Feuilleton. Heine gleichsam als Bahnbrecher
des modernen Journalismus. Auch hier die Vertauschung der
Kausalitäten. Erst die Presse, dann die Weltentstehung. Erst
Heines Lyrik und Prosa, dann der moderne Journalismus. Karl
Kraus und die Folgen?
Die sind gewaltig: man kann sie allenthalben beobachten. Die
selbst gewollte Einsamkeit, wenn sie gewollt war, ließ sich nicht
erzwingen. Die großen Verächter der Kulturindustrie wurden
bald schon von ihr vereinnahmt: Stefan George, Karl Kraus,
Arno Schmidt.
Bert Brecht hatte das früh schon erkannt: im Falle von George.
Brecht meinte, die Säule, die sich dieser Säulenheilige ausgesucht
habe, stehe »in einer allzu belebten Gegend«. Auch das gesellschaftliche Phänomen Karl Kraus hat Brecht, bei aller Bewunderung für den Meister der »Fackel«, richtig eingeschätzt, nämlich
nicht als ein Phänomen der Einsamkeit, sondern der *geistigen
und gesellschaftlichen Polarisierung*. An Kraus mußten sich die
Geister scheiden. Auch hier gibt es die weit über den Einzelfall
Kraus–Hofmannsthal hinausreichende Antinomie und Alternative. Vertrackte Dialektik aus Nähe und Ferne bei diesen beiden.
Entweder–Oder. Hofmannsthal fand sich zusammen mit Richard Strauss und Max Reinhard. Drei Meister der von Brecht
verspotteten »kulinarischen« Kultur. Salzburger Festspiele und

Empfänge auf Schloß Leopoldskron. »Agonien, Episoden«, wie der junge Hofmannsthal gedichtet hatte.

Oder: Dialektische Dramatik, Lehrstücke, Negation der kulinarischen Kulturindustrie, Absage an bürgerliche Apologetik. Brecht und Schönberg.

Wenn er verriß und verurteilte, mochte Kraus bisweilen ungerecht sein, weil er, in allzu großer Nähe, den Künstler mit seinen Lobrednern gleichsetzte. Zum Beispiel im Falle von Arthur Schnitzler. Trat er jedoch für einen Künstler ein, *so hat er niemals geirrt*. Er setzte sich, zu einer Zeit, als man den Dramatiker *Frank Wedekind* als Pornographen verfolgte, für das polizeilich verbotene Theaterstück »Die Büchse der Pandora« ein und veranstaltete am 29. Mai 1905 in Wien eine Privataufführung vor geladenen Gästen: was die Polizei nicht verhindern durfte. Die Einleitungsrede gehört zu seinen großartigsten Texten. Am Beispiel der Lulu wird abgerechnet mit allen damaligen (und heutigen) »Männerphantasien«. Kraus enthüllt sie mit einem einzigen Satz: »Der Erwählte sein wollen, ohne der Frau das Wahlrecht zu gewähren«.

Else Lasker-Schüler hat er früh schon für sich entdeckt, später auch den Lyriker der »Hauspostille«, den Lyriker und Dramatiker Brecht.

Sie alle gehörten fortan zu den Seinen. Arnold Schönberg widmete im Jahre 1913 seine »Harmonielehre« dem vermutlich nicht sehr musikalischen Karl Kraus, der immerhin aber, ohne Notenkenntnis, die Couplets nach Offenbachs Musik öffentlich vorzutragen wußte. Schönberg schrieb: »In der Widmung, mit der ich Karl Kraus meine Harmonielehre schickte, sagte ich ungefähr: ›Ich habe von Ihnen vielleicht mehr gelernt, als man lernen darf, wenn man selbständig bleiben will. .‹«

Schönberg gab, als Lehrer, solche Lehre weiter. Zum 60. Geburtstag von Karl Kraus am 28. April 1934 bekannte sich *Alban Berg* zu ihm »als einem der größten deutschen Meister ... in unwandelbarer Treue«. Es führte auch ein langer, doch gerader Weg von jener Privataufführung im Jahre 1905 zur späteren Oper »Lulu« von Alban Berg.

Immer wieder Karl Kraus und die Folgen. Um das Jahr 1912 entstand der folgende Vierzeiler:

Karl Kraus

Weißer Hohepriester der Wahrheit,
Kristallne Stimme, in der Gottes eisiger Odem wohnt,
Zürnender Magier,
Dem unter flammendem Mantel der blaue Panzer des
Kriegers klirrt.
Verse von *Georg Trakl*.

Karl Kraus wurde zum Zuordnungspunkt. Für den Schönberg-Schüler Hanns Eisler und für Theodor Wiesengrund-Adorno, der bei Alban Berg in die Lehre ging. Adornos großer Essay über das Buch »Sittlichkeit und Kriminalität« von Karl Kraus aus dem Jahre 1964 ist noch ein spätes Zeugnis der frühen Erweckung. Da klärt Adorno, auch mit einem einzigen Satz, die endlosen Debatten, die seit dem Jahre 1933 nicht mehr aufhören wollten: darüber nämlich, ob der späte Karl Kraus ein »Reaktionär« gewesen sei, oder nicht. Adorno formuliert: »Immanente Kritik ist bei ihm stets die Rache des Alten an dem, was daraus wurde, stellvertretend für ein Besseres, das noch nicht ist.«

Als »Deutschland erwachte« im Frühjahr 1933, warteten viele in aller Welt auf die Stimme von Karl Kraus. Er schwieg. Dann erschien, zum Ende des Jahres, ein Gedicht von zehn Zeilen:

> Man frage nicht, was all die Zeit ich machte.
> Ich bleibe stumm,
> und sage nicht, warum.
> Und Stille gibt es, da die Erde krachte.
> Kein Wort, das traf;
> man spricht nur aus dem Schlaf.
> Und träumt von einer Sonne, welche lachte.
> Es geht vorbei;
> nachher war's einerlei.
> Das Wort entschlief, als jene Welt erwachte.

Über diese zehn Zeilen ist damals und immer wieder viel geschrieben, geeifert, nachgedacht worden. Beim 60. Geburtstag von Kraus im Folgejahr 1934 flammte die Polemik hell auf. Da-

mals schrieb der Emigrant Brecht zum Geburtstag ein Gedicht
mit der Überschrift: »Über die Bedeutung des zehnzeiligen Gedichts in der 888. Nummer der Fackel«. Der poetische Kommentar schließt so:

> Als der Beredte sich entschuldigte
> daß seine Stimme versage
> trat das Schweigen vor den Richtertisch
> nahm das Tuch vom Antlitz und
> gab sich zu erkennen als Zeuge.

Das Schweigen. War es nicht eine *späte Gemeinsamkeit der drei
Männer vom Jahrgang 1874*? Das Schweigen im Brief des Lord
Chandos bei Hugo von Hofmannsthal. Es war diesmal nicht
kokette Müdigkeit gewesen. Schrittweise hatte Hofmannsthal
zuerst die Lyrik von sich abgetan, dann die lyrischen Dramen,
darauf die Erzählungen. Das Trauerspiel »Der Turm« war als
Abschied von der dramatischen Gattung gedacht. (Die Libretti
für Strauss zählten bloß noch als Broterwerb).
Der dritte Akt von Schönbergs Oper »Moses und Aron« blieb
unkomponiert. Der Schluß des zweiten Aktes sah den verzweifelten Ausbruch des Propheten und Ursprungskünders Moses,
der nicht singen kann wie der talentierte Bruder Aron: »O Wort,
du Wort, das mir fehlt!«
»Kein Wort, das traf; man spricht nur aus dem Schlaf.«, hieß es
bei Karl Kraus.
Das Wort, selbst eines Karl Kraus, vermochte nicht zu treffen,
weil Sprache stets sowohl dem Moses zu Gebote steht, wie dem
Aron. Karl Kraus versuchte einmal noch, das selbstauferlegte
Schweigen zu durchbrechen. Er schrieb an gegen die erwachte
deutsche Welt in einer »Dritten Walpurgisnacht«, die sich den
beiden Vorgängerinnen in Faust I und II zugesellen sollte. Er ließ
aber den vollendeten Text nicht drucken. Der wurde viel später
aus dem Nachlaß publiziert. Karl Kraus hätte auch auf einen früher bereits veröffentlichten Vierzeiler verweisen können:

An die Sucher von Widersprüchen

Mein Wort berührt die Welt der Erscheinungen,
die darunter oft leider zerfällt.
Immer noch meint ihr, es gehe um Meinungen,
aber der Widerspruch ist in der Welt.

Bertolt Brecht und seine Vaterstadt

Hat er seine Vaterstadt Augsburg geliebt oder gehaßt, dieser merkwürdige Berthold Eugen Friedrich Brecht, genannt Eugen, der dort am 10. Februar 1898 zur Welt kam? Oder war sie ihm gleichgültig wie so vieles in seinem Leben, die alte Reichsstadt am Lech?

Es ist schwer, darauf eine klare Antwort zu geben. Nicht allein der spätere Marxist Brecht kannte sich aus mit der Dialektik und ihren Widersprüchen. Auch schon der frühreife Junge, der sich mit den Freunden am Lech herumtreibt und bereits Chef ist, ohne daß er danach eigens gestrebt hätte, glaubt die Erfahrung gemacht zu haben, daß nichts eindeutig ist im Leben unserer Gesellschaft. Gutsein könnte Schaden stiften: nicht bloß für den Guten selbst. Der Asoziale, wie jener Baal, der Held des ersten Theaterstücks, kann zugleich ein Dichter sein. Über die in der Schule gefeierten und zur Bewunderung angebotenen Helden darf man getrost ganz anders denken. Die Wirklichkeit ist nicht eindeutig. Folglich muß ein Denken, das die Wirklichkeit verstehen möchte, um mitzuhelfen sie zu verändern, diese Vieldeutigkeit reflektieren. Mit Hilfe von Dialektik.

Weshalb es auch keine beweisbare These geben kann für Brechts Verhältnis zu Augsburg. Weder Liebe noch Haß, ganz gewiß keine Indifferenz. Was auch in der Umkehrung gilt: im Verhalten Augsburgs und der »offiziellen« Augsburger zu diesem Sohn der Stadt. Da hat es alles gegeben: Schmähung, Verleugnung, nicht gedacht soll seiner werden. Geheimer Stolz, der dann öffentlich wurde, schließlich offiziell.

Bei Brecht kam noch eines hinzu: daß er auch nicht an die Eindeutigkeit seines Ich geglaubt hat. Er traute den eigenen Gefühlen nicht über den Weg. Die Sorge vor den eigenen Verhaltensweisen zieht sich wie ein Leitmotiv durch seine Gedichte: als ein geheimes Erschrecken. Eines seiner schönsten Gedichte, in Augsburg gelebt und geschrieben, die »Erinnerung an die Marie A.«, handelt von der Unzuverlässigkeit der Liebesgefühle. In der bekannten Ballade »Vom armen B.B.«, die ebenfalls zur Augsburger Umwelt gehört, heißt es:

In meine leeren Schaukelstühle vormittags
Setze ich mir mitunter ein paar Frauen
Und ich betrachte sie sorglos und sage ihnen:
In mir habt ihr einen, auf den könnt ihr nicht bauen.

Nichts war ihm auch später eindeutig: auch nicht das eigene Werk. »Wen immer ihr hier sucht, ich bin es nicht!«, so lautete seine Warnung. Ein Theaterstück war auf der Generalprobe noch nicht fertig für ihn, nicht einmal bei der Premiere. Daran mußte weiter gearbeitet werden. Der gedruckte Text des Stückes besagte noch gar nichts für den Stückeschreiber.

Lange hat er sich um das Jahr 1950 und in Ostberlin geweigert, die berühmten frühen Stücke von neuem drucken zu lassen: also den »Baal«, den er am liebsten hatte, oder »Trommeln in der Nacht«, das er nun wirklich haßte. Als er schließlich in den Neudruck einwilligte, sagte ich spöttisch zu ihm: »Aber nun dürfen Sie nicht mehr daran fummeln! Das ist nun Literaturgeschichte!« Er grinste und sagte: »Diese Garantie kann ich Ihnen leider nicht geben!« Wie sich zeigen sollte. Er hat gefummelt; schrieb neue Szenen für »Trommeln in der Nacht«, fügte eine neue Figur ein und so weiter. Nichts war eindeutig. Dazu verfaßte der Fünfzigjährige einen – meisterhaften – Essay mit dem Titel: »Bei Durchsicht meiner ersten Stücke«. Da spielt ein Wort unserer Sprache eine wichtige Rolle, das sonst bei Brecht nicht eben in hohen Ehren stand. Das Wort »Glück«. Die frühen Stücke werden präsentiert als »Reminiszenz an eine glücklichere dramatische Ära«. Geschrieben wurde das im Jahre 1954. Brecht hatte noch zwei Jahre zu leben. Glücklichere dramatische Ära: verglichen womit? Ein einziger Satz des Essays ist unterstrichen, also gesperrt gedruckt: »Es ist unmöglich, das Glücksverlangen der Menschen ganz zu töten.«

Da schreibt ein alternder, kranker, in vielen Bereichen enttäuschter Mensch und Künstler. Noch die Revolte des Dichters Baal wird gegen das Lebensende hin als glückhaft empfunden. Glück der Jugend, Glück des Erwachens zu sich selbst, zu den eigenen Möglichkeiten: das war ihm Augsburg einstmals gewesen. Wie ließ sich ein solcher Widerstreit der Empfindungen als »Liebe« zu Augsburg fassen, oder als Haß, oder in modischer Ambivalenz als Haßliebe. Es gründete viel tiefer.

Wenn man mit ihm in Berlin in seiner letzten Lebenszeit zu tun hatte, wurden unversehens im Gespräch gewisse Jugenderinnerungen an Augsburg aufgerufen. Schulgeschichten, frühe Liebesgeschichten, Begeisterung und Ärger im Augsburger Stadttheater um 1919, Erfahrungen mit dem Vater, dem Bruder, mit den schwäbischen Lehrern. In Brechts berühmten »Geschichten von Herrn Keuner«, jenen kurzen Anekdoten, in denen lehrhaft gezeigt werden soll, wie man sich im Alltag benehmen oder nicht benehmen soll, taucht die Kindheit immer wieder auf. Wie der Lehrer am ersten Schultag den unglücklichen Schüler – Brecht war es nicht! – verprügelt, der keinen Platz mehr gefunden hat auf einer Schulbank, weil ein Schüler überzählig ist. Der Pechvogel bekommt Prügel, und Brecht oder Herr Keuner hält das für richtig. So wird einem Kind schon am ersten Schultag eingeprügelt, daß es »Glück« haben muß. Im Gegensatz zum menschlichen »Glücksverlangen«.

Es gab in solchen Gesprächen mit Brecht zwischen 1949 und dem Todesjahr 1956 immer wieder eine Redensart, die er sich zurechtgelegt hatte, um lästige Frager abzuschütteln. Als Brecht nämlich mit seiner Frau, der Schauspielerin Helene Weigel, den Kindern und den engsten Mitarbeitern aus dem amerikanischen Exil nach Europa zurückkehrte, um zunächst in Zürich ein paar Monate Station zu machen, wo sein Volksstück vom »Herrn Puntila« uraufgeführt wurde, hatte er eine Einladung nach Ostberlin erhalten. Zunächst zur Teilnahme an einem Kulturkongreß im November 1948. Er hatte vorgehabt, von Zürich aus über Augsburg und München nach Berlin zu reisen. Die amerikanische Militärregierung jedoch bewilligte ihm kein Durchreisevisum. Brecht war zuletzt in den USA von dem berühmten Ausschuß zur Untersuchung »unamerikanischen Verhaltens« vernommen worden. So mußte die Familie Brecht von Zürich nach Prag fliegen, um dann weiterzureisen nach Ostberlin. Damals war Brecht für die ältere deutsche Generation nur ein Gerücht, ein Hörensagen. Hatte der nicht mal die »Dreigroschenoper« geschrieben, wo gesungen wird: »Nur wer im Wohlstand lebt, lebt angenehm«? Brecht war diese Vergessenheit nicht unangenehm. Ihn interessierte die mögliche neue Arbeit, weniger die literarische Tätigkeit als die konkrete Theaterarbeit.

Nach Begründung freilich des Berliner Ensembles um die Wende

1948/49, die mit Schwierigkeiten aller Art verbunden war, weil das Haus am Schiffbauerdamm erst nach Jahren für das neue Ensemble zur Verfügung stehen konnte, wuchs die Berühmtheit des Stückeschreibers Brecht zusammen mit der Kenntnis von seinem Werk. Jetzt kamen die Theaterleute auch aus dem Westen, aus der Schweiz oder aus Österreich, es kamen natürlich auch die Germanisten und andere Philologen. Junge Schweizer hospitierten bei ihm am Ensemble, ein junger Italiener kam aus Triest, Giorgio Strehler. Da waren dann die üblichen Fragen der Literarhistoriker zu beantworten.

»Wie war das damals mit Ihnen und dem Expressionismus?« »War dieses Stück, zum Beispiel das Duell der beiden Männer im ›Dickicht der Städte‹, psychoanalytisch zu deuten, also in Kenntnis von Sigmund Freud geschrieben worden?« »Und wie sah die Philosophie aus, damals beim Schreiben der Frühen Stücke?«

Brecht war im Alltag meistens sehr höflich. Auf den Theaterproben konnte er bisweilen schrecklich brüllen. Wenn er richtig zornig wurde, beschimpfte er die Leute mit Hilfe von Richard Wagner. Ein Schauspieler bekam zu hören: »Stehen Sie nicht herum wie Jung-Siegfried!« Aber im Gespräch mit den jungen Interviewern blieb er stets höflich. Unmerklich gelangweilt.

Dann kam monoton stets derselbe Satz: »Gab's damals in Augsburg nicht.« Weder Freud noch Expressionismus, auch keine modische Philosophie. Einmal wollte Brecht ein bißchen freundlicher werden, ich war zugegen beim Gespräch, er wollte dem Interviewer ein bißchen helfen und sagte: »Statt dessen gab es für mich den Frank Wedekind und den Karl Valentin.« Das muß um 1950 gewesen sein. Wedekind war damals nahezu vergessen. Ich erinnere mich nicht, daß man damals in den Behelfstheatern auf »Frühlings Erwachen« oder den »Marquis von Keith« zurückgegriffen hätte. Die Leute hatte andere Sorgen. Und gar Karl Valentin. Der starb am Rosenmontag 1948 und wurde am Aschermittwoch begraben. Er war physisch und seelisch zusammengebrochen nach einem Besuch bei den Leuten vom Bayerischen Rundfunk. Dort wurde er grundsätzlich abgelehnt. Für Karl Valentin habe man keine Verwendung mehr. »I bin nimmer komisch«, hätten sie gesagt. So berichtete er der Liesl Karlstadt. Dann war er gestorben.

Der junge Mensch wußte nichts mehr von Karl Valentin und Frank Wedekind. Brecht bedeutete nun ziemlich mürrisch, der Interviewer möge sich zurückziehen.

»Gab's damals in Augsburg nicht.« Aber stimmte es eigentlich? Natürlich hatte Brecht in diesem Gespräch und bei vielen ähnlichen Gelegenheiten immer wieder auch eine Rolle gespielt. Er schlüpfte, in Erinnerung an seine Jugendjahre, in die Kunstfigur eines ahnungslosen und unwissenden Provinzlers, der sich nicht auskennt. Natürlich kannte er sich bestens aus. Wie gesagt: sein erstes Stück »Baal« war Gegenentwurf zu einem erfolgreichen Stück der expressionistischen Dramatik. Das gab es also doch in Augsburg?

Ich hakte nach im Gespräch, als der junge Germanist gegangen war. Brecht versuchte sich herauszuwinden mit dem Hinweis auf das benachbarte München. Auch dies war zwischen uns ein Spiel, wie wir beide wußten. Überhaupt pflegte er immer wieder sehr stolz auf sein Bayerntum hinzuweisen. Als es mir zu viel wurde, sagte ich ihm einmal: »Aber, Brecht, Sie sind doch gar kein Bayer. Augsburg ist Schwaben, und daß Ihre Mutter aus den Schwarzen Wäldern kam, haben Sie doch selbst gedichtet. Augsburg ist Regierungsbezirk Schwaben: sowohl im Königreich wie im Freistaat Bayern.« Das war nicht zu leugnen. Brecht redete sich abermals heraus auf die vielen Besuche in München. Heute kennt man seine Tagebücher von 1920 und 1922 und auch die autobiographischen Aufzeichnungen aus der Jugendzeit. Es gibt eine Brecht-Chronik, so daß man den Tagesablauf der Jugendjahre recht zuverlässig rekonstruieren kann.

Beides ist richtig: daß Brecht von früher Jugend an mit München und dem kulturellen wie politischen Leben dort eng verbunden war, aber auch, daß er bis zu dem Augenblick, da er durch seine Theaterstücke, die Verleihung des Kleistpreises, durch Skandale und Polemiken berühmt wurde, die Vaterstadt Augsburg als eigentliche Residenz empfunden hat. Seine erste Ehe mit der Sängerin Marianne Zoff kam in Augsburg zustande. Im Mai 1921 notiert er ein Gedicht im Tagebuch, das so beginnt:

Auf dem Wege von Augsburg nach Timbuktu habe ich die Marianne Zoff gesehen:
Welche an der Oper sang und aussah wie eine Maorifrau ...

Immer wieder sowohl München wie Augsburg. Der Zwanzig-jährige lernt noch den todkranken Frank Wedekind kennen. Wedekind stirbt am 9. März 1918. Brecht veranstaltet für ihn eine Totenfeier in Augsburg und fährt dann am 12. März zum Begräbnis nach München. Für die »Augsburger Neuesten Nach-richten« schreibt er einen Nachruf. Ein paar Wochen später, am 13. April, ist er auf dem Augsburger Jahrmarkt, dem »Plärrer« und erklärt ihn für »das Schönste, was es gibt«. Er schreibt dar-über ein »Plärrer-Lied«, läßt es in der München-Augsburger Abendzeitung drucken und bekommt fünf Mark Honorar. Noch ist Krieg, und am 1. Oktober 1918, kurz vor Ausbruch der Revolution, wird Brecht Sanitätssoldat in einem Augsburger Re-servelazarett. Er schreibt dort die weltberühmte und immer wie-der skandalumwitterte »Legende vom toten Soldaten«.

Wo immer Brecht sein mochte: er war der Mittelpunkt, ohne daß er sich in irgendeiner Weise aufgespielt hätte. Er hielt sich selbst schon seit der Schulzeit für ein Genie, und machte daraus kein Geheimnis. Schon als Gymnasiast erklärte er, und schrieb das auch nieder, so gute Theaterstücke wie der Friedrich Heb-bel werde er zur Not auch noch fertigbringen. Er hatte auch sogleich eine Gefolgschaft. Viele Namen der Augsburger Kum-pane sind durch Brecht in die Literatur und damit auf die Nach-welt gekommen, der Münsterer beispielsweise oder der Müller-Eisert.

Auch den Künstler-Freund seiner Jugendjahre fand er in Augs-burg, und hielt ihn fest bis ans Lebensende. Es war die Freund-schaft mit dem Bildenden Künstler und späteren berühmten Bühnenbildner *Caspar Neher*. Das ist bei beiden in vielfältiger Weise produktiv geworden. Caspar Neher entwarf bereits Zeichnungen, später auch Umschlagentwürfe für die Frühen Stücke von Brecht, und er war auch Brechts Bühnenbildner spä-ter noch beim Berliner Ensemble. Von Neher stammt die be-rühmte Dekoration mit dem Planwagen der Mutter Courage ebenso wie die scheinbar karge und überaus kostbare Ausstat-tung des »Galilei«.

Bertolt Brecht und seine Vaterstadt Augsburg. In dem dunklen Haus, wo der wohlhabende und strenge Vater nach dem Tode seiner Frau einem mutterlosen Männerhaushalt vorsteht, mit den beiden Söhnen Eugen Berthold und Walter, muß die Sehnsucht fast unerträglich gewesen sein nach exotischer Weite, nach einem freien Piratenleben, nach dem großen Abenteuer. Von Augsburg nach Timbuktu. Am 12. Mai 1919 notiert das Tagebuch, wie Brecht mit seinem »harten Kern«, also Neher und Pflanzelt und Müller-Eisert, »singend und brüllend durch die Straßen und Gassen Augsburgs zog«. Auch Caspar Neher hat damals ein Tagebuch geführt und notiert: »Ich bin in den letzten Tagen immer mit Brecht zusammen. Abends am Lech und drunten bei den Schiffsschaukeln auf dem Plärrer.«

Aus alledem entstand die bis heute einzigartig gebliebene Lyrik des jungen Bert Brecht, die er Mitte der Zwanziger Jahre zusammenfaßte im Gedichtband »Die Hauspostille«. Alles ist dort als Dichtung gestaltet: dumpfe Provinz und Fernweh, Freuden an und im Wasser und flüchtige Liebesgeschichten, das Volk und der Alltag. Der Schwabe Brecht, aus begütertem Hause, hatte sich ins Volk geflüchtet, um dichten zu können: in der Sprache des Volkes. Darum konnte der spätere Nationalpreisträger Bertolt Brecht in der DDR dem Funktionärsgerede von einer »volkstümlichen« Kunst mit der höhnischen Bemerkung antworten: »Alles ist das Volk, bloß nicht tümlich.«

So sonderbar es klingen mag: Brechts künftige Theaterarbeit hatte nicht allein mit den Kammerspielen in München zu tun, mit Frank Wedekind und Karl Valentin, sondern auch mit den Erfahrungen des Theaterbesuchers und bald darauf des gehaßten Theaterkritikers B.B. im Augsburger Stadttheater. Mit Recht stehen Brechts »Augsburger Theaterkritiken« an der Spitze der Schriften zum Theater, die in der Gesamtausgabe zwei stattliche Bände umfassen. Brecht empfand sich stets sowohl als Schreibenden wie auch als Lehrenden. Bereits in den ersten Lobeshymnen und Totalverrissen des Zwanzigjährigen spürt man, daß es dem Kritiker nicht um »Urteile« geht über Stücke oder Spieler, sondern um eigene Vorstellungen von einem künftigen – und eigenen! – Theater. Da wird ein längst vergessenes Theaterstück von Wilhelm Schmidtbonn in raffiniert primitiven Knittelversen so nacherzählt, daß die Theaterkasse Schaden nimmt. Am Schluß ein einziger Satz in Prosa: »Was die Regie des Herrn Merz betrifft, so ist zu sagen, daß sie den dichterischen Gehalt des Werkes voll ausschöpfte.« Ein teuflisches Lob.

Die Rezension über den uralten Schmarren »Alt-Heidelberg«
beginnt mit einem bündigen Satz: »In diesem Saustück steht eine
Szene, die unerhört grauenhaft ist.«
Verblüfft entdeckt der Leser, der sich mit Brechts Sympathien
und Haßtiraden auszukennen glaubt, daß der frühe Brecht ein
glühender Schillerianer gewesen ist. »Ich habe den ›Don Carlos‹,
weiß Gott, je und je geliebt.« Kabale und Liebe? »Ein unver-
gleichliches Stück.« Später machte der alternde Brecht den Vorschlag, sich der Einschüchterung durch die Klassizität dadurch
zu erwehren, daß man von nun an über Schilleringer und
Goethinger sprechen möge. Übrigens schrieb Brecht in Augsburg auch eine verehrungsvolle Besprechung über eine Lesung
Thomas Manns aus dem »Zauberberg«. Später schrieb er Zusatz-
strophen über den »Zauberberg« für die Dreigroschenoper und
den Song »Nur wer im Wohlstand lebt ...«
Beides war gleichzeitig gültig, auch beim späteren Brecht; die
Verehrung wie die Aversion. Brecht wußte stets, wer Thomas
Mann war. Er hat insgeheim immer noch, bis zuletzt, ganz wie
Thomas Mann, den »Don Carlos« geliebt.
In seinen späteren Jahren, als er den Karl Marx gelesen hatte und
die anderen Marxisten, versuchte Brecht diese Konstellation der
Augsburger Jahre ins Grundsätzliche vorzutreiben. Hier der
Sohn der wohlhabenden Bourgeois, dort der junge und rebelli-
sche Volksfreund. In den Svendborger Gedichten, geschrieben
im dänischen Exil um 1939 und 1940, bevor die Flucht weiterging: nach Schweden, Finnland, schließlich nach Los Angeles,
bezichtigt er sich voller Stolz des bürgerlichen »Klassenverrats«.
Er habe die bürgerliche Welt seiner Umwelt ans Volk verraten.

> Ich bin aufgewachsen als Sohn
> Wohlhabender Leute. Meine Eltern haben mir
> Einen Kragen umgebunden und mich erzogen
> In den Gewohnheiten des Bedientwerdens
> Und in der Kunst des Befehlens ...

Er aber, der unwürdige Sohn, habe freudigen Verrat geübt.

> Ja, ich plaudere ihre Geheimnisse aus. Unter dem Volk
> Stehe ich und erkläre

Wie sie betrügen, und sage voraus, was kommen wird,
denn ich
Bin in ihre Pläne eingeweiht.

War es wirklich so? Wurde er im Jahre 1933 in der Tat als ein bourgeoiser Klassenverräter, wie der Gedichttitel angibt, »verjagt mit gutem Grund«?
Vielleicht stimmen beide Thesen nicht oder nur zu Hälfte. Weder empfand sich der skandallüsterne junge Mensch aus Augsburg in einer ersten Nachkriegszeit bereits als ein Lehrer des Volkes und als Ideologe einer Revolution, noch hatte sich Brechts späterer Marxismus jemals freimachen wollen von aller »süßen Anarchie« der Augsburger Jahre, als eine ganz unerwartete und große deutsche Dichtung hier am Lech entstand. Undenkbar nun wirklich ohne einen Volkston, der jedoch nicht den schwäbischen Gesprächen in der Kneipe und auf dem Plärrer abgelauscht wurde, sondern poetische Erfindung war des Eugen Berthold, der sich lange Jahre als Bert bezeichnen ließ, schließlich als Bertolt mit einem t.
Gegen Ende eines Zweiten Krieges und im amerikanischen Exil muß Brecht diese Verstrickung zwischen marxistischer Philosophie und schwäbischer Heimat als tief schmerzlich empfunden haben. Ein Gedicht heißt »Rückkehr«. Es beginnt mit der Frage nach seinem Verhalten zu Augsburg.

Die Vaterstadt, wie find ich sie doch?
Folgend den Bomberschwärmen
Komm ich nach Haus.

Gegen das Ende des Gedichts jedoch kehrt sich die Fragestellung um: die Vaterstadt in ihrem Empfinden gegenüber dem abtrünnigen Sohn.

Die Vaterstadt, wie empfängt sie mich wohl?
Vor mir kommen die Bomber. Tödliche Schwärme
Melden euch meine Rückkehr. Feuersbrünste
Gehen dem Sohn voraus.

Da ist nichts mehr spürbar vom Stolz eines, den man aus der Heimat mit »gutem Grund« vertrieb. Das Gedicht hat keine Antwort auf den Zwiespalt. Entsetzen, daß es so kommen mußte. Trauer. Und gesprochen wird vom »Sohn« und von der »Vaterstadt«.

II. Skizzen und Porträts

Ernst Bloch oder die Selbstbegegnung

Sie alle gehörten zum Jahrgang 1885: Ernst Bloch, Otto Klemperer, Georg Lukács. Kinder des Frühjahrs und des Frühsommers. Dem großen Musiker, der wenig Begabung besaß für Freundschaft, dem Schüler Gustav Mahlers, wurde das Buch »Geist der Utopie« zur Erweckung. Daraus entstand eine immer wieder gefährdete, stets von neuem stabilisierte Freundschaft: bis ins hohe Alter der beiden hinein. Bloch rief dem Freund einen bewegten Dank hinterher, als er auch ihn zu überleben hatte. An Klemperers kulturgeschichtlicher Leistung, neben allen musikalischen Interpretationen: der Berliner Krolloper der Zwanziger Jahre, war auch Ernst Bloch entscheidend beteiligt.

Von der Wichtigkeit seiner Jugendfreundschaft mit dem genialischen Altersgenossen aus großem österreichisch-ungarischem Hause, mit Georg Lukács also, hat der hochalte Ernst Bloch immer wieder und gern erzählen mögen. In einem Rundfunkgespräch vom Jahr 1967 – da war er 82 – hat Bloch wieder einmal, wie so oft, vom Heidelberg seiner Jugend gesprochen: als dem hellen Gegensatz zum ungeliebten Ludwigshafen des Elternhauses. *Heidelberg* aber wurde ihm, in jenen Jahren eines ersten Vorkriegs, um 1911 und 1912, als die Symbiose Bloch – Lukács anhob, vor allem dank dieser Freundschaft zwischen zwei jungen Denkern, die einander so ähnlich und auch so unähnlich waren, zur Stätte einer philosophischen Selbstbegegnung. Bloch erinnert sich: »Zentrum war sofort die wirkliche Symbiose mit Lukács, die drei oder vier Jahre gedauert hat. Wir waren so verwandt geworden, daß wir wie kommunizierende Röhren funktionierten.« Und etwas weiter im selben Text: »Unsere Einheit, ja, wie soll ich die ausdrücken: die war von Eckhart bis Hegel; Lukács schoß Literaturwissenschaft zu, Kunstwissenschaft, Kierkegaard und Dostojewski, die mir fremd waren. Ich pflegte damals zu sagen: ›Ich kenne nur Karl May und Hegel; alles was es sonst gibt, ist aus beiden eine unreinliche Mischung; wozu soll ich das lesen?‹« Diesen Satz hat auch der hochalte Mann in seiner Denkklause am Neckar zu Tübingen noch gern wiederholt. Freilich voller Selbstironie: denn auch seine literarische Bildung war inzwischen grenzenlos geworden, wenngleich sie willentlich von ihm selbst immer wieder begrenzt wurde.

Allein es gab auch noch eine zweite Stätte und auslösende Kraft für jene Selbstbegegnung, die eine neue Denkform entstehen machte: nach vielen tastenden Jugendversuchen mit philosophischen Systematisationen, die alle noch den Daumenabdruck des Systemdenkers Hegel trugen. Wenn Bloch später, im Jahre 1919, als er die zweite Fassung von »Geist der Utopie« vorbereitet, mit Entwürfen zu einer formalen Logik befaßt ist, obwohl schon der »Theologe der Revolution«, der Thomas Münzer, in ihm rumort, so darf man ahnen, daß viele »Holzwege« (verstanden in einem ganz anderen Sinne als beim Schwarzwälder Heidegger) begangen werden mußten, ehe sich der Weg öffnete, der die Vision eines »Prinzips Hoffnung« freigab.

Dieser Weg freilich ging von *Bayern* aus. Es ist schön, heute und an dieser Stelle davon zu sprechen. Man braucht bloß zu zitieren: »Ich war immer wieder von Heidelberg weg, habe eigentlich meinen Schreibtisch in Garmisch stehen gehabt, Garmisch und Heidelberg haben alterniert; in Garmisch sind auch die Anfänge meiner Philosophie schriftlich entstanden – also eine bayerische Geburt, mit dem Willen, der Alpen würdig zu sein, die ich vor meinem Fenster hatte. Wenn wir getrennt waren, ich in Garmisch und Lukács in Heidelberg oder sonstwo, und wir uns dann wiedersahen nach zwei oder drei Monaten – da konnte es vorkommen, daß ich oder er dort anfingen zu sprechen, wo der andere gerade aufgehört hatte.«

Anschreiben wollen gegen die große Natur, indem man die große Gegenschöpfung wagt: das ist hier kein hybrider Versuch eines jungen Menschen, sondern zeitgenössische Ästhetik. Als kurz vor jener Zeit Bruno Walter, ein Berliner, den bewunderten Gustav Mahler im Südtiroler Toblach besucht, winkt der sogleich ab. Es habe keinen Sinn, daß sich Walter als Musiker von den Dolomiten beeinflussen lasse. »Das habe ich alles bereits wegkomponiert!« Es war damals die neue Expression. Auch die »Alpensinfonie« des Nicht-Expressionisten Richard Strauss, die 1915 erschien, gehört dazu. Folglich war es legitim, als vor einigen Jahren die Marbacher Ausstellung zur Geschichte des deutschen Expressionismus in einer gesonderten Vitrine sowohl die Essaysammlung »Die Seele und die Formen« des Georg von Lukács aus dem Jahre 1911 ausstellte, wie Blochs »Geist der Utopie« von 1918. Sie waren in der Tat zugehörig.

Da war noch ein anderes. Eine Fremdbegegnung erst, die zur großen Liebe werden sollte in diesem Leben, führte zur Selbstbegegnung. Für einen ursprünglich nicht geplanten Band seiner Gesamtausgabe, den Band 17, gab der uralte und blinde Denker, der geistig und schöpferisch wachgeblieben war bis zum letzten Tag, einen Text frei, der ihm allein bis dahin gehören sollte. Das »Gedenkbuch für Else Bloch-von Stritzky« mit dem Todesdatum 2. 1. 1921. Das Gedenkbuch eröffnet diesen 17. Band, der als Nachlaßband erscheinen mußte, den aber Bloch selbst noch genau in Gedanken komponiert und seinen Helfern vorgetragen hatte. Damit schlägt das Gedenkbuch den Bogen zurück zum Band 16 der Gesamtausgabe, der die Erstfassung von »Geist der Utopie« faksimiliert von neuem vorlegt und der von allem Anfang durch den Autor dazu bestimmt worden war, die Totalität des Œuvres abzuschließen. »Geist der Utopie«, in München und Leipzig erschienen bei Duncker und Humblot im Jahre 1918, mit der Widmung »Else Bloch-von Stritzky zugeeignet«. Beides gehörte zusammen: dieser Name und dieses Buch, dessen wichtigster und umfangreichster Mittelteil die Überschrift trug, übrigens im Sperrdruck, »Die Selbstbegegnung«.

Kaum ein Jahrzehnt sollte sie dauern, diese Begegnung des ungebärdigen jungen Juden, aus mittlerem königlich-bayerisch-pfälzischem Beamtenhaus, mit der baltischen, unermeßlich reichen Baronin. Else von Stritzky blieb unvergeßbar allen, wie viele Zeugnisse bestätigen, von Lukács, auch von Walter Benjamin, dessen Kondolenzbrief in diesem Gedenkbuch aufbewahrt wurde, die ihr begegnen durften. Sie kränkelte früh und starb am zweiten Tage des Nachkriegsjahres 1921. Wie er überlebte und weiterzuarbeiten hatte: das schrieb sich der fünfunddreißigjährige Witwer auf in diesem Gedenkbuch. Es war schöpferische Therapie.

Vorkrieg, Krieg und Nachkrieg. Das Gedenkbuch hat nichts vergessen und faßt zusammen: »Welche Kreise haben wir allein schon rein äußerlich in so wenigen Jahren durchschritten! 1911 noch abhängig von diesen meinen Eltern, 1912 seigneurial gelehrtes Junggesellenleben mit Lukács, 1913 Else, glanzvolles Haus, Tag und Nacht Gäste, aristokratischer Luxus, von Else geformt und regiert. 1915/16/17 tiefe Verborgenheit in Grün-wald Isartal, in unserem kleinen, abgeschiedenen, wiese- und waldumgebenen Schloß mit den vielen Zimmern und herrlichen alten Möbeln, Teppichen ›Geist der Utopie‹ geschrieben. 1918/19: Exil in der Schweiz, Armut und Elend ... jämmerlich ge-wohnt, oft gehungert, alles Vorige zerstoben (gerade dieses, was andere Ehen leicht zerstört hätte, hat unsere noch befe-stigt)...«

In dem wunderbaren Erzählbuch »Spuren« hat Bloch diesen Le-bensvorgang als Parabel gefaßt unter dem Titel »Brot und Spiele«. Das beginnt so: »Ich kenne einen, der plötzlich verarmte und sich gezwungen sah, in eine üble Kammer zu ziehen. Am andern Tag, als er nach einer durchbissenen Nacht auf die Straße kam, erstaunte er, wie völlig nichts er vor sich selbst geworden war. Wie wichtig ihm die kleinen gewohnten Dinge fehlten: Farbe der Wand, das wohlige Viereck des Schreibtischs, der runde Schein der Lampe, die er alle vordem mit sich ins Freie genommen hatte. Nur der Tabakrauch bildete noch einen Puf-ferstaat zwischen ihm und der kahlen Welt, trug ihn, umwölkte, pythisierte in etwas sein Ich. Widerlich fühlte sich der Mann durch den Gruß eines Hotelportiers geehrt, war geneigt, die kleine Macht nicht nur zuerst, sondern tief zu grüßen. So rasch sinken alle Menschen zusammen, verlieren ihren Pol, wenn man ihnen die äußere Fixierung entzieht.«

Das Lesestück »Brot und Spiele« endet so: »Daß Aufruhr, bei so alter Sklavenzüchtung und Gewöhnung an sie, überhaupt mög-lich ist, das ist so ungewöhnlich, daß man, auf seine Weise, daran fromm werden kann.«

Daß man, auf seine Weise, daran fromm werden kann. Das Buch »Geist der Utopie« schließt in beiden Fassungen mit dem Wort »Gebet«. Ernst Bloch, ein großer deutscher Schriftsteller, wie bekannt, hat auch sprachlich stets genau komponiert. Das »Prin-zip Hoffnung«, wie gleichfalls bekannt, klingt aus mit der Anru-fung einer »Heimat«, von welcher zuvor ausgesagt war, daß sie »allen in die Kindheit scheint und worin noch keiner war«.

Von dieser Kindheit soll nun gesprochen werden, die schlimm gewesen sein dürfte. »Unglückliches Bewußtsein«: die Hegel-Vokabel muß dieser junge Pfälzer, der keine Schulaufgaben machte, aber den Hegel las, was kaum einer sonst tat in damaligen Zeiten, früh schon gekannt haben. Mit ihr ein Lebensmoment, das Bloch auch später immer wieder erinnert und gefürchtet hat. Er nannte es den »Unerträglichen Augenblick«.

Spät erst, fast verschämt, hat er davon eine schriftliche Schilderung geben wollen, keine Deutung. Der Text steht in den Literarischen Aufsätzen. Er gehört aber vielleicht, dem Lebensvorgang nach, in den Bereich des Buches »Geist der Utopie«. Eine Art allerstärkster Übelkeit, so wird er zuerst beschrieben. So daß, wird angemerkt, nur der extrem kurze Zustand daran hindert zu vernichten: durch Tod nämlich oder Umnachtung. Der Abgrund, so heißt es weiter, »scheine überhaupt keinen Boden zu haben, worauf man zerschellen könne«.

Es komme nicht von ungefähr, sei vorbereitet worden. Bloch ist auch hier genau: »Merkwürdigerweise sollen gemütliche Dinge und Zustände den schwarzen Einschlag anziehen; so bereits ein Teller Suppe, übervoll, freilich auch ein zu trautes Behagen an falschem Ort. Vorausgesetzt ist aber allemal eine gehabte Enttäuschung, oft mehrere Stunden vorher. Ein wichtiger Brief, ein sehr erwarteter Besuch kamen nicht.« Was Bloch hier berichtet, weil er es nur zu gut kannte, ist nicht bloße Enttäuschung, weil es, als Riß durch den Lebensvorgang, überhaupt keinen Inhalt habe.

Bloch hat einmal im Gespräch berichtet, wie ein solch unerträglicher Augenblick ihn mitten in Heidelberg traf: auf der Neckarbrücke. Er wollte wissen, ob man das auch kenne.

In Heidelberg, wo er gern war, und den Freund aus Ungarn für sich gewann, ist es ihm wohl nicht gut ergangen. Dort regierten der Clan des Soziologen Max Weber, eher dessen Gattin Marianne, und die Jünger des Meisters Stefan George. George hat den jungen Menschen aus Ludwigshafen vermutlich abgelehnt. Ernst Bloch hätte sich auch vermutlich nicht geeignet für die Rolle von Friedrich Gundolf oder Karl Wolfskehl, zweier Juden übrigens, die George an sich band. Im Gedenkbuch für Else notiert der Tagebuchschreiber am 7. Mai 1921: »Hier nun in Seeshaupt will ich den letzten Teil des Münzer-Manuskripts noch durchsehen; es ist Margarete Susman gewidmet, die so sonderbar und bedeutend aus dem Kreis meiner Feinde, dem George-Kreis, zu mir fand ...«

Abgewiesen auch im Salon der Marianne Weber, wo der Herr

Dr. von Lukács hochwillkommen war. So wie auch der spätere Freund und geistige Zwilling vier Jahre vor der Begegnung mit Bloch über Stefan Georges »Lyrik der neuen Einsamkeit« in tiefer Vertrautheit geschrieben hatte: »Die Endakkorde der Besten von heute sind es, die nachklingen aus seinen Versen...«

Viele Demütigungen müssen immer wieder zusammengewirkt haben, um bisweilen den unerträglichen Augenblick zu evozieren. Das liegt jenseits aller Psychologie: deutet aber den *existentiellen* Vorgang an, gegen welchen das Prinzip Hoffnung angerufen werden mußte. Ein wohl unerträgliches Elternhaus. Jüdisch-pfälzische Provinz. Vom Vater sprach Bloch stets nur als von dem »Alten«. Ein miserabler Schüler, der sitzenblieb. Beim 90. Geburtstag, der im Taunus begangen wurde, brachte der Freund und Oberbürgermeister von Ludwigshafen seinem Ehrenbürger die Ablichtung alter Schulzeugnisse. Sie waren deprimierend. »Wilde Jahre« dann als Student in Würzburg. Stadt und Universität von Würzburg haben die Zeiten von 1910 vielleicht immer noch registriert. Jedenfalls konnte sich die Universität offenbar auch nach fünfzig Jahren seit der Promotion Blochs beim Philosophen Oswald Külpe nicht dazu entschließen, eine höfliche, keineswegs besonders ehrenvolle Geste zu vollziehen, um dem weltberühmten Denker das Doktordiplom zu erneuern.

Viele Kommerse und viele Mädchen. Bloch hat beseligt von seiner Tätigkeit als Fuchsmajor berichtet. Auch hier dunkler Untergrund. Der stets latente jüdische Selbsthaß: wie bei den Zeitgenossen Karl Kraus, Walther Rathenau, Kurt Tucholsky, auch Theodor Lessing, der ein Buch über den »Jüdischen Selbsthaß« schrieb, und den man im Exil im August 1933 aus dem Hinterhalt erschießen sollte.

Die Eltern in der Pfalz drängten nach der Promotion auf Habilitation. Bloch will es, und wohl auch wieder nicht. Beamteter Professor der Philosophie wurde er erst im Jahre 1949: nach zwei Weltkriegen und mit 63 Jahren. Die ursprünglich freundliche Beziehung zu dem jüdischen Philosophen Georg Simmel in Berlin zerbricht. Das erfährt man jetzt aus den durch Zufall wiederentdeckten Jugendbriefen Blochs an Georg Lukács. Am 12. Juli 1911 schreibt Bloch aus Baiersbrunn bei München an den Freund nach Budapest: »daß ich von Simmel einen kurzen Brief bekam, daß er in diese Angelegenheit dokumentarisch Einsicht genommen habe und leider mit dem Erfolg: daß er nicht den Wunsch hat, die persönlichen Beziehungen zu mir fortzusetzen.«

Blochs Kommentar spielt mit dem Zynismus: »Was hat er mir bisher geholfen? Da habe ich auf Külpe auch mehr Vertrauen. Im übrigen schreibe ich mein Werk.«

Auch die Rolle des Königs Lear probiert der junge Mensch von 26 Jahren. Noch glaubt er an das eigene, gegen-hegelische System und verteilt Widmungen. Eine Freundin, die bald darauf weichen muß nach der Bekanntschaft mit Else von Stritzky, soll mit der Geschichtsphilosophie beehrt werden. Dann heißt es weiter im Brief nach Budapest: »Die Rechts- und Sozialphilosophie, die ich Simmel widmen wollte, ist jetzt frei geworden; aber Du bekommst die Ästhetik, die ganz großartig gereift ist.«

Man liest sie nicht gern, diese Jugendbriefe. Vertrauliche Schreiben, die der späte Weltruhm öffentlich machen sollte. Allein da ist, bei allen Demütigungen und Irrtümern, die innere Stimme, die nicht täuscht, und die gemeint ist, wenn Ernst Bloch ein Leben und Werk hindurch eine Heimat zu suchen auszieht, die es nicht gegeben hat, nicht für ihn selbst, in seinen unglücklichen Umständen, doch auch nicht für irgendeinen anderen Menschen oder gar für irgendeine Menschengruppe. So daß alles hier erlebte Glück wie auch Unglück bloße Wirklichkeit zu sein hat, nicht Möglichkeit, ein Vorschein bestenfalls, ein Nochnicht.

»Im übrigen schreibe ich mein Werk.« Dies eben unterscheidet den »realen« Ernst Bloch vom Manne in der Parabel »Brot und Spiele«: daß er sich nicht tief verbeugt, im plötzlichen Elend, vor dem Herrn Hotelportier, wer immer das sein mochte. »Wer mich ablehnt, der ist gerichtet vor der Geschichte«, soll er, so hat er es selbst erzählt, im Salon der Frau Dr. Marianne Weber dekretiert haben. Vielleicht hat er die schöne Formel erst später hinzuerfunden, allein etwas dieser Art wird es gegeben haben.

Else von Stritzky half ihm dann zur Selbstbegegnung. Auch die Freundschaft des erfolgreichen Herrn von Lukács wurde als Bestätigung der inneren Stimme empfunden, und mit Recht. Wichtiger wurde jedoch, daß Bloch endlich, etwa um sein dreißigstes Jahr, loszukommen vermochte von aller Hegel-Imitation, auch von allen »großartig gereiften« Systementwürfen: um seine eigenen philosophischen Fragen zu stellen. Denn daß er ein Philosoph sei und sein werde, war niemals zweifelhaft. Man vertraute der Stimme.

Die letzte Eintragung des Gedenkbuches für die tote Frau trägt das Datum des 19. November 1922. »So beginne ich nach langer Pause wieder zu schreiben.« Er war in Riga gewesen, mit Erich von Stritzky, dem Bruder. Er sah die Moorlandschaft zwischen Mitau und Riga. Ein Wiedererkennen, obwohl alles neu sein mußte. Es heißt: »Das war das innere Traumbild meiner Jugend, mir so nahe und näher als das Bild von Ravenna, diesem übrigens in Öde, Einsamkeit, nahem Meer verwandt; als Kind hatte ich im Herbst Spuren dieses Bildes in den abgemähten Feldern der Rheinebene gesucht.«

Spuren. Was zuerst anklang, bereits in der ersten Fassung von »Geist der Utopie«, um weiterzuklingen ins Leben hinein, schließlich in die Welt, in einer Entelechie, die ein sehr langes Leben voraussetzte, wurde als Frage faßbar. Der noch junge Ernst Bloch nannte es: »Die Gestalt der unkonstruierbaren Frage«.

In einer großartig konzisen Zusammenfassung des Buches »Geist der Utopie« für einen Rundfunkbericht hat der blinde Mann im Jahre 1974 bis in alle Einzelheiten den Aufbau dieses seines ersten Buches resümiert. Als er von jenem Abschnitt in dem Kapitel über die »Selbstbegegnung« zu sprechen hat, der eben dieser Gestalt der unkonstruierbaren Frage gilt, findet er eine ganz einfache Lebenstatsache, um zu verdeutlichen, was gemeint ist mit seinem Fragen. Mit all seinem Fragen, darf man hinzusetzen.

Hier ist der alte Denker nach wie vor im Einklang mit seinen Anfängen. Er berichtet: »Da befindet man sich in der Lage dessen, der etwas einkaufen will, er weiß noch nicht was. Wir sehnen uns nach etwas, wir suchen etwas, wir gehen auf etwas zu. Wir gehen in ein großes Warenhaus (dem entspricht die Geschichte der Wissenschaften), und da wird von den Verkäufern alles Mögliche angeboten. Wir aber wollen etwas, ohne schon zu wissen, was es sei. Das hat Brecht in Mahagonny ausgedrückt mit dem Satz: Etwas fehlt. Was fehlte, konnte Jimmy nicht sagen, aber etwas fehlt, und das sucht er, das ist es, worauf er aus ist.« Er findet es aber nicht im Warenhaus der Wissenschafts- und Philosophiegeschichte. So bescheidet er sich, der Jimmy

Mahoney, und geht weg. Bloch resümiert: »Die Urfrage, die er hatte, ist vergessen.«

Er selbst, Ernst Bloch aus Ludwigshafen, geboren am 8. Juli 1885, ist nicht weggegangen. Das Buch »Geist der Utopie«, entstanden im Krieg und in der Einsamkeit eines Denkens, das begehrte, »nicht schuld daran zu sein«, hat wohl dreierlei bedeutet. Zunächst eine Selbstbegegnung, nachdem die Selbstbefreiung mit Hilfe von außen möglich geworden war. Dann als politisches, vor allem weltpolitisches Manifest. Beim späten Rückblick suchte Bloch die Tendenz zu erinnern: »Geschrieben gegen Preußen, gegen Österreich, schonender im Ansehen der Entente, etwas schonender, weil Unterschiede sehend; aber scharf polemisch auch gegen deren kapitalistischen, imperialistischen Zusammenhang gewendet.«

So mag er selbst es gesehen und gewollt haben. Beim Wiederlesen wird es jedoch einigermaßen schwer, diese Motivation nachzuvollziehen. Ein Vergleich mit Heinrich Manns ungefähr gleichzeitig entstandenem Zola-Essay wird die von Bloch behaupteten politischen Positionen, abgesehen vom Imperialismus, stärker bei Heinrich Mann entdecken, als in der ersten Fassung des »Geist der Utopie«. Das macht: im ersten Buch von Ernst Bloch wird die Geschichte, erstaunlich bei einem frühen Hegelianer, immer wieder ausgeklammert. Auch Karl Marx, der in jener berühmten Überschrift »Karl Marx, der Tod und die Apokalypse« evoziert wird, bedeutet eher einen geistigen Zurechnungspunkt als ein real-geschichtliches Phänomen.

Das hängt mit einer dritten Motivation des Buches zusammen: mit seiner Absage (die spät, fast widerwillig geschah, und mancherlei Rückfälle nicht ausschloß) an alles *hegelisierende Systemdenken*. Was Karl Marx in den 40er Jahren des 19. Jahrhunderts als Postulat aller Nachhegelianer erkannt hatte: das Auseinanderbrechen des Hegelsystems, um ein Überleben der dialektischen Methode zu sichern, muß auch vom jungen Ernst Bloch, der die geschichtlichen Vorgänge nur unzulänglich überblickte, geleistet werden. Unmittelbare Folge war freilich, daß der »Geist der Utopie«, ganz gewiß in der ersten und im wesentlichen auch in der Nachkriegsfassung, eher an eine poetisch-philosophische Rhapsodie gemahnt als an irgendein systematisches Philosophieren.

Poetisch-philosophisch. Hier wird ein Zwiespalt offenbar, den viele Leser Ernst Blochs immer wieder empfunden haben: daß die außerordentliche Begabung des Schriftstellers bisweilen die schöne Formel, die verblüffende Terminologie, sogar die witzige Pointe als »Anstrengung des Begriffs« zu präsentieren sucht.

In den Anfängen, und nach Preisgabe der Bemühung um ein eigenes philosophisches System, macht sich deshalb die Verachtung der überprüfbaren Historizität schädlich bemerkbar. Wenn Bloch auch später noch dankbar anmerkt, durch Lukács sei er mit Dostojewski und mit Kierkegaard bekannt gemacht worden, so wies man ihm damit zwei Wege ins Geschichtslose. Er ist sie auch später immer mal wieder gewandelt. Die konkrete Dialektik des »Subjekt–Objekt«, die Jahrzehnte später den Titel abgeben sollte seiner »Erläuterungen zu Hegel«, war lange Zeit mißachtet worden.

Da Ernst Bloch kriegsuntauglich war als Folge seiner Augenschwäche, durfte er in die Schweiz ausreisen. Hier erlebte er jenen Umschwung vom höchsten Wohlleben zur bitteren Armut. Damals entdeckte er wohl die einfachen, auch die armen Leute. Von ihnen hat er immer wieder in Dankbarkeit gesprochen. Nun schrieb er politische Artikel für Tageszeitungen, die Arbeiterpresse vor allem, im Kanton Bern. Hier fand auch eine nachwirkende Begegnung mit Walter Benjamin statt. Die politische Publizistik Ernst Blochs war ein Erzeugnis des Mangels und der neuen Menschenerfahrung.

War sie ernstzunehmen? Die Antwort fällt schwer. Das Buch »Politische Messungen, Pestzeit, Vormärz« aus dem Jahre 1970, Band 11 der Gesamtausgabe, ist viel befehdet worden: oft sehr ungerecht von solchen, die den Mann und sein Werk zu treffen suchten, nicht seine politischen Fehlanzeigen. Daß der alte Mann, mit 85 Jahren, seine Leitartikel, besonders aus den Dreißiger Jahren, also aus der Pestzeit des Dritten Reiches, die zugleich eine Pestzeit des Stalinismus gewesen ist, für die Nachwelt umzuarbeiten suchte oder von der Aufnahme in die Ausgabe ausschloß, wurde von ihm mit dem Hinblick auf die Dialektik des Immerweiterarbeitens begründet: »Ausgabe letzter Hand«: dies Goetheprinzip wollte er auch für das eigene Œuvre befolgen. Abermals bedeutete dies jedoch eine Verwechslung der poetischen mit der politisch-philosophischen Sphäre. Wenn Ernst

Bloch den schön geschlossenen Aufbau seines Buches »Spuren« durchbrach, um den Band zu erweitern und neu zu strukturieren, wenngleich man ihm davon abriet, so durfte eine solche Arbeitsweise als legitim gelten. Die stilistische und inhaltliche Neudeutung einstiger politischer Bewertungen jedoch, »im Lichte unserer Erfahrung«, wie Thomas Mann das genannt hat, mußte als neuer Rückfall in die Geschichtslosigkeit verstanden werden.

Sehr ernst waren sie wohl beide nicht zu nehmen: die früheren wie die späteren politischen Deklarationen. Ernst Bloch ist in seiner letzten Lebenszeit, aus welchen Gründen immer, als politischer Prophet und Vordenker gefeiert und geliebt worden. Das großartige Format des Redners, Gesprächspartners, unbequemen Warners im korrupten Alltag einer Wegwerfgesellschaft mußte dazu führen, daß man die ernsthaften Warnungen Blochs, wonach Hoffnung auch enttäuscht zu werden pflege und nicht mit Erbaulichkeit verwechselt werden dürfe, stillschweigend überging. Um sich an jene Verlautbarungen zum Tagesgeschehen zu halten, die ein blinder Greis immer wieder diktierte oder autorisierte. Das mochte im einzelnen Falle die Sache treffen, um die es ging, oder auch nicht. Immer handelte es sich jedoch, ganz wie bei Thomas Mann, den Bloch nicht achten mochte, um »Betrachtungen eines Unpolitischen«.

Karola Bloch, der von ihm noch zu Lebzeiten der später als Nachlaßband erschienene Text mit folgenden Worten gewidmet wurde: »Für meine Frau Karola, Mann und Werk vor den Nazis rettend«, hat berichtet, wie schwer der unpolitische Ernst Bloch selbst ihr solche Rettung machen sollte. Als die Tschechoslowakei durch den Einmarsch der deutschen Wehrmacht unmittelbar bedroht ist, Blochs leben in Prag mit dem kleinen Sohn, gelingt es der Frau Karola, das rettende amerikanische Visum zu erwirken. An einem frühen Morgen muß es in der Botschaft oder ihrem Generalkonsulat persönlich abgeholt werden. Bloch war stets ein Nachtarbeiter. Schlaftrunken wird er ans Aufstehen gemahnt und fragt zurück: »Aber warum müssen wir denn nach Amerika reisen?«

Georg Lukács, der Zwilling von einst, machte sich zum Berufsrevolutionär, zum Parteikommunisten, der treu zu bleiben gedachte, auch nach dem Parteiausschluß im Jahre 1956. Dreimal mußte er die rituelle Selbstkritik üben: dreimal wider besseres Wissen, doch aus einer tiefen Überzeugung, daß Politik nur in einer Gemeinschaft mit gemeinsamen Zielen und Strategien möglich sein könne. Die politischen Irrtümer eines Georg Lukács, wenn man sie historisch zu deuten versucht, wurden nicht von einem Unpolitischen begangen. Sie lassen sich auch nicht durch den Hinweis auf den Mann Stalin erklären. Vielleicht hat die geschichtlich-dialektische Analyse nicht gestimmt, die Lukács bis zum Lebensende für richtig hielt: die Bindestrichverbindung des Marxismus mit dem Leninismus. Der hundertste Geburtstag des großen Denkers aus Budapest sollte Anlaß genug sein, sich dieser Frage zu stellen, statt endlos Sekundärliteratur zu produzieren, die alles paraphrasiert, was Lukács selbst genau zu formulieren wußte.

Walter Benjamin, den Bloch für seinen Freund hielt, so daß er viel später, als Benjamins Briefe erschienen, sagen mußte: »Nun ist mir ein Freund zum zweitenmal gestorben!«, hat sich niemals entschieden. Weder zwischen den Lebensalternativen Gerhard Scholem und Bertolt Brecht, noch für den Zionismus oder den Marxismus. Nicht einmal zwischen der Politik und der Unpolitik. Wahrscheinlich wußte er insgeheim, daß sein Werk nur in solcher Entsagung zu erschaffen sei. Sein Freund Scholem hat das gewußt und wohl mit Recht das in vielem rätselhafte Buch Benjamins über Goethes »Wahlverwandtschaften« als autobiographischen Text interpretiert.

Ernst Bloch entschied sich, vermutlich ohne wirkliche Dezision, für die *Politik eines Unpolitischen*. Er hatte keine wirkliche Kenntnis des Alltagslebens, ohne welche ein gesellschaftlicher Vorgang nicht zutreffend gedeutet werden kann. Immer wieder hat er leben und arbeiten dürfen dank der Liebe und Treue anderer Menschen. Das hat er früh schon angestrebt. Die Briefe an Lukács, bisweilen rüde im Ton eines Genies, dem man gefälligst zu helfen hat!, sind nicht besonders erfreulich. Sie deuten aber an, wie schwer dies Leben gewesen sein muß, und wie schwer die spätere Gelassenheit eines Weltberühmten errungen wurde.

Konkret geschichtliches Denken hat Bloch nur einmal ernsthaft betrieben. In seinem zweiten Buch, und nach der Selbstbegegnung. Als er die Welt des revolutionären Theologen Thomas Münzer zu beschwören hatte. Da war er fähig geworden des klar unterscheidenden geschichtlichen »Blicks in den Chiliasmus von Bauernkrieg und Wiedertäufertum«. Diesen »Thomas Münzer«, weit eher als das spätere »Prinzip Hoffnung«, darf man als wichtigen Beitrag Ernst Blochs zum dialektischen Geschichtsdenken bezeichnen.

Als jedoch, kurze Zeit nach Erscheinen des »Münzer«, das berühmteste Buch von Lukács, nämlich »Geschichte und Klassenbewußtsein«, (1923) in Berlin herauskommt, sogleich von offizieller kommunistischer Seite als Irrlehre verdammt und von Lukács prompt, und aus tiefer Überzeugung, verleugnet, erkennt Bloch in einer Rezension des Buches seines einstigen Denk-Partners sogleich sowohl die denkerische Innovation wie die politische Relevanz dieser kaum durchkomponierten Essay-Sammlung. Allein er reduziert die »Geschichte« zur Kunst- und Literaturgeschichte, und das Phänomen des »Klassenbewußtseins« erscheint ihm kaum problematisch, weil Bloch die gesellschaftlichen Klassen nicht kennt und kennen wird.

Der historische Kontext in Blochs Rezension ist erstaunlich genau in allem, was die Überbauproblematik betrifft. Das Denken von Lukács aber war diesmal gerichtet auf die Erzeugung von proletarischem Klassenbewußtsein mit dem strategischen Ziel einer siegreichen Revolution. Der erste Versuch in Ungarn, an welchem Lukács verantwortlich teilnahm, war gescheitert. Dies alles ignoriert Bloch, wenn er schreibt: »So gewaltig ist der Riese zwischen Leibl und Chagall, Wagner und Schönberg, Keller und Döblin, wie vielleicht noch niemals einer war innerhalb der ›Kultur‹ der Neuzeit, ja innerhalb des kulturellen Gesamtkomplexes von Athen bis zum Klassizismus.« Lukács habe, so Ernst Bloch, als »Einziger fast das Niveau der fälligen gültigen Sache selbst betreten«.

Was aber war – für Ernst Bloch – die fällige gültige Sache? Er sagt es nicht. Hatte er sie gekannt und erkannt? Historische Ironie führte später dazu, daß ausgerechnet Lukács diese Döblin und Chagall und Schönberg, zu schweigen von Kafka oder Joyce, als Inbegriff bürgerlicher Dekadenz zu verdammen suchte. Kaum ironisch zu deuten aber, sondern die für Bloch selbst »fällige gültige Sache« visierend, ist die Tatsache, daß alle von Bloch angerufenen Zeugen der geistigen Wende im Zeichen einer *neuen Religiosität* auftreten: Chagall, Schönberg, Döblin. Leibl aber und

Richard Wagner und Gottfried Keller waren bürgerliche Realisten in ihrem Denken, Schüler eines Ludwig Feuerbach.

Wenn man den »Thomas Münzer«, was die Denkmethode betrifft, und mithin auch die Denkergebnisse, als dialektische Negation des Buches über den »Geist der Utopie« interpretiert, so bleibt zu fragen, ob das »Prinzip Hoffnung« dazu als Synthese konzipiert wurde, gar als eine Negation der Negation.

Auch das »Prinzip Hoffnung«, das Bloch im amerikanischen Exil entwarf, in einem Incognito, das er liebte und kultivierte, weil es ihm erlaubte, in der Bibliothek der Harvard University, also in Cambridge, Massachusetts, zu leben, und gleichzeitig aller Pflichten eines akademischen Amtes und der Tagesbemühungen eines freien Schriftstellers ledig zu sein, hat viele Wandlungen der Thematik, der Akzentuierung, sogar der Perspektive erfahren müssen. Noch der in Ostberlin erschienene dritte Band unterscheidet sich nicht unwesentlich vom entsprechenden Text der Frankfurter Gesamtausgabe. Abermals das Leitbild einer Ausgabe letzter Hand. Die Grundkomposition aber dürfte von Anfang an festgestanden haben. Bloch war insoweit, sein Leben lang, ein Systematiker geblieben. Schon bei Antritt des Leipziger Lehramtes im Sommersemester 1949 entwickelte er den Plan einer Gesamtausgabe, die manchen Band zu umfassen hatte, der vorerst bloß in einer Skizze aus den amerikanischen Tagen vorhanden sein mochte. Die heutige Gesamtausgabe entspricht weitgehend diesen Entwürfen. Er durfte in einer Entelechie leben, die ihm gestattete, alles noch selbst zu vollenden.

Auf neuen Wegen kehrte er dann insgeheim wieder zum Systemdenken seiner frühen Entwüfe zurück: als man ihn mißachtet hatte, zurückwies, nicht ernst nahm. Eine Bloch-Ausgabe schaffen wollen, die sich irgendwann einmal neben die Bände der Hegel-Ausgabe von Glockner stellen ließ.

Eine Religionsphilosophie als »Atheismus im Christentum«. Eine Rechtsphilosophie mit dem Thema »Naturrecht und menschliche Würde«. »Das Materialismusproblem, seine Geschichte und Substanz« als Naturphilosophie. Geschichtsphilosophie, doch angelegt als Philosophiegeschichte. Das zwischen 1972 und 1974 entstandene Buch »Experimentum mundi« verstand Bloch als seine Kategorienlehre. Er widmete es dem »Andenken Rosa Luxemburgs«.

Da aber das »*Prinzip Hoffnung*« am stärksten hineingewirkt hat in die heutige Welt und Gesellschaft, der Titel zum Modewort entarten sollte, bleibt zu fragen, welchen Stellenwert er selbst diesem opus magnum eingeräumt haben mag. Vielleicht verhält es sich so, daß Bloch mit dem Abschluß dieses großen Entwurfs, der alle »Spuren« der menschlichen Geschichte und alle Versuche in Denken, Kunst und Literatur vorzeigen und deuten wollte, die von uneingelösten Kindheitsträumen und aller Heimatsuche der bisher Heimatlosen eine Kunde gab, jene Aufgabe als erfüllt ansah, die er sich selbst, nach jener Selbstbegegnung um 1912, gestellt hatte. Vom »Geist der Utopie« zum »Prinzip Hoffnung«. Flankiert durch die Bücher über Thomas Münzer, »Erbschaft dieser Zeit«, und das Parabelwerk der »Spuren«. Das war vollbracht, mit 74 Jahren. Allein er selbst hat das »Prinzip Hoffnung« wohl nicht als Synthese empfunden, gar als Negation der Negation. Gerade weil das »Prinzip Hoffnung« nichts einzulösen vermochte: darin von Grund auf unterschieden nicht allein von Hegel, sondern erst recht von Schopenhauer, Kierkegaard oder Nietzsche, nicht zu reden von allem »real existierendem Sozialismus«, mußte er weiterdenken, da er nun einmal denkstark geblieben war bis zum letzten Tag.

Bloch gab nie etwas preis, was er jemals gedacht hatte. Sein ungeheures Gedächtnis speicherte alles. Er hat auch nie etwas zurückgenommen. Als die Übersicht auf nahezu jeglichen »Vorschein« abgeschlossen vorlag, kehrte Bloch zu den Anfängen seiner Systementwürfe zurück. Rechts- und Naturphilosophie, Religionsphilosophie in säkularisierter, nicht allzu säkularisierter Substanz. Hegels Enzyklopädie und – dagegen gestellt – Blochs Tübinger Einleitung und sein Buch über die »Zwischenwelten in der Philosophiegeschichte«, das ihn noch mit neunzig Jahren beschäftigte, weil hier eine Lücke schmerzhaft spürbar geblieben war in der alt-neuen Systemanlage.

Wäre es denkbar, so darf gefragt werden, daß die scheinbare Harmonie der Gesamtausgabe insgeheim *zwei durchaus divergierende Denksysteme* verdeckt? Das eine zurückführend zu den Anfängen eines unglücklichen Bewußtseins. Das andere als Ergebnis einer Selbstbegegnung, die einen einsamen, auch monomanen Denker dazu befähigte, Objekte wahrzunehmen, menschliche nämlich.

Dennoch fand keine Wandlung statt. Wie bei anderen Denkern eines großen Gesellschaftsentwurfs, den Platon, Rousseau oder auch Hegel, fehlt bei Bloch, im »Prinzip Hoffnung«, fast jeder Hinweis auf das Leid des einzelnen Menschen. Montaigne hatte keinen Stellenwert für ihn. Der Name Franz Kafka fehlt im Namenregister des »Prinzips Hoffnung«. Er stände dort zwischen dem byzantinischen Mystiker Kabasilas und dem Hohepriester Kaiphas. Lukács hatte den Autor des »Prozeß« verworfen. Benjamin rang zweimal um eine Kafkadeutung, und scheiterte zweimal: wie er wohl gewußt hat.

Allein auch diese These oder Behauptung findet ihr Widerspiel im Gesamtwerk, das wesentlich mehr, manchmal auch weniger und anderes ist, als die Summe seiner Teile. Was unbeachtet bleibt im Prinzip Hoffnung wie bereits im »Geist der Utopie«, das kleine Glück oder Unglück, wird tief erfühlt und hinreißend erzählt in den Texten des Buches »Spuren«. *Das ist ein großes Erzählwerk der plebejischen Tradition.* Um es zu wiederholen: Ernst Bloch nahm nie etwas zurück. Wenn er dem Freunde Lukács anvertraute, dem meisterhaften Kenner der hohen Literatur, er selbst kenne bloß Hegel und Karl May, so sprach er die Wahrheit: trotz aller Kenntnis auch der anderen Bereiche. Der Jahrmarkt und die Kolportage, die Bauernmalerei der Glasbilder von Murnau, das wilde Kurdistan, auch die große Kolportage Friedrich Schillers und Richard Wagners. Alle wurde fruchtbar: für das Denken und abseits davon. So entdeckte ein Junge, der in ohnmächtiger Wut in den kontrastierenden Städten Ludwigshafen und Mannheim zu leben hatte, die Gegebenheiten der plebejischen Tradition. Wie vor ihm Gustav Mahler dort, wo die schönen Trompeten blasen, und nach ihm Bert Brecht auf dem Augsburger Plärrer und am Ufer des Lech.

Daß ein Ruf an ihn ergangen sei, muß Ernst Bloch schon früh gespürt haben. Dem blieb er treu: trotz allem unbeirrt. Daß er Menschen traf in jenen frühen Jahren der Gefährdung wie Else von Stritzky und Margarete Susman, wie Lukács oder Benjamin, half immer wieder hinweg über den unerträglichen Augenblick. Blieb die Frage, die er dem Buch »Spuren« voranstellte, als er erkannt hatte, daß dieses Buch als Band 1 die Gesamtausgabe eröffnen müsse. Die Frage: »Wie nun?« Und weil sie unkonstruierbar schien, mußten drei Sätzchen folgen auf dieses Wie nun? »Ich bin. Aber ich habe mich nicht. Darum werden wir erst.«

Der Weg führt folglich vom Ich zum Wir. Allein er hat Ernst Bloch auch wieder zum Ich, dem leidenden nämlich, zurückgeführt. Was gelitten wurde, hat der *Erzähler* Bloch aufgeschrieben: als Spuren in seiner eigenen Jugendentwicklung. Den Blick durchs rote Fenster. Den Busch und den Lebensgott. Stets die Sorge, ob der Ruf trügerisch sei, den man vernahm. Die Schilderung einer Frau, die falsch verlockt schien, endet bei Bloch mit dem Satz: »Warum müssen wir ... die wir in allem begrenzt sind, so unbegrenzt leiden?«

Ernst Bloch oder die Selbstbegegnung. Vor hundert Jahren begann diese Erforschung menschlicher Möglichkeiten. Als Folge einer schmerzhaften Erfahrung mit dem: Etwas fehlt. Heute wächst das Gestrüpp der Legenden um Ernst Bloch. Die Hochkultur kann neuerdings die plebejische Tradition dringend gebrauchen. Utopie und Hoffnung wurden zu handlichen Vokabeln. Da ist es an der Zeit, am Beispiel von Ernst Bloch zu demonstrieren, daß Philosophie mit dem Ungenügen leidender Menschen beginnt: seit jeher und bei allen Völkern. Er hat das gewußt und zu zeigen versucht. Er war fleißig und genau. Er ließ nicht locker. Wer ihn erlebt hat, kann ihn nicht vergessen.

Nachdenken über Adorno

Nachdenkend über den Tod von Theodor Wiesengrund-Adorno stoße ich zuerst auf das Empfinden einer jähen und starken Betroffenheit beim Empfang der Nachricht. August 1969 in New York. Die Morgenzeitungen hatte ich nicht gelesen, traf mich am Mittag mit Freunden im Faculty Club der Columbia-Universität. Die Kollegen erwarteten mich. Sie wirkten bedrückt, sprachen sonderbar leise. Adorno sei gestorben: ob ich die Nachricht gelesen hätte. Nur einer Germanist, die andern weder Philosophen noch Soziologen. Dennoch hatten sie offenbar verstanden, daß dieser Todesfall weit über Fach- und Fakultätsgrenzen hinausreichte.

Man sprach an diesem Mittag nur über ihn, den amerikanischen Staatsbürger und deutschen Professor. Die »New York Times« hatten einen zwar ausführlichen und respektvollen, doch einigermaßen törichten Nekrolog gebracht, worin Adornos so divergierenden Aktivitäten als völlige Inkohärenz dargestellt wurden. Las man den Bericht, so blieb unverständlich, warum ein Allesbedenker und offenkundiger Allround-Essayist so große Bedeutung erlangt haben sollte. Wobei hinzukam, daß der Berichterstatter dieser Weltzeitung als Pointe seinen amerikanischen Lesern mitzuteilen hatte, Theodor W. Adorno habe auch über den Tanz »Jitterbug« meditiert.

Die Freunde waren ärgerlich über diese Art von Nekrolog. Sie sprachen davon, in einem Brief an den Herausgeber zu protestieren und auf die realen Dimensionen dieses Kulturkritikers hinzuweisen.

Bei jenem Mittagessen in New York mochte ich kaum mitreden. Als einziger am Tisch hatte ich Adorno gekannt: in solchen Fällen entstehen sogleich Erinnerungsbilder. Ich glaubte seinem Blick zu begegnen, diesen weit aufgerissenen Augen mit dem stets etwas erstaunten und entsetzensvollen Ausdruck. Sogleich war auch die Erinnerung präsent an unser letztes Telefongespräch zwischen Frankfurt und Hannover im Juni des Jahres. Sieben Wochen nur lagen zwischen jenem Fernruf und dem jetzigen Tischgespräch über einen Toten. In wenigen Tagen sollte

ich nach Europa zurückfliegen; dann waren in Berlin Fernseh-
aufzeichnungen über *Goethes Iphigenie und die Grenzen der
klassischen deutschen Humanität* vorgesehen. Adorno, der eben
jenes Thema in einer Berliner Rede behandelt hatte, die durch ein
läppisches Happening gestört worden war, hatte ich brieflich gebeten, innerhalb jener Fernsehveranstaltung mit mir über die
Thesen der Berliner Rede zu diskutieren; er hatte zugesagt, bloß
gebeten, man möge in Frankfurt vor die Kamera treten: weite
Reisen erlaube sein Gesundheitszustand nicht.
Der Aufnahmetermin in der zweiten Junihälfte wurde angesetzt.
Dann aber wurde ich an jenem Tag in Hannover zurückgehalten
und bat Adorno, statt dessen vor der Kamera die wichtigsten,
von mir vorgeschlagenen Passagen seiner Rede selbst vorzutragen. Eine monologische Thesenpräsentation also anstelle des
Gesprächs. Das hat er akzeptiert und auch gehalten. Als die Sendung im Oktober im Dritten Programm des Berliner Fernsehens
auf den Bildschirmen erschien, erlebte man die letzte Fernseh-
aufzeichnung mit Theodor W. Adorno.
Unser letztes Telefongespräch betraf diese Umdisponierung. Er
bedauerte, im August nicht zur Stelle sein zu können. Es gehe
ihm nicht gut: er reise in die Schweiz, um sich gründlich zu ku-
rieren. Im Herbst wollten wir dann das nunmehr vertagte Gespräch in anderm Rahmen nachholen. Diese Erholungsreise in
die Schweiz hat in den Tod geführt, wie wir wissen.
Allein die jähe Betroffenheit war bloß durch solche Erinnerungen nicht zu erklären. Es wäre unsinnig gewesen, hier vom Ver-
lust eines Freundes zu sprechen. Das war Adorno nicht, wenngleich es Beziehungen und Begegnungen zwischen uns gab, die
mehr als 30 Jahre zurückreichten. Ich hatte ihn vor 1933 einmal
kurz in Frankfurt kennengelernt. Dann wirkte ich, ebenso wie
er, seit dem Jahre 1934, seit unserer Emigration, als Stipendiat
des gleichfalls – aus Frankfurt – emigrierten Instituts für Sozialforschung. Eingeladen und als Mitarbeiter gewonnen hatte
mich, in Genf, der Institutsdirektor Max Horkheimer. In Gesprächen mit ihm war damals schon viel von Wiesengrund-
Adorno die Rede. Dennoch hatte ich, es muß 1935 gewesen sein,
den Eindruck, die wissenschaftliche und freundschaftliche Beziehung zwischen Horkheimer und seinem Wirtschafts- und
Verwaltungsberater Friedrich Pollock sei enger als die Bindung

Horkheimers an seinen philosophischen Schüler, den einstigen Frankfurter Privatdozenten Wiesengrund-Adorno. Adorno war damals wohl in Oxford. Seine Beziehung zum Institut für Sozialforschung schien einigermaßen lose zu sein, worin ich mich aber vielleicht täuschte. Bei dem großen Forschungsprojekt nämlich, das Horkheimer damals in der Emigration durchführen ließ und dessen Resultate unter dem Titel »Studien über Autorität und Familie« einige Jahre später (1936) in Paris bei Félix Alcan als Sammelband herausgegeben wurden, worin es Arbeiten gab von den meisten Forschungsstipendiaten und Mitarbeitern des Instituts, Karl August Wittfogel und Herbert Marcuse, dem Soziologen Paul Honigsheim oder dem später in scharfer Sezession vom Institut sich trennenden Franz Borkenau, der seinen Beitrag als »Franz Jungmann« zeichnete, in diesem Sammelband, zu welchem auch ich eine Studie über »Autorität und Familie in der Theorie des Anarchismus« beigesteuert hatte, war Adorno nicht vertreten.

Ich sah ihn einige Jahre später in Paris, wo das Institut, neben seiner Genfer Zweigstelle und dem neuen Hauptsitz an der Columbia-Universität in New York, im Gebäude der École Normale Supérieure in der Rue d'Ulm gleichfalls eine Filiale unterhielt. In Paris war Walter Benjamin, dessen Beziehung zum Institut über jene Pariser Zweigstelle lief. Auch eine meiner letzten Erinnerungen an Walter Benjamin knüpft sich an ein kurzes Beisammensein mit Benjamin und Adorno.

Damals hatte es bereits eine erste theoretische Auseinandersetzung zwischen Adorno und mir gegeben. Sie ging aus von einer musiksoziologischen Analyse, die Adorno über den »Fetischcharakter in der Musik« und den Prozeß einer »Regression des Hörens« in der Zeitschrift für Sozialforschung publiziert hatte. Mich erbitterte die Analyse, die ich heute als durchaus richtig und antizipatorisch bezeichnen möchte. Ich glaubte eine Verkennung musikgeschichtlicher Fakten und eine Verabsolutierung von Positionen der Schule Arnold Schönbergs feststellen zu müssen. So schrieb ich, als Briefessay, eine ausführliche Gegenanalyse, worauf eine theoretische Gegenkonzeption des Instituts eintraf. Sie war bereits als gemeinsame Auffassung von Horkheimer und Adorno konzipiert. Meinem Pochen auf historische Konkretisierung antwortete der Vorwurf, das sei ein Standpunkt des Historismus und der Geistesgeschichte. Ich habe dann noch einmal ausführlich geantwortet, aber inzwischen war Vorkrieg, dann Krieg, wissenschaftliche Kontakte zwischen Europa und Amerika ließen sich nicht mehr durchführen.

Nachdenkend über den Tod von Adorno habe ich in meinen Entwürfen von damals geblättert, den Konzepten zu jener ersten wissenschaftlichen Kontroverse mit ihm, dessen Tod mich so verstören sollte. Wahrscheinlich war es gar nicht die Radikalität jener musiksoziologischen Positionen, die mich vor mehr als 30 Jahren so aufregte, denn auch Benjamin hat um jene Zeit, vor allem das literarische Kunstwerk und das Objekt in der bildenden Kunst im Zeitalter der Kulturindustrie reflektierend, ganz ähnliche Positionen vertreten, und Benjamins Thesen waren mir keineswegs bestürzend, sondern gültig erschienen. Im Zusammenhang mit Benjamins erstem Entwurf seiner Studie über Baudelaire und Paris als »Hauptstadt des 19. Jahrhunderts« hatte ich (1939) in Zürich bei Max Rychner in der Zeitung »Die Tat« ausführlich über Benjamins Baudelaire-Analyse, Horkheimers Studie über »Egoismus und Freiheitsbewegung« und auch über Adornos erste Fassung seines späteren Versuchs über Richard Wagner referiert.

Es waren also vermutlich nicht die Reflexionen von Karl Marx über den Fetischcharakter der Ware, von Georg Lukács zuerst in »Geschichte und Klassenbewußtsein« auf den ideologischen Überbau angewandt, nun von Adorno als Raster für das Musikleben benutzt, was mich zum Protest animierte. Auch Adornos Bemerkungen über den Zustand des Musiklebens in der spätbürgerlichen Gesellschaft verstörte mich keineswegs. Höchstens fand ich sein Urteil über Arturo Toscanini ungerecht.

Betroffen machte mich nicht die Geringschätzung musikhistorischer Zusammenhänge zu Gunsten einer herrischen Spekulation: das kennt man, seit Hegel, von allen Hegelianern. Verstörend blieb, wie ich heute meine, die elitäre Attitüde jener Arbeit, ihre sonderbare Mischung aus Verachtung für die quantitative Ausbreitung kultureller Aktivitäten im Prozeß einer Durchkapitalisierung der Welt – und leidenschaftlicher Verehrung für künstlerische Ausdrucksformen (für Werke Schönbergs, Alban Bergs und Anton Weberns vor allem), welche ohne die gesellschaftliche Basis des Spätbürgertums gar nicht zu denken waren.

Wenn Max Horkheimer heute die Undenkbarkeit Gottes und das Verbot einer Konkretisierung menschlicher Zukunftserwartungen eng kopuliert mit dem Wunsch, die idealistischen Formen des Philosophierens, von Platon bis zu Kant und Schopenhauer, konservieren zu wollen, so versuchte – wenn ich nicht irre – bereits der Adorno jener ausgehenden Dreißiger Jahre, den Antagonismus von quantitativ unermeßlicher Kulturindustrie, die er haßte und verachtete, und der ästhetischen Askese eines Stefan George, Karl Kraus und Arnold Schönberg, als sonderbares Amalgam aus totaler Verweigerung und partieller Konservierung zu präsentieren.

Das war es vermutlich, was mich bei den ersten Begegnungen mit dem Denker Adorno so heftig traf und zum Widerspruch aufreizte. Die Betroffenheit jenes Augusttages in New York hing wohl, jenseits aller persönlichen Relationen, hiermit eben zusammen. Ich glaubte fast physisch zu spüren, in welcher Trauer und Herzensspannung dieser Mensch Theodor W. Adorno gestorben war. Er hatte sich als philosophischer Denker zuerst bekanntgemacht durch Studien über Kierkegaard. Sah es nicht aus, als habe sich das konsequente Denken einer dialektischen Negation und Negativität für Adorno zuletzt, mit Kierkegaard zu sprechen, in eine »Krankheit zum Tode« verwandelt?

Wir haben immer wieder lange Unterhaltungen gehabt in seinen letzten Lebensjahren, seit er nach Europa, nach Frankfurt, zurückgekehrt war. Meist traf man sich in Frankfurt: in seiner Wohnung, im Institut für Sozialforschung, vor Rundfunkmikrophonen. Wenn ich, damals noch Professor in Leipzig, nach Frankfurt kam, pflegte ich ihn zu besuchen. In den letzten Jahren haben wir oft miteinander im Rahmen von Rundfunkprogrammen diskutiert: über das Alterswerk von Künstlern und Schriftstellern, von Beethoven bis zu Fontane und Thomas Mann; eine Stunde lang über Stefan George, wobei ich Mühe hatte, Adornos ständige Bemühungen zu bremsen, das Gespräch über den Dichter des »Siebenten Rings« in ein solches über Rudolf Borchardt einmünden zu lassen, woran mir gar nichts lag; zuletzt haben wir noch – in Form eines Streitgesprächs, das dann, als wir ins Detail gingen, zum überraschenden Konsens führen sollte – über Gustav Mahler und sein Verhältnis zur Literatur debattiert. Zu jenem Dialog vor der Kamera über Iphigenie und die Grenzen der Humanität kam es nicht mehr.

Immer wieder aber – ob Beethovens Spätstil erörtert werden sollte oder der »Doktor Faustus« von Thomas Mann, das »Lied von der Erde« oder Georges Hymnen an Maximin – frappierte mich, wie damals in Genf oder Paris vor mehr als dreißig Jahren, diese sonderbare Verbindung einer elitären Ästhetik und einer totalen Absage an alle Formen der bürgerlichen – und auch der sowjetischen – Kulturindustrie. Die Ursachen dieser Antinomie zu überdenken, scheint mir gerade heute geboten zu sein, wo wir einerseits mit einer Fetischisierung dieses bedeutenden Mannes, also mit einer Art der Epiphanie, konfrontiert sind, zum andern mit einer totalen Verweigerung, die sich bereits als historische »Periodisierung« versteht. Dialektisches Denken und kritische Theorie »nach dem Tode von Adorno«, was offenbar heißen soll: über Adorno hinaus. In einer Erklärung von Frankfurter Schülern Adornos, die am 20. 8. 69 in der »Frankfurter Rundschau« veröffentlicht wurde, heißt es am Schluß: »Hinter der Stilisierung Adornos zum einmaligen Geistesheroen wie zum politischen Verführer steht das eindeutige Interesse, Kritische Theorie zu liquidieren. Dagegen werden wir deren Intentionen in Zukunft auch im Rahmen universitärer Institutionen weiterführen.«

Bestürzend wirkt auf den ersten Blick, blättert man in den Adorno-Editionen des Suhrkamp Verlages, die Vielfalt der Themen. In zwei Sammlungen von »Kritischen Modellen« wird über »Meinung Wahn Gesellschaft« oder das »Fernsehen als Ideologie« ebenso nachgedacht wie über »Vernunft und Offenbarung«, aktuelle Schwierigkeiten der Pädagogik und der Pädagogen, über sexuelle Gesetzgebung und die Rolle der Philosophie im akademischen Getriebe. Adornos »Noten zur Literatur« sind Anmerkungen zu Gattungsproblemen, zur Antinomik einzelner Künstler, zu Büchern, die dem philosophischen Kritiker bemerkenswert erscheinen mochten. Heine und Eichendorff, Valéry und Proust, Thomas Mann und Samuel Beckett. Eine Einführung in die Musiksoziologie, Bücher über Wagner, Mahler, Alban Berg, essayistische Moments musicaux, die Kreations-

und Interpretationsprobleme in gleichem Maße wichtig nehmen. An Sören Kierkegaard hatte sich Adornos philosophische Reflexion zuerst entzündet, Anmerkungen zu Hegel sind es allenthalben, auch dort, wo der Name nicht fällt. Die immer enger werdende Kommunikation zwischen Horkheimer und Adorno manifestiert sich bei letzterem in der wachsenden Häufigkeit und Stringenz der Auseinandersetzung mit Kant. Bedeutende und läppische Reflexionen – beides kann von Adorno als Initialzündung verwendet werden: Nietzsche wie Spengler, Sartre wie die traulichen deutschen Post-Existentialisten, diese Wiederauflage von Pietismus, Innerlichkeit und Stille im Lande, diejenigen kurzum, die den innigen Jargon der Eigentlichkeit beherrschen.

Verwirrend dies alles und bestürzend. Um so mehr, als Adornos spekulativer Impuls – hierin methodisch sehr verschieden von der mikrologischen Arbeitsweise Walter Benjamins – nur selten, auch dann oft widerwillig, bereit ist, das Ganze eines philosophischen Systems, eines Gedichts oder Romans, eines musikalischen Kunstwerks zum Gegenstand der Reflexion zu machen. Die polemische Antihegelthese dieses Analytikers, wonach das Ganze gleichbedeutend sei mit dem Unwahren, bestimmt in den meisten Fällen die Arbeitsweise. Adorno setzt sich nicht mit Goethes Faust auseinander, sondern mit der Schlußszene aus Faust II; er brilliert in »Kleinen Proust-Kommentaren«, weil sie die Reflexion über das Detail gestatten, das epische Gesamtgebilde aber dabei ignorieren können. Als Adorno in Stuttgart seinen Vortrag über Goethes Iphigenie und die deutsche Klassik hielt, wobei er sich darauf kaprizierte, eben dies Wort zu vermeiden, um es terminologisch durch »Klassizismus« und »Klassizität« zu überspielen, fragte eine sachkundige Hörerin, gleichzeitig fasziniert und verärgert: »Von welchem Stück hat er eigentlich gesprochen?«

Er hatte sehr wohl von der »Iphigenie auf Tauris« gehandelt, freilich in der ihm eigentümlichen Seh- und Reflexionsweise. Diese Analysen waren in der Tat stets »Eingriffe«, was heißen soll: sie versöhnten sich nicht, durch Anempfinden oder Mitdenken, mit dem Gegenstand, Adorno trat seinen Objekten meist zu nahe. Nämlich: er näherte sich ihnen schamlos, gewaltsam, machte sein Denken zur Praxis, um mit dem Objekt zu einer neuen geistigen Einheit zu gelangen. Niemals hat er sich ganz freigemacht von der romantischen Auffassung, wonach ein Kritiker gleichzeitig selbst Kunst zu produzieren habe. Darum liebte er die Form des Essays, weil sie gleichzeitig antitotal und unvollendet zu sein hatte. Daher war es Adorno in seinem Denken über Kunst, Philosophie, Phänomene der modernen Gesellschaft am liebsten, wenn er, unter Mißachtung eines Ganzen, stellvertretend ausgewählte Teilaspekte interpretieren durfte, und zwar in der fragmentarischen, von aller Endgültigkeit entfernten Arbeitsweise des Essays.

In seinem eigenen, interessanten Essay mit dem Titel »Der Essay als Form« hat er diese Arbeitsweise und ihre romantische Aszendenz selbst formuliert: »Die romantische Konzeption des Fragments als eines nicht vollständigen sondern durch Selbstreflexion ins Unendliche weiterschreitenden Gebildes verficht dies antiidealistische Motiv inmitten des Idealismus. Auch in der Art des Vortrags darf der Essay nicht so tun, als hätte er den Gegenstand abgeleitet, und von diesem bliebe nichts mehr zu sagen. Seiner Form ist deren eigene Relativierung immanent: er muß sich so fügen, als ob er immer und stets abbrechen könnte. Er denkt in Brüchen, so wie die Realität brüchig ist, und findet seine Einheit durch die Brüche hindurch, nicht indem er sie glättet. Einstimmigkeit der logischen Ordnung täuscht über das antagonistische Wesen dessen, dem sie aufgestülpt ward. Diskontinuität ist dem Essay wesentlich, seine Sache stets ein stillgelegter Konflikt.«

Dennoch ist diese Fülle der Themen, aller Fragmentarik und willkürlichen Vergewaltigung des Objektes, sogar der scheinbaren Beliebigkeit in der Themenwahl zum Trotz, insgeheim gegliedert und durchaus übersichtlich angeordnet. Wer abfällig zu Adorno anmerkt, er habe überall mitgedacht und mitgeredet, was die Reaktion eines neidischen Banausentums ist, welches Teilevidenz, die man zu besitzen glaubt, für wichtiger hält als brüchige und in sich widerspruchsvolle Meditationen, deren Bedeutung gerade in ihrer bedrohlichen Nichtevidenz liegt, hat die eigentümliche Bedeutung Theodor W. Adornos überhaupt nicht erfaßt. In einer autobiographischen Studie aus der letzten Lebenszeit hat Adorno, bei aller Gelassenheit tief verletzt durch seine wissenschaftlichen Erfahrungen in den Vereinigten Staaten, geschildert, wie es ihm mit seiner ersten Studie über den Jazz erging: »Der theoretische Kern jener Arbeit über Jazz stand in wesentlicher Beziehung zu späteren sozialpsychologischen Untersuchungen, auf die ich mich einließ. ... Dennoch hatte jene Arbeit, obwohl sie sich dicht an die musikalischen Sachverhalte heftete, nach amerikanischen Begriffen von Soziologie den Makel des Unbewiesenen. ... Dadurch provozierte ich den Einwand, den ich nicht zum letzten Mal hören sollte: ›Where is the evidence?‹« Seine Antwort mußte lauten: Die Evidenz werde gerade durch die offenkundige Nichtevidenz geliefert, was keineswegs gleichzusetzen sei mit Unwissenschaftlichkeit.

Hinzu kommt, daß die mannigfaltigen Arbeiten und Forschungsobjekte stets um den geheimen Denkkern kreisen. Auf ihn sind sie bezogen. Dergestalt, daß Adorno in allen thematisch voneinander divergierenden Arbeiten stets einige Grundthemen behandelt. All sein Meditieren geschieht »in nuce«. Das wird sogleich offenbar, wenn man sich, unbeeinflußt durch die Quantität der behandelten Themen, über jene Gestalten, philosophischen Systeme, Kunstwerke einmal Gedanken macht, denen Adorno ausdrücklich die Meditation verweigert hat.

Ein Vergleich mit andern Denkern unter seinen unmittelbaren Zeitgenossen, wenngleich nicht Generationsgenossen, mag es andeuten: mit seinem Freund und Denkpartner Max Horkheimer; mit Ernst Bloch, den Adorno seinen Freund nannte, wenngleich er bereits 1959 in einer Studie über das Buch »Spuren« dezidiert erklärt hatte: »Die Farbe, die Bloch meint, wird grau als Totale. Hoffnung ist kein Prinzip. Philosophie kann aber nicht vor der Farbe verstummen. Sie kann nicht im Medium des Gedankens, der Abstraktion sich bewegen und Askese gegen die Deutung üben, in der jene Bewegung terminiert. Sonst sind ihre Ideen Rätselbilder.«

In Horkheimers wichtigster Schaffenszeit, also den Dreißiger und Vierziger Jahren, wird Philosophieren stets verstanden als Auseinandersetzung einer Reflexion im Finalstadium der bürgerlichen Gesellschaft mit den Anfängen und großen Aufschwüngen der bürgerlichen Philosophie vom 16. bis zum 18. Jahrhundert. Montaigne und der philosophische Skeptizismus, Spinoza, immer wieder Kant: von dort geht Horkheimer aus, um Gegenpositionen oder Kontinuitäten für das eigene Denken festzustellen. Die Analysen halten engen Kontakt mit dem historischen Geschehen. Die Studie über »Egoismus und Freiheitsbewegung« strebt, durchaus im Sinne jenes amerikanischen Opponenten gegen Adorno nach der »evidence«. Seine Belege entnimmt Horkheimer kaum der Geistesgeschichte, sondern wenn möglich der realen politischen und wirtschaftlichen Entwicklung.

Für Ernst Bloch war von jeher die Gefahr, in Meditieren über Bücher statt über menschliche Zustände zu verfallen, einigermaßen gering zu veranschlagen. Sein philosophisches Verwundern setzte bei den Spuren im menschlichen Dasein, nicht aber bei den wissenschaftlichen und künstlerischen Interpretationen solcher Seinszustände ein: Knabenträume, Sklavenvisionen, mystische Inbrunst mit gesellschaftskritischem Kern, Utopien als Gemisch aus Geschichte und Geographie. Für Bloch galt jede Landkarte als unzuverlässig, worin nicht die Insel Utopia eingezeichnet war. Darum die Fülle geschichtlicher Belege, naturphilosophischer Exkurse, nicht zuletzt einer politischen Publizistik »aus gegebenem Anlaß«, die in solcher Form bei Adorno überhaupt nicht vorkommt.

Aller leidenschaftlichen Bemühung um Konkretheit des Denkens nämlich ungeachtet, verspürt Adorno kaum Neigung, geschichtliche Vorgänge und Abläufe genauer interpretieren und die eigene Denkanstrengung innerhalb einer geschichtlichen Situation fixieren zu wollen. Darin unterscheidet er sich von Horkheimer ebenso stark wie von Walter Benjamin. Bei ihm findet man auf dem Höhepunkt seines Schaffens kein Gegenstück zu Benjamins Thesen über Geschichtsphilosophie. Beispiele aus der Geschichte sind in diesem vielschichtigen und weitgespannten Meditieren recht spärlich. Adornos Denken entzündet sich nicht allzu oft an Vorfällen, sogleich aber an Reflexionen, die einer aus Anlaß solcher Vorfälle anstellte. Dann findet Adorno ein »Prisma« vor und kann an die Arbeit gehen: indem er entweder zustimmt, weiter und zu Ende denkt, oder – polemisch – indem er ein Gegenprisma »erstellt«, um es mit einem von ihm verabscheuten Ausdruck zu bezeichnen.

Das hat nichts mit Weltfremdheit zu tun, denn Theodor W. Adorno kannte sich in allen gesellschaftlichen Mischformen aus Establishment und Revolte ganz gut aus. Auch gibt es erlauchte

Vorgänger, deren Denken sich in ähnlicher Weise erst an vorhandenen Reflexionen über Sein zu inspirieren pflegte. Gotthold Ephraim Lessing wäre vor allem zu nennen, dem Adorno im Jahre 1962 einige reizvolle kleine »Paraphrasen« gewidmet hat.

Worüber er also zu reflektieren pflegte, das waren nicht die Vorgänge selbst: solche der Vergangenheit wie seiner eigenen Gegenwart. Der Auschwitzprozeß, in seiner Stadt Frankfurt abrollend, hat diesen Soziologen nicht veranlaßt, an Sitzungen teilzunehmen und die Wirklichkeit von Auschwitz, seiner Täter wie Opfer, zu interpretieren. Adorno dachte darüber nach, ob Lyrik und Pädagogik nach Kenntnis der Menschen vom Geschehen in Auschwitz noch möglich sei. Es gibt von ihm keine Analyse des Frankfurter Prozesses, jedoch aus dem Jahre 1966, vorgetragen im Hessischen Rundfunk, einen Essay mit dem Titel »Erziehung nach Auschwitz«.

Auch der literarische und geistesgeschichtliche Bereich, worin Adorno als Peripatetiker umherzuwandern pflegte, war, was man nicht ohne weiteres vermuten sollte, nach Ort und Zeit eher ein Kleinstaat. Gelegentliche Ausflüge ins 18. Jahrhundert, Hinweise auf Diderot und Lichtenberg und Kant und Goethe, sollten die Einsicht nicht trüben, daß Adorno die literarischen Quellen seiner philosophischen Inspiration im 19. und 20. Jahrhundert fließen sah. Von Balzac zu Proust, den Surrealisten und zu Beckett. So bedeutend seine Kenntnis und Interpretation Immanuel Kants auch sein mochte – was vor allem im dritten Teil des Buches »Negative Dialektik« zu erkennen ist –, es ist doch immer wieder Hegel, der ihm den Ansatzpunkt liefert. Hegel, Kierkegaard, die sogenannte Lebensphilosophie, ein eigenes Buch über »Husserl und die phänomenologischen Antinomien«, Positivismus und Existenzialismus, Wandlungen im marxistischen Denken: das ist sein eigentliches philosophisches Thema, wie die deutsche Romantik den Absprung für seine literaturtheoretischen Betrachtungen zu liefern hatte. Nicht anders verhält es sich mit dem Musiker und Musiktheoretiker. Man möchte es kaum wahrhaben wollen, allein es gibt in diesem weiten musiksoziologischen und -philosophischen Œuvre kaum mehr als gelegentliche Hinweise auf Mozart. Sogar die oft zitierte Studie, worin Bach gegen seine Verehrer verteidigt werden soll, ist nichts anderes als eine Gelegenheitsarbeit. Gar bei den polemischen Ausfällen gegen ein bundesbürgerliches Establishment, welches sich bei Kerzenschein an der Barockmusik delektiert, um insgeheim den eigenen sozialen Status zu genießen, bricht das Befremden über diese Barockmusik selbst immer wieder durch. Adornos Ausgangspunkt war und blieb Beethoven. Über ihn hatte er noch, wie er im Gespräch halb melancholisch anzukündigen pflegte, eine umfassende Arbeit geben wollen.

Hegel, deutsche Romantik, Beethoven. Dann allerdings der kulturelle Gesamtbereich des 19. und 20. Jahrhunderts. Verstanden freilich als europäischer Kosmos. Die übrige Welt – die USA, von ihm als Fortsetzung oder Kontrastwelt zu seinem Europa empfunden – forderte kaum Neugier heraus. Adorno hat, soweit ich sehe, aus dem Gefühl des bloßen Sehenwollens keine Reise unternommen. Europa genügte ihm vollauf. Kein Indien und China, keine Dritte Welt, nicht die Volksdemokratien und nicht die Arbeiterbewegung. Auch in seinem Bedürfnis nach Lebenserfahrung blieb er Bürger – und Souverän – eines Kleinstaates. Da dies alles zur Charakteristik eines außerordentlichen Menschen gesagt wird und nichts von dem meint, was Adorno vermutlich als ein »debunking« bezeichnet hätte, sollte das Nachdenken über Theodor W. Adorno versuchen, die Ursachen solcher freiwilligen Selbstkontrolle im Denken aufzuspüren. Ist es schon nicht weit her, wie man heute weiß, mit den Beziehungen, die Wilhelm Dilthey zwischen »dem Erlebnis« und »der Dichtung« herzustellen sucht, so verbietet sich bei jedem Mann der Wissenschaft, erst recht einem von Adornos Rang, der vulgäre Psychologismus. Natürlich haben die Indianerträume des Knaben Ernst Bloch eine Rolle gespielt; erst recht, um auch diesen Namen, den von Adornos geistigem Todfeind, zu nennen, bei Martin Heidegger, die Gewohnheiten im Schwarzwalddorf. Trotzdem hat Ernst Bloch immer wieder spöttisch erklärt, der Ansatzpunkt seines Denkens, schon auf dem Gymnasium, habe zwar viel mit Karl May zu tun, ebenso viel aber auch mit Hegel; und »Sein und Zeit«, was Günter Grass auch sagen möge, ist mehr als bloße Philosophie an der Zipfelmütze.

Bei Adorno nun gar ist unverkennbar, daß er, wenngleich er scheinbar bis kurz vor dem Lebensende auf das »Ich« ebenso zu verzichten gedachte wie auf die Berücksichtigung eigener Idiosynkrasien und Allergien beim Denken, in erstaunlicher Weise stets aus der künstlerischen Sensibilität philosophiert hat. Schon die »Stichworte«, die ihn herausforderten und zu »Eingriffen« veranlaßten, waren Provokationen, ursächlich verknüpft mit Tatbeständen, welche der Mensch und Mann Theodor W. Adorno liebte oder verabscheute.

In seinen letzten Jahren hat er dieser stets vorhandenen Neigung zum Autobiographischen bereitwilliger nachgegeben. Darin verhielt er sich nicht viel anders als Thomas Mann, welcher sich stets, ob er von Lessing sprach oder Goethe oder Platen, seinem Gegenstand anzuverwandeln pflegte. Hören wir eine Stelle aus Adornos Studie »Zu einem Porträt Thomas Manns« von 1962: »Die Rede von Thomas Manns Eitelkeit mißdeutet gänzlich das Phänomen, auf das sie sich stützt. Unnuancierte Wahrnehmung verbindet sie mit unnuanciertem sprachlichen Ausdruck. So uneitel er war, so kokett war er dafür. Das Tabu, das über dieser Eigenschaft bei Männern liegt, hat wohl verhindert, sie und ihr Hinreißendes an ihm zu erkennen. Es war, als hätte die Sehnsucht nach Applaus, die selbst vom vergeistigten Kunstwerk nicht ganz weggedacht werden kann, die Person affiziert, die so sehr zum Werk sich entäußert hatte, daß sie mit sich spielte wie der Prosateur mit seinen Sätzen. Etwas in der Anmut der Form auch des spirituellen Kunstwerks ist der verwandt, mit der der Schauspieler sich verbeugt. Er wollte reizen und gefallen.« Wer Adorno gekannt hat oder auch bloß erlebte, wie er sich nach einem dankbar aufgenommenen Vortrag vor dem Publikum verbeugte, merkt sofort, daß da nicht bloß von Thomas Mann gesprochen wurde.

Einige singuläre Texte Adornos von 1968, seine Beziehungen zu Wien und zur aristokratischen Welt behandelnd, sind nicht nur schlicht in der Diktion, fast kunstlos, sondern ausdrücklich als Konfession verstanden. Nicht anders verhält es sich mit dem Bericht über »Wissenschaftliche Erfahrungen in Amerika«, den er seiner letzten Essaysammlung, deren Erscheinen er nicht mehr erleben sollte, einverleibte.

Zwei kontrastierende Erfahrungen. Zuerst die Lehrzeit in Wien bei Alban Berg am Ausgang der Zwanziger Jahre. In dem Erinnerungskapitel seines Buches über Alban Berg von 1968, vielleicht dem schönsten und persönlichsten Buch, das Adorno geschrieben hat, spürt man nichts mehr von Selbststilisierung und Histrionentum. Adorno will berichten vom Glück jener Jahre. Nun ist er plötzlich, scheinbar bloß vom Musiker des »Wozzeck« und der »Lulu« sprechend, selbst im Mittelpunkt des Berichts. Auch die sinnlichen verbinden sich diesmal mit den geistigen Erfahrungen. Es ist ein zärtlicher Bericht, der hier entstand, und Zärtlichkeit oder »Tendresse« muß in Adornos Leben dieselbe Rolle gespielt haben wie die »Freundlichkeit« bei Bertolt Brecht. Adorno versteht Zärtlichkeit an einer merkwürdigen Stelle seines Buches »Zur Metakritik der Erkenntnistheorie« von 1956, das die Widmung trägt »Für Max«, ganz ausdrücklich als »Modell von Humanität«. Überhaupt ist diese Stelle für Adornos seelisch-geistige Totalität geradezu stellvertretend. Ihm verbinden sich Musik, Erotik und philosophischer Impuls, verstanden als: später Beethoven, Zärtlichkeit, Sehnsucht nach einer letzten »Erkenntnistheorie«: »Alle Musik war einmal Dienst, um den Oberen die Langeweile zu kürzen, aber die Letzten Quartette sind keine Tafelmusik; Zärtlichkeit ist der Psychoanalyse zufolge die Reaktionsbildung auf den barbarischen Sadismus, aber sie wurde zum Modell von Humanität. Auch die hinfälligen Begriffe der Erkenntnistheorie weisen über sich hinaus. Bis in ihre obersten Formalismen hinein, und vorab in ihrem Scheitern, sind sie ein Stück bewußtloser Geschichtsschreibung, zu erretten, indem ihnen zum Selbstbewußtsein verholfen wird gegen das, was sie von sich aus meinen. Diese Rettung, Eingedenken des Leidens, das in den Begriffen sich sedimentierte, wartet auf den Augenblick ihres Zerfalls. Er ist die Idee philosophischer Kritik. Sie hat kein Maß als den Zerfall des Scheins. Ist das Zeitalter der Interpretation der Welt vorüber und gilt es sie zu verändern, dann nimmt Philosophie Abschied, und im Abschied halten die Begriffe inne und werden zu Bildern.«

Dies die positiven Visionen. Dagegen nun die amerikanische Welt der perfektionierten Kulturindustrie. Die Sensibilität des europäischen Künstlers Theodor W. Adorno muß traumatisch berührt worden sein durch solche amerikanischen Erfahrungen. Horkheimer und auch Herbert Marcuse waren es dann wohl, die ihm halfen, die seelische Verwundung in Reflexion zu verwandeln, also durch Abwehr zur Kulturkritik zu gelangen. In den Berichten über die amerikanischen Erfahrungen spürt man hinter der heiteren Gelassenheit des Referats die nach-zitternde Erregung: »Ich hatte in der Psychoanalytischen Ge-sellschaft in San Francisco einen Vortrag gehalten und der zuständigen Fachzeitschrift zur Publikation gegeben. In den Korrekturfahnen entdeckte ich, daß man sich nicht mit der Ver-besserung stilistischer Mängel begnügt hatte, die dem Einwande-rer unterlaufen waren. Der gesamte Text war bis zur Unkennt-lichkeit entstellt, die Grundintention nicht wiederzuentdecken. Auf meinen höflichen Protest empfing ich die nicht minder höfli-che, bedauernde Erklärung, die Zeitschrift verdanke ihren Ruf eben ihrer Praxis, alle Beiträge einem solchen editing, einer sol-chen Redaktion, zu unterwerfen. Sie verschaffe ihr die Einheit-lichkeit; ich sei mir nur selbst im Wege, wenn ich auf ihre Vor-züge verzichtete. Ich verzichtete dennoch.«

Das schrieb Adorno bereits 1965 in seiner Antwort auf die tö-richte Umfrage mit dem Titel »Was ist deutsch«. Auch hier schlägt die Erfahrung von damals durch. Drei Jahre später inter-pretiert er dann Realsituationen, nicht bloß Bücher: »Die Phä-nomene, mit denen die Soziologie der Massenmedien zumal in Amerika sich abzugeben hat, sind, als solche von Standardisie-rung, von der Verwandlung künstlerischer Gebilde in Konsum-güter, von kalkulierter Pseudo-Individualisierung und ähnlichen Erscheinungsformen dessen, was man in deutscher philosophi-scher Sprache Verdinglichung nennt, nicht zu trennen. Ihr ent-spricht ein verdinglichtes, der spontanen Erfahrung kaum mehr mächtiges, sondern weithin manipulierbares Bewußtsein. Was ich mit verdinglichtem Bewußtsein meine, kann ich, ohne um-ständliche philosophische Erwägung, am einfachsten mit einem amerikanischen Erlebnis illustrieren. Unter den vielfach wech-selnden Mitarbeitern, die im Princeton Projekt an mir vorüber-zogen, befand sich eine junge Dame. Nach ein paar Tagen faßte sie Vertrauen zu mir und fragte mit vollendeter Liebenswürdig-keit: ›Dr. Adorno, would you mind a personal question?‹ Ich sagte: ›It depends on the question, but just go ahead‹, und sie fuhr fort: ›Please tell me: are you an extrovert or an introvert?‹ Es war, als dächte sie bereits als lebendiges Wesen nach dem Modell der Cafeteria-Fragen aus Questionnaires.«

Er folgerte daraus als wissenschaftlicher Theoretiker: »Kein Kontinuum besteht zwischen kritischen Theoremen und den naturwissenschaftlich empirischen Verfahrungsarten. Beides hat divergente historische Ursprünge und ist nur mit äußerster Gewalttätigkeit zu integrieren.«

Die Zusammenfassung seiner Erfahrungen mit Amerika, die weit mehr bedeutete als nur wissenschaftliche Erfahrung, führte ihn dann zu der These: »Es scheint die Not jeder empirischen Soziologie, daß sie zu wählen hat zwischen der Zuverlässigkeit und der Tiefe ihrer Befunde.«

Dies aber ist eine bedenkliche Antithese. Unterschieden wird zwischen der wissenschaftlichen Evidenz und sogenannter »Tiefe«, die von Adorno einigermaßen naiv gleichgesetzt wird mit spekulativer Kraft. In seiner Abwehr gegen den amerikanischen Positivismus gerät er in eine Denkbahn der Regression, nicht unverwandt den »Betrachtungen eines Unpolitischen« von Thomas Mann, benachbart selbst jenem Geschwätz über Kultur oder Zivilisation, das Adorno sonst zu perhorreszieren pflegte. Ein Trauma bewirkt, daß jenes elitäre Element jäh hervortritt wie ein Stigma.

In der Tat ist Adornos Denken im hohen Maße elitär, wenn nicht autoritär. Das hängt eben sowohl mit seiner geringen Neugier auf Wirklichkeit zusammen wie mit den beiden kontrastierenden Lebenserfahrungen, den antagonistischen Welten von Wien und San Francisco.

Elitäres Denken und Snobismus – wo beides in der neueren Geistes- und Kunstentwicklung auftrat, hatte Adorno einen Gegenstand des Nachdenkens gefunden. Künstlertum, das sich nur dem kleinsten Kreise der »happy few« zuwendet, schwierigste Denkformen, welche dem Denkliebhaber und Dilettanten von vornherein das Verstehen verweigern; Selbststilisierungen, die es auf schroffe Antithesen abgesehen haben zwischen Elite und Masse, zwischen einer Existenz also sui generis und einer Allgemeinheit der berüchtigten »Vielzuvielen«: wo dies alles manifest wird, ist Adorno zur Stelle. Meist in der Form des denkerischen Einverständnisses. Arnold Schönberg und Stefan George, Baudelaire, Mallarmé und dessen Schüler Valéry. Noch in einer Überschrift wie »Versuch, das Endspiel zu verstehen«, verrät sich das Bemühen des Essayisten und Interpreten, Beckett als elitären Autor einer verweigerten Kommunikation zu deuten allen Bemühungen Becketts zum Trotz, seine Zuschauer und Leser auf den konkreten Text zu verweisen und nichts sonst. Also auf kein: Dahinter. Vermutlich hat auch Adornos sonderbare Überschätzung einer literarischen Gestalt wie Rudolf Borchardt weit mehr mit den elitären (und kulturkonservativen) Zügen zu tun als mit ehrlicher Begeisterung für die Krampfhaftigkeiten des Schriftstellers Borchardt. Dandy, Bohème und Snob: sie vermochten diesen neuen Plutarch, der »Minima Moralia« mitten im 20. Jahrhundert zu verfassen gedachte, immer wieder zu faszinieren. Natürlich kennt Adorno den Satz von Proust: Snobismus sei es nicht, wenn jemand sich in eine Herzogin verliebe, wohl aber wenn er sich verliebe, weil sie eine Herzogin ist. Möglicherweise hat er in den letzten Jahren gelegentlich mit Snobismen solcher Art ein bißchen gespielt, aber doch nur gespielt. Er selbst war kein Snob. Seine aristokratischen Partner, in deren Kreis er sich wohl fühlte, empfand er nicht, wie ein Snob, als Selbstbestätigung eines, der insgeheim weiß, wie der Herr von Faninal oder der junge Marcel Proust, daß er nicht dazugehört. Adorno fühlte sich gerade hier durchaus zugehörig. Dies waren Reste von Feudalität, und auch in Adornos Denken ging die Feudalität um, nicht nur die Sehnsucht danach.

Abermals kann eine Stelle aus einem seiner wichtigsten Essays, ähnlich jener Bemerkung über Thomas Mann, als geheime Selbstaussage gelesen werden. Von Stefan George ist die Rede, wie konnte es anders sein. Die »Rede über Lyrik und Gesellschaft«, zuerst 1957 erschienen, hielt der Autor selbst für eine stellvertretende Arbeit. Als ich kurz nach Erscheinen des Textes in den »Akzenten« zu ihm nach Frankfurt kam, gab er mir sogleich einen Sonderdruck und bat dringlich, was sonst nicht seine Art war, diese Analyse zu lesen und ihm später mitzuteilen, was man davon halte. Hier haben wir nicht nur, was selten vorkam, Einzelanalysen von Gedichten Goethes, Mörikes und Georges, welche diesmal ein Ganzes interpretierten, nicht bloß willkürlich als Inspiration benutzte Teilaspekte. In dieser Rede, die immer auch die Wiener Schule Arnold Schönbergs meint, wenn von George geredet wird, ist die Artistenexistenz in der späten Bürgerwelt eigentliches Thema. Adorno selbst gehörte – als Objekt – in diese Analyse, denn auch er, wie vor ihm Arnold Schönberg, hatte Gedichte Stefan Georges komponiert. Aber dann heißt es plötzlich: »Während Georges Dichtung, die eines herrischen Einzelnen, die individualistische bürgerliche Gesellschaft und den für sich seienden Einzelnen als Bedingung ihrer Möglichkeit voraussetzt, ergeht über das bürgerliche Element der einverstandenen Form nicht anders als über die bürgerlichen Inhalte ein Bannfluch. Weil aber diese Lyrik aus keiner anderen Gesamtverfassung als der von ihr nicht nur a priori und stillschweigend, sondern auch ausdrücklich verworfenen bürgerlichen reden kann, wird sie zurückgestaut: sie fingiert von sich aus, eigenmächtig, einen feudalen Zustand. Das verbirgt sich gesellschaftlich hinter dem, was das Klischee Georges aristokratische Haltung nennt.«

George ist hier verstanden als ein Künstler, der innerhalb des Bürgerlichen nur bürgerliche Literaturformen, die heruntergekommene Bürgersprache, literarische Lebensformen der Bourgeoisie vorfindet, die sämtlich er verabscheut. So kommt es zur herrischen Erzeugung einer neuen Feudalität, die aber nichts anderes zu sein vermag als Rückkehr zur einstigen realen Feudalität, also Regression. Adorno möchte dieses Tun, das er ausdrücklich sowohl in diesem Text wie zehn Jahre später in dem Rundfunkgespräch mit mir über George, gegen das Getue mancher Jünger des Meisters verteidigt, als neue menschliche Freiheit interpretieren, als Überwindung gesellschaftlicher Entfremdung durch das Mittel einer übersteigerten Entfremdung.

Die Evidenz seiner Analyse ist gering. Um so evidenter ist die Selbstaussage. Schon der junge Adorno verstand den Kreis Stefan Georges, und auch jenen von Karl Kraus, als elitäres Korrelat zum Kreis um Arnold Schönberg. Daß George und Kraus und Schönberg nichts miteinander zu tun haben wollten, störte ihn nicht. In dem Buch über Alban Berg wird geschildert, wie der Kompositionsschüler Wiesengrund-Adorno zu Alban Berg nach Wien kommt, in der Erwartung, hier müsse man sich verhalten wie unter Georgianern. Die Erwartung wurde getäuscht, weil Berg offensichtlich weder autoritär sein wollte noch elitär. Das Gegenteil hätte Adorno vermutlich nicht gekümmert. Kunst und Künstlertum hat er sich nie anders vorstellen können denn als Siebente Einsamkeit. Ein Bürger mit der Sehnsucht nach einer Feudalität, die unmöglich geworden ist, wie er weiß.

Den kontrastierenden Erlebnissen Wien und San Francisco entsprach in seinem Denken genau der Antagonismus zwischen dem unbürgerlichen Kunstwerk, das sich verweigert, und das Versöhnung gesellschaftlicher Widersprüche nur im artistischen Gebilde zuläßt, doch niemals als Verklärung von Spannungen im gesellschaftlichen Sein – und der totalen Absage des Gesellschaftskritikers Adorno an die bürgerliche Kulturindustrie, in ihren gröbsten wie sublimiertesten Formen.

Dies scheint mir der Ansatzpunkt zu sein für Adornos »Negative Dialektik«. Sein Buch, das er selbst als das magnum opus bezeichnete, beginnt mit folgenden Sätzen: »Die Formulierung Negative Dialektik verstößt gegen die Überlieferung. Dialektik will bereits bei Platon, daß durchs Denkmittel der Negation ein Positives sich herstelle; die Figur einer Negation der Negation benannte das später prägnant. Das Buch möchte Dialektik von derlei affirmativem Wesen befreien, ohne an Bestimmtheit etwas nachzulassen. Die Entfaltung seines paradoxen Titels ist eine seiner Absichten.« Dem Widerspruch wird also der Weg in die Synthese verweigert, weil die dem Verdacht von Affirmation unterliegt. Es bleibt bei der Negation und Antithese. Da Adorno eine Versöhnung (eines seiner Lieblingswörter) nur im ästhetischen Bereich für möglich hält, in der Polemik gegen Lukács mit Verachtung eine »erpreßte Versöhnung« verwirft, entsteht jenes sonderbare und höchst persönliche Amalgam aus totaler Negativität der Gesellschaftskritik wie idealistischer Ästhetik, worin sich Adorno sowohl von Horkheimer unterscheidet wie von Benjamin, weil diese Spannung wahrscheinlich seine eigene Lebensspannung ins Denken projizierte.

Hier wird Adorno natürlich zum Gegner Hegels, indem er die Negation der Negation und den Begriff der »Aufhebung« ablehnt. Was mit seiner geheimen Geschichtsfeindlichkeit zusammenhängt. Darum heißt es in der »Negativen Dialektik« voller Zorn über Hegel: »Daß die Negation der Negation die Positivität sei, kann nur verfechten, wer Positivität, als Allbegrifflichkeit, schon im Ausgang präsupponiert. Er heimst die Beute des Primats der Logik über das Metalogische ein, des idealistischen Trugs von Philosophie in ihrer abstrakten Gestalt, Rechtfertigung an sich.«

Gleichzeitig aber ist Adorno weit entfernt von jenem idealistischen Philosophieren, das mit Max Scheler und anderen über die »Stellung des Menschen im Kosmos« nachdenkt und über die

Trennung von Materie und Geist, Leib und Seele. Dazu heißt es im philosophischen Hauptwerk: »Wäre tatsächlich unter allen Gestirnen nur die Erde von vernünftigen Wesen bewohnt, so wäre das ein Metaphysikum, dessen Idiotie die Metaphysik denunzierte; am Ende wären die Menschen wirklich die Götter, nur unter dem Bann, der ihnen verwehrt, es zu wissen; und was für Götter! – freilich ohne Herrschaft über den Kosmos, womit derlei Spekulationen zum Glück wiederum entfielen. Alle metaphysischen jedoch werden fatal ins Apokryphe gestoßen. Die ideologische Unwahrheit in der Konzeption von Transzendenz ist die Trennung von Leib und Seele, Reflex von Arbeitsteilung.«

Allein mit solchen Thesen war – wie immer die Freunde Horkheimer und Adorno selbst es auslegen wollten – die Trennung Adornos vom Altersdenken Max Horkheimers vollzogen.

Gegen Martin Heidegger führte Adorno einen erbitterten Kampf, und die meisten seiner Argumente haben Evidenz gehabt. Das ging weit über das Philosophische hinaus. Die wirkliche Antithese begann bereits beim Verhältnis zur Sprache. Bei Heidegger: Neuschöpfung aus einer scheinhaften Ursprache bäuerlicher Menschen, worin Technik zum »Gestänge« wird. Bei Adorno: die kosmopolitische Vorliebe für die »Wörter aus der Fremde«, die Adorno mit einem Wort Walter Benjamins rechtfertigt, welcher »von der silbernen Rippe eines Fremdworts sprach, das der Autor in den Sprachleib einsetzt«. Manche Texte Adornos besitzen daher einen rein silbernen Brustkorb.

Aber da ist noch mehr: Heideggers Regression gegen die moderne bürgerliche Gesellschaft bewegt sich zurück ins Bäuerliche, jedenfalls Vorbürgerliche. Adornos geheime Regressionen meinen die Feudalität, weshalb er das moderne Bürgertum beim Anhören von Barockmusik als schamlos und zudringlich empfindet. Barockkunst ist Überbau einer Feudalität, welche dem Bürgerpack den Zutritt verweigert.

Da es für ihn kein Prinzip Hoffnung gab, keine Negation der Negation in Form einer sozialistischen Gesellschaft, die Dialektik andererseits kein Stillhalten kennt, schlug die negative Dialektik um in feudale Regression, die Adorno freilich, der ein tief humaner Denker war und ein gütiger, der Liebe bedürftiger Mensch, auf den ästhetischen Bereich zu beschränken suchte.

Sein Schüler Hans-Jürgen Krahl hat nach dem Tode Adornos ganz richtig festgestellt: »Adornos Negation der spätkapitalistischen Gesellschaft ist abstrakt geblieben und hat sich dem Erfordernis der Bestimmtheit der bestimmten Negation verschlossen, jener dialektischen Kategorie also, der er sich aus der Tradition Hegels und Marxens verpflichtet wußte. Der Praxisbegriff des historischen Materialismus wird in seinem letzten Werk, der »Negativen Dialektik«, nicht mehr auf den sozialen Wandel seiner geschichtlichen Formbestimmungen hin befragt, den bürgerlichen Verkehrs- und proletarischen Organisationsformen. In seiner Kritischen Theorie spiegelt sich das Absterben der Klassenkämpfe als Verkümmerung der materialistischen Geschichtsauffassung.« (Frankfurter Rundschau vom 13. 8. 1969)

In diesem Nachruf über den »Politischen Widerspruch der kritischen Theorie Adornos« spricht Krahl auch, aus der Kenntnis, die ein Schüler von seinem Lehrer besitzt, von der Trauer, die zuletzt in Blick, Gebärde und Denken dieses Mannes immer stärker hervortrat. Adorno war kein Melancholiker, wie manche gemeint haben. Er besaß Humor, nicht nur die Ironie stand ihm zur Verfügung. Er konnte herzlich und unwiderstehlich lachen, hatte Freude am Schabernack, an der Poesie des Nonsens, am Sprachspiel. Dennoch spürte man stets ein Vibrieren der Angst, nicht der Furcht. Man konnte nicht gleichzeitig in Kakanien und in Mahagonny leben, in einem Wiener Utopia und einer Kulturindustrie, die vergnügt und heiter, mit Frank Wedekind zu sprechen, über frische Gräber hopst.

In Theodor Wiesengrund-Adorno und seinem Werk stritt die Kindheit mit der Greisenhaftigkeit. Das galt für die Individuation wie die Gesellschaft. Die Kindheit ließ sich nicht bewahren, allein die Vergreisung der Kultur sah Adorno jeden Augenblick in Haß und Entsetzen. Er begehrte, nicht schuld daran zu sein. In einer wunderbaren Formel hat er seine Erinnerungen an Alban Berg zusammengefaßt. Nachdenkend über Adorno, will mir scheinen, daß er sich auch hier eine Selbstaussage erlaubte. Der Satz lautete: »Ihm gelang es, kein Erwachsener zu werden, ohne daß er infantil geblieben wäre.«

Erinnerung an Paul Celan

Sichtlich erregt widersprach er einigen Versen Gottfried Benns, die ich absichtsvoll zitiert hatte. Das war in Paris, Ende der Fünfziger Jahre. Er kannte die Zeilen. Für mich war es eine Erprobung: zu sehen, wie Paul Celan auf die Selbstaussage eines Lyrikers reagierte, die er als äußerste Gegenposition zu sich empfinden mußte.

Wir kamen aus dem Hinterzimmer eines deutschen Buchantiquariats unweit von Saint-Germain-des-Prés. Celan hatte den Vorschlag gemacht, dort nach Erstausgaben deutscher Literatur der Zwanziger Jahre zu suchen. Es sei da auch, aus jener Weimarer Ära, ein Gedichtband von Gottfried Benn zu finden. Er brauche ihn nicht, aber wenn mir daran gelegen sei ... Ich hatte ihn gekauft, sichtlich ohne Celans Mißbilligung. Das politische Verhalten jenes Lyrikers im Jahre 1933 war ihm kaum der Erörterung wert. Das hätte Bedeutung gehabt nur im Falle einer Begegnung. Aber Benn war schon einige Jahre tot.

Heftig wurde er, als ich dessen Glaubenssatz zitierte. Der fand sich noch nicht in jenen Gedichten aus der Ära des Expressionismus, war aber, wie alles Spätere, schon beim frühen Benn der *Morgue*-Poesien vorgebildet. Drei Jahre vor seinem Tode, im Jahre 1953, entstand Benns Gedicht *Nur zwei Dinge*. Ich hatte, aus dem Gedächtnis und dem Ungefähr, die Schlußzeilen zitiert:

> Ob Rosen, ob Schnee, ob Meere,
> was alles erblühte, verblich,
> es gibt nur zwei Dinge: die Leere,
> und das gezeichnete Ich.

Daß gerade der Lyriker Celan dem herrischen Anspruch widersprach, den hier ein Lyriker erhob: gezeichnet zu sein und zum Ausdruckszwang verurteilt, muß alle diejenigen verwundern, die auch in Paul Celan nur einen Poeten sehen möchten, dessen fast ausschließliches Thema – neben der Kabbala und der Erinnerung an die Vernichtungslager – die Schwierigkeit einer poetischen Existenz heute gewesen sei. Allein der »wirkliche« Paul

Celan hatte kaum etwas zu tun mit dem Gerede über ihn, das sich auf Zitate aus der *Todesfuge*, Sentimentalitäten einer »christlich-jüdischen Verständigung« und den Vorwurf der »Esoterik« beschränkte. Wenigstens in seinen letzten fünfzehn Lebensjahren vermied er es, das Gedicht *Todesfuge* vorzulesen. Was immer dieser Mensch gewesen sein mag: sentimental und bereit zu Verbrüderungen war er nicht. Weitaus heftiger als hier über Gottfried Benn konnte er werden, wenn von der »Dunkelheit« seiner Verse und ihrer angeblich esoterischen Attitüde geredet wurde. Celan wollte so klar und genau wie möglich sein im Gedicht. Für ihn war alles verständlich: nur wurde beim Verstehen viel vorausgesetzt. Er lachte über einen Kritiker, der vom Gedicht *Matière de Bretagne* geschrieben und dabei das Wort »Steindattel« als unnötige Worterfindung gerügt hatte. Celan empfahl, statt solchen Vorwurfs lieber im Lexikon unter »Steindattel« nachzusehen.

Eben darum versagte er sich einer sentimentalen Aura, die Gottfried Benns Verse, trotz des gelegentlich rüden Tonfalls und einer dermatologischen Terminologie, nicht selten umgibt. Ob er als Dichter' gezeichnet sei, war für Celan kaum wichtig. Er mußte sich annehmen und sah wenig Anlaß, das Essentielle seines Daseins hierin eben zu sehen. Nicht das gezeichnete Ich des Dichters war bedeutsam, sondern die Schwierigkeit der poetischen Kreation. Die These Benns hatte mit dem Dichter zu tun und gewissen biologischen Konstellationen. Darum interessierte sich der alternde Benn so sehr für die Physiologie des Alterns und das sozial-biologische Phänomen der Mutationen. Celan ging es nicht um den Dichter, sondern das Gedicht. Seine Problematik hatte nicht mit der Biologie zu tun, sondern mit Sprache.

Da liegt, zwischen den Briefen, die ich von Celan empfing, eine Ansichtskarte aus Köln vom 30. Oktober 1964. Die Rhein-Ansicht bei Nacht, aufgenommen vom rechten Ufer. Der Dom ist beleuchtet, am Turm von Sankt Martin wurde der Wiederaufbau noch nicht ganz abgeschlossen. Die Handschrift wie immer klar, der Text harmonisch gegliedert. Wie bei jedem Text von Paul Celan durfte man annehmen, daß sorgfältig formuliert worden war. Nichts blieb dem Ungefähr überlassen. Darin erinnerte der Mann aus Czernowitz an Robert Musil, der imstande war, die

Postkarte mit der Einladung zum Tee oder zu einem Spaziergang in drei Fassungen zu entwerfen.

Die paar Zeilen jener Ansichtskarte sollten Lebens- und Winkzeichen sein. Es war vorausgesetzt, daß jeder Wink verstanden würde. Celan schrieb:

»aus Ihrer Geburtsstadt den herzlichsten Dank für den Aufsatz in der *Zeit* und die Zeilen, die Sie meiner Darmstädter Rede widmen. – Vorgestern, ich war ins Westfälische gefahren, kam ich auch an Wuppertal vorbei, mit Gedanken auch an Sie, lieber Hans Mayer. Die Meridiane wandern, noch immer.

Ihr Paul Celan.«

Eine Freundlichkeit, obenhin betrachtet, mit einem Gruß und ein paar Erinnerungen, wie sich das für Ansichtskarten zu eignen pflegt. Köln war meine Geburtsstadt, und in Wuppertal hatten wir uns zuerst auf einer denkwürdigen Tagung des »Bund« und unter den Auspizien seines Leiters Dr. Hans-Jürgen Leep im Oktober 1957 kennengelernt. Auf jener Tagung, die bei vielen Teilnehmern sehr vielfältig nachgewirkt hat, war Paul Celan mit Ingeborg Bachmann zusammengetroffen und Heinrich Böll, mit Peter Huchel, Walter Jens und Hans Magnus Enzensberger.

In der *Zeit* hatte ich über die Reden deutscher Schriftsteller bei Entgegennahme des Büchner-Preises in Darmstadt geschrieben. Dabei war, worauf die Karte anspielt, auch die Rede des Büchner-Preisträgers Paul Celan im Oktober 1960 erwähnt worden.

Dies alles blieb vorerst nur für meine Erinnerung an Paul Celan relevant, wobei immerhin angemerkt werden durfte, daß Celans Hinweis auf Köln und die Wahl der Ansichtskarte mit Rheinfront und Dom gleichzeitig als Zitat zu verstehen war und das Gedicht *Köln, Am Hof* aus dem Band *Sprachgitter* meinte, worin es hieß:

Einiges sprach in die Stille, einiges schwieg,
einiges ging seiner Wege.
Verbannt und Verloren
waren daheim.

Ihr Dome.

Ihr Dome ungesehn,
ihr Ströme unbelauscht,
ihr Uhren tief in uns.

Daß auch die Erinnerung an Wuppertal ein Zitat bedeutete oder
einmal bedeuten würde, erfuhr ich erst drei Jahre später (1967),
als mir Celan zum 60. Geburtstag ein Gedicht widmete, das er
nur für die kleine Geburtstagsschrift beisteuerte. Der sehr persönlich gehaltene, für »Uneingeweihte« kaum deutbare Text
sollte verstanden werden, wie Celan mir viel später bestätigte, als
Moment dieser unserer ersten Begegnung. Von der Poesie als
»Flaschenpost« war in jenen Debatten der Schriftsteller und Kritiker gehandelt worden.

> WEISSGERÄUSCHE, gebündelt
> Strahlen-
> gänge
> über den Tisch
> mit der Flaschenpost hin.
>
> (Sie hört sich zu, hört
> einem Meer zu, trinkt es
> hinzu, entschleiert
> die wegschweren
> Münder.)
>
> Das Eine Geheimnis
> mischt sich für immer ins Wort.
> (Wer davon abfällt, rollt
> unter den Baum ohne Blatt).
>
> Alle die
> Schattenverschlüsse
> an allen den
> Schattengelenken,
> hörbar-unhörbar,
> die sich jetzt melden.«

Zitat also war fast alles, und Winkzeichen, was jene Zeilen der Ansichtskarte meinten. Köln und Wuppertal präsentierten sich in doppelter Gestalt: als Realität von Orten, zum anderen als poetische Transponierung. Zweimal meinte Celan in der Evozierung dieser Städtenamen zugleich ein eigenes Gedicht.

Darum findet man immer wieder in seinen Gedichtbänden solche Momentaufnahmen der poetischen Transponierung. Gedichttitel wie *Tübingen, Jänner*; *Zürich Zum Storchen*; in der postum erschienenen Sammlung *Lichtzwang* noch die nach Berlin weisende Überschrift *Oranienstraße 1*.

Nun aber als letzter Satz dieser Ansichtskarte, die vermutlich um seinetwillen geschrieben wurde, der Wink: »Die Meridiane wandern, noch immer«. Abermals ein Zitat, von welchem Celan annehmen durfte, daß es verstanden würde. Im Jahre 1963 war das Buch *Die Niemandsrose* erschienen, das wiederum – analog zu dem Buch *Sprachgitter* vier Jahre vorher, das angelegt war auf das große Schlußgedicht *Engführung* hin – einen Gedichtabschluß der großen Form unter dem Titel *Und mit dem Buch aus Tarussa* präsentierte. In diesem Poem sieht sich Celan als Dichter in der Rolle des poetischen Vermittlers zwischen den Sprachen und Poetiken. Russische Poesie eines Osip Mandelstam und Apollinaires Gedicht auf den Pont Mirabeau in Paris. Die Oka des verbannten russischen Dichters und die Seine:

> Von der Brücken-
> quader, von der
> er ins Leben hinüber-
> prallte, flügge
> von Wunden, – vom
> Pont Mirabeau.
> Wo die Oka nicht mitfließt. Et quels
> amours! (Kyrillisches, Freunde, auch das
> ritt ich über die Seine,
> ritts übern Rhein.)

Wenig später in diesem Text folgt die Stelle:

> Groß
> geht der Verbannte dort oben, der

Verbrannte: ein Pommer, zuhause
im Maikäferlied, das mütterlich blieb, sommerlich, hell-
blütig am Rand
aller schroffen,
winterhart-kalten

Silben.
Mit ihm
wandern die Meridiane.

Die Meridiane wanderten noch immer, schrieb Celan ein Jahr
später aus Köln. Was aber ist mit ihnen gemeint: den Meridia-
nen. Davon eben hatte die Darmstädter Rede des Preisträgers
gehandelt. Sie hieß: *Der Meridian*. Celan hat immer wieder im
Gespräch zu erkennen gegeben, er betrachte diese Rede zu Ehren Georg Büchners als seinen wichtigsten Beitrag zur modernen
Poetik. Auch sie hatte, wie fast jeder Text von Celan, einen
Adressaten. Die meisten Gedichte noch des letzten Bandes
Lichtzwang wenden sich an ein Du, das man keineswegs, wie oft
behauptet wurde, als Anrede des poetischen Ego an sich selbst
oder gar an Israel verstehen sollte. Celan liebte Genauigkeit. Als
er im Juli 1968 nach Hannover kam, vor den Studenten der Technischen Universität las und vorher einer kleinen Arbeitsgruppe
beim Interpretieren von Celan-Gedichten half, sagte eine Stu-
dentin zu einem Text: »das lyrische Ich ...« Sofort unterbrach er
mit dem Hinweis: »Sagen wir lieber: das lyrische Ich *dieses* Gedichts ...«
Weil ihm monologische Dichtung tief zuwider war, findet sich
so oft in den Texten die Anrede »hörst du«, »weißt du«. Die
Darmstädter Rede aber *Der Meridian* wurde ausdrücklich als
Gegenrede konzipiert. Freilich war ihr Adressat im Jahre 1960
schon vier Jahre tot. Er hieß Gottfried Benn. Die Poetik des *Meridian* antwortete 1960 auf eine Rede Gottfried Benns von
1951.

Die Büchner-Rede Gottfried Benns wiederholte, wie erwartet
werden durfte, in Kurzfassung die Thesen jener im selben Jahr
1951 wenige Wochen vorher gehaltenen Marburger Rede über
Probleme der Lyrik. Ein Gedicht ist monologisches Gebilde,
kann seiner Struktur nach keinen Adressaten zulassen, es sei

denn, wie der Redner in Marburg spöttisch hinzusetzt, man richte seine Verse an die Muse, an niemand also. Absolutes Gedicht, glaubenslos, nutzlos, Produkt eines Gezeichneten und der Einsamkeit. So daß nicht einmal die Metapher zulässig sei, von allen Vergleichen ganz zu schweigen, da Vergleich und Metapher die Herstellung von Beziehungen anstreben zwischen Phänomenen der Welt. – In Darmstadt erläuterte Benn dieses Nichtverhältnis von Dichter und Mitwelt: »Der Mitwelt darzustellen – hier zögere ich schon. Vielleicht hat diese Wendung die Sonne noch zu lieb und auch die Sterne, und wir müssen, sie verlassend, in ein dunkleres Reich hinab – vielleicht ist es nur der Drang, qualvolle innere Spannungen, Unterdrücktheiten, tiefes Leid in monologischen Versuchen einer kathartischen Befreiung zuzuführen.«

Abermals kommt der Redner in Darmstadt, er hatte kurz vorher den *Woyzeck* erwähnt, auf die stigmatische Existenz der Künstler zu sprechen: »Die Generationen der Künstler hin und her – so lange sie am Leben sind, die Flüchtigen mit der Reizbarkeit Gestörter und mit der Empfindlichkeit von Blutern, erst die Toten haben es gut, ihr Werk ist zur Ruhe gekommen und leuchtet in der Vollendung. Aber dieses Leuchten in der Vollendung und das Glück der Toten, es täuscht uns nicht. Die Zeiten und Zonen liegen nahe beieinander, in keiner ist es hell, und erst nachträglich sieht es aus, als ob die Worte auf Taubenfüßen kamen.«

Was da im Jahre 1951 als Beunruhigung mitgeteilt wurde: Kontrast zwischen der zwanghaften Kreation und der Objektivität eines Kunstwerks, das nichts mehr von solchen Qualen erkennen läßt, mußte für einen Dichter wie Celan, der vierunddreißig Jahre nach Benn zur Welt kam, als bare und trügerische Harmonisierung eines viel ernsteren Vorgangs empfunden werden. Benns Rede ging aus vom Gegensatz zwischen unordentlichem Schöpfertum und ordentlicher Kunst. Celan stellt ebendiese harmonische Ordnung der Kunstwerke in Frage. Darum geht es ihm nicht um die Problematik des Dichters, sondern des Gedichts.

Als Büchner-Preisträger des Jahres 1960 antwortet er, ohne daß der Name genannt wird, jenem anderen Preisträger vom Jahre 1951. Als Benn von Georg Büchner sprach, meinte er nur das *Woyzeck*-Fragment. Bei Celan ist eben dieser *Woyzeck* fast demonstrativ ausgespart. Die Rede vom *Meridian* ist eine sehr tiefe und umfassende Büchner-Interpretation durch einen Dichter des 20. Jahrhunderts. Ein paarmal sprach Celan mir gegenüber von »unserer Rede« und erläuterte: den Anstoß zu seiner Konzeption hätte ihm, zu Beginn des Jahres 1960, als kein Gedanke war von einer Verleihung des Büchner-Preises, mein Büchner-Seminar in Paris gegeben, das ich vor Germanisten jener Ecole Normale Supérieure hielt, mit denen Celan in seinem Hauptberuf als Lektor für deutsche Sprache und Literatur zu arbeiten hatte. Damals hatte ich zunächst das Automatenmotiv am Schluß von *Leonce und Lena* erläutert, dann das berühmte Kunstgespräch aus der Erzählung *Lenz* interpretiert.

Beide Texte spielen auch in Celans Darmstädter Rede die Rolle von Leitmotiven. Sie widersprechen den Thesen Benns vom Gegensatz des fragwürdigen Künstlers und seiner fraglosen Kunst. Celan antwortet: »Gibt es nicht – so muß ich jetzt fragen – gibt es nicht bei Georg Büchner, bei dem Dichter der Kreatur, eine vielleicht nur halblaute, vielleicht nur halbbewußte, aber darum nicht minder radikale – oder gerade deshalb im eigentlichsten Sinn radikale In-Frage-Stellung der Kunst, eine In-Frage-Stellung aus dieser Richtung? Eine In-Frage-Stellung, zu der alle heutige Dichtung zurück muß, wenn sie weiterfragen will? Mit anderen, einiges überspringenden Worten: Dürfen wir, wie es jetzt vielerorts geschieht, von der Kunst als von einem Vorgegebenen und unbedingt Vorauszusetzenden ausgehen, sollen wir, um es ganz konkret auszudrücken, vor allem – sagen wir – Mallarmé konsequent zu Ende denken?«

Dann wendet er sich der Gestalt des geschichtlichen Lenz zu, des wahnsinnigen Dichters, und zitiert aus Büchners Erzählung den berühmten Satz: »[...] nur war es ihm manchmal unangenehm, daß er nicht auf dem Kopf gehn konnte.« Worauf er fortfährt: »Wer auf dem Kopf geht, meine Damen und Herren, – wer auf dem Kopf geht, der hat den Himmel als Abgrund unter sich. Meine Damen und Herren, es ist heute gang und gäbe, der Dichtung ihre ›Dunkelheit‹ vorzuwerfen. – Erlauben Sie mir, an dieser Stelle unvermittelt – aber hat sich hier nicht jäh etwas aufgetan? –, erlauben Sie mir, hier ein Wort von Pascal zu zitieren, ein Wort, das ich vor einiger Zeit bei Leo Schestow gelesen habe: ›Ne nous reprochez pas le manque de clarté car nous en faisons profession!‹ – Das ist, glaube ich, wenn nicht die kongeniale, so doch wohl die der Dichtung um einer Begegnung willen aus einer – vielleicht selbstentworfenen – Ferne oder Fremde zugeordnete Dunkelheit.«

An dieser Stelle seiner Rede hat Paul Celan den Gegenspieler Benn bereits aus dem Auge verloren. Dies hier ist Meditation über die Substanz seiner eigenen Dichtung. Die Dunkelheit erscheint ihm als notwendiges Element nicht nur seiner eigenen Poesie. Bei Benn führte der Ausdruckszwang noch zum Ausdruck. Der versagt sich einem Dichter wie Celan. Das Bekenntnis zur ›Dunkelheit‹ wird gleichbedeutend mit der Konfession, noch der Wille zur genauesten Artikulation müsse bisweilen ins Vorhumane führen: Lallen, Krächzen, Krähen. Im letzten Gedichtband *Lichtzwang* finden sich die Zeilen:

> mir wächst
> das Fell zu überm
> gewittrigen
> Mund

Ein anderer Text desselben Bandes schließt mit den Zeilen:

> Eine Stimme, inmitten,
> erkräht ein Gesicht.

Darum endet die Rede über den *Meridian*, womit Paul Celan vermutlich die dichterische Existenz in der heutigen Welt zu deuten sucht, als kafkasche Paradoxie. Natürlich fällt dabei auch Franz Kafkas Name. Einerseits die Fragwürdigkeit der Kunst, der Sprache, dichterischer Kommunikation. Zum anderen die Notwendigkeit, mit Hilfe der Dichtung, unter größten Anstrengungen, dennoch Kommunikation herstellen zu wollen.

Dem Pochen Gottfried Benns auf das Monologische der Dichtung antwortet Paul Celan mit der Forderung, das Gedicht sei Anrede: »Das Gedicht wird – unter welchen Bedingungen! – zum Gedicht eines – immer noch – Wahrnehmenden, dem Erscheinenden Zugewandten, dieses Erscheinende Befragenden und Ansprechenden; es wird Gespräch – oft ist es verzweifeltes Gespräch.

Erst im Raum dieses Gesprächs konstituiert sich das Angesprochene, versammelt es sich um das es ansprechende und nennende Ich. Aber in diese Gegenwart bringt das Angesprochene und durch Nennung gleichsam zum Du Gewordene auch sein Anderssein mit. Noch im Hier und Jetzt des Gedichts – das Gedicht selbst hat ja immer nur diese eine, einmalige, punktuelle Gegenwart –, noch in dieser Unmittelbarkeit und Nähe läßt es das ihm, dem Anderen, Eigenste mitsprechen: dessen Zeit.«

Jener Schlußsatz aus der Ansichtskarte: »die Meridiane wandern, noch immer« bedeutete also wohl zweierlei: Noch ist mir, Paul Celan, die dichterische Existenz möglich und denkbar. Dann aber: Noch ist Dichtung möglich. Ähnlich hieß es, fünf Jahre vorher, in dem Gedicht *Engführung*:

> Also
> stehen noch Tempel. Ein
> Stern
> hat wohl noch Licht.
> Nichts,
> nichts ist verloren.

Zu jener Zeit glaubte Celan noch daran, der monologischen Lyrik Benns das Gedicht als Anrede entgegenstellen zu können: wenngleich das Gedicht selbst immer fragwürdiger erschien. Er traute sich auch zu, eine Antwort zu haben auf Benns Forderung nach dem Vakuum, der *Leere* also. In Celans Poesie und Poetik wird sie als erfüllter Augenblick gegeben. Die Darmstädter Rede sprach vom »Hier und Jetzt des Gedichts«. In dem Text *Und mit dem Buch aus Tarussa* folgt kurz nach der Zeile vom »Wandern der Meridiane« eine andere:

> Aller-
> orten ist Hier und ist Heute ...

Konnte man das monologische Ich des Lyrikers Benn als Gegenposition betrachten zu Celans lyrischem Sprechen mit einem Partner oder vielleicht: zu seiner Ansprache an ein – stets genau vorgestelltes – Gegenüber im Gedicht, so wäre *Marcel Proust* der Gegenspieler in allem, was mit den für Celans Dichtung so wichtigen *Zeitdimensionen* zusammenhängt. Für Celan gab es kein Suchen nach einer verlorenen Zeit, denn nichts galt ihm als verloren. So hingeschrieben, wirkt dieser Satz wie eine bedenkliche Harmonisierung von Lebenskonflikten und Schaffenskrisen. Sagt man aber, daß es für einen Menschen keine verlorene Zeit gibt, also kein Erinnern, keine »intermittierenden« Empfindungen und Reflexionen, so wird damit ein schrecklicher Lebenszustand evoziert. Die Wahrheit ist, daß Paul Celan, wie immer wieder in Begegnungen festzustellen war, des Erinnerns ermangelte. Wer sich erinnert, hat damit zugleich die Möglichkeit, sich nicht zu erinnern. Wer plötzlich, wie bei Proust nachzulesen, eine Kindheitserinnerung an die Großmutter wiederfindet, oder jäh die kleine musikalische Wendung aus der Sonate von Vinteuil erinnert, hat lange im Zustand eines intermittierenden Vergessens gelebt. Nun ist das Damalige ins Bewußtsein zurückgekehrt.

In allen Gesprächen mit Celan hatte man den Eindruck des Unmenschlichen: *da herrschte die bloße und allumfassende Gegenwart.* Offenbar war nichts für diesen Mann und Dichter vergangen von allem, was er je erlebte, las, sah oder dachte. In einer literarischen Studie bezeichnete ich einmal das Gedicht *Engführung*, das im Ansatz auf das Leben im Vernichtungslager zurückgeht, als Zurücknahme der berühmten *Todesfuge* durch ihren Dichter.

Monate nach Erscheinen dieses Textes traf ich Celan, wir sprachen eine Weile, wie es seine Art war, von Alltäglichem, allein ich spürte, daß er mir einen ganz bestimmten Satz zu sagen gedachte. Dann kam es plötzlich, fast ohne Zusammenhang mit dem Standort des Gesprächs: »Ich nehme nie ein Gedicht zurück, lieber Hans Mayer!« Ich wußte sofort: das war die Antwort auf meine These von einer Zurücknahme der *Todesfuge.*

Das macht: er konnte nichts zurücknehmen, weil alles Geschaffene und Erlebte, wozu die Kreationen natürlich gehörten, ständig präsent war. Recht viele Menschen, die mit ihm Umgang hatten und erleben mußten, daß er plötzlich alle Beziehungen abbrach, hatten zu erfahren, daß auch in ihrem Verhalten zu ihm, das oft bloß fahrlässig oder unachtsam gewesen sein mochte, keine Episode oder Formulierung »zurückgenommen« werden konnte. Man einigte sich auf die Formel: Verfolgungswahn. Empfand ihn als »nachtragend«. Die Wahrheit ist, daß er unfähig war zum Vergessen. Alles war stets gegenwärtig. Kein Lebensmoment, der nicht bedroht gewesen wäre von unheilvollen anderen Augenblicken, die jeder andere als Vergangenheit und abgetan fortgeschoben hätte. Er konnte es nicht. Das Vernichtungslager ebenso wie eine belanglose Unbill aus späteren Jahren: alles war in jedem Augenblick virulent. In dem Band *Fadensonnen* steht dieser Text:

> DIE EWIGKEIT altert: in
> Cerveteri die
> Asphodelen
> fragen einander weiß.
>
> Mit mummelnder Kelle,
> aus den Totenkesseln,
> übern Stein, übern Stein,
> löffeln sie Suppen
> in alle Betten
> und Lager.

Die südliche Natur vermag sich nicht durchzusetzen gegen die permanente Präsenz des Lagerlebens von einst. In dem letzten Buch *Lichtzwang* findet sich die folgende Strophe:

> EIN EXTRA-SCHLAG NACHT
> ist das Teil
> des von fernher un-
> versehrt
> gefangengenommenen
> Sohnes.

Sprache ruft sogleich das mechanische Ritual einer Abfütterung im Lager hervor. Die Kelle bietet einen Nachschlag oder Extra-Schlag. Permanenz des jemals Erlebten. Die Sprache des Gedichts registriert sofort und liefert Ton wie Terminologie, die plötzlich zuständig wurden.

Da dieser Dichter, der in Czernowitz zwischen den Sprachen aufwuchs, vernarrt war ins Lesen, entstand neben der Perma-

nenz der Lebenseindrücke auch eine Dauerpräsenz des Gelern-
ten und Gelesenen. Schwierigkeiten und angebliche Dunkelheiten in diesen Gedichten sind häufig nur scheinbar. Kaum ein
Leser hat die Kenntnisse und Anspielungen »präsent«, die der
Autor im Gedicht verarbeitete. Sie sind in dieser Lyrik nicht als
Zitat verwendet, oder nur selten, wie in dem Text *Tübingen,
Jänner*, wo ein Verspartikelchen aus Hölderlin auftaucht und
sorgsam in Anführungszeichen gesetzt wurde, aber das ist Ausnahme. Im allgemeinen zitiert Celan nicht, sondern behandelt
die überlieferte Denksubstanz und Formulierung als Teil seiner
eigenen Gegenwart: also als Eigentum. Wo es ihm wichtig war,
verstanden zu werden, denn Celan war fähig zur Güte wie kaum
einer, wählte er abermals das Verfahren der versteckten Hinweise und »Winke«. In mein Exemplar des Buches *Sprachgitter*
schrieb er über die Widmung ein Zitat: »Es gibt nichts als die
Atome und den leeren Raum; alles andere ist Meinung.« (Demo-
krit). Plötzlich verstand ich, weil mir geholfen wurde, die wichtige Stelle aus dem Schlußgedicht dieses Bandes *Engführung*:

> Orkane.
> Orkane, von je,
> Partikelgestöber, das andre,
> du
> weißts ja, wir
> lasens im Buche, war
> Meinung.

Just an dieser Stelle jedoch, wo Celan scheinbar den Konsensus
zu Benn demonstriert, wonach nichts sei als Naturgeschehen
und leerer Raum, ist der Dissens stärker als je. Im menschlichen
Leben gibt es für Celan kein Vakuum. Da Leben und Dichten für
ihn zusammenfallen, abermals im Gegensatz zu Benn, der ein
»Doppelleben« für möglich hielt aus dichterischer und nicht-
dichterischer Existenz eines Menschen, herrscht in jedem Augenblick für Celan die Ubiquität. Alles ist immerdar anwesend.
Es gibt keine Vergangenheit.
Gab es *Zukunft* für Celan? Von Hoffnungen sprach er oft: für
sich wie für alle Zeitgenossen. Unsere letzten und langen Gespräche in Paris, sechs Wochen vor seinem Tode, wurden von

ihm immer auf das Thema Israel gelenkt. Er gedachte, eine Einladung dorthin anzunehmen, wollte von mir erfahren, wie ich als Besucher aus dem Jahre 1968 die Dinge angetroffen hätte. Andererseits empfand sich Celan durchaus nicht als jüdischer Dichter oder gar als ein Poet des Judentums. Wir trafen uns im Jahre 1960 einmal in Tübingen, wohnten im selben Hotel, wollten zusammen frühstücken und sahen plötzlich Max Rychner am Nebentisch. Ich kannte Rychner seit 1936, begrüßte ihn und wollte Celan vorstellen. Aber auch die beiden kannten einander. Rychner erwähnte, nicht ohne Stolz, er habe nach 1945 in Zürich wohl zuerst Verse Celans in seiner Zeitung gebracht. Man blieb eine Weile zusammen. Als Rychner fortgegangen war, meinte Celan etwas spöttisch: »Ich habe ihn wahrscheinlich enttäuscht. Er wollte jüdische Dichtung von mir haben oder was er dafür hielt. Aber ich schrieb ganz andere Dinge.« Die jüdischen Themen gehörten zur Substanz seines Lebens und tauchten deshalb immer wieder auf. Man sollte sie nicht als Bekenntnis mißverstehen. Wo sie jedoch erwähnt werden, ist damit zumeist auch eine Lebensentscheidung gemeint. Wenn in einem späten Gedicht plötzlich das Wort *Tekiah* niedergeschrieben wird, in der Verszeile alleinstehend, so ist das der Ruf des Priesters an den hohen Feiertagen nach dem Schofarbläser, nach dem durchdringenden, kreischenden Ton aus dem Widderhorn. Dies alles war bei Celan niemals abgetan oder abzutun. Auch dies Wort »Tekiah« war unmittelbare Evokation Celanscher Wirklichkeit, kein Zitat.

Vielleicht war die dialogische Struktur dieser Dichtung nur scheinbar. Zwar suchte Celan stets im Leben und Dichten die Begegnung. In der Darmstädter Rede wählte seine Aussage jedoch – bezeichnenderweise – die Frageform: »Aber steht das Gedicht nicht gerade dadurch, also schon hier, in der Begegnung – *im Geheimnis der Begegnung*?«
Begegnung jedoch wird zur Selbstbegegnung. Also trotzdem monologische Dichtung, welche die Partnerschaft sich selbst und anderen nur vorgaukelte? Keineswegs. Celan kennt die Erfahrung mit dem *Doppelgänger*. Ein Doppelleben im Sinne von Benn hätte er niemals führen können, den Doppelgänger aber hat er erfahren: jenes alter ego, das man kennt und das einen kennt, beobachtet, in Frage stellt. Abermals in der Rede über

den *Meridian*, die sich immer stärker, falls man sie genau liest, als Schlüssel erweisen könnte zu manchem lyrischen Gehäuse dieses Autors, wurde ein Wink gegeben – Hinweis auf Tatsächliches und auf die Möglichkeit, einen bestimmten Text zu deuten:

»Und vor einem Jahr, in Erinnerung an eine versäumte Begegnung im Engadin, brachte ich eine kleine Geschichte zu Papier, in der ich einen Menschen ›wie Lenz‹ durchs Gebirg gehen ließ.

Ich hatte mich, das eine wie das andere Mal, von einem ›20. Jänner‹, von meinem ›20. Jänner‹, hergeschrieben. Ich bin ... mir selbst begegnet.«

Im vierzehnten Heft der von Celan mitherausgegebenen Zeitschrift *L'Ephemère*, das im Sommer 1970 erschien und in wesentlichen Beiträgen der Erinnerung an Paul Celan gewidmet ist, steht eine französische Übertragung jener damals in Darmstadt erwähnten »kleinen Geschichte«. Ein Jude namens Klein, Sohn eines Juden, geht durchs Gebirge und trifft dort den Juden Groß. Groß kommt zu Klein, und der kleine Jude Klein läßt seinen Stock schweigen vor dem Stock des Juden Groß. Aber das Schweigen wird gebrochen durch ein Gespräch. Die Geschichte heißt *Gespräch im Gebirge*. Eigentlich aber, abgesehen von belanglosen Sätzen des Groß, die einer Echowirkung gleichen, spricht nur der Jude Klein. Über die Menschen redet er, die ihn nicht liebten, die zahlreich waren, und die auch er nicht liebte. Geliebt habe er, der Jude Klein, die Kerze, die links in der Ecke niederbrannte. Grund dieser Liebe: weil die Kerze sich aufzehrt.

Der Redende behält das letzte Wort: weder Echo noch Replik vom Juden Groß. So endet ein Reden im Gebirge, worin Klein sich, erinnernd und als Gleichsetzung, mit dem verwirrten Lenz verglichen hatte, der am 20. Jänner durchs Gebirg ging, aber im ständigen Gespräch mit sich selbst und auf der Suche nach einem Doppelgänger, der die tiefste Sehnsucht erfüllen könnte: zugleich zu gehen und *auf dem Kopf zu stehen*. In der »kleinen Geschichte« wird die Begegnung zur Selbstbegegnung. Auch sie endet, wie die Beziehung zwischen den Sprechenden und der Natur, im Schweigen.

Nach dem Tode eines Selbstmörders wird immer nach den Motiven gefragt. Die Meinungen sind geteilt, ob man es voraussehen konnte oder nicht. Viele wußten es schon immer. Ich fand Celan bei unserer letzten Begegnung am 22. März 1970 in Stuttgart nicht anders als kurz vorher in Paris. Er las, im Rahmen und auf Einladung der Hölderlin-Gesellschaft, nach der Hölderlin-Rede seines Freundes und Übersetzers André Du Bouchet den ersten Teil des damals noch ungedruckten Bandes *Lichtzwang*. Erinnern kann ich mich an drei Lesungen. In Tübingen im Sommer 1963, vor Studenten der Germanistik, dann fünf Jahre später, im Juli 1968, vor unseren Studenten in Hannover. Nun vor dem Publikum der Hölderlin-Tagung. Celan las stets in der gleichen Weise und Haltung. Eine Hand hielt das Buch oder Manuskript, die andere stützte den Kopf. Bisweilen schaute der Lesende auf und verstand einzelne Verse als Anrede an die Lauschenden. Sonst keine Bewegung. In Tübingen und Hannover war es ihm nach wenigen Momenten gelungen, den Bannkreis zu ziehen. Das mißlang in Stuttgart. Geeichte Philologen, genauestens informiert über die Thesen der Sekundärliteratur zu einzelnen Dunkelheiten Hölderlins, schüttelten den Kopf, sperrten sich gegen den Mann da oben und gegen sein Wort.

Ich sprach Celan noch kurz nach der Lesung. Er mußte zu einer Rundfunkveranstaltung, war offenbar ganz unbeeindruckt von der mäßigen Wirkung seines Auftretens.

Warum ging er, bald darauf, ins Wasser? Ich weiß es nicht, oder ich wüßte viele Gründe, die alle nichts besagen. Als Wink verstand ich im Jahre 1962 auch die Zueignung seiner Übertragung von Gedichten des russichen Lyrikers (und Selbstmörders) Sergej Jessenin. Vorn auf dem Vorsatzblatt hatte Celan vier Zeilen aus einem Gedicht dieses Autors aufgezeichnet. Genau und kalligraphisch stets: oben auf der Seite das russische Original, unten seine deutsche Nachdichtung. Es war die vierte Strophe von sieben, die Mittelstrophe also des Gedichts *Wir entfernen uns*.

> [...] Manchem dacht ich nach, da nichts sich regte,
> manches hab ich mir zum Lied gefügt.
> Erde, unwirsch: daß ich war und lebte,
> daß ich atmen durfte, – es genügt.

Kein Zweifel, das Zitat in dem Widmungsexemplar sollte Identifikation bedeuten. Hier sprach Paul Celan von sich selbst und mit Worten von Sergej Jessenin. In seinem Nachruf auf Celan, der zugleich eine genaue Interpretation des Gedichts *Du sei wie du* enthält, des vorletzten Gedichts aus dem letzten Band *Lichtzwang*, fragt Werner Weber: »Ist Celan ein Artist gewesen? Ein Manierist? Er war beides – aus Todesnähe und in Todesnähe. Jetzt hat er das Leben verlassen. Sein Weggehen hat Entsprechungen in seinen Gedichten, wo das Umgangsreden abschwinden mußte, damit die Sprache buchstäblich ›zu Wort‹ kommen kann, zum letzten Wort an der Grenze des Verstummens.«

Daß diese Poesie dem Schweigen abgewonnen wurde als *Atemwende*; daß sie seit langem wirkte als Rede, die einer im Davongehen spricht; daß sie fast süchtig verliebt war in die vielfältige Bedeutung des Wortes *Lichtzwang*: wer Paul Celan liebte, wußte das alles und seit längerem. Aber man vertraute auf jene Verse Jessenins, die unter der Überschrift gestanden hatten: *Wir entfernen uns*. Der vierzigjährige Jessenin hatte sich dann entfernt.

Paul Celan entfernte sich in seinem fünfzigsten Lebensjahr. Unter dem französischen Titel *Les Globes*, was wohl gleichzeitig an die Weltkugel und die Erdkugel erinnern soll, stehen im Band *Die Niemandsrose* von 1963 Verse mit einem Schluß, der abermals fast genußvoll die bedrückende Mehrdeutigkeit der letzen drei Worte auszukosten scheint:

In den verfahrenen Augen – lies da:

die Sonnen-, die Herzbahnen, das
sausend-schöne Umsonst.
Die Tode und alles
aus ihnen Geborene. Die
Geschlechterkette,
die hier bestattet liegt und
die hier noch hängt, im Äther,
Abgründe säumend. Aller
Gesichter Schrift, in die sich
schwirrender Wortsand gebohrt – Kleinewiges,
Silben.

Alles,
das Schwerste noch, war
flügge, nichts
hielt zurück.

Selbstbefreiung in der normalisierten Welt
Peter Brückner: Leben und Denken

Den sechzigsten Geburtstag hat er nicht mehr erlebt. Geboren am 15. Mai 1922 in Dresden, starb Peter Brückner, Professor der Sozialpsychologie an der Universität Hannover, am 10. April 1982 in Nizza, wo er sich Erholung erhoffte von der Krankheit und – vielleicht – für die Wiederaufnahme seiner Lehrtätigkeit. Kurz vor Brückners Tod nämlich waren, zu Ende des Jahres 1981, alle disziplinarischen Maßnahmen und »Suspensionen« aufgehoben worden, mit denen man fast ein Jahrzehnt lang, seit 1972, einen scheinbar Unwürdigen vom akademischen Lehramt fernzuhalten gedachte.

»Man«? Die Universität Hannover war es offenbar nicht. Sie trat ein für den unbequemen Professor: wodurch sie bewies, daß sie nicht mehr zu handeln gedachte wie fast fünfzig Jahre früher ihre akademischen Vorgänger von der Technischen Hochschule Hannover, im Falle des Professors für Philosophie und Psychologie Theodor Lessing. Als Rektor und Senat eigenmächtig, nach organisiertem Volkszorn einer »Akademiker-Versammlung«, die Ausübung des Lehramtes untersagten, ohne die Entscheidung des preußischen Kultusministeriums in Berlin abzuwarten.

Was hatte Theodor Lessing begangen, um solchen Zorn im Lande und in seiner Vaterstadt Hannover zu erregen? Er hatte im Prozeß um den Massenmörder Hans Haarmann vergeblich versucht, als Psychologe und Gutachter den Fall eines Menschen untersuchen zu lassen, und einer Umwelt, die dem sogenannten Monstrum seine Taten ersichtlich leicht machte. Lessing wurde vom Gericht barsch abgewiesen. Übrigens: in ähnlichen Prozessen unserer jüngeren Vergangenheit kam die Verteidigung durch mit der Forderung nach Anhörung eines Sexualpsychologen. Die Ablehnung eines solchen Antrags wurde seitdem zum Revisionsgrund. Im Falle Haarmann jedoch warteten alle, im Gerichtssaal wie draußen, auf das Fallbeil. Da störte er nur, der Professor Lessing, übrigens ein Jude.

Im preußischen Landtag befragten die Deutschnationalen den

liberalen Kultusminister, ob er immer noch bereit sei, »einen Hochschullehrer weiter in Hannover zu belassen, der seinerzeit verwarnt werden mußte, weil er die notwendige und übliche Rücksicht auf seine Stellung als Hochschullehrer und akademischer Forscher vermissen ließ ...« Und so weiter.

Die notwendige und übliche Rücksicht hatte Lessing, der im Falle Haarmann gerade als Forscher amtieren wollte, vor allem dadurch vermissen lassen, daß er politische Hellsicht bewies. Als der in Hannover lebende und pensionierte Feldmarschall von Hindenburg am 26. April 1925 zum Reichspräsidenten gewählt worden war, konnte abgerechnet werden mit einem Aufsatz Lessings, der gegen den Kandidaten aus Hannover gerichtet war und folgende Sätze enthielt: »Ein Philosoph würde mit Hindenburg nun eben nicht den Thron besteigen. Nur ein repräsentatives Symbol, ein Fragezeichen, ein Zero. Man kann sagen: Besser ein Zero als ein Nero. Leider zeigt die Geschichte, daß hinter einem Zero immer ein künftiger Nero verborgen steht.« Man hat es erlebt.

Theodor Lessing und Peter Brückner. Ich habe den späteren Volkszorn um meinen Hannoverschen Kollegen Brückner stets zugleich als Reminiszenz des Falles Lessing empfunden. Lessing mußte fliehen, sein Haus wurde geplündert nach der »Machtergreifung«. Er selbst entkam in die Tschechoslowakei. Dort wurde er am 30. August 1933, während man in Nürnberg den Parteitag des Sieges feierte, aus dem Hinterhalt erschossen.

Auch Peter Brückner ließ die notwendige und übliche Rücksicht eines Hochschullehrers und akademischen Forschers vermissen. Das führte zu Suspendierungen vom Amt, die aufgehoben werden mußten; zu einem Strafverfahren, das zum Freispruch führte. So etwas verkürzt die Lebenszeit. Ein Professor als »Terrorist«. Riesige Zeitungslettern. Brückner war gut bekannt gewesen, *vor* ihrem Weg in den Terrorismus, mit Ulrike Meinhof. Als die Flüchtige, die alle Beteiligung an Taten gegen das Leben anderer Menschen noch vor sich hatte, an die Tür klopfte, gab er ihr und ihrem Begleiter, der später aussagte, ein kurzes Asyl. Später übernahm Brückner, mit anderen Hochschullehrern, die Verantwortung für den Druck eines fragwürdigen Textes zum Mordfall Buback. Er lehnte die inhaltliche Aussage dieses Textes ab, wie er betonte, wollte jedoch verhindern, daß man abermals

Zensur übe und Meinungen unterdrücke. Dafür also das Hausverbot und die Anklagebank und der Tod mit sechzig Jahren. Daß es Hannover war bei Lessing wie bei Brückner, ist Zufall. Was jedoch kein Zufall gewesen ist, in beiden Fällen eines »Dissidenten«, das hat Brückner in einer »Vorbemerkung 1978« zum Neudruck eines seiner Aufsätze aus dem Jahre 1970 so erläutert: »In Deutschland gibt es keine Umwälzung aller beklagenswerten Verhältnisse ohne tiefgreifende Veränderung von Innerlichkeit, Bedürfnis, zwischenmenschlichem Verkehr. Ohne Umwälzung also der *Mentalität* sehr großer Teile der Bevölkerung, die gewiß ihre historischen und materiellen Ursachen hat, die aber nun den Wechsel politischer Systeme mühelos übersteht.«
Dies ist einmal als scharfe Absage zu verstehen an alles Gefuchtel mit der Vokabel »Revolution«. *Es ist die Gegenthese zu allem Terrorismus.* Außerdem spricht hier die Lebenserfahrung eines Deutschen in Deutschland und mit den Deutschen. Auch Peter Brückners Denken und Handeln gehört zur Geschichte des »Leidens an Deutschland«, um eine Formel des von Brückner verehrten Thomas Mann anklingen zu lassen. Erfahrenes Leiden an Deutschland: die Lebensgeschichte Brückners ist dafür exemplarisch.

Die Rätsel einer Lebensgeschichte

Seine Jugendgeschichte stellte Brückner unter das Motto, das zugleich den Titel abgab: »*Das Abseits als sicherer Ort*«. Die Widmung lautete: »Für meine Kinder«. Man darf vermuten, daß die Widmung, formuliert von einem Sozialpsychologen und Pädagogen, auch im übertragenen Sinne zu verstehen sei. Am Schluß nämlich jenes Kapitels der Jugendgeschichte, das die Vorkriegszeit von 1939 erinnert, gibt es eine programmatische Fußnote: »Wie werden die ›versunkenen Erfahrungen‹ bewußt? Indem wir lernen, die Rätsel unserer Lebensgeschichte im Kontext der Geschichte unserer Gesellschaft zu lösen, und zwar im Detail, und indem wir der Reflexion vertrauen, solange sie Erfahrung und Objektivität fühlbar vermittelt. Das vor allem ist ›Kritische Theorie‹.«
Die Rätsel unserer Lebensgeschichte. Brückners Jugendge-

schichte liest sich auf den ersten Blick, mit Max Weber zu sprechen, wie ein »idealtypisches« Kompendium des Außenseitertums. Existentieller Außenseiter durch die Geburt als Halbjude. Beabsichtigtes, also intentionelles Außenseitertum durch die frühzeitige Hinwendung zu allen Minderheiten und Opfern von Gewalt und Gewalttätigkeit. Dissident und Aussteiger: ausgerechnet in einem Dritten Reich, wo man keinesfalls »auffallen« durfte, sondern ein Leben zu führen hatte, wie der Führer es sich ausgedacht hatte: dieser idealtypische Außenseiter.

Sohn eines deutschen Ingenieurs und einer englischen Jüdin, übrigens einer bekannten Konzertsängerin, die sich gezwungen sah, als Peter Brückner fünfzehn war, Deutschland zu verlassen. Auch ihre beiden Söhne aus einer ersten Ehe, Peters Halbbrüder, an denen er hing, verließen die Heimat. Der Vater wurde arbeitslos, weil er sich nicht gleichschalten ließ, der Sohn wird im Internat erzogen. Daß er Halbjude ist nach den Rassegesetzen, erfährt er ziemlich spät. Nun gilt es, durch die Gesetzesmaschen zu schlüpfen. Die amtlichen Nachforschungen über Reinheit oder Pariatum der mütterlichen »Sippe« bleiben erfolglos: in England hat man noch wenig Rassebewußtsein entwickelt. Von dort kommt keine Hilfe für die Rasseforscher. So erlebt man einen Hitlerjungen P.B., später einen Parteigenossen seines Führers. Brückner leistet sich die Überschrift: »Ich werde Mitglied der NSDAP«. Dennoch hat sich zwischen der Episode des Hitlerjungen und jener des PG etwas in ihm verändert.

Dieses Rollenspiel in der Hitlerjugend, das der Sechzehnjährige durchaus schon als solches empfand, diente der Selbsterziehung und sogar, um Brückners späteren Ausdruck zu gebrauchen, der »Selbstbefreiung«. Das ist keineswegs paradox. »Jugend ist ungleichzeitig«, heißt es darüber. Das mutterlose Kind, der Vater ist fern und kann nicht helfen, kumuliert die Rollen. Fahrten im braunen Hemd, doch Entscheidung für die Konfirmation in der Kreuzkirche zu Dresden: im Braunhemd, was nach Provokation aussah, aber die Ursache hatte im Fehlen eines »guten« Anzugs. Das Braunhemd als sicherer Ort vor den Schulgewaltigen im Internat. Die geheime geistige Welt im Internat mit lauter verbotenen Büchern, die eine ältere Freundin und »Kulturbolschewistin« dem Knaben besorgt hatte. Zur Zeit des Films vom Juden Süß schreibt der Schüler P.B. auftragsgemäß über Shakespeares

»Kaufmann von Venedig«: »Ich fand heraus und behauptete, der Jude Shylock sei der einzige echte Renaissancemensch im ganzen Stück, das war eine Fünf. So wurde ich vorsichtig.«

Später und im Kriege findet er Anschluß an kommunistische Gruppen. Als die Schule die Absolventen pathetisch auffordert, »Mitglieder dieses Vereins zu werden«, wie Brückner die Partei nennt, befragt er seine Freunde aus dem Untergrund: »Die Frage, was Widerstand eigentlich bedeute, wie und wo er zu leisten sei, hatte sich inzwischen versachlicht und politisiert. Eintritt in die NSDAP? Meine antifaschistischen Freunde rieten zu oder zuckten die Achseln. Für meinen Vater war es ein moralisches Problem, aber ein unentrinnbares.« Der Antrag wird gestellt und genehmigt.

»*Was haben wir gewußt?*«, das ist die letzte Überschrift in dieser Jugendgeschichte eines rollenspielenden Außenseiters, der überall mitmacht und folglich nirgends. Was er sowohl genießt wie als Makel empfindet. Freilich wird es dem heutigen Leser bisweilen schwer, die dialektischen Erklärungen Brückners, also eines Schülers der Kritischen Theorie und Alexander Mitscherlichs, als damalige Motivation eines zwanzigjährigen Halbjuden und PG mitten im Weltkrieg zu rekonstruieren. Nicht die »Kristallnacht« von 1938 habe ihn zum Bewußtsein seiner Lage als – noch unentdeckter – existentieller Außenseiter gebracht, sondern erst die Abreise des jüdischen Stiefvaters aus der ersten Ehe seiner Mutter. »Bis dahin, Herbst 1938, blieb das Schicksal der Juden für mich viel randständiger als das der Kommunisten und der Homosexuellen.«

Der Soldat Brückner kommt als Schreiber in einem Kriegsgefangenenlager in Österreich mit dortigen Kommunisten zusammen. Er kehrt als Emissär der Amerikaner kurz vor Kriegsende nach Zwickau zurück. Trotzdem heißt es: »Im Juni sah ich ohne Bedauern, wie die amerikanischen Truppen Zwickau verließen.« Brückners Buch wird mit den folgenden, kaum begründeten und um so provokativer wirkenden Sätzen beendet: »Das Ereignis des Sommers 1945, die Stunde der Befreiung für mich, war ganz lokal: meine Aufnahme in die KPD. – Von der Besatzungsmacht sah ich nicht viel. Ende August ging ich mit einem Parteiauftrag nach Leipzig: die Wiedereröffnung der Universität war vorzubereiten.«

So endet die wohl verblüffendste, tief verstörende Autobiographie eines deutschen Zeitgenossen. Elemente eines Bildungsromans, der die bürgerliche Bildung am Ende sieht, vermischen sich mit Momenten eines durchaus nicht lustigen Schelmenromans. Die literarische Schlußpointe läßt sich der Erzähler Peter Brückner im Jahre 1980 entgehen: daß nämlich der Genosse Brückner natürlich in Leipzig beim Parteiauftrag scheitert. Er will Medizin und Psychologie studieren und wird belehrt, daß Psychologie und Soziologie nicht gebraucht werden an einer Hochschule des Marxismus-Leninismus. Das sind Scheinwissenschaften der bürgerlichen Dekadenz.

Die Folge ist bei Brückner, um es psychoanalytisch, also dekadent auszudrücken, eine »Flucht in die Krankheit«. Übersiedlung nach Westberlin im Jahre 1948. Studium der Psychologie in Münster. Promotion 1957. Der Kreis um Adorno und um Mitscherlich. Im Jahre 1967 die Berufung auf den Lehrstuhl für Psychologie in Hannover. Das Weitere stand dann in der Zeitung. Kein Abseits und kein sicherer Ort.

Aussetzung – Freisetzung

Lebenslanges Nachdenken über Menschenkenntnis und Möglichkeiten der Erziehung muß Brückner dahingeführt haben, daß seine Reflexionen immer wieder als ein Weder-Noch präsentiert werden. Die Rätsel seiner Jugendgeschichte ebenso wie Erfahrungen mit dem Nachkrieg in Ost und West brachten ihn dazu, den klassischen Antagonismus von »Freiheit und Ordnung« als scheinhaft, nicht mehr real zu empfinden. *Ernst Bloch* hatte noch im »Prinzip Hoffnung« die antithetischen Begriffe der Freiheit und der Ordnung synthetisch aufheben wollen im Marxismus als einer »konkreten Antizipation«. Freilich wurde sehr behutsam formuliert: »Marxismus ist die erste Tür zu dem Zustand, der Ausbeutung und Abhängigkeit ursächlich ausscheidet, folglich zu einem beginnenden Sein wie Utopie.« Brückner hatte das anders erlebt: der real existierende Marxismus blieb eine verschlossene Tür.

Das Kind P. B. hatte inmitten der Ordnung eine Freiheitssphäre gesucht und sich heimlich nach der Geborgenheit in irgendeiner

Ordnung gesehnt. Jedesmal vergeblich. Daraus erklärt sich der Freiheitsspektizismus, den man überall in Brückners späten und nachgelassenen Schriften wie Vorträgen entdecken muß.

In den Vorlesungen über »Psychologie und Geschichte«, die der »suspendierte« Gelehrte in den Jahren 1980/81 außerhalb der Hochschule vor Freunden und Schülern hielt und die nun als Nachschrift vorliegen, wird in zwei nachdenklichen Sätzen das vertraute Erscheinungsbild einer autoritären mit dem weitgehend harmonisierten Phänomen einer anti-autoritären Erziehung konfrontiert. In einem – unausgesprochenen – Weder-Noch: »In der Bundesrepublik Deutschland, mit ihrer dringenden Revision der in der Tat unerträglichen, autoritären Erziehungsstile vor allem der Vergangenheit, ist die Forderung, Kindern in der Familie Autonomie, Demokratie, Selbständigkeit zeitlich zu sichern, nur zu berechtigt. Und doch fragt sich auch der teilnehmende Beobachter, inwieweit Selbständigkeitserziehung ... nicht sehr dicht an Aussetzung grenzt.«

An Aussetzung. Gleich dem unerwünschten Kinde Ödipus, wäre zu ergänzen, den man mit durchschnittenen Sehnen vor den Toren von Theben ausgesetzt hatte. Verzicht auf Autorität als Lieblosigkeit, mit schlimmen Folgen: so muß man Brückners Reflexion wohl verstehen.

Die Reflexion kehrt wieder in einem Aufsatz über »Die Neuen Sozialbewegungen« von 1981. Diesmal handelt es sich um die neuen Formen der Sexualmoral. Einmal der »Mief der Adenauerjahre«, der bekämpft werden mußte durch »eine psychoanalytisch angeleitete« republikanische Aufklärung über die Zusammenhänge zwischen autoritärem Charakter, Faschismus, Antisemitismus, Konsumspirale und bürgerlicher Sexualität«. Hier ist, wie bekannt, die »Kritische Theorie« folgenreich geworden, auch in der deutschen Praxis. Brückner hat dabei mitgewirkt.

Nun aber die Gegenthese. »Das waren die Märkte, die uns damals in Film, Zeitungen und Anzeigen mit überdimensionalen Sexattrappen zu umstellen begannen.« Auch eine Form der Aussetzung, wie man ergänzen darf.

Die Folge ist nicht Freiheit, sondern neue Gewalttätigkeit: »In den Vereinigten Staaten ist es wohl statistisch nachweisbar, daß gerade mit den ziemlich großen Lockerungen der sexuellen Ver-

haltensweisen die Anzahl der Männer angewachsen ist, die –
auch in den Mittelklassen – ihre Frauen schlagen. Wie auch in
Europa ein Delikt wie Gruppennotzucht eine typische Konse-
quenz der Freisetzung von Sexualität und nicht der Hemmung
ist.« Das ist, gleich der anti-autoritären Aussetzung, ein Nachruf
auf Freud.

Sicherer – Unsicherer Ort

Auch Peter Brückner, als ein redlicher Denker, muß sich die
Frage stellen, die schon vor mehr als 50 Jahren einen anderen
redlichen Moralisten, nämlich *Erich Kästner*, so traurig machte:
»Wo bleibt das Positive?« Brückner sucht es allenthalben in der
veränderten Welt der Sechziger, dann Siebziger, dann Achtziger
Jahre. Im verbürgerlichten Proletariat? Davon handelt ein wichtiger Aufsatz vom Jahre 1979, den man im soeben erschienenen
zweiten Band der gesammelten Aufsätze »zur politischen Kultur
und Moral« nachlesen kann. Der Titel ist abermals – scheinbar –
paradox. Ausgerechnet der Autobiograph, der das Abseits als
»sicheren Ort« gepriesen hatte, überschreibt einen Text so:
»Über Zivilcourage am unsicheren Ort«. Was nicht gegen den
Mut gerichtet ist, sei es als Lebensmut oder als Mut zum Widerspruch, sondern zu bedenken gibt, daß die Zivilcourage untrennbar verbunden bleibt den gesellschaftlichen Umständen,
die der Mutige vorfindet. Zivilcourage kann auch schädlich sein:
nicht allein für den Mutigen.
Brückner erweist sich in seinen späteren Reden und Aufsätzen
immer deutlicher als ein Marxist, der das heutige Elend auch der
marxistischen Philosophie mitreflektieren muß: auch über
Horkheimer und Adorno und die »Dialektik der Aufklärung«
hinaus. Männerstolz vor Fürstenthronen, also Zivilcourage?
Das gehörte zum Klassenkampf zwischen bourgeoiser Emanzipation und Feudal-Absolutismus. Das Proletariat übernimmt es,
die Aufklärung über ihre bürgerliche Phase hinauszuführen.
Einstmals Marquis Posa und Prinz Tamino und der Hessische
Landbote und die Achtundvierziger, so könnte man Brückners
Thesen illustrieren. Dann das »Kommunistische Manifest«, die
Zivilcourage Karl Liebknechts und der Rosa Luxemburg, auch

des Carl von Ossietzky. Allein es gab auch schon vor Brückner die Erkenntnis, daß die isolierte, unverbundene Negation der einzelnen dem Gegner zu helfen vermag. Das solle man lernen, so wollte es Brecht in seinem dänischen Exil, indem man den Fall der Mutter Courage überdenkt, den sich Brückner merkwürdigerweise als Argument entgehen ließ.

Was Brückner sieht, in diesen unseren Achtziger Jahren, ist dies: »Das Ergebnis dieser Normierung und Integration ist eine neue Gestalt von ›Wirklichkeit‹, eben die *Normalität*, die das Partikulare, das qualitativ Andere nur noch als Abweichung registriert, in der Regel ein Fall für den Arzt und die Polizei. Das Besondere verschwindet im Abseits. In dieser Normalität verzichtet auch die aufstrebende Klasse auf die Hegemonie (die ›Diktatur des Proletariats‹), sie will nicht mehr eine ›Wahrheit auf Kosten jeder anderen Wahrheit‹.«

Da jedoch Normalität nicht erzwungen werden kann, wie Brückner genau weiß, also weder durch die sanfte Gegenutopie bei Aldous Huxley, noch durch die brutale Gleichschaltung bei Orwell, darum findet immer wieder, wie Brückner mit einem Fremdwort ausdrückt, das ihn selbst nicht glücklich macht, eine *Segregation* statt. Eine Gruppe in der »normalen« Herde wird abgesondert: die Parias, die Juden, die Türken. Symptomatischer aber ist heute, wie Brückner immer wieder nachweist, der Vorgang einer Selbstsegregation. Dabei kann Aussetzung zusammenfallen mit Aussteigertum. Brückner zeigt das an der »Differenz der Lebensalter«. Hier arbeite »die Segregation für die Normalität: die Altersstufen werden durch Trennung für die Normalität unschädlich gemacht (unter Mitwirkung der Linken, die, noch ehe ein Kind geboren ist, bereits den ›Laden‹ gründet, wo es mit anderen Kindern unter sich sein kann). Und die Differenz der Geschlechter? Ja, partnerlook und unisex, ein gemeinsamer Hang zur narzißtischen Feigheit – und Segregation auch dort.«

Mehrheit und Sekte

Und das Positive? Und die Zivilcourage? Sie gibt es nach wie vor, wenngleich nicht mehr in der einstigen, der gleichsam klassischen Gestalt. Um seine Meinung »frei« sagen zu können, so wird man Brückner zu verstehen haben, muß man wirklich eine haben: eine eigene Meinung nämlich. Das wird immer schwerer. Sie ist nicht mehr als »Klassenbewußtsein« deutbar, auch nicht mehr als bloße Negation, als Dissidententum. Brückner formuliert: »Das Verhältnis von Normalität und Dissidenz koexistiert also mit Klassenherrschaft und sozialer Bewegung.«

Das muß nicht als bare Negation empfunden werden. Gerade in den heutigen Negationen der verordneten Normalität, der sich die Aussteiger, mit Hilfe einer neuen und eigenen Normalität, insgeheim anschließen, verbirgt sich stets auch eine neue Position. »Zivilcourage ist so das Resultat einer Abweichung, die dem Druck der ›realen Normalität‹ nicht erliegt, auch nicht dem der ›realen Politik‹ – und dies bis in Wahrnehmung, Sinnlichkeit und Gedanken hinein.«

Brückner unterscheidet sich, wie ich meine, vom sowjetischen Marxismus vor allem dadurch, daß er die dort geforderte Normalität und Orthodoxie als *Sektierertum* bezeichnet. Von der Kritischen Theorie der Frankfurter Schule trennt ihn die Entschlossenheit, nicht stehenzubleiben bei der Negation der real existierenden Gesellschaft. Er wollte nicht darauf verzichten, wie bereits zitiert, die Rätsel unserer Lebensgeschichte zu *lösen*. Das erst sei Kritische Theorie.

Damit aber hat sich Brückner auch von jenen seiner Freunde getrennt, die bloß noch Praxis sein wollten: mit ein bißchen Terminologie anstelle der dialektischen Anstrengung des Begriffs.

Schaut man genau hin, so wird hinter dem stets wiederkehrenden Weder-Noch in Brückners Leben und Denken *eine stetige Anstrengung zur Synthese* spürbar, die man nicht mit einem läppischen Pluralismus des Sowohl-Als-auch verwechseln sollte. In einem abermals autobiographischen Text von 1979 über die Fünfziger Jahre, zu verstehen als Fortsetzung der Jugendgeschichte, demonstriert Brückner die gefährliche Konvergenz von Normalität und Sektierertum am Beispiel der Friedensbewegung: »Jetzt ... entsteht fortwährend die Gefahr, daß die dialektische Spannung von Friede und Militanz zusammenbricht, ... etwa in Legalismus hier und Terror dort, in ›Innerlichkeit‹ und Verbrechen. Oder: die ›Liebe‹ wird hier, der ›Haß‹ wird dort zum Fetisch.

Hier spricht die Erfahrung eines verstandenen Lebens. Unser Zeitgenosse Peter Brückner. Im »Wittiko« von Adalbert Stifter findet sich ein Nachruf, worin es heißt: »An ihm ist viel gesündigt worden.«

Augenblicke mit Ernst Busch

Das war doch gestern? Das Deutsche Reich ist eine Republik. Man lebt in einer Nachkriegszeit und weiß nicht, daß es nur die erste sein wird. Im Bandhaussaal und im Hof des Heidelberger Schlosses wird im Sommer neuerdings Theater gespielt. Zweimal Shakespeare und der »Florian Geyer« von Hauptmann. Im »Sommernachtstraum« erscheint Oberon/Heinrich George als feister und böser Waldschrat, meist begleitet von einem langen und dürren Puck, der überall herumturnt, plötzlich aus dem Boden des Schloßhofs auftaucht, unmenschlich kichernd und ganz mitleidlos. Ein Russe stellt ihn dar: Wladimir Sokoloff, der mit einer Truppe Alexander Tairows in Deutschland gastierte, große Begeisterung hervorrief und von Max Reinhardt abgeworben wurde. Nun spielt er unter Gustav Hartungs Regie im Sommer den Puck, und den Kuppler Pandarus in »Troilus und Cressida«. Neben Puck und Oberon, und natürlich den Handwerkern, haben die beiden Liebespaare stets einen schweren Stand. Wer damals die Hermia spielte und den Lysander, habe ich vergessen. Aber an Demetrius erinnere ich mich durchaus, übrigens auch an seine Helena, die schöne Hilde Weissner, die später im »Faust II« als griechische Helena mit Phorkyas/Gründgens zusammenstieß. Den Demetrius spielte ein Schauspieler namens Ernst Busch. Tags darauf erschien er als Griechenheld Diomed bei den Trojanern, um die schöne Cressida abzuholen und sogleich, im Griechenlager, zu seiner Geliebten zu machen.

Demetrius, dessen Gefühle sich so leicht verwirren lassen, ist ein Dümmling, und Diomed ist, nach Shakespeares Willen, ein aufgeblasener Ladykiller. Trotzdem fiel er mir damals auf, der Schauspieler Ernst Busch. Er war männlich schön und hatte eine sehr auffallende Stimme. Hell und hart; wenn er sie erotisch routiniert einsetzte, um Eindruck auf Cressida zu machen, konnte man die Frau verstehen, während in den üblichen Aufführungen dieser bösen Komödie um »Krieg und Unzucht« der Diomed einfach widerlich wirkt, und dadurch Cressida vor dem Publikum belastet.

Trotzdem hätte ich diesen Schauspieler rasch wieder vergessen nach den Sommerabenden im Heidelberger Schloß. Allein bald darauf erlebte man den Darsteller der Demetrius und Diomed in durchaus anderen Konstellationen. Man sprach viel von ihm: zärtlich oder sehr gehässig. Er hatte auch einen Beinamen erhalten, den man gleichfalls, je nachdem bewundernd oder haßvoll auszusprechen pflegte: der Barrikaden-Tauber. Richard Tauber, ein vorzüglicher Mozarttenor, den es jedoch zu Lehár hingezogen hatte und zum Bajazzoweinen über das »Immer nur lächeln...«, galt damals als Inbegriff des kulinarischen Behagens am reinen Wohlklang. »Barrikaden-Tauber«, darin verband sich das Lob für ein Stimmphänomen mit Wut darüber, daß einer seine Gaben in den Dienst von »Mißklang« zu stellen gedachte, nicht von Wohlklang.

Ernst Busch sang wirklich, das war kein geschicktes Sprechsingen eines musikalischen Schauspielers. In allem, was er unternahm, aber das erkannte ich erst viel später, nach der Bekanntschaft mit ihm, war Busch ein besessener Spezialist. Er hatte, wie die Schauspieler des frühen 19. Jahrhunderts, wie Nestroy oder Albert Lortzing, die Techniken des Schauspielers und des Sängers gelernt. Später machte er sich, als er in Ostberlin mit der Schallplattenproduktion debütierte, zum Fachmann des Plattengewerbes. Als er auf Bitten Brechts, für eine Neuaufnahme der berühmten Courage-Inszenierung von Brecht und Erich Engel, die Rolle des Kochs übernahm, der aus Holland stammen soll, setzte er es durch, daß ihn Brecht den Sprechpart weitgehend holländisch sprechen ließ: diese Sprache nämlich hatte Busch als Emigrant erlernen müssen.

Auch der Schauspieler Busch war in jenen späten Zwanziger Jahren zu den Kommunisten gegangen, als viele Indizien dafür sprachen, daß es mit dem Kapitalismus bald zu Ende gehe. Die Hoffnung auf die Sowjetunion war noch unerschüttert: von Stalin machte man sich keinen genauen Begriff. Das war dem bolschewistischen Generalsekretär durchaus recht: es gehörte zu seiner halben Anonymität, die sich den späteren »Personenkult« noch wohlweislich versagte. Damals traten Brecht und Anna Seghers auf die Seite der KPD, Musiker wie Paul Dessau und Hanns Eisler. Ganz wie Picasso und Léger und Aragon und Malraux und André Gide in Frankreich. Der Barrikaden-Tauber war kein spleeniger Einzelgänger.

Wenn Busch damals sang: Brecht und Songs der Neuen Sachlichkeit, aber auch Kampflieder des Proletariats, dann kamen die Arbeiter, um zuzuhören. Dieser Bürgersohn aus Kiel wirkte wie einer der Ihren: so spürte es jeder.

Wer ihn damals auf der Bühne erlebte oder als Sänger und Rezitator auf Arbeiterversammlungen, auch wer ihn heute noch sehen und hören kann in dem Film »Kuhle Wampe« oder als Moritatensänger in dem von G. W. Pabst inszenierten und von Brecht verleugneten Dreigroschen-Film, spürte und erfährt die Ausdrucksweise eines Künstlers, dem der Ton des Karl Moor ebenso zu Gebot stand wie jener des Mephisto. Ein merkwürdiges Amalgam aus schärfster Ironie, empörtem Revoltieren und sachlich-marxistischer Analyse. Wenn Busch den jungen Revolutionär Pawel spielt in Brechts Bearbeitung des Gorki-Romans »Die Mutter« (er hat die Rolle in Brechts Regie, neunzehn Jahre nach der Uraufführung am 12. Januar 1932, noch einmal übernommen, wieder mit Helene Weigel in der Titelrolle), wird die Argumentation dem Arbeiterpublikum unmittelbar schlüssig.

Busch verkörperte in seinem Auftreten und Singen den vollkommenen Antagonismus: Jene dort – Hier stehen Wir. Brechts berühmtes Lied aus dem Film »Kuhle Wampe«, das Solidaritätslied (»Vorwärts, und nicht vergessen die Solidarität ...«) wurde damals, und die lange Zeit des Exils hindurch, für die Emigranten zum vollendeten Ausdruck einer Gemeinschaft. Sie war ursprünglich als antikapitalistische zu verstehen und wurde durch die Taktik der KPD, welche Solidarität der Proletarier nur als strenge Parteitreue gelten ließ, im übrigen aber die andersdenkenden Arbeiter, durchaus unsolidarisch, als Agenten des Klassenfeindes denunzierte, in jedem Augenblick damaliger Wirklichkeit widerlegt. Allein solange Busch sang, erfüllte sich der Traum von einer großen Hoffnung. Das wirkte nach im Exil. Die Songs aus der »Mutter« und aus »Kuhle Wampe« haben damals erreicht, was später so oft und vergeblich postuliert wurde: das Bewußtsein zu verändern.

Zusammen kam hier: die neue, plebejische Poesie von Brecht, die hinreißende Musik von Eisler, die zu seinen besten Arbeiten gehörte, Stimme und Präsenz von Ernst Busch. Das hallte nach die ganze Exilzeit hindurch. Verstanden nunmehr, teilweise zum Unbehagen Bertolt Brechts, als Solidarität der Antifaschisten.

Dann habe ich als Emigrant den Mit-Emigranten Ernst Busch in Paris erlebt. Abermals der Traum von einer großen Hoffnung. Er sang für uns: da war kein französisches Publikum der Récirals. Obgleich Busch auch in Frankreich zur legendären Figur geworden war: keine romanhafte Erzählung aus dem Geschehen des Spanischen Bürgerkrieges hatte sich die Episode dieses Sängers und Soldaten entgehen lassen, der vor den internationalen Brigaden singt: Zorn, Ekel und Hoffnung.

Man war unter sich mit den Sorgen und Ängsten. Busch machte uns Mut: mit ästhetisch recht »primitiven« Mitteln. Im Grunde lief es hinaus auf die Verwandlung von Moll in Dur. Doch handelte es sich nicht um Kunst, sondern um Gesänge, die in schrecklicher Kunstferne entstanden waren: das »Lied der Moorsoldaten« im Konzentrationslager, und das Heimatlied der Deutschen im Spanischen Bürgerkrieg. Das Lied der Moorsoldaten hatte der Schauspieler Wolfgang Langhoff nach der Entlassung aus dem Börgermoor in sein Buch »Die Moorsoldaten« aufgenommen. Es klang aus in der Zuversicht auf Befreiung, die Freiheit bedeuten würde.

Wir alle kannten das Lied. Jeder sang es insgeheim mit, als es von Busch intoniert wurde. »Spaniens Himmel« hieß der andere Gesang. »Die Heimat ist weit ...«. Auch das klang aus in der Zuversicht. Wußte Ernst Busch, daß es sich bei der Melodie, die unaufgelöst abbricht, um eine »Komposition« handelte, nicht um ein Volkslied? Paul Dessau hat sich später zu seiner Melodie bekannt. Auch »Spaniens Himmel« sangen wir damals mit: leise oder auch laut. Busch gab doch kein Konzert ...

Dann kam der Krieg, und das Gerücht lief um. Busch habe aus Frankreich entkommen können; nein, er sei nicht entkommen, sondern gefaßt worden; man habe ihn an die Deutschen ausgeliefert, die hätten ihn sogleich getötet; nein, er lebe noch, doch im Lager und Zuchthaus. Das böse Gerücht stimmte, aber in der milderen Variante. Busch war in der Tat 1942 von den Franzosen ausgeliefert worden. Allein er hat überlebt: im Zuchthaus Brandenburg. Das inzwischen ergangene Todesurteil wurde nicht mehr vollstreckt.

Lange Zeit brauchte es, den geschundenen Leib zu heilen. Der Schauspieler Busch stand bereits 1945 in Berlin auf der Bühne, in einem amerikanischen Zeitstück »Leuchtfeuer« von Robert

Ardrey, das auch die deutschen Emigrantenschauspieler im Zürcher Schauspielhaus aufgeführt hatten. Dort spielte der einstige Moorsoldat Langhoff die Rolle Ernst Buschs.

Auch als Regisseur hat Busch gleich nach dem Krieg in Berlin gearbeitet. Die Neuinszenierung eines Theaterstückes von Friedrich Wolf aus dem Jahre 1930 – »Die Matrosen von Cattaro« – wurde noch einmal ein Erfolg. Man freute sich über Busch, der selbst die Rolle des revolutionären Matrosen Rasch übernommen hatte. Es war ein Wiedersehen und wehmütiges Erinnern. Was aber sollte diese Reminiszenz an Matrosen der kaiserlich-österreichischen Kriegsflotte, die sich im Ersten Weltkrieg empört und die rote Fahne gehißt hatten. Als Wolf das Stück schrieb, wirkte der Film vom »Panzerkreuzer Potemkim« nach. Inzwischen war viel geschehen: in Deutschland wie in Rußland. Dies war nicht fortsetzbar, auch wenn Ernst Busch noch einmal die Emotionen von einst zu produzieren vermochte.

Er hat es gewußt. Darum versagte er sich für eine Weile dem Theater, um ganz in der Produktion seiner Schallplattenfirma »Lied der Zeit« aufzugehen. Er »versagte sich« im weiten Sinne. Was damals in Berlin geschah, machte ihn mißmutig und traurig. So sollte es weitergehen, nach allem, was man gewagt und erlitten hatte. Walter Ulbricht mochte ihn nicht, den Barrikaden-Tauber. Auch Busch hatte eine vertrackte Art des höhnischen Umgangs mit Leuten, die er mißbilligte. Übrigens litt er er immer noch an den Folgen der Haft und der Folter.

Am 22. Oktober 1948 traf Brecht in Zürich ein. Er reiste über Prag. Es kommt zur Gründung des »Berliner Ensembles«, doch hat es, im Rückblick, den Anschein, als habe Busch den Anschluß an Brecht und Weigel, Dessau und Teo Otto erst nach einer Weile vollzogen. Brecht selbst dachte damals an die Arbeit mit Schauspielern wie Kortner und Peter Lorre, an Steckel und die Giehse. Überdies war Busch an Langhoffs Deutsches Theater verpflichtet, wo das neugegründete »Berliner Ensemble« zwar gleichfalls zu Gast war und spielte, doch mit eigenem Status, und nicht ohne innere Schwierigkeiten mit den Gastgebern.

Ich lernte Busch damals kennen und besuchte ihn in seinem Studio »Lied der Zeit«. Er sang sein Repertoire für die neuen Platten und vor allem für die neuen Hörerschichten. Öffentlich singen mochte er vorerst nicht. Bei Langhoff übernahm er, in einer Neuinszenierung von Faust I, die bisher von Werner Hinz interpretierte Rolle des Mephisto. Man hatte mich gewarnt: Busch sei »böse« geworden. Das war er keineswegs, aber man spürte die Trauer, die Enttäuschung, auch viel Menschenverachtung. Im Goetheschen Teufel hatte Busch eine Möglichkeit gefunden, sich mitzuteilen. Gestisch hielt er sich zurück, mußte sich immer noch schonen, aber die wunderbare Diktion, das starre Gesicht, worin alles durch die Augen vermittelt wurde, diese Mephistodeutung aus dem Weltekel und Überdruß: alles zeigte den Schauspieler Ernst Busch auf dem Weg zu neuen Möglichkeiten und Rollen. Um es am alten Beispiel von »Troilus und Cressida« zu demonstrieren: auf dem Weg vom Diomed zum Thersites.

In der berühmten, jahrelang ausverkauften Inszenierung von »Mutter Courage« übernahm Busch, nachdem Paul Bildt das Deutsche Theater verlassen hatte, die Rolle des Kochs. Ich habe ein paarmal bei den Proben zugeschaut, die von Brecht und Erich Engel geleitet wurden. Wer die üblichen »Umbesetzungsproben« an deutschen Theatern gewohnt war, mußte staunen. Fast zwei Stunden lang probierten Brecht und Engel und Busch und der Kostümbildner Kurt Palm, den sich auch die Wagners nach Bayreuth holten, die einzig mögliche Kopfbedeckung für besagten Koch. Haltung, Hut und Beleuchtung. Ich wurde es leid und schlich hinaus.

So habe ich das nie wieder gehört und gesehen auf der Bühne: die Bettelszene aus »Mutter Courage«. Koch und Courage bitten im Krieg um ein Stück Brot und ein bißchen Suppe. Dazu singen sie den Song vom weisen Salomon, vom kühnen Cäsar, vom redlichen Sokrates und vom selbstlosen Sankt Martin. Gute Eigenschaften lohnen nicht. »Beneidenswert, wer frei davon!« Die große Kunst von Helene Weigel und Ernst Busch erreichte Dimensionen, die vom Brechtschen bloßen »Vorzeigen« des Geschehens weit entfernt waren. Hier wußten zwei Menschen, wovon sie sprachen.

Die Premiere der »Mutter« von Gorki/Brecht am 12. Januar 1951 zeigte Weigel und Busch in ihren einstigen Rollen, doch der Kontrast zwischen der Aussage von Einst und der Wirklichkeit von Jetzt ist unverkennbar. Auch dies scheint für den Augenblick ebensowenig fortsetzbar wie Buschs Versuch mit den »Matrosen von Cattaro« im Herbst 1945. Die Aufführung »an sich« unter Brechts Regie, mit einem Bühnenbild von Neher und Filmmontagen John Heartfields, ist hervorragend: die neue Form eines dialektischen Theaters wird mühelos bewältigt. Auch Ernst Busch hält das Gleichgewicht zwischen Identifikation und Verfremdung.

Seinen Höhepunkt aber als Interpret eines episch-dialektischen Theaters erreicht Busch mehr als drei Jahre später, als sich am Abend des 7. Oktober 1954 die Bühne des Theaters am Schiffbauerdamm, nunmehr Stammhaus des »Berliner Ensembles«, endlich erhellen darf zum Spiel vom »Kaukasischen Kreidekreis«. Geprobt hatte man seit dem November 1953; die bereits angekündigte Generalprobe sagte Brecht selbst, als Autor und Spielleiter, im letzten Augenblick ab und schickte die Besucher nach Hause. Nun war es so weit. Angelika Hurwicz als das Dienstmädchen Grusche, das – wie so viele Kunstfiguren Brechts – der Verlockung zum Guten ausgesetzt ist. Ernst Busch in der Doppelrolle des Sängers, der das Geschehen kommentiert in der Funktion eines antiken Chors oder bürgerlichen »Räsonneurs«, und des bestechlich-humanen Richters Azdak, der den Streit um das Fürstenkind mit dem anhängenden reichen Grundbesitz nach einem Grundsatz plebejischer »Ungleichheit vor dem Gesetz« entscheidet.

Ich habe Busch niemals besser gesehen als in dieser Doppelrolle. Seine Musikalität kam mit Dessaus Rhythmen und Melismen gut zurecht. Als Sänger saß er nicht auf der Bühne, sondern auf einem Ausläufer des Bühnenraums, der ziemlich weit hineinragte ins Publikum. Mein Platz war an diesem Abend unmittelbar darunter. Busch blinzelte ganz ohne Scheu hinunter zu den Zuschauern, dachte sich wohl manches, bis es so weit war, daß er wieder als Rhapsode aufzutreten hatte. Mephisto, Thersites, aber auch der mitleidende Freund der hilflosen und kleinen Leute, zu deren Gunsten er, als Azdak, formal höchst rechtswidrig, was er weiß, seine Art von Recht spricht.

Am liebsten hätte Brecht, nach der Rückkehr, mit einer Inszenierung des »Galilei« debütiert, doch wer sollte die Titelrolle spielen, die für den Stückeschreiber in Amerika durch Charles Laughton eine Erfüllung gefunden hatte? In Zürich war Leonard Steckel am 9. September 1943 ein hervorragender Galilei

gewesen. Kortner als Galilei? Aber Kortner wollte lieber inszenieren, als diese neue große Rolle sich erarbeiten. Also wieder
Steckel? Der wollte jetzt nicht mehr in Ostberlin auftreten. Wie
also? Erst Mitte der Fünfziger Jahre kommt Brecht, vermutlich
nach den Erfahrungen mit Busch als Azdak, zu dem Entschluß,
den Galilei mit Busch zu besetzen. Als er mir davon sprach,
machte ich Einwände. Der Vielfraß Galilei – und der asketisch-
dürre Ernst Busch? Brecht antwortete: »Von allen mir bekannten und erreichbaren Schauspielern ist Busch der einzige, dem
man Genie glaubt!«
Das war es also. Es kam nicht so sehr darauf an, die Schwinde-
leien und Herzlosigkeiten des großen Gelehrten sichtbar zu machen, als die genialische Besessenheit eines Forschers, der alles
um sich her verkümmern läßt, wenn er weiter dem Denkvergnü-
gen frönen darf. Insoweit war der – gleichfalls in seiner Art –
genialische Ernst Busch sicherlich die deckende Besetzung.
Es ist dann trotzdem anders gekommen. Nicht allein durch
Brechts tödliche Erkrankung. Er starb in Berlin am 14. August
1956. Vier Tage vorher hatte er noch, bereits sehr schwach, an
einer Galilei-Probe teilgenommen. Nach dem Tod des Autors
und Spielleiters übernahm Erich Engel die Inszenierung. Bei der
Trauerfeier im Theater am Schiffbauerdamm sang Ernst Busch
einige Songs von Brecht und Eisler, darunter die berühmten
Stücke aus der »Mutter«. Das Klavier stand in der Kulisse und
war nicht sichtbar. Hanns Eisler spielte.
Die Schwierigkeit aber kam vom Stück selbst. Bereits auf den
Proben gab es Auseinandersetzungen zwischen Brecht und
Busch. Brecht hatte das »Leben des Galilei« als Emigrant geschrieben, um eine »List beim Schreiben der Wahrheit« zu demonstrieren. Galilei widerruft, im Grunde ohne besondere
Skrupel, damit man ihn in Ruhe weiterarbeiten läßt. Er spricht
den Kernsatz am Schluß des Stückes, wenn der Schüler Andrea
die neuen Forschungen fortschmuggelt, um sie verbreiten zu lassen. »Gib acht auf dich, wenn du durch Deutschland kommst,
die Wahrheit unter dem Rock.« Es war also richtig gewesen, zu
widerrufen. So hatten wir es in Zürich bei der Uraufführung verstanden. Genau so war, wie Zeugen berichten, die Reaktion der
amerikanischen Zuschauer. Inzwischen hatte es die Atombombe
gegeben. Brecht mißtraute von nun an seinem Stück. Galilei

hätte nicht widerrufen dürfen. Er war damals stärker, als er glaubte. Ein großer Physiker und ein miserabler Politologe. Folglich mußte man ihn verdammen: in der besonderen Form, daß er sich, in einer nun von Brecht revidierten Version, selbst bezichtigte.

Das also hätte Busch spielen sollen. Er weigerte sich, weil er es als brüchig empfand. Dieser Galilei der neuen Fassung konnte zwar aufgesagt, aber nicht gespielt werden. Darüber starb dann Brecht. Busch spielte schließlich, dem Freund zu Ehren: unüberzeugt. Seitdem wird diese letzte Fassung aufgeführt. Diesen neuen Galilei dem Zuschauer verständlich zu machen, ist noch keinem Darsteller bisher gelungen.

Ernst Busch mit achtzig Jahren. Er hat noch mit Hanns Eisler arbeiten und das wichtigste Repertoire als Schallplatte herausbringen können. Den Liederzyklus »Der politische Tucholsky« (als hätte es je einen anderen gegeben!) hat Busch dem Musiker »abverlangt«: so wie in Brechts Legende der Zöllner dem Weisen das Buch Taoteking abfordert, wofür er gepriesen wird.

Dieser Zyklus, worin Eisler unbekümmert die trivialsten Bänkelweisen intoniert, freilich in reizvoller Arrangierung, wenn es gilt, die deutschen Trivialitäten vorzuweisen, ist ganz außerordentlich. Jedes Lied trägt in der Handschrift eine Widmung für Ernst Busch. Es war ein gemeinsames Werk, und Walter Benjamin hatte nicht recht, wenn er, damals angestachelt durch Brecht, diese Tucholsky und Erich Kästner als »Linke Melancholie« diskriminierte.

Sie alle sind nun tot: auch die Weigel, die Giehse, Neher und Teo Otto, Herbert Ihering, Johannes R. Becher und jetzt auch Paul Dessau. Wie mag ihm zumute sein am achtzigsten Geburtstag? Viel Ehrungen, natürlich. Viel Dankbarkeit von uns allen. Vielleicht wird er es dem einstigen Titanen Tantalus gleichtun, von dem, in Goethes »Iphigenie«, die Parzen singen. Wenn nun die Lieder Ernst Buschs, die schwer sind von Leid und Hoffnung, als Schulpensum heruntergesungen werden. Der gestürzte und verbannte Tantalus aber »denkt Kinder und Enkel   Und schüttelt das Haupt.«

Des Zauberers Tochter und Gehilfin
Erinnerungen an Erika Mann

Sie war noch im Hochzeitsjahr der Eltern zur Welt gekommen. Eine schwere Geburt. Ärzte hatten die junge Mutter vor einer allzu frühen Schwangerschaft gewarnt. Der Ehemann und nun dreißigjährige Vater, Thomas Mann, stellte sich ironisch und demonstrativ und »mit Vergnügen« zwar dem einstigen engen Freunde Paul Ehrenberg nunmehr »als Vater und Papa« vor, blieb aber in seinem Fühlen sonderbar verwirrt. Dem Bruder Heinrich schrieb er am 20. November 1905, elf Tage also nach Erikas Geburt, einen seltsam beunruhigten Brief, worin es heißt: »Es ist also ein Mädchen, eine Enttäuschung für mich, wie ich unter uns zugeben will, denn ich hatte mir sehr einen Sohn gewünscht und höre nicht auf, es zu tun. Warum? ist schwer zu sagen. Ich empfinde einen Sohn als poesievoller, mehr als Fortsetzung und Wiederbeginn meiner selbst unter neuen Bedingungen.«

Ein Jahr später kam Klaus Mann zur Welt. Aber daraus entstand nicht eine Fortsetzung oder Repetition der väterlichen Existenz, sondern eine Verstrickung. Schwierigkeit einer Identitätsfindung als Schriftsteller, der mit dem Vaternamen belastet ist, bei Klaus. Vatersorge und bisweilen auch erkältende Abkehr bei Thomas.

Durch solche Konstellation wurde Erika Manns Leben determiniert. Durch den Vater und den Bruder. Sie war begabt und durchaus fähig eines Daseins der geistigen Autonomie, sah sich aber, durch Ereignisse der Zeit- wie der Familiengeschichte, reduziert auf ein Leben der Heteronomie, der Fremdbestimmung. Als Tochter und als Schwester.

Wer sie auf der Bühne gesehen hat: im Theater Max Reinhardts oder auf den Brettern des glanzvollen politischen Kabaretts »Die Pfeffermühle«, glaubte an ihren Erfolg als Darstellerin. Erika hatte die Begabung des Lübecker Gymnasiasten T. M. geerbt: Leute nachzumachen. Beim Vater war das erste Regung eines mimetischen Talents, das ein Schriftsteller besitzen muß, falls er zu erzählen gedenkt. Bei Erika, die bereits als Schülerin, gemeinsam mit Klaus, in der Straßenbahn gewagteste Szenen improvisierte, wobei ihr Sprach- und Dialektbegabung zugute kamen, äußerte sich das Familienerbe in der leicht verwilderten Kunst eines Christian Buddenbrook.

Die junge Erika Mann war schön: gut gewachsen, mit ausdrucksvollen großen Augen, vor allem begabt mit einer herrlichen, schwingenden, manchmal fast baritonalen Stimme. Sie hatte sich eine präzise Sprachtechnik angeeignet. Wenn sie als Königin in »Don Carlos« auf der Bühne stand, vermochte sie dem Ensemble des Deutschen Theaters in Berlin standzuhalten. In der »Pfeffermühle« war sie ebenbürtige Partnerin ihrer Freundin Therese Giehse.

Diese Karriere brach ab im Jahre 1933: als Erika Mann erst 28 Jahre alt war. Freilich konnte man die »Pfeffermühle« noch weiterdrehen für einige Zeit: außerhalb der Grenzen des Deutschen Reichs. Politische Satire, die sich in Kurzszenen und Songs entfaltete, von denen einige der wirkungsvollsten den Verfassernamen Erika Mann trugen, erreichte Länder und Zuhörer, denen man in Berlin eine Sklavenrolle zugedacht hatte. Das Kabarett »Pfeffermühle« war dabei lästig geworden. In Zürich versuchten sich schweizerische »Frontisten«, die man vom Propagandaministerium aus lenkte, im gewaltsamen Sturm auf das Theater von Therese Giehse und Erika Mann. Der Sturm wurde abgeschlagen. Die Truppe konnte ein paar Jahre weiter umherreisen, doch war ein Ende abzusehen: aus künstlerischen, nicht allein aus politischen und polizeilichen Gründen, denn die ausgebürgerten Emigranten lebten bald ohne Paß und Visum.

Erika Mann wurde durch Heirat mit dem Dichter W. H. Auden zwar englische Staatsbürgerin, aber dem Bühnenberuf mußte sie entsagen. Geschrieben hat sie schon früh: wie alle in dieser von Literatur faszinierten Familie. Nicht bloß Songs oder Szenen, sondern Reportagen und Rezensionen. Als »Mann-Zwillinge« hatte ein findiger amerikanischer Impresario die Schwester und den Bruder auf ihrer Tournee durch Städte und Staaten der USA im Jahre 1928 angekündigt. Das wurde eine Weltreise mit viel Prominentenglanz und vielen finanziellen Zusammenbrüchen. Das Buch »Rundherum« (1929) schildert den Ablauf. Klaus und Erika zeichneten gemeinsam als Verfasser. Zum Glück erhielt der Vater im selben Jahr 1929 den Nobelpreis, wodurch alle

Schulden der »Zwillinge«, dank väterlicher Großmut, getilgt werden konnten.

Schon vor 1933 gab es Hörspiele aus ihrer Feder; auch ein erster Versuch mit Kinderbüchern fiel noch ins Jahr 1932. Als die Bühnenlaufbahn abbrach, begann die Karriere einer erfolgreichen Autorin von Kinderbüchern. Erika Mann schuf sich eine eigene Gattung, als Verbindung von Kinderbuch und Reisebuch. Der Zyklus ihrer »Zugvögel« führt nach Paris und Rom, durch das Europa einer Vorkriegszeit. Bücher der anständigen Gesinnung und des entschiedenen epischen Talents. Erfolgreiche Bücher übrigens auch nach Kriegsende. Bücher einer »Warnliteratur« überdies, die den Kindern ein Gegenbild von Europa zu einer Zeit zu entwerfen suchte, als Europa von Berlin aus durch Großdeutschland ersetzt werden sollte.

Erika Mann besaß einen scharfen politischen Verstand. In einer Familie von scheinbar politisch engagierten Schriftstellern war sie vielleicht als einzige begabt für die politische Analyse. Sie täuschte sich ebensowenig über Heinrich Manns Stilisierung der Sowjetunion wie über des Vaters gläubiges Vertrauen in Roosevelts New Deal oder des Bruders Vision einer solidarischen Aktion der europäischen Intellektuellen. Der energische Einspruch der Tochter hat verhindert, daß Thomas Mann, der den 30. Januar 1933 als Urlauber in der Schweiz erlebte, nach München und damit ins »Reich« zurückkehrte. An Mut hat es ihr niemals gefehlt. Mit dem Schlüssel, den man ihr zuspielte, kehrte sie in jenen Frühjahrswochen des deutschen Erwachens in das bereits bewachte und belagerte Elternhaus in München zurück und barg das Manuskript des Josephromans.

Im Krieg und ersten Nachkrieg wirkte sie als Reporterin. Man traf sie als Berichterstatterin beim Nürnberger Prozeß. Ihre Sorge galt dem Bruder Klaus. Nach dessen Selbstmord am 22. Mai 1949 in Cannes hat der Vater in seinem Nachruf auf Klaus von solchen Bemühungen der Schwester gesprochen, den Entgleitenden aufzuhalten.

Nach dem Tode des Bruders erst wird Erika Mann zur Walküre, die sich Allvater erkor und die seinen Willen vollstreckt. Thomas Mann selbst hat die Konstellation so fixiert. Erika kannte sich aus: noch 1963 hat sie, zusammen mit dem ersten Briefband Thomas Manns, auch eine Anthologie der Schriften ihres Vaters über das Lebensthema »Leiden und Größe Richard Wagners« zusammengestellt.

Wotan-Thomas und Brünnhilde-Erika. In den letzten Lebensjahren des Vaters scheint sich Erika Mann nur noch dem Dienst der Walküre geweiht zu haben. »Wie mein eig'ner Rat/nur das Eine mir riet:/zu lieben, was du geliebt.« In früheren Jahren standen Klaus und Erika oft, in ihren ästhetischen Bejahungen und Negationen, im scharfen Gegensatz zum Vater. Nach dem Tode von Klaus, als bereits schwere Krankheit immer wieder die eigene Arbeit erschwerte, machte sich die Tochter zur Sachwalterin. Sie wird Beraterin und Mitautorin an den Verfilmungen: beginnend mit »Königliche Hoheit« im Jahre 1952. Filmbücher nach dem »Krull« und den »Buddenbrooks«. Ein amerikanisches Projekt, den »Joseph« zu verfilmen, das Erika dank genauer Kenntnis der Szenerie von Hollywood vorbereitet hatte, scheitert an den Kosten.

Die Filmpläne hatten Erika nach München geführt. Der Vater in Zürich vermißt sie sehr. Seine Briefe der Sehnsucht besitzen eine Authentizität des Empfindens, das auf alle stilistische Überhöhung durch Kunst verzichtet hat. Das ist beim Briefschreiber Thomas Mann fast einzigartig. Auch taucht im erzählerischen Werk, worin die Spannung zwischen Vater und Sohn zuletzt so stark hervorgetreten war, nunmehr das Parallelmotiv der Spannung zwischen Mutter und Tochter auf. Bei »Lotte in Weimar« und bei der »Betrogenen«.

Erika Manns Erinnerungsbuch »Das letzte Jahr. Bericht über meinen Vater« (1956) ist ein Dokument der liebevollen Genauigkeit. Die Edition der Briefe Thomas Manns begann Erika mit viel Ungeschick. Sonst so erpicht auf professionelles Können, hatte sie sich ohne allzuviel philologische Sorgfalt an die Arbeit gemacht. Die Kritik blieb nicht aus. Davon profitierten die beiden anderen Bände, die folgten. Erika war nämlich in allem, was sie selbst betraf, bisweilen vielleicht herrisch, schroff, auch unduldsam, doch ganz ohne Eitelkeit.

Sie hat immer wieder die Sache anderer zur eigenen gemacht. Dabei mußte viel Eigenes geopfert werden. Was sich der junge Vater vor nunmehr 70 Jahren erhofft hatte: einen Sohn als Fortsetzung und als Wiederbeginn, das konnte und wollte keiner leisten. Klaus Mann brachte ein Schriftstellerleben damit zu, solcher Versuchung zu entgehen. Erika wurde zur Gehilfin eines Zauberers. Sie mußte aus der Textfülle des »Doktor Faustus« oder des »Krull« eine »druckbare« Fassung herstellen. Thomas Mann, immer unlustiger des eigenen Gewerbes, wie ein Brief an die Tochter vom 27. Januar 1954 verrät, verließ sich auf das Walten der Walküre. Zuletzt noch hat sie, im Frühjahr 1955, einer essayistischen Fülle den Redetext für Stuttgart und Weimar, zu Ehren Schillers und »in Liebe«, wie der Titel besagt, abgewinnen müssen.

Wird heute von ihr gesprochen, die am 27. August 1969 nach schwerer Krankheit starb, so darf man die Reaktionen eines bloßen Wohlwollens am wenigsten erwarten. Freundschaften und Feindschaften sind virulent geblieben. Ich habe ihre Klugheit, Herzlichkeit und Tapferkeit bewundert.

Günther Anders
Skizze zu einem Porträt

Als er im vorigen Jahr als erster Preisträger mit dem »Öster-reichischen Staatspreis für Kulturpublizistik« ausgezeichnet wurde, was immer man sich darunter vorstellen mag, stellte der – durchaus wohlmeinende und gut informierte – Laudator Roman Rocek das Werk des preisgekrönten Günther Anders dar als »Eine Kreuzung von Journalismus und Metaphysik«. Die ersten Sätze der Laudatio meinten dazu: »Seine Sorge gilt der Zukunft. Genauer: dem Zerstören von Zukunft. Noch genauer: dem Aus-einanderklaffen von technischem Vermögen und Urteilsfähig-keit.«

All diese Kennzeichnungen sind nicht falsch. Sie können mit Be-legen aus dem Werk von Günther Anders aufwarten. Natürlich gibt es die philosophische Abhandlung im Œuvre eines Schülers von Edmund Husserl und Martin Heidegger. Der Sohn des Hamburger Ordinarius für Psychologie Willam Stern hatte bei Husserl promoviert: nach gut phänomenologischem Brauch über »Die Rolle der Situationskategorien im Logischen«. Mit 25 Jahren veröffentlichte er eine philosophische Untersuchung »Über das Haben« (1927). Als er 1933 nach Paris emigrieren mußte, schrieb er dort eine »Pathologie de la Liberté«, worin die These verkündet wurde, daß der Mensch existentiell »verurteilt sei zur Freiheit«. Jean-Paul Sartre, drei Jahre jünger als Günther Stern (oder Günther Anders, wie der Schriftstellername dann lauten sollte), las den Traktat und übernahm einige seiner Grundgedanken. Nicht durch Günther Anders, sondern eben durch Sartre wurde dann die Formel von dem zur Freiheit verur-teilten Menschen weltberühmt. Übrigens machte Sartre später kein Hehl aus seiner frühen Lektüre. Er bekannte sich zu An-ders und seiner »Pathologie de la Liberté«, als beide viel später in Stockholm zusammentrafen beim Russell-Tribunal über den Vietnam-Krieg.

Es gibt in der Tat beides: die metaphysische Betrachtung und die Zeitanalyse, die sich der Formmodelle der Zeitung, des Rund-funks, auch des Fernseh-Features zu bedienen hat. Günther Anders hat all diese Medien, wenn es die Sache und Aufgabe erforderte, nutzen können. Etwa in dem politischen Briefwechsel mit dem angeblichen – amerikanischen Atom-Piloten Claude Eatherly. Daß er dabei an einen falschen Adressaten geriet, was eine betroffene Atompropaganda freudig ausnutzte, ändert nichts am Ernst und an der sachlichen Notwendigkeit jener Korrespondenz über Atombombe und menschliche Verantwortung. Das ist, seit mehr als dreißig Jahren, entscheidendes Thema aller Schriften und Aktivitäten dieses Denkers aus Breslau, der nach der Rückkehr aus dem amerikanischen Exil nach Wien gelangte, um dort zu bleiben. Im Jahre 1959 gab er einem Essay die Überschrift »Unmoral im Atomzeitalter. Warnung während einer Windstille«, worin er einfach konstatierte, denn es bedurfte der Thesenverkündung nicht mehr angesichts der Realität, daß »Moral und Unmoral epoche-unabhängig seien«. Übrigens war das eine Weiterführung von Gedanken Friedrich Nietzsches zur Genealogie der Moral. Neu formuliert und bestürzend richtig aber wurde in dieser Analyse der Moral im Atomzeitalter konstatiert: »Da die Lüge Welt geworden ist, erübrigen sich also ausdrückliche Lügen ...«

Freilich, dies alles ist ein Amalgam aus metaphysischem und ästhetischem Reflektieren *und* zugleich aus politischem Engagement. Trotzdem läßt sich die Besonderheit des Denkers und Schriftstellers Günther Anders nicht zutreffend als Verbindung von Metaphysik und Journalismus interpretieren. Und auch die These von der Sorge dieses Denkers um die »Zukunft« und das »Zerstören von Zukunft« übersieht die Sonderbarkeit, daß dieser bedeutende Denker und polemische Tagespolitiker, den man jahrelang ausgelacht und geschmäht hat, weit eher als Denker der *Bewahrung* verstanden werden muß, denn als Utopist oder gar, nach dem Modewort, als ein Chaote. In jenen Fünfziger Jahren, und in Wien, konnte der Autor Friedrich Torberg den erfolglosen und ausgelachten Günther Anders scheinbar fertigmachen mit Hilfe einer herablassenden Belehrung, worin auch die Anrede »Burschi« nicht verschmäht wurde.

Heute liegen die beiden Bände des Hauptwerkes vor über »Die Antiquiertheit des Menschen«. Wer sie liest, der weiß, daß Anders nicht nur weitgehend recht hatte, sondern auch schon sehr früh, vielleicht allzu früh. Die These vom »bewahrenden Denken« bei Günther Anders freilich scheint zu kontrastieren mit seinen Protesten und Gegen-Aktionen: gegen den Krieg in Vietnam, bei Tagungen über das Atomproblem in Nagasaki und Hiroshima, übrigens auch auf einer Tagung über das Problem der Menschenrechte in der Bundesrepublik, wobei es – auch bei Günther Anders – nicht abging ohne eine gewisse Donquichoterie. Trotzdem: alle Kennzeichnungen dieses merkwürdigen Mannes sind unvollständig, wenn sie nur die philosophische Arbeit konfrontieren mit den politischen Aktivitäten, ohne weiter Notiz zu nehmen von der – bisweilen überbordenden – Aktivität des Künstlers und des kreativen, also nicht allein diskursiven Schriftstellers.

Den besten Zugang, habe ich herausgefunden, bieten die *Fabeln* von Günther Anders, die er 1968 unter dem Titel »Der Blick vom Turm« veröffentlichte. Dazu hatte noch *A. Paul Weber* zwölf Lithographien beigesteuert, die so genau zur Diktion und Haltung des Verfassers dieser Fabeln passen, daß man von einer spezifischen Wahlverwandtschaft dieser beiden Künstler sprechen darf: Günther Anders und A. Paul Weber.

Eine dieser Fabeln bekam die Überschrift »Wurzeln der Scham«:

»Schämen Sie sich denn gar nicht?« fragte der Kannibale Herrn Gast, als dieser zauderte, an der angebotenen Mahlzeit teilzunehmen. »Müssen Sie denn immer unsolidarisch sein und immer unkonformistisch und immer eine Extrawurst haben?« Woraufhin Herr Gast, der es sich nicht verhehlen konnte, daß er sich wirklich ein wenig schämte, zugriff und am Ende sogar »Gesegnete Mahlzeit« wünschte.

Dies ist ein Charakterbild des zimperlichen Mitläufers. Der Typ ist wohlbekannt und reproduziert sich immer von neuem in Zeiten einer starken staatlich-politischen Repression. Thomas Mann erfand dafür in seiner Erzählung »Mario und der Zauberer« die Figur des »Herrn aus Rom«, der um keinen Preis bereit ist, dem Hypnotiseur sich zu ergeben, um doch bald, nach etwas nachdrücklicher Suggestionspraxis, mit den anderen herumzuhüpfen, so wie der Herr Gast sich schließlich schämt, nicht zuzulangen am Tisch der Menschenfresser.

Es wäre töricht, den Fabeldichter gleichzusetzen mit seinem

Herrn Gast. Allein die Fabel denunziert nicht den Mitläufer, sondern bemüht sich um eine Moral aus der Geschichte. Die steht diesmal im Titel: Wurzel der Scham. Herr Gast hat sich geschämt, seiner Abneigung gegen das Menschenfleisch. Er wollte nicht als Außenseiter und Spielverderber gelten. So langte er schließlich zu und wünschte auch den anderen einen guten Appetit.

Wer Günther Anders begegnet, kennt die Zornesanfälle und Wutausbrüche eines gütigen und empfindsamen Menschen. Der Sohn eines deutsch-jüdischen Universitätsprofessors, also »aus gutem Hause«, aufgewachsen ganz ohne Vaterkomplex, sondern im Gegenteil, wie die Widmung des Hauptwerks an den Vater verrät, im Weiterdenken der väterlichen Untersuchung über die Beziehungen zwischen »Person« und »Sache« in unserer Gesellschaft, hat sich nicht dazu gedrängt, unter den Menschenfressern unangenehm aufzufallen und entsprechend zur Ordnung gerufen zu werden.

»Doch die Verhältnisse, die sind nicht so.« Mit Brecht ist Günther Stern wohl schon 1932 in Berlin zusammengetroffen. Übrigens auch mit Ernst Bloch. Später traf man sich im amerikanischen Exil in Kalifornien. Das Büchlein »Günther Anders – Bert Brecht. Gespräche und Erinnerungen« (Zürich 1962) wiegt, wie mir scheint, ganze Bibliotheken der Brecht-Forschung auf, zumal die Wiedergabe ihrer Streitgespräche sowohl die Gemeinsamkeit wie die Gegensätze gut herausarbeitet. Den Moralisten Günther Anders erfreut beim Umgang mit Brecht vor allem, daß sich Brecht scheinbar so grob »unmoralisch« aufführt in der Lebens- und Ausdrucksweise. Die Moral-Vokabeln denunziert Brecht als pfaffenhaft. Dagegen stellt er, wie bekannt, seinen Begriff der »Freundlichkeit«. Günther Anders interpretiert diese Vokabel: »Deren Nachbarschaft mit der Nächstenliebe und mit dem ›reinen Herzen‹ nicht zu empfinden, ist ja beinahe unmöglich. Und es ist ja kaum denkbar, daß er nicht selbst spüren sollte, wie leicht es wäre, manche seiner Hauptfiguren in Legenden, ja sogar in christliche, zu verpflanzen.«

Das ist eine sehr zutreffende Deutung des insgeheim christlichen und vielleicht sogar auf christliche Weise marxistischen Schriftstellers Bertolt Brecht. Zugleich wird daran der Gegensatz zu Günther Anders evident. Dessen Denken ist ganz sicher unberührt von irgend einer Reflexion mit religiösem Quellgrund. Günther Anders ist ein Moralist aus der Tradition der europäischen Aufklärung. Daher seine Freude an den Fabeln und Parabeln. Auch Brecht liebte die exemplarische Form der Fabel und Kalendergeschichte, und auch die Parabelstücke. Allein das Parabelstück vom »Guten Menschen von Sezuan« schrieb ein – unwillig – religiöser Stückeschreiber, der in Wut geriet über die Ohnmacht der Götter. Die Wut von Günther Anders gilt den Menschen. Er glaubt nicht an Götter. Er sitzt zwischen allen Stühlen, dieser aufgeklärte Moralist, der offensichtlich ein »Linker«, für manche sogar ein »Ganz Linker« ist, und sich doch weder mit der apokalyptischen Theologie einläßt, noch mit einem theologisierten Marxismus. Ein bißchen erinnert er schon an den Löwen in einer seiner Fabeln. Als der Löwe brüllt, meint die Mücke, er summe aber komisch. Sie wird von der Henne belehrt. Er summe nicht, sondern gackere, sagte die Henne. »Aber das tut er allerdings komisch.«

Er ist schwer einzuordnen, und das haben ordentliche Leute nicht besonders gern. Auch die beiden Bände mit Betrachtungen über die »Antiquiertheit des Menschen« sind »unordentlich« geschrieben. Was man keineswegs mißverstehen sollte als Kritik am Stil von Günther Anders. Im Gegenteil schreibt er eine ebenso klare wie sinnliche Prosa. Die Unordnung liegt auch nicht im Denken. Den Grundgedanken hat der Autor im Vorwort zur erweiterten fünften Auflage (1980) des ersten Bandes außerordentlich klar formulieren können. Es gehe, so heißt es dort, bei einem Buch mit dem Untertitel »Über die Seele im Zeitalter der zweiten industriellen Revolution« einfach um drei Hauptthesen, nämlich: »daß wir der Perfektion unserer Produkte nicht gewachsen sind; daß wir mehr herstellen als vorstellen und verantworten können; und daß wir glauben, das, was wir können, auch zu dürfen, nein: zu sollen, nein: zu müssen ...«.

Wiederum das Wort von der Verantwortung. Günther Anders hat für den Zustand des Moralisten, der selbstverständlich möchte, gleich allen Moralisten, daß seine eigenen Maximen allgemeine Gültigkeit erlangen, die frappierende Formel von der »*prometheischen Scham*« gefunden. Prometheus schämt sich heute des eigenen Treibens, weil die Fähigkeit des Menschen verkümmert, seine Probleme selbst zu entscheiden, und weil dadurch auch die Probleme selbst verkümmern, undurchschaubar werden. In einer Tagebuchaufzeichnung, die Anders, noch im kalifornischen Exil, am 11. März 1942 aufschrieb, empfindet er zum ersten Mal seine »Scham vor der ›beschämend‹ hohen Qualität der selbstgemachten Dinge«. Vierzehn Jahre später, bei Erscheinen des ersten Bandes von Betrachtungen über die Antiquiertheit des Menschen, zieht er daraus die Folgerung: »Eine Kritik der Grenzen des Menschen ... scheint mir heute, da sein Produzieren alle Grenzen gesprengt zu haben scheint, und da diese spezielle Grenzsprengung die noch immer bestehenden Grenzen der anderen Vermögen ... deutlich sichtbar gemacht hat, geradezu *das Desiderat* der Philosophie geworden zu sein.«

Die Grenzerweiterung als Verkümmerung und Reduzierung. Das ist sehr genau gesagt, und weiß, wovon gesprochen wird. Der hier reflektiert, ist also weder, wie bereits gesagt, irgend so ein Chaote, noch sollte man ihn für einen »Grünen« halten. Es ist in allem ein philosophisches Denken, das sich bewußt in eine große Tradition zu stellen vermag. Günther Anders deutet einmal an, daß man mühelos seine eigenen Thesen in einer für heute geschriebenen »Phänomenologie des Geistes« von Hegel wiederfinden könnte. Etwa so: »Nachdem sich der ehemalige Knecht (das Gerät) zum neuen ›Herren‹ aufgeschwungen und den ehemaligen ›Herren‹ (McArthur) zum ›Knecht‹ erniedrigt hatte, versuchte nun dieser ›Knecht‹ seinerseits, sich wieder zum ›Herren des Herren‹ (des Geräts) zu machen.«

Trotzdem schließen sich Exaktheit des Denkens und »Unordnung« keineswegs aus. Auch das ist gewollt und gehört zur Arbeitsmethode. Es wird evident vor allem am zweiten Teil (1980), worin Anders nicht mehr über die Zerstörung der Seele reflektiert, sondern über eine mögliche Zerstörung des Lebens. Auch hier hat er eine verblüffende Formel gefunden, gleichsam als Gegenstück zur prometheischen Scham. Wir leben, so meint er, »nicht im Zeitalter des Materialismus, wie alle Banausen klagen, sondern im *zweiten platonischen Zeitalter*«. Was heißen soll: in einem geradezu exzessiven Idealismus. Im Ideenhimmel des Philosophen Plato hätte es verhältnismäßig wenig Ideen gegeben, unsere Ideen hingegen seien unendlich. »Wenn wir früher oder später (vermutlich früher) zugrundegehen werden, dann als Opfer des Zweiten Platonismus.«

Aus dieser Gegebenheit entspringt für Anders die notwendige Unordnung seiner Betrachtungen über Antiquiertheit. Nur wenige dieser unendlichen und heutigen Ideen lassen sich benennen. Wo es versucht wird, scheint stets das Urteil zu lauten: auch das ist antiquiert. Eine Ordnung all dieser Verbrauchtheit und Entwertung ist gar nicht möglich. Die Fülle zwingt auch den Denker zur Unordnung. Weshalb der Autor, wobei fast etwas wie Koketterie anklingt, ohne weiteres zugibt, es sei purer Zufall und durchaus nicht kompositorische Finesse, wenn die Übersicht über all diese Antiquiertheit ausklingt in einer »Antiquiertheit der Bosheit«. Fast aufdringlich wirkt die Koketterie am Schluß des zweiten Bandes, wenn nicht bloß das philosophische System heiter abgelehnt wird, sondern geradezu die Philosophie. Günther Anders spricht von »Gelegenheitsphilosophie« und setzt sogleich hinzu, das geschehe nicht aus Bescheidenheit, sondern »umgekehrt aus Hochmut«.

Bleibt zu fragen, ob Philosophie in einer Welt, wie sie hier immer wieder – nachprüfbar – interpretiert wird, überhaupt etwas anderes zuzulassen vermag als eine Gelegenheitsphilosophie: Genauer gesagt: ein Denken aus gegebenem Anlaß.

Der gegebene Anlaß aber kann nicht mehr mit interesselosem Wohlgefallen erörtert werden, weil er sich aller ästhetischer Beurteilung widersetzt. Auch einer ethischen? Hier wäre vielleicht sogar Günther Anders um eine Antwort verlegen. Er hat immer wieder, als ein Moralist, der es ernst meint, die gesellschaftliche Praxis gesucht, und er hat dafür bezahlen müssen. Gehört es zur Einsicht eines Mannes vom Jahrgang 1902, zur Enttäuschung, zur Entsagung, wenn die politische Praxis zurücktrat, auch die Beschäftigung mit »Belletristik«, durchaus aber nicht die Beschäftigung mit Musik, die Anders genau kennt und liebt?

Er war stets ein Früh-Denker. Früh hat er sich ausführlich mit Kafka befaßt, lange bevor das Mode wurde, oder mit Brecht. Dann mit Beckett, als man über den noch zu lachen pflegte. Dann mit Rundfunk und Fernsehen. Seine Betrachtungen über eine »Welt als Phantom und Matrize« gehören immer noch zum Wichtigsten, auch wenn Günther Anders heute davon abrückt, was über die sogenannte Medien-Kultur gedacht und gesagt wurde.

Zwei Freunde hatten damals, in einer heute fast geisterhaft wirkenden Vorzeit, bei Husserl in Freiburg studiert und sich auseinandergesetzt mit dem jungen Martin Heidegger: Günther Anders und Herbert Marcuse. Beide haben die Verachtung erlebt und das Bekanntwerden, sie gingen wohl auch Holzwege, wenngleich andere als Heidegger. Was aber der späte *Marcuse* einmal schrieb: hätte auch Günther Anders heute und so formulieren können: »Was der Mensch dem Menschen und der Natur angetan hat, muß aufhören, radikal aufhören, und dann erst und dann allein können die Freiheit und die Gerechtigkeit anfangen.«

Ein Gegendenker: Elias Canetti

*Nie ist etwas für mich so bestimmend gewesen
wie die Decke der Sixtina. Ich lernte daraus,
wie sehr Trotz schöpferisch werden kann,
wenn er sich mit Geduld verbündet.*

Elias Canetti
Die gerettete Zunge. Geschichte einer Jugend.

Alles ist merkwürdig an diesem Lebenslauf und Lebenswerk.
Vergleicht man die besonderen Umstände des Lebensanfangs
dieses bedeutenden Schriftstellers deutscher Sprache mit seiner
heutigen Stellung in unserer Literatur und Gesellschaft, so
möchte man an eine Häufung der Zufälle glauben. Die Kausalitäten scheinen nicht zu stimmen.
Canetti kommt im bulgarischen Rustschuk zur Welt im Jahre
1905, als Kind spanisch-jüdischer Eltern, sogenannter Spanio-
len. Das ist innerhalb des Judentums eine hoch geachtete und
sich selbst sehr hoch achtende Minorität. Sie stammt ab von Vor-
eltern, die am Ausgang des 15. Jahrhunderts durch die »Katholischen Könige« Ferdinand und Isabella, die Auftraggeber des
Christoph Columbus, aus Spanien verjagt wurden. Man hatte
sich geweigert, zum katholischen Christentum überzutreten. So
gelangten die Ahnen ins Türkische Reich, wo man, nach damaliger Tradition des Islam, freundlich mit ihnen umging. Dort
wurde nicht vergessen, daß Ferdinand und Isabella zusammen
mit den Juden auch die Mauren aus dem fürs Christentum wie-
dereroberten Spanien vertrieben. Canetti wächst zwar auf in einem sehr jungen Königreich Bulgarien mit deutschem Herr-
scherhaus, doch hat man viele Verbindungen zu Verwandten
und Freunden, die nach wie vor im moribunden Großreich des
Sultans von Konstantinopel leben, übrigens nicht ungern leben:
in Adrianopel vor allem oder auch in Konstantinopel.
Man ist wohlhabend, und man ist stolz in beiden Familien der
Eltern von Elias Canetti. So stark hierarchisch gesinnt übrigens,
daß die Familie des Vaters Canetti in den Augen des Patriarchen

von Mutters Seite als nicht ebenbürtig angesehen wird. Dies alles hat das Kind aus Rustschuk später in seinem Buch über die eigenen Jugenderlebnisse, in der »Geretteten Zunge«, ausführlich beschrieben.

Die spaniolischen Juden in Rustschuk hatten die spanische Sprache beibehalten. Man sprach ein altertümliches, mit eigentümlichen slawischen und hebräischen Wendungen zwar durchsetztes, doch insgesamt sehr reines Spanisch. Die Tradition der spanischen Literatur wurde fruchtbar für den Alles-Leser und Polyhistor Elias Canetti. Die Hauptgestalt seines einzigen und einzigartigen Romans »Die Blendung«, der »Büchernarr« und Sinologe Dr. Peter Kien, ist in aller Bewußtheit konzipiert als moderne Variante des Don Quijote, des von Cervantes in die Weltliteratur hinausgejagten Büchernarren und Ritters von der Traurigen Gestalt.

Das Kind Canetti sprach spanisch im Elternhaus, auch bulgarisch mit den Kindermädchen, doch behauptet er, diese slawischen Kenntnisse später weitgehend verlernt zu haben. Dafür lernt er schon früh und sehr schnell Englisch, denn mit sechs Jahren wird er nach Manchester verpflanzt, wo der Vater ins Geschäft des mächtigen Onkels, eines Bruders der Mutter, eintreten muß. Nach dem plötzlichen Tode des Vaters, der jung noch einem Schlaganfall erliegt, worüber der Sohn Canetti niemals wegkommen sollte, zieht der achtjährige Elias mit der Mutter und den beiden jüngeren Brüdern nach Wien, später nach Zürich. Nun hat er gleichsam vier Sprachen zur Auswahl, noch vor allem Schulbesuch: das Spanisch der Familie, die bulgarischen Lieder und Spruchweisheiten der Dienstboten in Rustschuk, sein Englisch von Manchester und die deutsche Sprache. Das war die Sprache der Eltern, wenn sie vertraut miteinander reden wollten. Elias Canetti war das Kind junger Eltern, die einander lieb hatten. Sie hatten in Wien zueinander gefunden. Das Kind lauschte den Gesprächen in deutscher Sprache über deutsche Bücher und die Aufführungen des Burgtheaters und beschloß, vor allem diese geheime Sprache der Eltern zu erlernen: um teilzuhaben am Geheimnis.

Die endgültige Entscheidung traf für sich ein Achtjähriger im Frühjahr 1913. Die Mutter hatte die Übersiedlung von Manchester nach Wien vorbereitet. Sie wollte gleichsam an die Stätte des einstigen Glücks zurückkehren. Vorher aber besuchte man Verwandte, sehr reiche natürlich, in Lausanne. Hier kam eine neue und fünfte Sprache hinzu, die französische. Was damals in dem Kind vorging, hat Canetti in der »Geschichte einer Jugend« so beschrieben: »Immerhin, in Lausanne, wo ich überall um mich französisch sprechen hörte, das ich nebenher und ohne dramatische Verwicklungen auffaßte, wurde ich unter der Einwirkung der Mutter zur deutschen Sprache wiedergeboren und unter dem Krampf dieser Geburt entstand die Leidenschaft, die mich mit beidem verband, mit dieser Sprache und mit der Mutter. Ohne diese beiden, die im Grund ein und dasselbe waren, wäre der weitere Verlauf meines Lebens sinnlos und unbegreiflich.«

Das Ergebnis dieser Entscheidung ist abermals verblüffend. Das Kind wählte unter den Sprachen, ohne daß übrigens eine der anderen Sprachen vernachlässigt worden wäre. Im Gegenteil sollten später noch bei Canetti die klassischen und die fernöstlichen Sprachen hinzukommen. Er fühlte sich in Paris bei den Brüdern ebenso zu Hause wie in London, wo er auch heute noch, neben dem Wohnsitz in Zürich, regelmäßig zu arbeiten pflegt. Allein die deutsche Sprache war ein für allemal erwählt worden als Ausdruck der Identität und einer früh schon gespürten, doch langsam erst heranreifenden Schöpferkraft. *Deutsch wurde die Sprache des Schriftstellers Elias Canetti.* Es war im Wortsinne auch eine »Muttersprache«, doch gleichzeitig wurde sie auch bewußt erlernt und gelernt.

Nicht genug der Sonderbarkeit. Der Spaniole mit dem deutschen Pour-le-Mérite, der Büchner-Preisträger als Meister in einer erlernten Sprache. Der Nobel-Preisträger 1981, mit englischem Paß, der in Stockholm vom englischen Botschafter geleitet wird. Dazu noch der unbezweifelte und unbezweifelbare *Erfolgsautor* als Schöpfer eines strengen Werkes, das sich als einzigartige Mischform darstellt aus philosophischer Reflexion, Sprach- und Literaturwissenschaft und sogenannt »schöner Literatur«. Ein einziger Roman, eben »Die Blendung«. Ein zweibändiges Werk über »Masse und Macht«. Drei Theaterstücke, die Canetti drucken ließ, wobei das Gerücht geht, dem der Autor selbst nicht Rede stehen mag, daß es noch eine Reihe unpublizierter Dramen gibt: in der Schublade. Essays über Franz Kafka und Karl Kraus, ein Reisebericht unter dem Titel »Die Stimmen von Marrakesch«. Aufzeichnungen und Aphorismen aus dreißig Jahren, die Canetti im Jahre 1972 unter dem Titel »Die Provinz des Menschen« herausgab. Schließlich zwei Bände einer Autobiographie: die Jugendgeschichte mit der Überschrift »Die gerettete Zunge« (1977) und ihre Fortsetzung als »Die Fackel im Ohr. Lebensgeschichte 1921-1931« (1980).

Das ist im Grunde alles. Der seltene Fall eines Autors, dessen neue Bücher von vielen Lesern wirklich »erwartet« werden. Das hat es eigentlich in der deutschen Literatur und Lesewelt seit Thomas Mann kaum mehr gegeben. Canetti schreibt eine klare und genaue Prosa, der man die Schulung an Meistern der deutschen Sprache anmerkt: an Johann Peter Hebel und dem Aphoristiker Lichtenberg, an Heinrich von Kleist und Franz Kafka. Damit stellt sich Canetti ausdrücklich in eine literarische Tradition. Georg Christoph Lichtenberg, Professor der Experimentalphysik an der Universität Göttingen im 18. Jahrhundert der Aufklärung, ist dem promovierten Chemiker Canetti auch in der – ursprünglichen – Berufswahl vertraut. Er bekannte sich immer wieder in seinen Aufzeichnungen zu Lichtenberg: zu dessen Menschlichkeit ebenso wie zur satirischen Übersteigerung der Kritik an menschlicher Dummheit und Herzensträgheit.

Canettis Prosa aber hatte sich auch schon früh geschult an den gleichzeitig volkstümlichen und genau stilisierten Prosastücken des »Rheinischen Hausfreundes« Johann Peter Hebel. Das Kind Elias Canetti entdeckt Hebels Erzählung »Kannitverstan« und ist fasziniert: hier wird seine eigene kindliche Existenz angesprochen. Noch dazu in einer scheinbar kindlichen Sprache, die man nicht wieder vergißt. In seiner Jugendgeschichte erzählt Canetti, der bei Johann Peter Hebel die Meisterschaft lernte: »Mit der Erfahrung Kannitverstans, als die Eltern in einer mir unbekannten Sprache zueinander redeten, hatte mein Leben begonnen ... Als die pompöse Jambenmoral, die in jenen Jahren meine Oberfläche beherrschte, zusammensank und sich in Staub auflöste, blieb jeder Satz, den ich von ihm hatte, intakt bestehen. Kein Buch habe ich geschrieben, das ich nicht heimlich an seiner Sprache maß ...«.

Natürlich weiß er, was das Kind und der junge Mensch noch nicht ahnen mochte, daß solches Lernen bei Johann Peter Hebel eine Nachfolge bedeutet. Genau so hatte, zu Beginn unseres

Jahrhunderts, Franz Kafka in Prag an der Prosa Hebels gelernt, und an der Genauigkeit der Erzählungen und Anekdoten Heinrich von Kleists. Sonderbar eigentlich, daß drei jüdische Meister der deutschen Sprache im 20. Jahrhundert beim protestantischen Prälaten Hebel in die Lehre gingen: Kafka, Canetti und auch Ernst Bloch, dessen Erzählungen in dem Band »Spuren«, seinem vielleicht schönsten Buch, als ausdrückliche Huldigung an den »Rheinischen Hausfreund« verstanden werden müssen.

Freilich, Hebel und Kafka und Karl Kraus, dem der junge Canetti in Wien bei jeder Vorlesung zu Füßen sitzt, so daß auch heute noch das exorbitante Gedächtnis jeden Satz erinnern macht, den Kraus in Wien in den vielen Jahrgängen seiner »Fakkel« niederschrieb: das waren gute Lehrer. Es ist bemerkenswert, daß Canetti in beiden Bänden seiner Jugendgeschichte und seiner Lehrjahre keine Reaktion verzeichnet beim Lesen irgendeines Buches von Thomas Mann. Die Begegnung mit Brecht um das Jahr 1928 in Berlin wird kühl und distanziert berichtet. Der junge Canetti vermag zu trennen zwischen der leidenschaftlichen Erregung beim Lesen Brecht'scher Gedichte aus der »Hauspostille« und der Unterhaltung mit ihrem Verfasser. Das Brecht-Kapitel in dem Buch »Die Fackel im Ohr« beginnt mit folgendem Satz: »Das erste, was mir an Brecht auffiel, war die Verkleidung.« Gemeint ist die Verkleidung als Proletarier. Darüber ist damals, auch von Ernst Bloch, viel gespottet worden. Dennoch handelte Brecht höchst planvoll, wenn er sich mit Proletariermütze und Pfeife und unbürgerlichem Habitus zu stilisieren suchte. Er wollte, ein Leben lang, demonstrieren, daß er, Bertolt Brecht, mit der Bürgerwelt seiner Eltern gebrochen habe. Canetti hat den seelischen Mechanismus Brechts richtig gedeutet: »Zu den Widersprüchen in der Erscheinung Brechts gehörte, daß er in seinem Aussehen auch etwas Asketisches hatte. Der Hunger konnte auch als Fasten erscheinen, als enthalte er sich mit Absicht der Dinge, die Gegenstand seiner Gier waren.« Übrigens war Brecht nicht in jeglicher Beziehung asketisch. Vielleicht hätte der damalige Canetti in Berlin, der sieben Jahre jünger war, bald entdecken können, daß auch der Augsburger Brecht bei Johann Peter Hebel in die Lehre ging. Brechts »Kalendergeschichten« sind gleichfalls eine Huldigung an den großen Sprachmeister und Aufklärer aus dem Badischen.

Von vielen heutigen Autoren unterscheidet sich Canetti durch die Reinheit der Sprache, die Genauigkeit des Hinschauens und Berichtens, durch das Fehlen irgendeiner modischen Aufmachung. Die schriftstellerische Leistung ist auch daran zu erkennen, daß es immer wieder gelingt, besonders in den beiden autobiographischen Büchern, ein präzises Gleichgewicht zu halten zwischen dem Bericht über das eigene Ich, also die Subjektivität, und über andere Menschen, Vorgänge, Zustände. Deshalb sind die Schilderungen einer Jugendgeschichte mit vielen Menschen, denen einer begegnet ist, so faszinierend, denn Canettis Erinnerungsbücher sind das Gegenteil der Memoiren irgendeines Generals oder pensionierten Diplomaten oder eines einstmals gefeierten Schauspielers und einer nicht minder gefeierten Lebedame. In solchen Büchern dominiert, weil man selbst prominent gewesen ist, die Prominenz. Man macht schon dadurch auf den Leser Eindruck, daß man von Leuten spricht, deren Namen auch der Leser kennt: Churchill oder Picasso und selbst der Dr. Goebbels.

Mit alledem will Elias Canetti nicht aufwarten. Fast zögernd spricht er im Zweiten Band der Erinnerungen von den Begegnungen mit Brecht und dem bewunderten George Grosz. Diese Berliner Künstlerwelt der ausgehenden (und bald untergehenden) Weimarer Republik ist ihm unheimlich. Dann trifft er den großen russischen Schriftsteller Isaak Babel, und er kann aufatmen im Gespräch mit einem Mann, den diese Berliner Umwelt gleichfalls erschreckt. Man spürt die Dankbarkeit von einst, wenn es heute am Ende des Berichts über Isaak Babel heißt: »Ich weiß, daß Berlin mich wie eine Lauge zerfressen hätte, wenn ich ihm nicht begegnet wäre.« Heute werden bei uns die Bücher Isaak Babels wiederentdeckt, sein Theaterstück »Marija« wurde vor einigen Jahren viel gespielt, und mit großem Erfolg. Doch keiner weiß, wann und wo Babels Leben zu Ende ging. Er wurde 1939 verhaftet. Auch ihn hat Stalin aus dem Leben gesäubert. Vermutlich starb Babel im Jahre 1941: mit 47 Jahren.

Solche Berichte über die Begegnungen des jungen Canetti mit bedeutenden Zeitgenossen sind nur gelegentlich gleichsam »einmontiert« in den epischen Bericht aus dem Leben eines jungen, ebenso begabten wie gefährdeten Menschen. Viel häufiger jedoch, nahezu ausschließlich, verweilt die Schilderung bei einfa-

chen und unbekannten Menschen, die aber in Canettis Jugend-
und Lehrzeit eine – für ihn selbst – wichtige Aufgabe zu erfüllen
hatten. Die meisten Leser haben mit Dankbarkeit gerade diese
Aufzeichnungen aufgenommen: als Bericht über das Leben eines
noch unbekannten, in keiner Weise erfolgreichen oder gar prominenten Zeitgenossen. Wer daher, wie bisweilen durch Kritiker mißmutig geäußert wurde, diese Erinnerungsbücher Elias
Canettis für »überflüssig« hält, weiß offenbar genau, im Gegensatz zu uns anderen, was flüssig ist und was überflüssig; es wird
andererseits bei solcher Kritik eben das bemängelt, was den Vor-
zug dieser Bücher ausmacht.

Der sonderbarste Vorwurf, den man erhoben hat, rügt eine angebliche »Eitelkeit« des Berichterstatters und seines Berichts.
Auch hier war der Kritisierende offenbar frustriert worden bei
der Lektüre. Er hatte spannende Berichte über berühmte Leute
erwartet, und fand sich beim Lesen im Umkreis der gesellschaftlichen Mittelmäßigkeit wieder, bei Kleinbürgern in einer Frankfurter Familienpension, unter belanglosen Chemiestudenten zu
Wien, von denen einer, vielleicht der einzig Begabte, plötzlich
Zyankali nimmt. Er gerät bei Canetti in eine Welt der Irren und
Krüppel. Wer das nicht begreift, hat weder die Erzählweise Canettis begriffen, noch die Art seines Menschenbildes.

Aus beidem aber wurde nie ein Geheimnis gemacht. Am Ende
seiner Erzählung von der Züricher Schulzeit, diesem glücklichen
Paradies des Kindes, wurde auch von den Lehrern an der Kan-
tonsschule gesprochen. Jeder einzelne wird genau erinnert. Kein
berühmter Name findet sich darunter. Doch der Erzähler begründet seine Genauigkeit und liebevolle Sorgfalt, die auch bei
den Niederlagen des Schülers Canetti verweilt: »Sie sind die ersten Vertreter dessen, was ich später als das Eigentliche der Welt,
ihre Bevölkerung, in mich aufnahm ... Das Fließende zwischen
Individuum und Typen ist ein eigentliches Anliegen des Dichters.«

An alldem wird deutlich, warum Canetti das Buch, das seine
Aufzeichnungen, Aphorismen und Denkergebnisse aus dreißig
Jahren (1942-1972) umfassen sollte, mit einer gleichsam pro-
grammatischen Überschrift versah: »Die Provinz des Menschen«.

Wie nämlich in den Erinnerungsbüchern, so wird auch in allen anderen Arbeiten dieses Autors, den künstlerischen wie den wissenschaftlich-essayistischen, ein Gleichgewicht hergestellt zwischen der Subjektivität dessen, der schreibt, und seinen Zeitgenossen, den anderen Menschen: berühmten wie unberühmten, den erfolgreichen und den in irgendeiner Weise verkrüppelten.

Da der Allesleser Canetti seit den frühesten Lebenstagen von den Büchern eine Antwort erwartete auf unklares Fragen, durchaus nicht Unterhaltung oder gar »Genuß«, wurden ihm die Welt-Dichter und die Moralisten unter den Schriftstellern besonders wichtig. Auch Lichtenberg und Hebel waren Menschenkenner und Lehrer des Menschen, die eher durch Geschichten belehren wollten als durch irgendeine Form von weltlichem Katechismus. Auch der Schweizer Pfarrer Albert Bitzius aus dem Emmental, der den Schriftstellernamen Jeremias Gotthelf annahm, war gleichzeitig ein Meister und ein strenger Lehrer. Gotthelfs Erzählung »Die schwarze Spinne«, eine der großen Erzählungen der Weltliteratur, hat den jungen Canetti – mit Recht – so beschäftigt, daß es dabei fast zum Bruch kam mit der ebenso tief geliebten wie gehaßten Mutter.

Natürlich wäre es leicht, im Falle von Canetti die Psychoanalyse zu bemühen und mit dem Ödipuskomplex zu argumentieren. Ein Kind, das den Vater noch gekannt und bewundert hat; dessen plötzlicher Tod mithilft beim Entstehen eines Über-Ich. In den entscheidenden Lebensjahren ist der junge Sohn zusammen mit der Mutter nahezu hermetisch abgeschlossen gegen die übrige Welt. Wenn sich die Mutter, die schön ist und klug, zu stark anzufreunden scheint mit anderen Männern, beginnt der Sohn mit Intrigen und Sabotagen, um solche aufkeimende Neigung zu zerstören.

Andererseits wächst Elias Canetti in den wichtigsten Jahren der Heranbildung von Geist und Gefühl in Wien auf: als Zeitgenosse des Professors Sigmund Freud. Er hat die Wahl zwischen der leidenschaftlichen Anhängerschaft und der nicht minder leidenschaftlichen Abwehr. Seine Bewunderung für Karl Kraus gibt den Ausschlag. Canetti wird (und bleibt) ein Gegner der Psychoanalyse. Von ihr hatte Karl Kraus spöttisch gemeint: sie sei eben jene Krankheit, deren Diagnose und gar Heilung sie anzustreben scheint. Der heutige Canetti ist vorsichtiger. Daß sich manche

Berichte in seinen Erinnerungsbüchern ausnehmen wie exemplarische Kapitel bei Freud, stört ihn durchaus nicht. Natürlich gibt es solche Elemente der Vaterbindung und ödipalen Beziehung in seinem Leben. Dennoch haben sie, wie Canetti meint, das eigentliche Lebenswerk und damit die Identität nicht entscheidend determiniert.

Entscheidender wurde das *Erlebnis der Masse*. Auch hier in einer, wie Freud sagen würde, ambivalenten Beziehung: gleichzeitig als Entsetzen vor der Masse und besonders vor dem, was Canetti später in den zwei Bänden seines Buches über »Masse und Macht« als die »Meute« definierte; zum anderen als geheimnisvoller Vorgang eines plötzlichen Einswerdens des Einzelnen mit einer agierenden oder auch umgetriebenen Menschenmasse. Indem er seine Erfahrungen mit der Masse, die zurücklagen in der Kindheit und Jugend, genau analysierte, gelangte er zu einer Deutung des Phänomens der Masse, die wesentlich abweichen mußte von den bekannten Auffassungen Sigmund Freuds über Masse und Massenpsychologie.

So kommt es bei Canetti zur grundsätzlichen Unterscheidung zwischen der »offenen und geschlossenen Masse«. Die sogenannt offene Masse entsteht plötzlich und spontan. »Denn so plötzlich, wie sie entstanden ist, zerfällt die Masse. In dieser spontanen Form ist sie ein empfindliches Gebilde. Ihre Offenheit, die ihr das Wachstum ermöglicht, ist zugleich ihre Gefahr.« Anders die sogenannt geschlossene Masse: »Diese verzichtet auf Wachstum und legt ihr Hauptaugenmerk auf Bestand. Was an ihr auffällt, ist die *Grenze*. Die geschlossene Masse setzt sich fest ... Die Grenze wird respektiert. Sie mag aus Stein, aus festem Mauerwerk bestehen. Vielleicht bedarf es eines besonderen Aufnahmepreises; vielleicht hat man eine bestimmte Gebühr für den Eintritt zu errichten. »Wenn der Raum einmal dicht genug gefüllt ist, wird niemand mehr eingelassen.« Dies ist eine ebenso neuartige wie aktuelle Betrachtungsweise. Jahrzehnte sind vergangen, seit der junge Canetti beschloß, seit seinen Erfahrungen mit der offenen Masse beim Anblick einer Demonstration in Frankfurt nach der Ermordung von Walther Rathenau im Jahre 1922 und dann als Mensch in der Masse in Wien, bei der Brandstiftung am Justizpalast im Jahre 1927, dieses Phänomen für sich zu untersuchen. Heute kennen wir aus den täglichen Berichten der Tageszeitungen sowohl das Phänomen der offenen Masse, die sich bisweilen spontan bildet, gelegentlich jedoch auch nur scheinbar spontan zusammenfindet, weil von irgendeiner Seite der »Volkszorn« organisiert wurde, wie die geschlossene Masse der Sekten und Orden und Gruppen mit einem »harten Kern«.

Das Menschenbild Elias Canettis unterscheidet sich von dem Sigmund Freuds durch die gegensätzlichen geschichtlichen Erfahrungen. Canetti hat das, im steten Bemühen um Gerechtigkeit, genau formuliert: »Freud stand unter dem widerwärtigen Eindruck einer anderen Art von Masse. Er hatte die Kriegsbegeisterung in Wien erlebt, als gereifter Mann von fast 60 Jahren. Daß er sich gegen diese Art von Masse, die auch ich als Kind gekannt hatte, zur Wehr setzte, war begreiflich. Aber er hatte kein nützliches Handwerkszeug für seine Unternehmung zur Verfügung. Zeit seines Lebens hatte er sich mit Vorgängen im Individuum, im Einzelnen beschäftigt. Sein Leben spielte sich im Ordinations- und Arbeitszimmer ab. Am soldatischen Leben nahm er so wenig teil wie an dem der Kirche. Diese beiden Phänomene, Heer und Kirche, versagten sich den Begriffen, die er bisher geformt und angewandt hatte.« Den *eigenen* Ansatz der Untersuchung formuliert Canetti so: »Zwar war ich ohne jede theoretische Erfahrung, aber praktisch kannte ich die Masse von innen. In Frankfurt zum erstenmal war ich ihr ohne Widerstand verfallen. Seither war mir immer bewußt geblieben, wie gern man der Masse verfällt. Eben das war mir zum Gegenstand des Staunens geworden. Ich sah die Masse um mich, aber ich sah auch Masse in mir und mit einer erklärenden Abgrenzung war mir nicht geholfen. In Freuds Abhandlung fehlte mir vor allem die Anerkennung des Phänomens. Es schien mir nicht weniger elementar als Libido und Hunger.«

So entstand das philosophisch-essayistische Hauptwerk, dem Phänomen »Masse und Macht« gewidmet, in bewußter Antithese zu Sigmund Freud. Im Zweiten Band seiner Erinnerungen überblickt Canetti den Zeitraum seines Denkens und Arbeitens, von 1925 bis 1960. Und zieht die Summe: »Die Abgrenzung gegen Freud stand am Anfang der Arbeit an dem Buch, das ich erst 35 Jahre später, im Jahre 1960, der Öffentlichkeit übergab.« Es ist nicht unbekannt, daß Canetti nach 1960 gewillt war, in einem dritten Band die heutigen spezifischen und neuartigen Ausdrucksformen der Masse und ihres Verhaltens zur Macht zu interpretieren. Hier wäre auf die neuen Formen einer durch Medien oder andere politische Indoktrination gleichsam »organisierten spontanen Masse« einzugehen gewesen, wenn man eine solche, paradoxe Formulierung wagen darf. Es scheint aber, daß Canetti auch dies Projekt, wie viele andere in seinem Leben, schließlich wieder aufgab. Bisweilen ließ er im Gespräch die Bemerkung fallen, die Lebenszeit erlaube jetzt nicht mehr ein gründliches Studium des komplizierten Wandels in den Wechselwirkungen zwischen heutiger Masse und heutiger Macht.

Das Ergebnis aber aller Studien und Erfahrungen an der Wirklichkeit ist fruchtbar geworden für den Künstler und Schriftsteller Canetti. Wenn er von der »Provinz des Menschen« spricht, so meint er diese Wechselwirkung zwischen dem subjektiven Einswerden mit den Anderen, wenngleich nicht gerade in Form einer »Meute«, und einer distanzierten Beschreibung solcher Beziehung zwischen der Masse und dem Ich. Man ist gleichzeitig Beteiligter und Betrachter.

Aus diesem sehr heiklen Balancieren ist Canettis erzählerisches Hauptwerk entstanden: *sein Roman »Die Blendung«*. Das Buch kam zuerst in Wien heraus im Jahre 1935. Es war im Grunde Canettis erste schriftstellerische Arbeit, die er in Druck gehen ließ. Die erste Ausgabe blieb fast unbeachtet, auch eine spätere Ausgabe nach dem Kriege stieß zuerst auf Kopfschütteln und Unverständnis. Allerdings gab es früh schon Ausnahmen. Thomas Mann zum Beispiel, der Franz Kafka merkwürdigerweise erst spät für sich entdeckte, las, wie der Band seiner Tagebücher 1937-1939 bestätigt, die »Blendung« sogleich nach dem Erscheinen, und sehr aufmerksam. Bereits am 12. Dezember 1936 schrieb der Soziologe und Literaturkritiker Peter von Haselberg unter dem Titel »Ein Romanexperiment«, ausgerechnet in der damaligen »Frankfurter Zeitung«, also mitten im Dritten Reich: »Was der realistische Roman nie darzustellen vermochte, die verfließende Grenze zwischen Geschehenem und Erlebten und die Übermacht der Umwelt, die der Mensch selber sich errichtet und die ihm dann fremd erscheint, feindlich und immer weiter wachsend, das versucht der Roman Canettis an einem neuen Fall und mit extremen Mitteln sichtbar zu machen.«

Heute gibt es die »Blendung« in allen Weltsprachen. Dies ist einer der großen Romane des 20. Jahrhunderts. Eine gleichzeitig schauderhafte und sehr komische Geschichte. Canetti schildert eine banale Story, die scheinbar alltäglich ist. Ein ganz in der Bücherwelt lebender Gelehrter, Dr. Peter Kien, ein Privatgelehrter aus Trotz und Hochmut, der berühmteste Chinakenner und Sinologe seiner Zeit, der jeden Lehrstuhl haben könnte, lebt nur in der Welt seiner ungeheuren Bibliothek. »Ein Kopf ohne Welt« heißt die Überschrift des Ersten Romanteils. Aus Weltunkenntnis, Hochmut und Verachtung heiratet er seine Haushälterin, die sich ihrerseits vollkommen eingesponnen hat in einer brutalen Besitzgier und Machtgier. So daß sie den Ehemann nicht einmal haßt und verachtet, sondern bloß noch ausplündern und dann wegjagen möchte. Der Kopf ohne Welt wird konfrontiert mit einer »kopflosen Welt«. Dr. Kien wird immer tiefer verstrickt in seinen eigenen Wahn und den Wahn jener Therese. Als der Wahnsinn ausbricht, wird er sehend: wie Ödipus in der griechischen Tragödie, nachdem er sich selbst geblendet hat. Aus der Blendung und Verblendung entspringt ein neues Sehen. Kien verbrennt seine Bibliothek, und er verbrennt sich in und mit ihr.

Auch wenn man nicht die Hinweise gelesen hätte, die Canetti im Zweiten Band seiner Erinnerungen gab, als er vom Einfluß der Romane Balzacs auf seinen eigenen Entschluß berichtete, selbst einen Roman zu schreiben, vielleicht sogar einen neuen Romanzyklus, gleich der Comédie Humaine des Honoré de Balzac, könnte man die Nähe zu Balzac konstatieren. Bei Balzac gibt es Romane und Erzählungen, worin beispielsweise der Kampf zweier Pfarrer an der Kathedrale von Tours um ein möbliertes Zimmer und die Gunst der Zimmervermieterin mit einer Unerbittlichkeit und als Entfesselung von Leidenschaften geschildert wird, die an Shakespeares große Tragödien denken läßt.

Andererseits ist die »Blendung« nicht bloß ein Roman im Sinne von Balzac, sondern auch eine absurd-komische Geschichte in der Nachfolge von Cervantes. Der englische Germanist David Roberts hat ein interessantes Buch über Canettis Roman geschrieben und kommt zu dem Ergebnis: »Der Held, der in die kopflose Welt hinausreitet, um seinen Büchern Leben einzuflößen und der Held, der, vom Leben isoliert, nur für seine Bücher lebt, sind zwei große komische Schöpfungen des Romans, und obwohl der eine im Spanien des siebzehnten Jahrhunderts und der andere im Wien des zwanzigsten Jahrhunderts lebt, ist der Enderfolg der gleiche: Schläge von der Welt und Erniedrigung des Kopfes durch Bestrafung des Körpers.«

Es blieb bei diesem einzigen Roman. Die ursprünglich geplante Serie von Erzählungen über Menschen in einer gegenüber der Außenwelt abgedichteten Lebensform, die man vulgär als Irrsinn bezeichnen könnte, die aber von Canetti als menschliche Möglichkeit ernstgenommen wird, ist nicht geschrieben worden. Hinter allem stand, daß es Canetti, der auf alle Selbstinterpretation seiner Arbeiten verzichtet, im Gegensatz sowohl zu Thomas Mann wie zu Brecht oder Döblin, darauf ankam, die *Grenzen der Humanisierbarkeit des Menschen* zu erforschen und abzustecken. Die sehr komischen Beschreibungen menschlicher Verhaltensweisen in dem Buch »Masse und Macht« oder im Roman »Die Blendung« sollten nicht täuschen. Canetti ist ein Freund des Menschen. Er ging nicht ohne Grund bei Johann Peter Hebel in die Lehre, also beim »Rheinischen Hausfreund«. In den Aufzeichnungen aus dreißig Jahren (1942-1972), also in der »Provinz des Menschen«, werden zwei mögliche Haltungen zum Menschen und seinem Vorhandensein gegeneinander gestellt. Canetti erlebte das Grauen des Krieges im englischen Exil, in den Bombardierungen von London. Im Kriegsjahr 1942 notiert er: »Es gibt keine Tat, es gibt keinen Gedanken außer einem: ›Wann ist das Morden zu Ende?‹« Gleich nach dem Kriege wird notiert, man bewege sich in allem Geschehen zwischen zwei miteinander unvereinbaren Grundurteilen, nämlich: »1. Jeder ist für den Tod immer noch zu gut. 2. Jeder ist für den Tod gerade gut genug ... Zwischen diesen beiden Meinungen gibt es keine Versöhnung. Eine oder die andere wird siegen. Es ist keineswegs ausgemacht, welche siegen wird.« Canetti hat sich entschieden. Jeder Mensch ist für den Tod immer noch zu gut. Der Humanist Canetti mißtraut einer jeden optimistischen Gesellschaftslehre. Kein Rousseau und auch kein Hegel. Das Gerede von einer historischen »List der Idee«, die sich durchsetze, auch wenn die Menschheit in anderer Richtung zu arbeiten suche, hält er für Schwindel.

Als göttliche Schöpfung hält Canetti unsere Welt für mißlungen. Ein Gott nach seinem Herzen hätte am siebenten Schöpfungstage erkannt, »daß es nicht gut war«. In den Aufzeichnungen und Entwürfen wird immer wieder das Konzept einer Lebensform entworfen, die absurd erscheint im Vergleich zur Wirklichkeit, die aber denkbar wäre. Etwa: »Eine Stadt, in der die Stände auf verschiedenen Straßen gehen. Die Oberen und die Niederen stoßen nie aufeinander.« Also eine perfekte Verkehrsregelung, die alle sozialen Konflikte durch »Umleitung« beseitigt. Bei dem Amerikaner Norman Mailer gibt es ein ähnliches Denkspiel. Da wird eine Riesenstadt entworfen, worin, übrigens bezeichnend für Mailer, die Menschen mit einem spezifischen Begehren im Geschlechtlichen auf die speziellen, für sie vorgesehenen Stadtviertel verteilt werden.

Gegenentwürfe sind notwendig, meint Canetti, da der Weltentwurf mißlang. Die Erbsünde wurde durch Gott begangen, als er den Tod in die Welt entließ und die Schlange zu diesem Zweck beauftragte. Die Schlange habe ihren Auftraggeber bis heute nicht verraten. »Und welches ist die Erbsünde der Tiere?«, fragt Canetti. »Warum erleiden die Tiere den Tod?«

Die schroffe Weigerung, dem Tod irgendeine Reverenz zu erweisen, meint viel mehr als den Vorgang des physischen Sterbens. Stets ist damit auch das *Töten* gemeint. Eine Episode in der Jugendgeschichte von der Geretteten Zunge beschreibt die Reaktion des Schuljungen Canetti bei einem Besuch der Klasse mit dem Klassenlehrer im Züricher Schlachthaus. Entsetzen – und dann, unwillkürlich artikuliert, der Ausdruck »Mord«.

Ein Gegendenker. Wer sich mit den Aufzeichnungen über die »Provinz des Menschen« einläßt, muß als Leser mitarbeiten. Canetti gibt ihm nur die Denkresultate. Wie es zu ihnen kam, das muß der Lesende – nachdenkend – selbst mitvollziehen. Stets meinte er auch sich selbst beim Hassen. Ein Gegendenker, dem es ernst ist mit dem Denken. Er schrieb im Jahre 1963: »Schwarze Wolke, verlaß mich jetzt nicht. Bleib über mir, daß mein Alter nicht schal wird, bleib in mir, Gift des Grams, daß ich nicht der sterbenden Menschen vergesse.« Ihm glaubt man es.

III. Reisebilder

Moskau 1956

Am 15. September 1956 stieg ich auf dem Ostberliner Flughafen Schönefeld ins Flugzeug, das mich nach Moskau bringen sollte: zu meinem ersten Besuch in der Sowjetunion, also bei den Freunden. An Gelegenheit zu einem Rußlandbesuch hatte es auch vorher nicht gefehlt. Fast alle Bekannten und Kollegen hatten sich irgendeiner der vielen Freundschaftsdelegationen angeschlossen, wo man stets dasselbe erlebt und auch erleben soll. Nur Ernst Bloch ist, wenn ich nicht irre, niemals dorthin gefahren. Alle berichteten, was man schon von anderen gehört hatte. Das reizte mich kaum. Ich machte keine Andeutung, daß auch ich gern einmal ... Der Westen lockte weit mehr, seit ich, abgesehen von den Besuchen in der Bundesrepublik, im Frühsommer 1954 zum erstenmal wieder ein westliches Land besuchen konnte: weil der PEN-Kongreß in den Niederlanden tagte. Dann war ich nach Paris gereist und nach Wien. Im August 1955 gründete man in Rom die Internationale Vereinigung für Germanistik. Ich durfte mit einer stattlichen Delegation aus der DDR, mit meinen Assistenten und auch mit meinen Feinden aus dem Scholzkreis (der Meister selbst fuhr nicht mit, aus irgendwelchen Gründen), über Prag und Zürich an den Tiber reisen. Zum erstenmal in Italien. Ich war halbverrückt. Was sollte mir der Rote Platz und die Eremitage.

Aber ich hatte mir durch meine Arbeit, besonders auch als akademischer Lehrer der nach Leipzig gesandten jungen ausländischen Germanisten, viel Ansehen erworben. Im Sommer 1956 stand ich vermutlich auf der Höhe des Erfolgs: kurz vor der Ungnade, welcher irgendwann einmal der Fall folgen würde. Noch war es nicht soweit. Ein Nationalpreisträger mit dem begehrten roten Sonderausweis. Ich konnte reisen, wohin man mich rief oder einlud. Im April war ich in Florenz beim Romanistenkongreß. Auf das Wiedersehen mit dem großen Romanisten Leo Spitzer, dem Kölner Professor aus fernen Jugendzeiten, hatte ich mich gefreut. Leider mußte er absagen, war wohl schon krank; er starb vier Jahre später, im September 1960. Das Leipziger Sommersemester wurde dann noch einmal im Juli durch eine

Reise nach London unterbrochen. Diesmal tagte der PEN in der britischen Hauptstadt. Bankett im Savoy Hotel mit Toastmaster und Angus Wilson als witzigem Toastredner. Erich Kästner als herzlicher und zutraulicher Kollege, der sich von Leipzig erzählen ließ. Die Mutter der jungen Königin empfing in Lancaster House, auch Prinzessin Margaret machte die Honneurs und veranlaßte unseren Kollegen Bodo Uhse zu schwärmerischen Ausrufen. Was also sollten mir der Rote Platz und der Kreml.

Die Russen haben mich, soweit ich sehe, niemals gedruckt. Höchstens mal ein Aufsätzlein aus irgendeinem Anlaß, das keinen Anstoß erregen mochte. Warschau und auch Peking hatte meine kleine Schrift über ›Schiller und die Nation‹ herausgebracht; in Ungarn und Rumänien war ich gleichfalls übersetzt worden. In Moskau hingegen galt ich offenbar als Gefolgsmann der Lehren von Georg Lukács, und das war dort, lange vor den ungarischen Ereignissen des Herbstes 1956, noch nie eine Empfehlung gewesen. Dabei war Lukács wenigstens ein Parteikommunist.

Als Lehrer der deutschen Literaturgeschichte jedoch war ich in Moskau ersichtlich erwünscht. Den dortigen Literaturwissenschaftler *Roman Michailowitsch Samarin* hatte ich ein paarmal in Leipzig und Berlin getroffen. Er war noch in der Zarenzeit aufgewachsen, wahrscheinlich adliger Herkunft, wie man sich zuflüsterte, und wie ich vermuten möchte. Untadlige Manieren, vielleicht einer von den jungen Leuten des russischen Ancien Régime, die sich, nach jahrhundertelanger Orientierung an den Pariser Maßstäben, zur Abwechslung der englischen Tradition angeschlossen hatten. Samarin sprach ausgezeichnet deutsch, war aber in seinen literarischen Neigungen stärker fasziniert von den Angelsachsen. Bei ihm durfte man wirklich von Kenntnis der »Weltliteratur« sprechen. Wir hatten viel miteinander diskutiert in der DDR. Zu mir verhielt er sich stets freundlich, obwohl ich ahnen mochte, daß uralte Spuren des zaristischen Antisemitismus sogar diesem kommunistischen Professor, der übrigens darin ein Vorbild haben mochte sowohl bei Stalin wie bei Chruschtschow, bisweilen zu schaffen machten. Oder nicht einmal zu schaffen machten.

Samarin hatte mich bei einer solchen Begegnung gefragt, ob ich als Gastprofessor für einen Monat oder länger nach Moskau kommen wolle. Diese Einladung war nicht abzulehnen. Warum auch? Das sowjetische Semester begann früher als in Leipzig. Im September und Oktober konnte ich ohne Schwierigkeit in der Sowjetunion mein Gastspiel absolvieren. Bald darauf erhielt ich die offizielle Einladung. Mein Ansehen bei der Leipziger Parteileitung stieg. Ich war der erste Geisteswissenschaftler von auswärts, nicht bloß der erste Germanist, den man ins Gralsgebiet holte.

Anreisen sollte ich in der zweiten Septemberhälfte. Allein, und ganz ohne das Brimborium einer Delegation. So wählte ich den 15. September als Reisetermin, teilte das nach Moskau mit, und hatte die ersten Fehler gemacht. Das Semester begann im Grunde erst am Monatsende; die Professoren waren noch auf dem Lande, in der Datscha. Außerdem hatte ich mir einen Tag des Wochenendes ausgesucht. Ich traf an einem Sonnabend in Moskau ein, dann folgte ein Sonntag. Wer jedoch hatte Lust an der Moskwa, sich an diesem Sonntag um einen Gast aus der DDR zu kümmern: um einen Deutschen, genau gesagt.

Am Moskauer Flughafen Wnukowo wartete keiner auf mich. Ich stand herum, wie die Berliner so schön sagen, als: »bestellt und nicht abgeholt«. Doch, da kam ein Mädchen, oder eine junge Frau. Sie sprach deutsch und hatte mich erwartet. Grüße von Samarin. Zu seinem großen Bedauern . . . Sie hatte alles vorbereitet. Man fuhr in Richtung Moskau. Ich war neugierig, auch gegen alle Enttäuschung gefeit. Die Holzhäuser, über welche die meisten deutschen Besucher abfällig zu berichten wußten, gefielen mir gut. Das war echt, nicht zu vergleichen mit Stalins Hochhäusern, die ich jetzt vor Augen hatte. Später stand man im Gelände der Lomonossow-Universität oben auf den Lenin-Bergen und konnte das Moskauer Panorama betrachten. Da erst wurde mir die Absurdität der stalinistischen Wolkenkratzer bewußt. Für die Stadt Moskau gab es Platz, viel Platz noch zur Ausdehnung. Das war kein Inselchen wie Manhattan, wo man nach oben bauen mußte, weil der Raum knapp war und kaum zu bezahlen. Allein Stalin war auf einen Wettbewerb der Systeme erpicht gewesen, und Chruschtschow suchte es ihm darin nachzutun: aus Überzeugung und aus russischem Stolz. Dies sind unsere Wolkenkratzer.

Schön waren sie nicht, das sah man schon beim Vorbeifahren.

Zumal man, um sich ästhetisch vom westlichen Funktionalismus abzugrenzen, allenthalben und gleichzeitig in Kunst am Bau gemacht hatte. Türmchen und Allegorisches, Schnörkel und Schnickschnack. Wenn ich später, beim freundschaftlichen Gespräch, darüber eine Andeutung machte, wurde man eisig. Ich hatte Spielregeln verletzt und bewiesen, daß ich nichts vom Sozialismus verstand. Ein Mann aus Deutschland. Er wird es lernen müssen.

Die junge Frau, Samarins Botin, machte ihre Sache gut. Sie hatte alles für mich auf den Lenin-Bergen vorbereitet. Ich wurde im Appartement eines Assistenten untergebracht, der noch irgendwo in den Ferien war und vorerst nicht zurückkommen würde. Eine hübsche und praktische Studenten- oder Assistentenwohnung: sie unterschied sich nicht von modernen westlichen Entwürfen. Alles funktionierte ausgezeichnet. Ich hätte in der kleinen Küche etwas für mich kochen können, wie die Lettin vorschlug; sie würde für mich einkaufen, das sei leicht, hier oben auf dem Gelände der Universität war alles vorhanden. Ich wehrte vorerst ab. Daß sie aus Lettland stammte, hatte sie schon auf der Fahrt vom Flughafen mitgeteilt. Stammten ihre guten Deutschkenntnisse noch aus der Heimat, vielleicht aus Riga? Ich fragte nicht danach.

Sie schien aber Wert zu legen auf ein Gespräch über Lettland. Beim Abendessen, das feierlich, nach schöner russischer Sitte, wie ich lernen durfte, mit Pomp und langsam und sehr reichlich im Speisesaal der Professoren serviert wurde, tastete sie sich vor zum politischen Gespräch: Was in den baltischen Staaten vor sich gehe seit der Einverleibung durch die Sowjetunion, gefalle ihr nicht. Nun hätte ich fragen müssen, warum sie dann hier in Moskau arbeite und studiere. Man hatte doch offensichtlich Vertrauen zu ihr, mehr als das: man hatte ihr das Studium in Moskau bewilligt. Das war keine kleine Vergünstigung. Wurden hier Verdienste belohnt?

Ich wollte es nicht wissen. Das fehlte auch noch: ein politisches Gespräch, gleich am ersten Abend. Ich war niemals im Baltikum, sagte das auch, womit meine Indifferenz erklärt schien. Sie gab es vorerst auf. Übrigens bin ich nicht sicher, ob das mit Lettland überhaupt stimmte. Ich habe eine Photographie von neuem betrachtet, die damals gemacht wurde. Wir stehen auf der Terrasse des Gutsherrenhauses von Jasnaja Poljana: zu Besuch bei *Leo Tolstoi*. Hier auf der Terrasse, die weiß getüncht war wie das stattliche Haus, hatte er sich ausgeruht von der Arbeit an der Geschichte seiner Anna Karenina. Ich hatte gebeten, man möge mich dorthin fahren lassen. An einem Sonntag brachte uns ein bequemes Auto nach Süden: nach Tula, dann weiter zu Tolstoi. Sein Grabhügel liegt im Wald: ein Teil der Landschaft, kein Grabstein, kein Menschenwerk. Natur als Reinheit und Reinigung. Dabei hatte der Autor der ›Kreutzersonate‹ eben dieser Natur in sich selbst und im Körpertreiben so tief mißtraut.

Die Lettin neben mir auf der Terrasse von Jasnaja Poljana wirkt sehr »slawisch«, doch was wäre damit gesagt? Als die neue Woche begann, war immer noch Ferienstimmung oben auf den Bergen. Ich langweilte mich, bereute die Reise, zu viel Essen, niemand sprach eine Fremdsprache, bei der ich mithalten konnte, stumme Freundlichkeit allenthalben. Immer wieder die Lettin. Ein paarmal hatte sie ein Auto kommen lassen, das uns ein bißchen in Moskau spazierenfuhr. Ich hatte natürlich die legendäre Untergrundbahn bestaunen müssen. Auch hier das Amalgam aus Funktionalität und artistischer Gestaltung: gleichsam ein Gesamtkunstwerk. Allein ich kam von meinen Jugendeindrükken nicht los, wo man das Ornament verachtet und die reine Form und Zweckdienlichkeit gepriesen hatte, nach so viel falscher Romantik, Gotik und Renaissance.

Nach ein paar Tagen war immer noch kein russischer Gastgeber zu sehen. Die Lettin spürte meinen Mißmut und gedachte mich aufzuheitern. Abends erschien sie mit einem Köfferchen und Nachtzeug, wie sie wissen ließ. Mir kamen abermals die Zahnschmerzen zu Hilfe. Auch meine Moskaureise führte nach ein paar Tagen ins Arbeitszimmer des Zahnarztes. Er machte seine Sache so gut, daß ich später unbesorgt den Kaukasus überfliegen und das ferne Georgien genußvoll besuchen konnte.

Was ich von meiner Lettin halten soll, weiß ich immer noch nicht. Die Tatsachen sprechen für Auftragsarbeit. Damit hatte man rechnen müssen, allein ein Besucher aus der DDR kannte sich aus und hatte auch seinerseits Routine beim Umgang mit allzuguten Freunden. Dennoch meine ich, daß sie naiv war, nicht abgefeimt, sie wollte ihre Sache, die Betreuung eines Mannes der Nomenklatur, so gut wie möglich machen. So kamen wir miteinander aus. Hat sie meine geheimen Gedanken erraten? Auch das glaube ich nicht. Später gab mir dann Samarin einen Assistenten bei, einen – einwandfreien – Russen und gebildeten Marxisten. Doch bei der Verabschiedung auf dem Flughafen Wnukowo im Oktober, die feierlich und durch eine stattliche Abordnung absolviert wurde, war auch die Lettin wieder erschienen. Ich habe mich herzlich bedankt.

Endlich stand Samarin in meiner Assistentenwohnung. Ich durfte Abschied nehmen von den Lenin-Bergen, wo ich nur einmal noch einen Besuch machen sollte: als David Oistrach zu den Studenten kam, um ihnen das neue, für ihn geschriebene Violinkonzert von Schostakowitsch vorzuspielen.

Der Koffer wurde gepackt. Samarin hatte für mich ein Hotelzimmer in der Stadt vorbereiten lassen. Ich landete in einem stalinistischen Neubau von falscher Pracht, doch von guter Anlage der Zimmer, mit freundlicher, auch rascher Bedienung und sehr guter Küche. Das Hotel Leningradskaja lag im Zentrum von Moskau; man konnte zu Fuß fast alles erreichen, was mich neugierig machte: die alte zaristische Universität am Manege-Platz, den Roten Platz, das Tschaikowski-Konservatorium, wo ich einen blutjungen Pianisten hören wollte, von dem man viel sprach: *Wladimir Ashkenazy*. Er spielte Beethovens opus 111 und wurde bejubelt von vielen Mitstudenten, reagierte jedoch anmaßend und wenig freundlich auf die Ovationen. Später kam er nach Leipzig, musizierte mit dem Gewandhausorchester und gefiel mir viel besser.

Damals in Moskau spürte ich auch bei ihm etwas von der immer wieder ausbrechenden Verachtung und Selbstverachtung vieler Menschen, die nicht recht zu wissen schienen, ob sie stolz sein sollten auf ihr Land und damit auf sich, oder gerade nicht. Solche Verwirrung des Gefühls pflegte sich dann, und nicht selten, als Kälte und Verachtung zu entäußern. So hatte ich Schostakowitsch beim Bachfest in Leipzig im Jahre 1950 erlebt, oder Ilja Ehrenburg in Berlin. Mit dem jungen Ashkenazy mochte es sich ähnlich verhalten, außerdem war er Jude, wie Ehrenburg. Vielleicht lag es an solchem Zwiespalt des Empfindens, daß er, trotz glänzenden Könnens, mit Beethovens letzter Sonate nicht zurechtkam.

Samarin schien ganz frei von solcher Ambivalenz. Er lebte noch in der kulturellen Überlieferung. Rußland und Sowjetunion bedeuteten keinen Widerstreit. Roman Michailowitsch war ein herrlicher Gastgeber. Da es kühl geworden war gegen Ende September, wurden die traditionellen Hundert Gramm des weltbekannten »Wässerchens« auch von mir nicht als Zumutung empfunden, der man sich unterziehen muß, um den Gastgeber nicht zu beleidigen, sondern als erfreuliche Gabe, die alles erwärmt.

Das Hotel Leningradskaja brachte die erste Erfahrung mit den sowjetischen Gasthäusern. Zweierlei fiel auch mir sogleich auf, wie es allen westlichen Besuchern der Sowjetunion stets auffallen wird: die Deckchen und weißen Überzüge des Mobiliars, und die freundlich schweigenden Mütterchen auf jeder Etage, die stets da sind und sogleich auftauchen, wenn man das Zimmer verläßt. Ich lasse mir nicht ausreden, daß auch sie zur Überlieferung aus der Zarenzeit gehören und daß auch sie abermals zurückweisen auf das *französische* Element in Rußland seit der Zarin Katharina. Wenngleich die allgegenwärtigen Pariser Pförtnerinnen und Pförtner im Ancien Régime noch nicht institutionalisiert waren, sondern erst von Napoleons Polizeiminister eingesetzt wurden, von Joseph Fouché. Das hatte ich als junger Student in Köln bei einem Vortrag Kurt Tucholskys über Frankreich gelernt. In Paris entdeckte ich später, daß es immer noch stimmte. Mußte man folglich die schweigenden Beobachter im Hotel Leningradskaja, und auch in allen späteren Hotels beim Reisen in der Sowjetunion, als eine Hinterlassenschaft von Fouché verstehen, was heißen soll: als Kontinuität der Polizei trotz so vieler Revolutionen? Oder gar um ihretwillen?

Auch die weißen Möbelschoner verwirrten mich. Hier befand man sich ersichtlich in einem Provisorium. Irgend etwas wurde *erwartet*, dann durfte man die Hüllen entfernen, allen Glanz offenbaren und das Fest feiern. Welches Fest? Was mich verwirrte, war die Verbindung von Heilserwartung und Absurdität. Man wartete auf ein Fest, noch war es nicht soweit, da mußten die prächtigen Dinge verhüllt und geschont werden. In einem frommen jüdischen Haushalt bleibt bei jeder großen Mahlzeit ein Platz frei: für den Propheten Elias. In Moskau jedoch mußte solche Erwartung als absurd empfunden werden. Man befand sich bereits, nach der verkündeten Doktrin, in den Jahren des Heils. Worauf also noch warten? Chruschtschow pflegte um jene Zeit immer wieder vorzurechnen, wie weit man bereits mit dem Sozialismus gekommen sei, und wie weit die Entfernung bis zum Kommunismus noch eingeschätzt werden müsse. Warum also wurde das Fest immer noch verschoben?

Das Volk war Herr im Sozialismus, dies alles war Volkseigentum: mitsamt den Möbeln und den weißen Möbelschonern. Natürlich weiß ich, daß die Hüllen bisweilen entfernt wurden, wenn es etwas Ephemeres zu feiern galt: einen hohen Besuch etwa, irgendeine Delegation von politischer Bedeutung. Nach der Abreise begann das Provisorium von neuem. Allein dadurch verhielt man sich, wohl ohne es zu wissen, wie ein Stellvertreter, nicht wie ein Herr und Eigentümer, der nach Belieben schalten kann mit dem, was er besitzt. Mit dem Hinweis darauf, das Eigentum des Volkes müsse gegen Schaden und Beschädiger gesichert werden, ist die Absurdität nicht abzutun. Die Hüllen und Decken zeugten nicht von Pragmatismus, sondern von einer *zwiespältigen Bewußtseinslage.* Das Volk besaß unermeßlich viel Eigentum, doch war es ihm nicht bewußt. Sein Bewußtsein entsprach nicht dem gesellschaftlichen Sein. Weshalb auch die neue und sozialistische Gesellschaft keinen kulturellen Stil zu entwickeln vermochte, sondern sich immer deutlicher anzulehnen suchte: bei der Bürgerkultur der Zarenzeit.

Die Kunst und Kultur der Zwanziger Jahre hatte Übereinstimmung bedeutet zwischen Revolution und künstlerischer Innovation. Dem setzte Stalin bereits im Jahre 1934 ein Ende, als er die proletarisch-revolutionäre Kunst mitsamt ihren Trägern maßregelte, später liquidierte, um ein »kulturelles Erbe« zu proklamieren, das sich als bürgerliches Erbe zu erkennen gab. Eine dialektische Aufhebung der einstigen Kultur fand nicht mehr statt. Kultur war von jetzt an zu verstehen als *Museum.* Als Theaterkunst aus dem Geist des Naturalismus; als Historienmalerei in der Nachfolge Ilja Repins; als Weiterkomponieren im Geiste Tschaikowskis, was man den widerspenstigen Prokofiew und Schostakowitsch einzutrichtern suchte. Stalins Architekten paßten durchaus zu diesem Kult des Musealen. Zaristisch-bürgerliche Kunst *und* Nachahmung der Hochhäuser von Manhattan: in allen Fällen verhielt man sich als Statthalter, nicht als eigener Herr. Chruschtschow sprach immer wieder vom Einholen des Westens und vom Überholen. Aber hieß das nicht, daß man den Osten als den besseren Westen anzupreisen suchte?

Bürgerlich ging es zu mit den Taxifahrern. Sie waren nicht beleidigt, wie man mich in Berlin belehrt hatte, wenn man Trinkgeld gab. In China, mehr als zwanzig Jahre später, sah das anders aus. Das Bolschoi-Theater war ein bürgerliches Opernhaus mit einem nichtbürgerlichen Publikum, das sich bürgerlich gab. In Jalta auf der Krim schlug man uns im Jahre 1961 vor, am Abend an einem Fest teilzunehmen. Das fand statt in einem Riesenschuppen vom Typ der »Neuen Welt« in der Berliner Hasenheide, und es ging auch zu wie beim dortigen Bockbierfest. Blasmusik und Tänze von 1910. Wir sind rasch wieder weggegangen. Draußen in der warmen Frühlingsnacht promenierten die Urlauber, ganz in Züchten und in Ehren. Die Männer für sich mit den unvermeidlichen Papyrossi im Mund, die Mädchen hielten sich an den Händen und kicherten, sie rauchten nicht. Später am Abend sah man endlich, wie sich Paare zusammenfanden und das Dunkel aufsuchten.

Wahrscheinlich hat sich alles seitdem verändert. So jedoch erlebte ich es noch. Stalins Schatten ließ sich nicht mit Hilfe von Administration wegdekretieren: also mit Stalinschen Methoden. Das hat Chruschtschow später selbst erfahren müssen.

Die alte Universität am Manege-Platz, wo ich Vorlesungen zu halten hatte, gefiel mit gut. Es gab noch den Farbanstrich aus zaristischer Zeit: ein Dunkelgrün, das sich abzuheben hatte gegen Weiß. Das Hauptgebäude der Lomonossow-Universität auf den Lenin-Bergen war ein weitläufiger Neubau; er konnte überall auch im Westen entstanden sein. Vielleicht mit etwas weniger Kunst am Bau, wohl auch mit anderer Kunst. Die alte Moskauer Universität hingegen, wo die Philologen und Philosophen damals noch amtieren mußten, bedeutete Kontinuität: gerade für die »Geisteswissenschaften«, die vor hundert Jahren in eben diesen Räumen als Wissenschaften vom »Geist« und seinen Erscheinungsformen verstanden wurden. Im Sinne Hegels und seiner Schule.

In unserem kleinen Hörsaal, eigentlich einer Schulklasse alten Stils, habe noch *Wissarion Belinski* studiert, wurde mir immer wieder stolz berichtet, von den Dozenten, aber auch von den Studenten. Der Stolz war berechtigt. Ich hatte in Leipzig die Arbeiten Belinskis zur Literaturtheorie und -kritik, die man in offenbar gut übersetzten Ausgaben in der DDR verbreitete, mit großer Aufmerksamkeit gelesen. Auch Dobroljubow, der Belinskis Denken weiterführte, wurde mir zur Entdeckung. Was er um die Mitte des vergangenen Jahrhunderts über damalige Neuerscheinungen von Turgeniew und Ostrowski, vor allem über den Oblomow von Gontscharow geschrieben hatte, ließ mich die russische radikal-demokratische Überlieferung der Kunst und Literatur besser verstehen. Zu verstehen war dabei freilich auch, wie wenig man diesem unablässigen Reflektieren über die Beziehungen zwischen Kunst und zaristischer Wirklichkeit, über die Kunst als Praxis, mit westeuropäischen Denkweisen beikommen konnte. Belinski und Dobroljubow waren früh gestorben an Verfolgung und Entkräftung. Belinski hielt mit achtzehn Jahren hier Einzug im Hörsaal. Drei Jahre später (1832) bereits hatte man ihn relegiert, weil er ein Theaterstück gegen die Leibeigenschaft verfaßte. Er ging nach Sankt Petersburg und starb dort am 9. Juni 1848.

Sein Freund aus dem Hörsaal war kräftiger und hatte erkannt, daß gesellschaftliche Praxis nur vom Ausland her geplant werden könne. So war *Michail Bakunin* zu Anfang der Vierziger Jahre nach Berlin gezogen, um Schelling zu hören, da Hegel nun einmal tot war. Die Enttäuschung ließ nicht auf sich warten. Allein im Frühsommer 1848, als Belinski starb, war Bakunin bereits tief verstrickt in die revolutionäre Praxis des Westens. Was sich Belinski spekulativ ausdachte: eine Verbindung der linken Hegelianer mit dem französischen Utopischen Sozialismus, suchte Bakunin auf den Barrikaden zu verwirklichen. Zuletzt in Dresden beim Maiaufstand von 1849 und an der Seite seines dortigen Freundes *Richard Wagner*. Beide mußten nach der Niederlage fliehen, verabredeten eine Zusammenkunft, um gemeinsam die deutschen Lande zu verlassen. Bakunin wurde gefaßt und seinem Väterchen Zar ausgeliefert. Richard Wagner entkam, steckbrieflich gesucht, in die Schweiz. Er hat seine Freundschaft mit Bakunin niemals verleugnet.

Dies alles war mir seit längerer Zeit vertraut. Meine Studie über ›Richard Wagners geistige Entwicklung‹, worin viel die Rede sein mußte von Bakunin und vom Bakunismus, hatte ich noch im Jahre 1953 verfaßt. Alles beruhte jedoch auf der Erfahrung durch Bücher. Hier im Hörsaal Belinskis und Bakunins verwandelte sich das historische Denken in sinnliche Erfahrung. Zu lernen war dabei – für mich –, daß die historischen Wurzeln des Marxismus und des Leninismus trotz vieler Gemeinsamkeit grundverschieden waren. Viele Gegensätze zwischen den sowjetischen und den westlichen Auffassungen über Kunst und Literatur mußte man deuten aus den divergierenden Entwicklungen der russischen demokratischen und plebejischen Kultur eines Kampfes gegen den Zarismus, und einer deutschen Resignation nach dem Scheitern im Jahre 1849. So kam es in Deutschland zur »machtgeschützten Innerlichkeit« (Thomas Mann), wobei die Bürgerwelt gute Geschäfte machte, Bildung und Besitz akkumulierte, doch ausgeschlossen blieb von aller Macht. Daraus hatte man sich sogar eine ästhetische Theorie konstruiert. Nur allzuviele hatten mitgemacht. Heinrich Heine war die große Ausnahme. Er blieb auch, bis heute, der große Störenfried.

Ich liebte diese Moskauer Universität, auch wenn man sie schlecht heizen konnte im kühlen Oktober. Den Waschräumen, das hatte ich bald heraus, hielt man sich besser fern. Kein Vergleich zum modernen Komfort auf den Lenin-Bergen. Kollegen und Studenten waren außerordentlich nett zu dem Gast aus Leipzig. Allgemein glaubte man noch an das Tauwetter.

Damals gastierte in Moskau das Théâtre National Populaire aus Paris. Gérard Philipe, ein Kommunist, wie man wußte, begeisterte als Cid von Corneille und als Prinz von Homburg. Alle waren theaterbesessen, mit denen ich in Moskau zusammentraf. Man bot mir an, Karten zu besorgen, ich lehnte ab zugunsten der Moskauer. Ich kannte die meisten Aufführungen aus Paris, würde andere dort sehen können. Die großen Schauspieler, auch Maria Casarès war dabei und Daniel Sorano, der den listigen Scapin von Molière spielte, lehnten alles Getue von Stars energisch ab: sie wollten Menschen und Zustände kennenlernen, waren neugierig. Auch sie glaubten an das Tauwetter.

Eines Nachmittags kamen sie zu uns in die Universität. Philipe hatte sich entschuldigen lassen. Sorano amtierte als Sprecher des Ensembles bei der Begegnung mit den russischen Studenten. Die Aula am Manege-Platz war überfüllt. Das war ein großer Saal im

Sinne des frühen 19. Jahrhunderts, gemütlich und günstig für ein Gespräch über Literatur und Gesellschaft. Man kam ohne Technik aus.

Die Franzosen hatten versprochen, man werde Gedichte sprechen. Die Studenten dürften die Autoren vorschlagen. Die jungen Russen ließen sich nicht bitten. Sie waren eifrig, aber respektvoll, dankbar für den Besuch. Ein herzliches Einvernehmen. *Daniel Sorano* stammte aus dem Senegal. Auch er ist früh gestorben. In den Siebziger Jahren besuchte ich in Dakar im Senegal ein Theater, das seinen Namen trug. Als Leiter dieser denkwürdigen Stunde mit Dichtung und Freunden des Gedichts schuf er sogleich ein »poetisches« Klima, das mich tief bewegte, weil es so anders dabei zuging als bei den deutschen Dichterlesungen.

Unsere größten Gedichte entspringen der Einsamkeit und wenden sich an Einsame. Den Weg in die Weite und in die Öffentlichkeit fanden sie – nicht zufällig – mit Hilfe der Musiker. Dichterlesung als Liederabend. Hölderlin war unter den Deutschen gescheitert mit einer Dichtung der vaterländischen Gemeinsamkeit. Sie wurde zur Dichtung in dürftiger Zeit. Die politische Dichtung Heinrich Heines blieb ein europäisches Ereignis und ein deutscher Skandal. In Deutschland hat das Wort Rhetorik einen abschätzigen Nebensinn. Die antike Rhetorik blieb bei uns ungeliebt. Die Poetik der Franzosen jedoch, und damit auch ihre Poesie, versteht das dichterische Wort nach wie vor als gesprochene und sprechbare Anrede von Menschen. Die russischen Gedichte, wenn ich es recht verstehe, folgen weit eher dieser Überlieferung, als einer deutschen Lyrik der Verinnerlichung. Diderot war nicht umsonst nach Rußland gereist. Alle russische Dichtung seit Puschkin, auch das begriff ich erst hier im Lande, war Anrede und Ansprache. Mit einer »monologischen« Dichtung nach der Forderung Gottfried Benns hatte sie wenig zu tun.

Das habe ich an jenem Nachmittag von den Franzosen und den russischen Studenten gelernt. Die jungen Leute zierten sich nicht: sie kannten sich gut aus, zur Freude der französischen Schauspieler, in den Texten französischer Poesie. Natürlich waren die Studenten der Romanistik in der Mehrheit, allein auch bei ihnen erlebte man Überraschungen. Daß sie Baudelaire und

Rimbaud hören wollten, war zu erwarten. Auch Corneille wurde verlangt und gern von den glänzenden Sprechern vorgetragen. Nicht Aragon und nicht Eluard, zu meinem Erstaunen. Die waren Kommunisten, wie man wußte. Hier verlangte man nicht, ihre Texte zu hören. Ein kräftiger junger Russe, der unweit von mir stand, denn die meisten von uns mußten stehen, um Platz zu schaffen, rief nach Guillaume Apollinaire und bekam – beglückt – das Gedicht über den Pont Mirabeau zu hören, die Seinebrücke zu Paris, verstanden als Beständigkeit gegenüber der im Wasser verfließenden Zeit. Die zugleich auch die *verfließende Hoffnung* bedeuten mußte.

> L'amour s'en va comme cette eau courante
>> l'amour s'en va
> Comme la vie est lente
> Et comme l'Espérance est violente

L'Espérance. Das wilde Prinzip Hoffnung. Wir alle glaubten an das Prinzip Hoffnung und an das Tauwetter.
Sorano brach nicht ab, wenngleich es spät geworden war. Er wandte sich jetzt ans Auditorium. Nun solle einer von ihnen auch etwas vortragen. Russische Lyrik. Man rief einen Namen, hatte offenbar einen Partner bereit. Der Angerufene trat ein bißchen vor, auch er stand in der Nähe, ein junger Mann, etwa zweiundzwanzig, ganz uneitel, kein Auftritt, die Verse kamen von innen her. Wladimir Majakowski, der Dichter einer Revolution und eines einstigen russischen *und* sowjetischen Prinzips Hoffnung. Ich schaute umher. Viele sprachen leise mit. Das war kein Klassiker aus Schule und Kolleg. Es war ihre Welt und Hoffnung: als Dichtung gefaßt.

Meine Vorlesungen zur klassischen bürgerlichen deutschen Aufklärung behandelten die wichtigsten Autoren im achtzehnten und frühen neunzehnten Jahrhundert, also Lessing, den Sturm und Drang, Goethe und Schiller, mit dem obligaten Schlußpunkt Heinrich Heine. Ich glaube mich zu erinnern, daß ich auch auf Kleist ausführlicher einging. Damals bereits plante ich eine Studie über den »Geschichtlichen Augenblick« dieses Außenseiters, den die Germanisten nur mit Mühe unter die »Romantiker« einreihen konnten, und schon gar nicht unter die Klassizisten. Kleist mußte gegen Verdikte von Lukács verteidigt werden, der den besessenen Patrioten und tief enttäuschten Aufklärer, der zudem ein Junker war, als Irrationalisten und Zerstörer der Vernunft abtun wollte: goetheanischer als der Geheimrat aus Weimar. Auch die sowjetische Literaturwissenschaft jener Zeit hielt die deutschen Romantiker insgesamt für reaktionär und »mystisch«, was immer das sein mochte. Da gab es eine Tradition der Abschätzigkeit: zurückreichend bis in die ungerechten Urteile und Vorurteile Heines in seinem Buch über die ›Romantische Schule‹; fortgesponnen sowohl bei Franz Mehring wie bei Georg Lukács, die sich hier einmal einig zu sein schienen.

Ich opponierte: so leicht konnte man es sich mit dem ›Amphitryon‹ nicht machen, und auch nicht mit der ›Marquise von O.‹. In meinem Kleist-Essay von 1962, der bereits nicht mehr in der DDR erschien, obwohl ich nach wie vor in Leipzig amtierte, heißt es: »Vieles ist möglich, nur eines nicht: hochmütige Besserwisserei vor einem der größten und wahrhaftigsten deutschen Künstler, wie sie von Lukács und Gundolf betrieben wurde.« Dieses Zitat, den Vergleich vor allem mit Gundolf, einem Mann aus dem Kreis Stefan Georges, hat mir Lukács übelgenommen, und hat das auch gesagt. Er mochte sich nicht mehr an den schönen Essay des Georg von Lukács aus dem Jahre 1911 erinnern, der liebevoll eingegangen war auf ›Die neue Einsamkeit und ihre Lyrik: Stefan George.‹

Deutsche Literatur im Zwanzigsten Jahrhundert, so hatte Samarin gemeint, solle ich nicht eigentlich in der Vorlesung oder im Seminar behandeln, sondern in Vorträgen für ein breiteres Publikum. Das wurde dann ein paarmal im gewohnten Zeremoniell absolviert. Der Saal ist jedesmal überfüllt: man liest gern in allen Schichten der sowjetischen Bevölkerung; es gibt keine Heftchen mit Horror und Geilheit und süßem oder saurem Kitsch; freilich auch keinen Proust und Joyce und Kafka oder Musil, keinen Faulkner und keinen Sartre.

Jedesmal Begrüßung und Verabschiedung mit Blumen. Die werden stets von einem Mädchen überreicht, das sich offenbar Verdienste erwarb und nun hervortreten darf, denn sie hält auch eine kleine Rede. Alle Diskussion nach dem Referat ist streng reglementiert: das ist nicht Reaktion auf den Redner und seine Thesen, schon gar nicht Streitgespräch, sondern Fragestunde, eigentlich Abfragestunde. In der Pause nach dem Vortrag werden Zettelchen heraufgereicht mit Fragen. Die sammelt der Gastredner ein, bei mir war es jeweils der russische Professor, der die Veranstaltung dirigierte. Alles Fragen bleibt namenlos. Selten nur eine Bitte um Erläuterung dessen, was im Vortrag angedeutet wurde. Vermutlich waren die Zettelchen bereits vor der Veranstaltung geschrieben und griffbereit. Immer wieder bekam ich zu spüren, daß nicht Wißbegier schrieb oder auch nur die einfache Gier auf Neues in der Literatur, sondern eine Unsicherheit, die Bestätigung suchte für die eigene Vorliebe oder Abneigung: mit Hilfe von Antworten einer Autorität.

Da mußte ich die Frager enttäuschen. Nach einigen Veranstaltungen konnte ich etliche Zetteltexte voraussagen. Nach Romain Rolland würde man mich fragen. Da würde ich meine frühe Verehrung für den Autor des ›Johann Christof‹ eingestehen, aber auch mein skeptisches heutiges Urteil über das literarische Karat dieses hochherzigen und tapferen Mannes. Das jedoch würde meinen Zuhörern nicht genügen. Rolland hatte sich früh schon zur Sowjetunion bekannt, da gab es Verbindungen zu Lenin wie zu Maxim Gorki, der Franzose war mit einer Russin verheiratet, auch Stalin erwies ihm Reverenz. Der Leipziger Professor aber trennte dies alles säuberlich von der literarischen Bewertung. Damit verstieß er gegen Spielregeln. Nach wie vor galt dortzulande, auch nach Stalins Verschwinden, das ästhetische Entweder – Oder. Entweder Hyäne an der Schreibmaschine, wie Fadejew auf dem Breslauer Kongreß der Intellektuellen im August 1948 zur Charakteristik Sartres gemeint hatte; oder Großer Mann, bei welchem alles groß zu sein hat.

Schlimmer erging es mir in Moskau mit den unvermeidlichen Fragen nach Stefan Zweig und Bernhard Kellermann. Sie galten dort als große Männer. Zweig hatte Gorki verteidigt, der seinerseits den Österreicher beim russischen Publikum liebevoll einführte. Auch Bernhard Kellermannn hatte niemals das antisowjetische Berührungsverbot beachtet. Ich mochte ihn gern, den Autor des ›Tunnel‹. Das war ein Lieblingsbuch meiner Schülerzeit gewesen. Nach dem Krieg traf ich ihn oft in Ostberlin, auch in Leipzig. Bei irgendeiner Tagung in der dortigen Kongreßhalle saß er neben mir auf dem Podium. Zuletzt lebte er in der Nähe von Potsdam, hochgeehrt, Abgeordneter der Volkskammer und Professor. Er war dort vor fünf Jahren gestorben, am 17. Oktober 1951. Ich sprach herzlich von ihm, wenn die Frage an der Reihe war. Daß ich Kellermanns gut geschriebene und lesbare Romane für »große« Literatur hielt, das freilich konnte ich nicht zugestehen. Mit stärkerer Abneigung sprach ich über Stefan Zweig. Da bin ich lange Zeit ungerecht gewesen, wie ich heute weiß. Innere Abwehr muß mitgespielt haben bei meinem literarischen Urteil über den Autor der vielen »passionierten« Novellen und Biographien. Meinen Zuhörern mißfiel diese Kühle. Der Mann aus Leipzig verstand nichts von Kellermann und Stefan Zweig.

Vielleicht hatte ich in der Tat unrecht. Ich urteilte als einer, der die zeitgenössische Literatur mitsamt den Fadejew und Lu Hsün, Kafka und Proust, den Surrealisten wie den Leuten von der neuen deutschen Gruppe 47 einigermaßen kennt und analysiert hat. Sie kannten nur wenig von alledem, meist vom Hörensagen, nicht selten mit dem Akzent einer Warnung. Was sie suchten und brauchten, denn die Liebe zur Literatur war echt, war »was zum Lesen«. Das hatte ich nicht begriffen. Meine spürbare Herablassung, wenn ich Kellermann oder Zweig erwähnte, sogar den großen Romain Rolland, wurde gleichfalls als Warnung aufgefaßt. Die man nicht beachten würde.

Auffallend die gereizte Langeweile bei allen, den Kollegen wie den Studenten, wenn ideologische Fragen der literarischen und ästhetischen Theorie behandelt wurden. Alle hatten sich überfressen müssen an richtungweisenden Leitartikeln und an – jedesmal unverdaulichen – Thesen mit ganz verschiedener Tendenz. Was gestern hochgelobt wurde, galt morgen als abscheulich. Dann konnte der einzelne zwar insgeheim das verurteilte Große von gestern nach wie vor lieben. Er mußte es jedoch für sich behalten und hüten. Alle hatten einen verdorbenen Magen. Man wünschte keine Ideologie, auch nicht von mir, dem Gast aus der befreundeten DDR.

Plötzlich entsann ich mich der Verachtung, mit welcher Ilja Ehrenburg im Frühjahr 1950, also vor sechs Jahren, in Berlin all meine Versuche abtat, mit ihm über die junge Literatur der DDR zu sprechen. Was er nicht gesagt, doch gedacht hatte, war wohl dies: Das sind kommunistische Schreiber! Was kann an ihnen also dran sein? Über Ernst Jünger hatte er mich befragt.

Wie Ehrenburg schienen es alle zu halten. Es gab eine doppelte Buchführung des privaten und des öffentlichen Lebens auch im Bereich der Literatur und der Kunst. Häßlich und schön bisweilen in der Umkehrung. Auf den Zettelchen, die heraufgereicht wurden, kam manchmal Willi Bredels Name vor. Der hatte hier im Exil gelebt und die von Brecht, Lion Feuchtwanger und ihm selbst herausgegebene Zeitschrift ›Das Wort‹ redigiert, wo man ausführlich über das »kulturelle Erbe« des Expressionismus diskutierte: bis Stalin und sein Shdanow auch diese Zeitschrift einzustellen befahlen. Nach Becher fragte man nicht, auch keine Neugier, etwas über Brecht zu erfahren.

Zwei Jahre später wurde einer der Leipziger Assistenten nach Leningrad eingeladen, um Vorträge über deutsche Gegenwartsliteratur zu halten. Er hatte sich gut vorbereitet und berichtete nach der Rückkehr, wie es ihm erging. Alle Autoren der offiziellen DDR-Literatur tat man sogleich ab. Da kannte man sich aus, und schien wenig Freude daran zu haben. Schüchtern fragte der Gast aus Sachsen, ob er vielleicht über *Heinrich Böll* referieren soll. Große Erleichterung. »Oh ja, Genrich Bell – referieren Sie bitte über ihn!«

Die Abende in einem Moskauer Theater brachten nur Enttäuschung. Als Schüler und Student hatte ich in Köln und Berlin die Gastspiele russischer Bühnen und Theatergruppen mit großer Begeisterung besucht. Am stärksten wirkte auf mich die Kunst *Alexander Tairows* und seines Moskauer Kammertheaters, das sich als Gegengründung zu Stanislawskis Naturalismus im Moskauer Künstlertheater verstand. Bei Tairow gab es nicht die nachgeahmte Wirklichkeit, sondern autonome Theaterkunst, die sich nicht mehr an die strengen Gattungen der Tragödie oder Komödie, des Tanz- und Musiktheaters zu halten gedachte. Die drei Stücke, mit denen Tairow und seine Protagonistin Alice Konen auf die Reise gingen, waren so heterogen wie nur möglich. Eine französische Operette aus dem 19. Jahrhundert, überaus lustig, tänzerisch bewegt, alle Wirklichkeit veralbernd; dann ein Ballett mit Musik des Ungarn Ernst von Dohnányi. Auch ein Schauspiel von Alexander Ostrowski: zornige Schilderung russischer Sitten im 19. Jahrhundert: ›Das Gewitter‹. Alice Konen spielte die Katja Kabanowa. Man kennt das Stück heute als Oper von Leoš Janáček.

Später, am Ausgang der Zwanziger Jahre, sah ich auch die berühmte Revolutionsrevue ›Brülle China‹ von Sergej Tretjakow in der turbulenten und sehr genauen Regie von Meyerhold. Beide wurden sie ein Opfer der stalinistischen Sauberkeitspolitik: Tretjakow und Meyerhold.

Das Moskauer Theater des Jahres 1956 erinnerte in nichts mehr an jene Überlieferung. Auch Brecht hatte voller Enttäuschung über seine Abende in Moskauer Theatern berichtet. Nur das ›Theater der Satire‹, wo man das Stück »Die Wanze« von Majakowski nach wie vor spielte, hatte ihn an jenes künstlerische Einst erinnert. Ich schaute mir die Aufführung an. Auch sie war unvermeidlicherweise ins Theatermuseum geraten. Man erfuhr, wie hier einstmals mit politischem Mut und artistischem Können eine Bühnenkunst agiert hatte, die jetzt nichts mehr war als verklärte oder auch, im Namen des Sozialistischen Realismus, befehdete Erinnerung.

Meine Gastgeber wünschten, daß ich viel sehen möge, um später davon in Deutschland zu berichten. Auch Theaterkarten bedeuteten in diesem Land eine »Errungenschaft«, wenn man nicht zur Nomenklatur gehörte. Ich bekam einen guten Platz in allen Aufführungen, die ich sehen wollte. Die russischen Ankündigungen konnte ich ein bißchen lesen: so machte ich mir ein Programm. Ich wollte vor allem Stücke sehen, die ich kannte oder deren Inhalt mir aus der Geschichte und Literatur vertraut war. So geriet ich in zwei Aufführungen, wo russische Schauspieler die Aufgabe hatten, eine durchaus nicht russische Wirklichkeit vorzuführen: französische Bürgerwelt aus der Zeit Balzacs, und deutsches Bürgertum eines ersten Vorkriegs.

Da allenthalben in der Sowjetunion die großen Romane des 19. Jahrhunderts millionenfach verbreitet sind, also Stendhal und Balzac, Dickens oder George Eliot, nicht zuletzt die russischen Erzähler von Gogol bis Gorki, hatte man sich in vielen Theatern darauf verlegt, diese beliebten Erzählwerke zu dramatisieren. Ich geriet in ein Theaterstück, das sich damit abmühte, Balzacs Roman »Verlorene Illusionen« bühnengerecht zu verarbeiten. Gerade diesen Balzac-Roman liebte ich sehr. Ich hatte für eine

Ausgabe in der DDR über die ›Verlorenen Illusionen‹ und ihre Fortsetzung in ›Glanz und Elend der Kurtisanen‹ das Vorwort geschrieben. Außerdem reizte mich das Thema gerade in Moskau. Balzacs Roman konfrontierte den ebenso schönen wie opportunistischen Literaten Lucien de Rubempré mit einem moralisch integren, allen Verlockungen der Bourgeoisie widerstehenden Schriftsteller. Es war, wie ich plötzlich entdeckte, möglicherweise das Modell, nach dem der frankreichkundige Ilja Ehrenburg seinen Roman ›Tauwetter‹ konzipiert hatte.

Vielleicht hoffte ich, das Bühnengeschehen – als Kampf zwischen opportunistischer Schreiberei gegen Entgelt und einer Literatur der moralischen Verweigerung – werde im russischen Publikum bemerkt und insgeheim kommentiert werden. Am Abend im Theater begab sich nichts dergleichen. Ein Theaterabend wie andere auch, sehr gute Schauspieler, wie immer, an allen Abenden, die ich in einem Zuschauerraum verbringen durfte. Konventionelle Regie, die eigentlich bloß Vorgänge arrangierte. Die angeblichen Franzosen aus der Welt des Bürgerkönigtums nach 1830 redeten auf der Bühne heftig aufeinander ein. Im Zuschauerraum bewegte sich nichts. Ein Theaterabend wie andere auch. Es hatte kein Tauwetter gegeben.

Kurios war es, am anderen Abend einen russischen Gerhart Hauptmann zu erleben. Hauptmann als Dichter der ›Weber‹ und des ›Fuhrmann Henschel‹ wurde in Rußland schon früh gekannt und bewundert. An einer Übersetzung der ›Weber‹ war auch Lenin beteiligt gewesen, wie man wußte. Nun aber spielte man einen späten Hauptmann aus dem Jahre 1932. Spätes Liebesglück des angesehenen Geheimrats und Goetheaners Clausen, das zerstört wird durch eine erbschleicherische Familienbrut. ›Vor Sonnenuntergang‹. Der Darsteller des Clausen war ausgezeichnet; freilich hatte ich in Max Reinhardts Inszenierung noch Werner Krauss gesehen. Erstaunlich war, daß gerade bei diesem scheinbar so realistischen Stück die Genauigkeit der Milieuschilderung fehlte. Das deutsche Großbürgertum erschien auf der russischen Bühne als Milieu von bescheidenen Kleinbürgern. Enge Räume mit geschmacklosen Möbeln, eine Festtafel von ärmlichem Zuschnitt. Dadurch jedoch wurde der dramatische Konflikt entschärft. Gerhart Hauptmann hatte den Kontrast zwischen großbürgerlicher Kulturgebärde und besitzgieriger Infamie schildern wollen. Hier mißlang die Kulturgebärde wie auch eine Infamie, bei welcher das große Geld den Hintergrund abgibt.

Erschreckender war, allen Bekenntnissen zum realistischen Dogma widersprechend, die ungenaue und schlampige Darstellung der Vorgänge im Musiktheater. In Leipzig hatten die Spitzensportler der DDR in meinen Vorlesungen gesessen, denn auch ihre Hochschule für Körperkultur befand sich in der Stadt. Sie konnten reisen und waren oft bei Wettbewerben in Moskau gewesen. Begeistert erzählten sie dann, nach einem Besuch im *Bolschoi-Theater*, von den täuschend ähnlichen Wasserfluten und Feuersbrünsten auf der Bühne. Ich wollte gern den ›Eugen Onegin‹ von Tschaikowski sehen und geriet in eine lustlose Repertoirevorstellung. Gute Sänger, ein beliebter Bariton, nicht besonders aufregend. Boris Chaikin dirigierte routiniert, ohne viel Anteilnahme. Das wurde zu oft gespielt. Schöne Bühnenbilder, doch gleichfalls museal. Immerhin gelang es den Sängern und dem vorzüglich eingesetzten Chor, das aristokratische Milieu des zaristischen 19. Jahrhunderts vorzuspiegeln. Hier ging es anders zu als bei den angeblichen Großbürgern Gerhart Hauptmanns.

So hatte ich mir das Bolschoi-Theater insgeheim vorgestellt. Man ignorierte sowohl das »entfesselte« Theater und Musiktheater der Zwanziger Jahre, wie erst recht alle Bemühungen Walter Felsensteins um ein in der Tat realistisches Musiktheater.

Das wurde deutlich bei einer Aufführung von ›Figaros Hochzeit‹. Was ich hier sah, hätte ich nicht für möglich gehalten. Plötzlich war ich wieder vierzehn Jahre alt. Die Verwandten in Berlin hatten eine Karte besorgt für die seit zwei oder drei Jahren als ›Staatsoper‹ firmierende einstige Hofoper des Königs von Preußen. Es sangen und agierten die Sänger und Musikanten einer königlichen Vorkriegszeit. Dies war mein erster ›Figaro‹, und der Schüler Hans Mayer fand ihn albern. Auch heute noch erinnerte ich mich an den Schluß des ersten Aktes. Der zornige Figaro verhöhnt – bei Mozart und Da Ponte – den kleinen Jungen Cherubino, der beim Grafen in Ungnade fiel und nun abmarschieren muß zum Regiment. Das »halbe Kind«, wie die Gräfin später beschwichtigend sagen wird, ist wütend und geknickt. Susanne versucht ein bißchen zu trösten. In der Berliner

Hofoper und jungen Staatsoper hatte man es anders gespielt: nach bewährter Bühnentradition. Figaro schmettert seine Arie an der Rampe; daß er sich eigentlich an Cherubino wenden müßte, scheint ihm nichts auszumachen. Er sieht nicht, was hinter seinem Rücken getrieben wird. Da nämlich kosen Susanna und Cherubino miteinander und fahren wie ertappt auseinander, wenn sich der Sänger des Figaro plötzlich umdreht. Das Stück wurde sinnlos bei einer solchen Konstellation; man hätte Figaro nur raten können, auf die Heirat mit diesem Flittchen rasch zu verzichten. So viel wußte ich schon damals, als ich den Unfug in meiner Rangloge mitansehen durfte.

Nun wurde mir eine Neuauflage der Albernheit ausgerechnet im Bolschoi-Theater vorgeführt. Hier hatte sich keiner offensichtlich die Mühe gemacht, das Stück zu analysieren und dann zu erzählen: mit Hilfe einer Musik, die eindeutig war, wenn man überhaupt zuzuhören gedachte. Das tat man nicht. Man spielte zaristische Oper. Wieder dirigierte Chaikin: routiniert und unbeteiligt. Auch dieser Mozart wurde zu oft gegeben. Abermals war ich in ein theatralisches Museum geraten.

Was im Theater entbehrt wurde, weil es museal geworden war: die unmittelbare Einsicht in russische und sowjetische Lebensformen des Jahres 1956, wurde mir dort zuteil, wo ich sie am wenigsten erwartet hatte, im wirklichen Bildermuseum. Ein Besuch in der *Tretjakow-Galerie* ließ mich plötzlich die grundverschiedenen Prozesse der russischen und der west- oder mitteleuropäischen Geschichte besser verstehen. Noch galt in Moskau, wenngleich als Verlegenheit empfunden, die heilige Vierzahl Marx – Engels – Lenin – Stalin. Unerschüttert aber war geblieben, jenseits aller Taktik und Strategie, die rituelle Addition des »Marxismus-Leninismus«. Der Ausdruck Stalinismus galt als verwerflich: es gab keinen Stalinismus. Das behaupteten bloß Trotzkisten und andere Feinde der Sowjetunion.

Soweit das Credo. Im *Tretjakow*-Museum hingegen belehrte mich das eigene Befremden über alles, was ich an den Wänden sah, gerade weil es sich um bedeutende, wahrhaft verstörende Kunstwerke handelte, daß die geschichtlichen Voraussetzungen des Marxismus und des Leninismus allen Bindestrichversuchen von Grund auf widerstrebten. Was ich hier sah, ließ mich Lenin verstehen, sein Leiden und sein Denken, auch den finalen Erfolg seines Aufstandes vom 7. November 1917. Erklärbar wurde auch Lenins unablässiges Streben, seine Oktoberrevolution als Praxis zur Theorie des Marxismus zu deklarieren. Das frühe Christentum mühte sich damit ab, aus den Schriften des Alten Testamentes die Voraussagen für den Neuen Bund zu entziffern. W.I. Lenin war tief davon überzeugt, in Rußland einen ersten Schritt getan zu haben auf einem Wege, den das »Kommunistische Manifest« gewiesen hatte.

Dem widersprachen, wie mir schien, die Bilder der Tretjakow-Galerie. Damals gab es in Moskau gleichsam ein erhellendes Kontrastprogramm: im Puschkin-Museum hatte der Louvre einige seiner berühmten Bilder französischer Malerei des 19. und frühen 20. Jahrhunderts ausgestellt. Die Russen belagerten die Ausstellung aus Paris: mit Mühe war es gelungen, mir den Eintritt ins Museum durch einen Hintereingang zu erwirken. Ich blieb nicht lange in der Menschenfülle. Die wohlbekannten, oft geliebten Bilder waren mir vertraut seit den Exiltagen. Ingres und Delacroix, Corot und Courbet, Manet und Cézanne. Auch die von Delacroix gemalte Göttin der Julirevolution, die »Freiheit auf der Barrikade«, mit dem jakobinischen Symbol der Trikolore, gleichsam dem Prinzip Hoffnung einer bürgerlichen Revolution, war zu erblicken. Man bewunderte sie scheu. Das Bild kannten alle aus dem Schulunterricht. Es mußte den Betrachtern wie eine Bestätigung ihrer eigenen Geschichte erscheinen. War sie es wirklich?

Für Lenin gab es keinen Zweifel. Er hatte in einer bedeutenden Abhandlung die »Drei Quellen des Marxismus« aufgespürt und benannt: politische Ökonomie des englischen 18. Jahrhunderts; deutsche Philosopie der großen Idealisten; utopischer Sozialismus der Franzosen. Hinzu kam später, so mußte man Lenins Bescheidenheit ergänzen, die russische Praxis seit der Oktoberrevolution. So war der Marxismus-Leninismus entstanden.

Ich hatte es anders gesehen beim Besuch der beiden Museen. Alles deutete ich als tiefe Divergenz. Gleich nach der Rückkehr wollte ich in Leipzig einen Essay schreiben mit dem Titel »*Tretjakow-Galerie und Louvre*«. Rasch begriff ich jedoch, was ich da zu schreiben, womöglich gar zu publizieren gedachte. So groß war mein Vertrauen in das Tauwetter nach wie vor nicht. Ich verwarf den literarischen Plan, schrieb nichts, wurde trotzdem nicht fertig mit den bizarren »Bildern einer Ausstellung«.

Der Titel eines großen (und technisch sehr schweren) Klavierwerks von *Modest Mussorgski*, wie man weiß, und es war just das erschreckende Porträt des Musikers in der Tretjakow-Galerie, das mich verstört und nachdenklich gemacht hatte. Ein verwahrloster Trinker, weit geöffnete Augen, der Mann weiß, wohl ein Vierziger, daß er bald sterben muß. Allein er hatte sich auch für dieses Porträt so gezeigt, wie er war und wie er sich empfand: jenseits aller Konvention und höflichen Täuschung. Der Maler aber, ein Freund und Bewunderer, hatte gleichfalls an die Größe einer schlimmen Wahrheit geglaubt. Das Leben schlechthin, im Glück wie im Leid, und sogar in der Lebenszerstörung, galt ihnen allen als »Schönheit.«

Das hatte die Musik dieses Trinkers Mussorgski zuerst demonstriert: mit unabsehbaren Folgen. Gelernt aber hatte er eine solche Ästhetik nicht beim Westler Tschaikowski, sondern bei dem nach Sibirien verbannten Philosophen *Tschernyschewski*, der keinen Gegensatz anerkennen wollte zwischen Kunst und Wirklichkeit. Die Gesetze der Wirklichkeit seien es auch für die Kunst. Leben sei Schönheit.

Die Bilder der Tretjakow-Galerie wiederholten die Lehre, wenn man sie einmal verstanden hatte. Sie erzählten alle: von Wahnsinn und Folter, von der Massenhinrichtung auf dem Moskauer Roten Platz und auf Befehl des Zaren Peter. Vom schrecklichen Zaren Iwan und von den Deportationen. Am deutlichsten erzählte die einzigartige Sammlung von Porträts der großen russischen Künstler und Denker, die jener Sammler Tretjakow für sich erworben hatte. Gogol und Dostojewski, Mussorgski und Tolstoi, viele andere noch.

Hier waren die russischen Revolutionen unseres Jahrhunderts im voraus gemalt worden. Sie hatten es verstanden, Lenin und die Seinen. Auch Lenin hatte sich, wie sie alle, zu Tschernyschewski bekannt, und zur pathetischen Schönheit menschlichen Leidens. Da hatte es, jedenfalls seit der Restauration unter Väterchen Zar Nicolai, also seit 1825, nicht mehr Gemeinsamkeit gegeben zwischen Herrscher und Volk. *Die große Kunst war Gegenkunst gewesen.* Sie mußte mit dem Elend bezahlt werden, mit Sibirien, mit dem Exil. Nun erst verstand ich, warum man in diesem Lande immer noch so tief enttäuscht war darüber, daß der späte Gogol oder Dostojewski ausgebrochen war aus der Gemeinschaft der Neinsager: daß sie überliefen.

Da war kein Vergleich möglich mit den Meistern des Louvre. Die große Malerei des Ancien Régime folgte den Gesetzen ihres Handwerks, nicht solchen einer Verweigerung von Schönheit. Ein »künstlich« erhitzter Maler hatte während des Jakobinismus den ermordeten Marat gemalt: bald darauf schilderte J. L. David die Krönung Bonapartes.

Tretjakow-Galerie und Louvre: auf einmal verstand ich, was die Russen so verächtlich von allem »Formalismus« sprechen ließ in den Künsten und in der Literatur. Ich begriff auch, ohne es billigen zu können, was gemeint war mit der ästhetischen Maxime des »Realismus«. Man konnte sich nicht mit ihnen verständigen, indem man diesen Begriff erweiterte, so daß auch Picasso oder Proust darin sanktioniert wurden. Das versuchte damals der einstige Surrealist und spätere Kommunist Aragon in Paris: ohne Gehör zu finden in Moskau. Es gab keine Konvergenz zwischen der Tretjakow-Galerie und dem Louvre.

Im *Mausoleum* bin ich gewesen. Ich hatte darum gebeten, den berühmten Bau auf dem Roten Platz, vor der Mauer des Kreml, besuchen zu können. Niemand hatte es angeboten, doch wurde meine Bitte offenbar erwartet. Es war auch nicht Höflichkeit, was mich dazu brachte, das Ritual zu beachten. Vierundzwanzig Jahre später, im September 1980, brachte ich in Peking eine ähnliche Bitte vor, und erregte sogar ein geheimes Unbehagen. Man wußte nicht recht, ob man sich über die Bitte des deutschen Gastes freuen sollte, den Großen Vorsitzenden Mao Tse-tung im gläsernen Sarg erblicken zu dürfen.

In Moskau wurde sogleich ein Termin für meinen Besuch vereinbart. Auf dem Roten Platz warten jeden Tag die langen Reihen der sowjetischen Werktätigen, um einen Blick auf Iljitsch werfen zu können. Sie haben jedoch auszuharren, auch bei Schnee und Regen, bis die Gäste aus dem Ausland und die Leute von der Nomenklatur eingelassen wurden. Dann erst kann das Volk seine Aufwartung machen. Übrigens hielt man es in Peking genauso. Auch dort warteten lange Reihen auf den Besuch beim Begründer der Volksrepublik.

Im Herbst 1956 standen noch zwei Namen in gewaltigen Lettern auf der Eingangsquader: *Lenin Stalin.* Zwei Särge nebeneinander: der Staatsgründer und der noch von ihm ernannte Generalsekretär der Bolschewiki. Die zierliche Gestalt des toten Lenin mit schönen Händen, das sah ich rasch: schwarzer Anzug und schwarze Halsbinde. Ein Rundgang war nicht möglich, ich war dort eingelassen worden, wo Stalin lag. Die Uniform des Generalissimus, doch meine ich nicht, daß es Orden gab auf dem Rock. Alles ging sehr schnell, übrigens auch später in China. Ich spürte nichts, als ich an Stalins Leiche vorbeizog. Er hatte, nicht zuletzt durch seine Politik des Kampfes gegen Sozialfaschisten, auch deutsche Geschichte beeinflußt, und er hatte später in Potsdam die deutsche Zwietracht besiegeln wollen. Der Anblick Lenins bewegte mich. Ich fühlte meine eigene Jugend.

Nach Abschluß meiner Moskauer Vorlesungen ging ich in der weiten Sowjetunion auf die Reise. Das Ziel hatte man mir freigestellt. Die Gastfreundschaft war vollkommen. Leningrad oder die Krim? Das hatten die Gastgeber vor allem im Auge gehabt, wie sich zeigte. Ich bat herzlich, man möge mich nach *Georgien* reisen lassen.

Warum Georgien? Das war ein Traumland, und für mich zugleich ein Erinnerungsland. Im Herbst 1924, damals war ich siebzehn, eröffnete der neue Kölner Schauspielintendant Gustav Hartung die Spielzeit mit dem Stück ›Königin Tamara‹ von Knut Hamsun. Maria Koppenhöfer spielte die georgische Königin und wurde von der mürrischen Kölner Presse gerügt, weil sie nicht den Hoftheaterton zu bringen gedachte. Ich war hingerissen. Zum erstenmal ein Theater, das sich nicht um die Erwartungen von Schulmeistern an einen Spielplan kümmerte, der möglichst reibungslos aus Schülervorstellungen zu bestehen habe. Keine Bühnenbilder, sondern Bühnenarchitektur, expressionistische natürlich. An das Stück erinnere ich mich nicht mehr, auch nicht an Hamsun. Georgien, das war Königin Tamara, Maria Koppenhöfer und meine Jugend mit siebzehn Jahren. Da wollte ich hin.

Man war einverstanden in Moskau, belehrte mich aber, daß es ein Georgien nicht mehr gebe. Das heiße Grusinien, sei eine grusinische Volksrepublik, was ich im Gespräch dort niemals vergessen dürfe. Ich ließ es mir gesagt sein, sprach nach der Ankunft in Tblissi, also in Tiflis, von Grusinien und den Grusiniern, und wurde sogleich belehrt: das heiße Georgien. Zum erstenmal begriff ich, daß die Sowjetunion nicht bloß aus Russen bestand, und daß es innerhalb der »Union« auch Spannungen gab zwischen den Nationalitäten, bisweilen sehr heftige. Die erste Sowjetregierung unter Lenin mußte ein Ministerium oder Volkskommissariat für Nationalitätenfragen organisieren, das mit J. W. Stalin besetzt wurde: einem Mann aus Gori in Georgien.

Der Reisetraum war wirklich einer. Man hatte mir einen russischen Dolmetscher und Betreuer mitgegeben, einen gebildeten Germanisten aus der Schule von Samarin, er hieß Tokmakow und war ein angenehmer Reisepartner. Für ihn muß es wenig angenehm zugegangen sein jenseits des Kaukasus: der Russe wurde von den Georgiern nicht besonders gut behandelt. Wir sahen die großen Ströme vom Flugzeug aus, den Don und den Dnjepr. Fünf Jahre später konnte ich den gewaltigen Djnepr in Kiew bestaunen. In Rostow am Don gab es einen kurzen Aufenthalt. Nun war ich am Asowschen Meer, unweit von Krasnodar: Namen aus dem Zeitungsblatt eines Zweiten Weltkriegs. Ein Dutzend Jahre war das her. Keiner von uns sprach davon.

Die Begrüßung in Tiflis war herzlich. Der Germanist der J. W. Stalin-Universität amtierte zugleich als ihr Rektor oder Prorektor. Er hatte sich auf den Besuch gefreut. Man mußte ihm mitgeteilt haben, daß ich alle Lockungen Leningrads ausgeschlagen hatte. Das war etwas für den georgischen Nationalstolz. Ich wurde besonders gut behandelt.

Nun war ich im Süden, es war schön warm, eine Wohltat nach dem kühlen Moskauer Herbst. Da hingen Apfelsinen und Zitronen, aber man bekam sie nur schwer. Sie wurden exportiert oder verarbeitet: das zeigte sich bald, wenn man die Märkte der großen Stadt besichtigte. Alles spielte sich im Freien ab, wie überall im Süden. Ich muß damals, in den fünfzehn Leipziger Jahren, fast besessen gewesen sein von Visionen südlichen Lebens. Immer wieder Träume von Flugreisen, unten die Inseln der Ägäis, die ich dann ein Jahr später, im April 1957, zum erstenmal sehen durfte. Kurz vor meiner Rußlandreise hatte es die erste Begegnung mit Italien, vor allem mit Rom, gegeben. Allmählich blieben die Träume von südlicher Schönheit aus in meinen Leipziger Nächten.

Georgien hielt dem toten Stalin nach wie vor die Treue: das merkte ich bald. Es störte mich weniger, als es meinen Tokmakow zu ärgern schien. Sie hatten es schwer, die Georgier, mit ihren großen Männern. Daß Grigori Ordschonikidse zu Beginn der Zwanziger Jahre den georgischen Separatismus brach und die Sowjetunion organisierte, war längst vergessen und verziehen. Er wurde dann ein Großer an der Seite des großen Stalin. Er starb mit 51 Jahren, und es gab Gerüchte darüber im Jahre 1937. Hier in Tiflis ehrte man ihn mit einem pathetischen Denkmal auf einem schönen Platz.

Die Abwertung Stalins durch den Ukrainer Chruschtschow ließ sich schwerer hinnehmen. Noch vor kurzem war es einfach selbstverständliche Pflicht aller Besucher gewesen, die Aufwartung zu machen im Örtchen Gori, wo der »wunderbare Georgier« zur Welt kam. Von mir verlangte das keiner mehr, und ich war nicht neugierig. Dunkel erinnere ich, daß man mich in ein georgisches Museum für den Schriftsteller Tschawtschawadse führte. Der Name blieb mir erhalten, weil ich Peter Huchel nach meiner Rückkehr damit ärgern konnte. Auch er hatte sich, zusammen mit einer Schriftstellerdelegation aus der DDR, jenseits das Kaukasus umgetan, mußte nach Gori, mußte zu Tschawtschawadse, trug sich in Gästebücher ein. Ich behauptete, er habe darin mitgeteilt: seit seiner Jugend habe er es sich angewöhnt, jeden Abend ein paar Seiten Tschawtschawadse zu lesen. Vielleicht war das wirklich ein bemerkenswerter Mann. Ich weiß es nicht, weil ich es nicht wissen wollte.

Ich wollte das ganz Andere wenigstens ein bißchen ahnen, und das gelang gut. Es war schön im georgischen Süden. Der Anblick des Elbrusgebirges vom Flugzeug aus stimmte mich ein. Nun sah ich die kahlen, abgeholzten Berge, die geschäftige südliche Stadt des Zarenreiches am Flüßchen Kura, das hell war und rasch dahinfloß. Die schnauzbärtigen Männer und die immer noch gedrückt und geschämig wirkenden Frauen. Emanzipation hatte noch nicht viel ausrichten können. Schöne Gärten und Parks. Die Schätze des Nationalmuseums waren sensationell. Wir zogen in aller Ruhe durch das georgische Nationalmuseum, und da waren sie plötzlich zu sehen: die Juwelen und Insignien meiner Königin Tamara!

Heinrich Heine war 1856 in Paris gestorben. Ein Heine-Jahr also. Ich sollte das Hauptreferat auf einer Heine-Konferenz in Weimar halten, die zwischen dem 8. und 12. Oktober stattfand. Da ich in der Sowjetunion sein würde, mußte ich absagen. Das Referat übernahm Wolfgang Harich. Er sprach am 8. Oktober zur Eröffnung vor einem internationalen Publikum von Germanisten. Am 16. wurde er, nach der Rückkehr, in Berlin verhaftet, als Staatsverschwörer. Es ging um Leben und Tod.

Auch ich hielt natürlich ein Heine-Referat in der Stalin-Universität zu Tiflis. Als die Fragen beantwortet waren, brach man auf zum Mittagessen. Ein endloses Bankett hub an. Hochstimmung und dann später ärgste Folgen der Betrunkenheit. Wir waren etwa zwanzig Gäste, die an kleinen Tischen saßen: in einem Sonderraum des besten Hotels in der Stadt. Die Stalin-Universität hatte geladen. Bereits die Tafel mit den Vorspeisen hätte ausgereicht für ein Festmahl. Sie war jedoch bloß als kleine Einstimmung in das nachfolgende Fest zu verstehen. Wieviel Gänge das schließlich ergab, weiß ich nicht mehr, werde es auch nie erfahren, denn irgendwann einmal, es war noch heller Nachmittag, brachen wir auf, während immer von neuem aufgetischt wurde. In meiner Vorstellung dauert das Bankett bis heute an. Wer hätte es beenden sollen? Die Gastgeber gingen mit mir fort.

In Georgien, ähnlich wie bei den großen englischen Banketten, regiert ein Toastmaster. Er gibt das Wort, wenn Trinksprüche auszubringen sind. Südlich des Kaukasus aber herrscht er autoritär. Er gibt einem das Wort, auch wenn man das gar nicht will. Außerdem sind das Trinksprüche im Wortsinne. Dreimal kam ich als Redner an die Reihe. Das erste Mal sagte ich artig, was man zu sagen hatte. Beim zweiten Mal, man war schon bei den Fleischgerichten, kam ich gleichfalls noch halbwegs zurecht und hielt meinen Part für gespielt. Es erfolgte jedoch ein dritter Aufruf. Was ich dann vorbrachte, weiß ich nicht mehr, es ging arg aus dem Leim, machte aber nichts aus, da ohnehin niemand mehr zuhörte.

Ein Klavierspieler machte die ganze Zeit zusätzlichen Lärm. Er spielte grusinische (oder georgische) Volksweisen. Plötzlich schwebte die Professorin für Englisch als entflammte Tänzerin durch den Saal in einer Art von Tarantella. Wir standen auf und klatschten ihr zu. Sie setzte sich wieder hin, als sei nichts gewesen. Wir tranken den roten Wein des Landes, der stets nachgeschenkt wurde. Keiner sträubte sich. Es wäre auch unhöflich gewesen. Außerdem war der Wein ausgezeichnet. Als ich mit meiner Begleitung aufbrach und an die frische Luft kam, in die warme Luft eines südlichen Nachmittags, bekam ich es zu spüren. Eine Ärztin im Hotel gab mir Medikamente und empfahl Tee mit Zitrone. Zitronen aber waren nicht aufzutreiben in diesem Land der Citrusfrüchte. Der geplante Ausflug zur alten georgischen Heerstraße wurde um einen Tag verschoben. Alle waren glücklich darüber: auch die anderen laborierten an den Folgen des Festmahls.

Ein Abend im grusinischen Nationaltheater, einem Bau mit viereckigem Zuschauerraum, blieb im Gedächtnis. Das war etwas anderes als das naturalistische Gepränge im Bolschoi. Eine Tanzoper mit viel Fechten und akrobatischem Springen, mit schönen und sonoren Volkschören und Liebe und Haß und Mord und Totschlag. Ich habe es sehr genossen.

Georgien war für mich der Höhepunkt meiner ersten Reise ins Land der Oktoberrevolution. Georgien und Tolstois schmuckloses Grab irgendwo im Walde. Dennoch hatte ich mich allenthalben wohlgefühlt unter den Leuten. Wurde ich beobachtet oder verdächtigt? Ich weiß es nicht, hatte jedoch nicht den Eindruck. In Moskau ging ich, wohin mir der Sinn stand. Nichts Auffälliges war zu bemerken, was noch nichts heißen will. Ich hatte für meinen Besuch die bestmögliche Zeit erwischt: Sommers Ende und ein Tauwetter, woran auch hier noch geglaubt wurde. Ein paar Wochen später, als es losging in Polen, dann in Ungarn, war alles vorbei. Seitdem wurde nicht mehr ans Tauwetter geglaubt.

Der 7. Oktober ist Staatsfeiertag der Deutschen Demokratischen Republik. An jenem Tage wurde sie in Ostberlin im Jahre 1949 proklamiert. Ich erhielt eine Einladung des Moskauer Botschafters der DDR zur Geburtstagsfeier in der Botschaft und fand mich ein. Scheinbar lief alles ab, wie es nach dem Protokoll stattzufinden hatte. Das Buffet konnte sich sehen lassen. Auch die sowjetischen Gäste, die Freunde also, die sich auskannten, schienen befriedigt.

Die sowjetische Prominenz beim Botschaftsempfang war eindrucksvoll. Vor zwei Jahren noch, 1954, wäre sie als sensationell empfunden worden. Nach Stalins Tod nämlich, am 5. März 1953, hatte eine Troika die Trauerfeier ausgerichtet und die Macht ergriffen. Angeblich hatte noch Joseph Wissarionowitsch diese Nachfolge angeordnet. Malenkow, Molotow, Berija. Der führende Parteisekretär Malenkow, der auch das Hauptreferat gehalten hatte, unter Stalins Schirmherrschaft, beim XIX. Parteitag der Bolschewiki. Der Regierungsmann und Außenpolitiker Molotow vom Jahrgang 1890. Der Geheimdienstchef Berija. Allein Berija war dann entmachtet, verurteilt, erschossen worden. Malenkow und Molotow amtierten weiter. Sie kamen am 7. Oktober 1956 in die Botschaft der DDR. Auch Michail Suslow sah ich an jenem Abend. Glanzvolle Prominenz. Einer fehlte: der damals Wichtigste. Nikita Sergejewitsch Chruschtschow. Der Botschafter begrüßte seine Gäste und sagte, was zu sagen war. Andere Reden wurden nicht gehalten, wie ich meine. Die Abwesenheit des neuen Ersten Sekretärs, der inzwischen dabei war, auch den Rest der einstigen »Troika« auszuschalten, wurde nicht eigens begründet. Vielleicht kam er nicht, weil Malenkow und Molotow zugesagt hatten. Wer konnte das wissen.

Vermutlich waren sie damals bereits aus der Macht vertrieben, die Botschaftsgäste *Malenkow* und *Molotow*. Wahrscheinlich hatte der Mitgast Suslow dabei längst mitgewirkt. Suslow sah intelligent aus, und sehr hochmütig. Er stand ein bißchen herum und war dann verschwunden. Ein ideologischer Besserwisser von Amts wegen. Malenkow war an jenem Abend noch Minister für Energiewirtschaft; Molotow gar stellvertretender Ministerpräsident der Sowjetunion. Acht Monate später, im Juni 1957, wurden sie aller Ämter entledigt. Malenkow bezeichnete man später sogar als »Parteifeind«. Unter Stalin, als dessen Sekretär Malenkow amtiert hatte, hieß so etwas: Todesurteil. Allein Stalins Nachfolger gedachten sich endlich an Lenins Testament zu halten, worin er die Freunde und Genossen beschwor, das einstige mörderische Selbstvernichtungsspiel der französischen Jakobiner nicht nachzuspielen. Stalin hatte die Bitte nicht befolgt und Lenins Testament abgeleugnet.

Malenkow schickte man in die Provinz und nutzte seine technologischen Kenntnisse. Molotow wurde als Botschafter nach dem Fernen Osten abgeschoben, schließlich durfte der uralte Mann als Pensionär nach Moskau zurückkehren.

Ich habe sie genau betrachtet an jenem Abend. Malenkow wirkte jovial, was nichts heißen mochte. Er hielt, wie auf den Photographien, die Hände über dem Bauch gefaltet. Sehr hofiert wurde er nicht, das war offenbar.

Molotow wäre kaum aufgefallen, hätte nicht jeder das Gesicht aus zahllosen Filmen und Zeitungsphotos gekannt. Ich sah ihn hier im Salon des Botschafters, und ich sah das Bild des schreibenden Molotow, der zugleich mit Joachim von Ribbentrop den sowjetisch-deutschen Pakt unterschreibt: unter den Augen des wohlwollend zuschauenden Stalin. Ribbentrop war als erster der Verurteilten in Nürnberg zum Galgen geführt worden. Molotow hatte alle und alles überlebt.

Ihm widmete *Hans Magnus Enzensberger* ein Gedicht: eine unter ›Siebenunddreißig Balladen aus der Geschichte des Fortschritts‹. Da heißt es über den Mann, der einst Skrjabin hieß, Verwandter des großen Musikers:

> ... Überlebt, überlebend.
> Eingenickt, eingeweckt. In seinen Träumen
> verwechselt er Hausaufgaben und Todesurteile.
> Er war immer ein guter Schüler –

Sie werden alles schon vorausgewußt haben, an jenem Oktoberabend. Michail Suslow wußte es ganz gewiß. Daß Nikita Sergejewitsch fehlte, war ein schlechtes Zeichen. Abermals acht Jahre später hatte der unauffällige Suslow auch Chruschtschow ausgeschaltet und in Pension schicken lassen. »Überlebt, überlebend./ Eingenickt, eingeweckt.«

Die Kultur nach der Kulturrevolution
Nachdenken über eine Reise in China 1980

Das Gelächter

Sonderbar: jedesmal, wenn ich bei meinen Vorträgen in Peking oder Nanking oder Shanghai beim Versuch, die Etappen der deutschen Literaturentwicklung seit Kriegsende nachzuzeichnen, zu den Ereignissen von 1967/68 kam, und folglich über eine »Kulturrevolution« zu sprechen hatte, gab es Heiterkeit im Auditorium. Ein simples Gelächter, das mich beim ersten Mal verwunderte, fast erschreckte. Hatte ich ahnungslos ein Tabu verletzt? Später – als sich die Reaktion fast schon programmieren ließ – wartete ich auf den Anblick lachender Gesichter. Ich fragte dann nach dem Grund von so viel Heiterkeit, bekam aber kaum eine Antwort, die weiterhalf. Man empfinde einfach das Wort komisch, nach alledem. Mehr war nicht herauszubringen.

Eines wurde mir trotzdem klar: das Gelächter war nicht herablassend oder gar höhnisch, weil man in Deutschland in Kreisen der Studenten geglaubt hatte, eine Revolution der Kultur lasse sich ohne voraufgehende Revolution praktizieren. Schließlich waren dem Treiben der Leute mit dem Roten Büchlein die schweren Jahre eines langen Marsches vorausgegangen. Die jetzigen Angeklagten der »Viererbande« hatten, unverkennbar inspiriert durch Mao, ein Weitertreiben der Revolution, eine neue Revolutionierung der Basis angestrebt, um bürokratische Strukturen zu zerstören. Gleichsam: die Kulturrevolution als letzte Etappe der Chinesischen Revolution. In der Tat, für dergleichen fehlten alle Voraussetzungen in Europa, ganz zu schweigen von einem geteilten Deutschland.

Trotzdem war dies alles offenbar nicht gemeint, wenn gelacht wurde. Ich hatte in meinen Vorträgen den Essay Peter Schneiders zitiert über »Die Phantasie im Spätkapitalismus und die Kulturrevolution«, also eines der bemerkenswerten Dokumente einer deutschen Reaktion auf die französische Studentenrevolte. Ich hatte auch nicht verschwiegen, daß Peter Schneider zehn Jahre später bekannte, nachdenkend über jenen so erfolgreichen und wirkungsvollen Text von damals: »Kein Aufsatz scheint mir heute so zeitverhaftet wie dieser.« Meine chinesischen Zuhörer, die Professoren, Dozenten und Studenten der Deutschen Literatur, hatten aufmerksam zugehört, dann auch Fragen gestellt, die bewiesen, daß man sich auskannte. Allein sie betrachteten solche Gedankengänge als ein literarisches, vielleicht allgemein-ideologisches Problem der Deutschen. Solches Reden von »Kulturrevolution« hatte im mindesten nichts zu tun mit dem, was man selbst ungefähr im gleichen Jahrzehnt erlebt hatte: zwischen 1966 und 1975.

Ich deute mir, heute darüber nachdenkend, das Gelächter fast als ein Aufatmen. Ein befreiendes Gelächter nach allem, was sich in jenem Jahrzehnt in dem ungeheuren Reich abgespielt hatte unter der Losung einer »Kulturrevolution«. Das Gelächter galt nicht einer anspruchsvollen Terminologie, die zeitweilig vergessen machte, daß jene Revolutionäre der Kultur nicht eine Erneuerung des kulturellen Lebens im weitesten Verstande betrieben, sondern die Zerstörung einer vorhandenen Kultur, ihrer Träger, Zeugnisse und Institutionen. Wer dies alles, wie meine Zuhörer der mittleren und älteren Generation, hat erleiden müssen, oder selbst noch praktizieren mußte, wie die jungen Studenten dieses Jahres 1980, schien aufzuatmen. Wir sind noch einmal davongekommen. Man lachte. Doch keiner hat von sich aus während meines Aufenthalts in China, beim Rückblick, von »jenen Jahren« als von einer »Kulturrevolution« gesprochen. Das wäre zu viel der Ehre gewesen.

Das Wiedersehen

Die mich eingeladen hatten nach China – Mitglieder der Chinesischen Akademie für Sozialwissenschaften und Professoren der Universität Peking – wußten genau, warum gelacht wurde beim Rückblick auf jenes Jahrzehnt. Sie hatten, Repräsentanten der Kultur, viel erlebt und erlitten unter dem Toben einer durch Parolen aller Art aufgestachelten Menge, einer »Meute«, wie Elias

Canetti definiert hat in seinen Untersuchungen über »Masse und Macht«. Wieder saß ich zusammen im Gespräch mit Professor Feng Zhi, dem führenden Germanisten der Akademie, dem Lehrer der meisten jüngeren Kollegen und Dozenten. Nun war er Mitglied des Volkskongresses, welcher in Peking tagte zur Zeit meines Besuches. Er mußte sich Urlaub erbitten beim Präsidium des Kongresses, um mich dem Auditorium der Akademie vorzustellen. Vor 21 Jahren war er in Leipzig bei mir zu Gast gewesen, beim Jubiläum der Leipziger Universität im Jahre 1959. Damals repräsentierte er die chinesische Germanistik, so wie Maurice Colleville als Vertreter der Sorbonne erschienen war oder R. M. Samarin als Vertreter der sowjetischen Germanistik. Den sowjetischen und den chinesischen Germanisten schien damals noch eine tiefe Gemeinschaft zu vereinigen.

Später hatte man, während jener Kulturrevolution, die Arbeit einer Chinesischen Akademie der Gesellschaftswissenschaften für überflüssig erklärt, wenn nicht schädlich. Glücklich waren jene Mitarbeiter der Akademie, die man – verächtlich – bloß zum Nichtstun anhielt. Man gab ihnen weiter ein bißchen Geld, untersagte jedoch ausdrücklich alle weitere Arbeit. Feng Zhi hingegen, das hat er mir einmal ganz leise zugeflüstert, auch die anderen sprachen nicht davon, wurde einer johlenden Meute vorgestellt mit einem Schild um den Hals, worin er irgendwelcher Schändlichkeiten bezichtigt wurde, wie damals üblich.

Professor Feng Zhi hatte in den Fünfziger Jahren seine besten Schüler an die Universität Leipzig geschickt. Dort hatten wir mit ihnen gearbeitet. Es waren hervorragend begabte und fleißige Studenten. Die Briefe, die sie mir jetzt wieder schreiben können, sind makellos.

Den meisten von ihnen war es nicht gut bekommen. In der Pekinger Universität, wo ich wunschgemäß über Thomas Mann referierte, wurde ich den Studenten vorgestellt durch meinen einstigen Schüler aus Leipzig, den jetzigen Professor Yen Paoyü. Yen ist ein sehr musischer Gelehrter, leidenschaftlicher Verehrer der klassischen und romantischen Musik. Er hat mir berichtet, wie es ihm ging, als die schreienden Milizen in seine kleine Wohnung brachen. Beschimpfungen und Schläge. Die Bücher sollten sogleich verbrannt werden. Dann fand einer, aus Vorsicht oder geheimer Hilfsbereitschaft, den Einwand: man müsse sich vorher eine Anweisung holen für das Autodafé. Also wurden die Bücher überklebt und versiegelt. Dann vergaß man den Vorfall, so wurden sie gerettet. Die kostbaren und geliebten Schallplatten hingegen wurden weggeschleppt und vernichtet. Yen kann auch heute nicht ohne Bewegung sprechen, wenn er davon erzählt. Man hat ihn, den zarten Menschen, dann in die Winterkälte geschickt zur schweren Landarbeit. Er ist auch wieder mißhandelt worden, das haben mir seine Freunde berichtet, denn er selbst sprach nicht davon. Als er es wagte, sich nach wie vor zu Beethoven zu bekennen. Man erinnert sich: damals kamen Berichte zu uns über die offizielle Ächtung Beethovens und besonders auch Franz Schuberts durch die Revolutionäre der Kultur. Wir hatten damals den Kopf geschüttelt und gelacht. Es war nicht zum Lachen.

Das sind Einzelfälle, von denen hier berichtet wird, allein es sind Menschenschicksale, die ich kannte und kenne. Als ein Damals und Heute. So vermag ich für mich zu rekonstruieren, was sich an wirklichem und möglichem Einzelgeschehen verborgen hat hinter den Losungen einer Kulturrevolution, die tatsächlich eine Destruktion von Kultur war. Nun verstand man plötzlich, wenn in der Stadt Hangtschou, bei Besichtigung des 1600 Jahre alten Lin Jin-Tempels, wie beiläufig mitgeteilt wurde, seine beabsichtigte Zerstörung sei im letzten Augenblick widerrufen worden. Bei anderen Monumenten hatte man erfahren, die Zerstörung sei damals noch rechtzeitig durch ausdrücklichen Einspruch von Tchou En-Lai verhindert worden.

Die Leipziger Schüler von einst hatten kurz vor meiner Abreise, als ich aus Hangtschou zurückgekehrt war nach Peking, gleichsam ein »Klassentreffen« veranstaltet. Siebzehn der einstigen Studenten waren erschienen. Sie arbeiten heute im Außenministerium, im Rundfunk, an vielen Stellen, wo es um die Beziehungen zu Westeuropa geht, natürlich auch an der Akademie der Gesellschaftswissenschaften, wie Professor Zhang Li, und an der Universität von Peking, wie Professor Yen.

Keinem war es erspart geblieben, verworfen zu werden im Namen einer Doktrin, die erklärt hatte: »Revolution ist wichtiger als Produktion«. Das Erschreckende an einem Gesellschaftsprozeß, der als Praxis zu einer Lehre auftrat, die sich auf Intellektuelle berief wie Marx und Engels, Lenin und den Dichter-Philosophen Mao, war die totale Negierung von Schule und Schulung, von Tradition und individueller Begabung. In einem Land, das höchste Beiträge zur Weltkultur geliefert hatte, konnten sich Analphabeten und Bilderstürmer zehn Jahre lang austoben: gelenkt und angefeuert durch Intellektuelle. Zum Beispiel durch die einstige Schauspielerin Jiang Qing, die Witwe Maos, die keineswegs, wie häufig behauptet wird, vom Tingeltangel herkam. Sie mag nicht sehr gut gewesen sein als Schauspielerin, allein sie hat in ernstzunehmenden Stücken gespielt. Einer sprach von ihr, der sie noch als Nora von Ibsen auf der Bühne sah. Das war aber wohl eine Fehlbesetzung. Dann doch eher Hedda Gabler.

Der Mann im gläsernen Sarg

Als man das Besuchsprogramm mit mir besprach, gleich nach der Ankunft in Peking, äußerte ich den Wunsch, da die chinesischen Gastgeber nichts dergleichen anregten, das Mausoleum für Mao Tse-Tung zu besuchen. Man schwieg einen Augenblick, merkte beiläufig an, das Mausoleum sei nicht jeden Tag geöffnet, werde vielleicht im Augenblick auch gerade repariert, wollte aber Nachricht geben. Kein Zweifel: ein Besuch im Mausoleum gehörte längst nicht mehr zum Ritual für fremde Besucher. Eine Weile nichts mehr, bis eines Abends der Dolmetscher und Organisator meiner Reise, ein junger Germanist der Akademie, mitteilte: man müsse am nächsten Morgen früh aufbrechen, denn das Mausoleum öffne bereits um neun Uhr. Man habe zeitig zur Stelle zu sein, die Erlaubnis zum Eintritt sei bereits erteilt, so daß man bevorzugt eingelassen würde.

Am anderen Tag wiederholte sich damit für mich, mit leichter Abänderung, das wohlbekannte Moskauer Ritual. Ich habe in Moskau, im Frühherbst 1956, noch die beiden Glassärge nebeneinander gesehen: den Sarg Lenins, neben ihm den Generalissimus J. W. Stalin mit den vielen Orden.

Auch am Eingang zum Pekinger Mausoleum wartete schon die Schar der privilegierten Besucher. Eine stattliche Gruppe amerikanischer Touristen. Etwas weiter davon entfernt, hinter einer Absperrung, warteten die Chinesen auf den Einlaß zum Mausoleum. Ich hatte nicht den Eindruck, daß im Lande eifrig geworben werde als für eine gleichsam rituale Verpflichtung. Dennoch waren viele Menschen hierher gekommen. Beides ist chinesische Wirklichkeit von heute: die Auseinandersetzung über Maos »Fehler« und »Verdienste«, wobei viel Bitterkeit aufkommt in jedem Gespräch, gleichzeitig aber auch das Bewußtsein, daß das Mausoleum zu Recht errichtet wurde. Auch über den Stil dieser Grabstätte: ein mächtiges Gebäude, das nichts enthält als eine Vorhalle und den Raum mit dem gläsernen Sarg, wird öffentlich diskutiert. Die Architekten hatten wahrscheinlich keine Wahl. Das Mausoleum steht zwischen zwei flankierenden Riesengebäuden: der Halle des Volkes und dem Revolutionsmuseum. Erst der Bau eines Mausoleums hat den »Platz des Himmlischen Friedens« konturiert. Die Proportionen mußten stimmen.

Die Eingangshalle präsentiert dem Eintretenden eine Wand mit goldenen Buchstaben: ein Gedicht in der Handschrift Maos. Dann kann man sich rechts oder auch links in die Schlange einordnen, die von der Eingangshalle hinübergeht zur Grabstätte. In Moskau war das, wenn ich mich recht erinnere, genauso angeordnet. Auch hier in Peking gibt es kein Stehenbleiben. Man umschreitet den Sarg und findet sich dann sogleich beim Ausgang wieder.

Maos Hände sind nicht zu sehen. Die Decke ist sehr hochgezogen, Maos Hände sind bedeckt. Ein Mann von stattlicher Größe, wie man sie von den Photographien her kannte. Der Tote trägt keine Uniform, sondern die hochgeschlossene grüne, wohlbekannte Jacke. Keine Orden.

In einem Gedicht »Unter Glas« hat Jürgen Theobaldy, der im Mai 1980 mit anderen deutschen Schriftstellern das Mausoleum besuchte, seinen Augenblick mit Mao beschrieben. Da heißt es:

> Glänzend das Gesicht, die rosa Falten,
> die alte, stark geschminkte Haut,
> die Haare ölig: so immer angeschaut
> im echolosen Neonlicht von Tausenden
> und keine Ruhe, kein Verfall, Vergehen.
> Was nicht neu wird, neu von neuem,
> Wie soll es noch erhalten bleiben?
> Hier Geflüster: Ehrfurcht steht und Stille.
> Aufbewahrt, nicht aufgehoben, diese Hülle.

Bleibt zu fragen, ob sie stimmt, diese letzte Zeile, daß Mao Tse-Tung in seinem Mausoleum bloß aufbewahrt wird, gleichsam konserviert. Daß hier aber nicht die Hegelsche Dialektik des Wortes »aufheben« walten könne. In dem Sinne nämlich, daß Mao ein »Vermächtnis« hinterließ, welches – nach seinem Tode und der Mumifizierung – nach wie vor geistiges Leben bewirkt auf einer höheren Stufe der Entwicklung. Daß die von Mao weitgehend mitgeschaffene Chinesische Volksrepublik auch nach seinem Tode emporgehoben und weiterentwickelt werden kann.

Theobaldys Gedicht scheint Mao und den Maoismus als »abgelebte Gestalt« der Geschichte zu interpretieren. Ich bin durchaus nicht so sicher. Die Kultur nach Mao, und natürlich auch nach der Kulturrevolution, ist undenkbar als totale Negation des Maoismus. Wenn irgendwo, so scheint mir gerade bei diesem komplexen geschichtlichen Vorgang der dreifache Wortsinn einer »Aufhebung« berechtigt zu sein. Sie kann Annullierung bedeuten, indem der Maoismus von nun an aufgehoben wird. Sie kann die Konservierung des Maoismus bedeuten, und darum geht es vermutlich im Augenblick im Zeichen der Gerichtsverhandlungen. Sie kann aber schließlich auch eine neue geschichtliche und gesellschaftliche Synthese meinen. Man soll sich nicht täuschen über die Dimensionen dieses Mannes im gläsernen Sarg, der so viel nachdachte über Dialektik und gesellschaftliche Antagonismen. Er ist nicht zu vergleichen als Denker mit der grobschlächtigen und ehrgeizigen Besserwisserei eines J. W. Stalin. Stalin war ein Praktiker der Macht, der unbedingt dem verhaßten und insgeheim bewunderten Intellektuellen Trotzki nacheifern wollte. Mao Tse-Tung war ein wirklicher Denker, offenbar auch ein begabter Dichter. Muß man bei ihm nicht vom *intellektuellen Selbsthaß* sprechen, wenn er ausgerechnet in seiner Politik die Verachtung der Intellektuellen immer wieder zu praktizieren suchte?

Beim Wiederlesen des Roten Büchleins

Ich habe nach der Rückkehr aus China das Rote Büchlein wieder zur Hand genommen, also die »Worte des Vorsitzenden Mao

Tse-Tung«. Auch hier gibt es eine Seite mit der faksimilierten Handschrift und sie erinnerte sogleich an die Goldbuchstaben im Mausoleum zu Peking. Dann folgt, datiert am 16. Dezember 1966, das Vorwort und beginnt so: »Genosse Mao Tse-Tung ist der größte Marxist-Leninist unserer Zeit. In genialer schöpferischer und allseitiger Weise hat Genosse Mao Tse-Tung den Marxismus-Leninismus als Erbe übernommen, ihn verteidigt und weiterentwickelt; er hat den Marxismus-Leninismus auf eine völlig neue Stufe gehoben.« Wenn man das Vorwort zu Ende gelesen hat, starrt man fast ungläubig auf die Signatur des Vorwortverfassers: Lin Biao.

Das also schrieb ein Mann, der dann offenbar versuchte, den Vorsitzenden zu stürzen, zu flüchten versuchte, als der Putsch mißlang, und dabei umkam, vielleicht beim Absturz eines Flugzeugs, wie verlautet. Wollte er nach Moskau fliegen? Dann handelte es sich vielleicht um den gescheiterten Versuch einer sowjetischen Fraktion innerhalb der Chinesischen Kommunistischen Partei. Analoge Vorgänge im Jugoslawien Marschall Titos sind bekannt. Denkbar wäre es. Jedenfalls hat man heute die arretierten Generale und Anhänger Lin Biaos zusammen mit der sogenannten Viererbande vor Gericht gestellt. Die Einleitung zum Roten Büchlein trieft von Servilität: der Größte, genial, schöpferisch, allseitig, völlig neu. Das hat man nach Stalins Tode mit dem beschönigenden Ausdruck »Personenkult« bezeichnet. Das Rote Büchlein war auch Personenkult von Stalinschen Dimensionen, und Mao hat ihn offensichtlich zum mindesten toleriert.

Dabei wäre die Lektüre des Roten Büchleins, wenn man es nämlich las und nicht als Bibelspruch zitierte, durchaus nützlich gewesen. Noch im Februar 1957 hatte Mao über die »richtige Behandlung der Widersprüche im Volke« nachgedacht und konstatiert: »Probleme ideologischen Charakters oder Streitfragen, die im Volke entstehen, können nur mit der Methode der Demokratie, mit der Methode der Diskussion, Kritik, Überzeugung und Erziehung, nicht aber durch Zwangs- und Unterdrückungsmaßnahmen gelöst werden.« Die Theorielosigkeit und Praxis während der Kulturrevolution, noch zu Maos Lebzeiten, hat sich nicht gerade eng daran gehalten. Es las sich wie Hohn, wenn man gegen den Schluß des Büchleins aus Maos berühmtem Aufsatz

»Über die Praxis« vom Juli 1937 zitierte: »Kenntnisse gehören zur Wissenschaft, und bei der Wissenschaft ist nicht die geringste Unehrlichkeit oder Überheblichkeit statthaft, da bedarf es entschieden gerade des Gegenteils – der Ehrlichkeit und Bescheidenheit.« Ich bin sicher, daß der Revolutionär Mao Tse-Tung, als er das niederschrieb, und unendlich weit entfernt schien von seinen späteren und späten Erfolgen, damit auch eine Abgrenzung zu Stalin und zur Theologisierung des sowjetischen Marxismus vornahm: um als Achtzigjähriger die entgegengesetzte Praxis zu alledem zuzulassen.

Was ist rechts? Was ist links?

Noch während meines Aufenthalts in China war bekannt geworden, daß der seit langem erwartete Prozeß gegen die »Viererbande« gekoppelt sein würde mit dem Verfahren gegen die Fraktion des toten Lin Biao. Das veranlaßte mich bei jenem »Klassentreffen« zur Frage an die gut informierten Studenten von einst, ob man aus dieser Koppelung schließen könne, daß auch Maos Witwe mit ihren Satelliten als Teil einer sowjetischen Fraktion angesehen werden müsse. Die Antwort wurde ungewöhnlich klar formuliert. Nach der bisherigen Kenntnis der Akten und Vorgänge müsse man wohl annehmen, daß da kein Zusammenhang bestand. Daraus wäre nun wiederum zu folgern, daß Lin Biaos Leute, wenn sie Mao hätten stürzen können, wohl kaum seine Frau Jiang Qing unbehelligt gelassen hätten. Man wird die beiden Gerichtsverfahren inhaltlich und politisch also von einander trennen müssen. Für sie sind offensichtlich auch getrennte Tribunale vorgesehen: das Militärgericht für die Anhänger Lin Biaos, das Zivilgericht für die Vier.
Die Verwirrung wird noch größer, wenn man daran zurückdenkt, daß vor vier Jahren, als man Maos Witwe und ihre Freunde verhaftete, das beliebte Wort vom »Revisionismus« wieder einmal umging. Die Viererbande sei eine Gruppe von Revisionisten gewesen. Mit dieser Vokabel läßt sich trefflich streiten. Die chinesische Propaganda hatte nach dem Bruch mit Moskau, auf Maos Anweisung, die damalige sowjetische Führung, also N.S. Chruschtschow, als Revisionisten abgestempelt, übri-

gens auch die DDR. Nun aber sollten die Leute der Kulturrevolution plötzlich als Revisionisten zur Rechenschaft gezogen werden.

Das war nicht haltbar und wird auch heute, im Zusammenhang mit den laufenden Gerichtsverfahren, nicht mehr von neuem vorgebracht. Der Mißbrauch mit dem »Revisionismus« ist besonders evident, weil dieser Terminus zu Beginn unseres Jahrhunderts noch innerhalb der sozialdemokratischen Arbeiterbewegung aufkam.

Hier Festhalten an den Grundprinzipien des Marxismus – dort aber, etwa bei Eduard Bernstein und seinen Anhängern, die Forderung nach einer Revision der marxistischen Lehre vom Klassenkampf und von der proletarischen Revolution. In der sowjetischen Praxis, noch inspiriert durch Lenin, wurde als »Revisionist« ein jeder angegriffen, der sich einer theologischen Festschreibung im Zeichen des »Marxismus-Leninismus« widersetzte.

Der englische Marxist *Eric J. Hobsbawm* hat sich bemüht, den terminologischen Wirrwarr zu klären. Es habe nur zweimal, in zwei relativ kurzen Phasen, einen wirklichen Revisionismus gegeben, nämlich um die Jahrhundertwende und seit den Fünfziger Jahren: »Beide Phasen weisen gewisse Gemeinsamkeiten auf. Beide fielen in Zeiten, da durch den Gang der Ereignisse … an den Voraussagen des bevorstehenden Zusammenbruchs des Kapitalismus, an den die Marxisten glaubten, erhebliche Zweifel aufzukommen schienen …« (Eric J. Hobsbawm, Revolution und Revolte. Frankfurt 1977, S. 188/89). Nichts davon aber kann bei Mao selbst oder gar bei der sogenannten Viererbande konstatiert werden. Wenn man den skeptischen Revisionismus, nach der beliebten Einteilung, als eine »rechte Abweichung« charakterisieren darf, so wird man die Leute der Kulturrevolution sicherlich, im Sinne der leninistischen Terminologie, als »ultralinke Sektierer« bezeichnen müssen.

Mir ist von jeher, bereits vor dem Ausbruch der Kulturrevolution im Jahre 1966, aufgefallen, daß die damalige chinesische Strategie erstaunliche Ähnlichkeiten aufwies mit Trotzkischen Thesen von der »permanenten Revolution«, obwohl sich Mao ausdrücklich, als allerletzter, nach wie vor zu der Vierergruppe Marx – Engels – Lenin – Stalin bekannte. Es scheint mir durchaus richtig zu sein, wenn abermals Hobsbawm konstatiert: »Die Stalinistische Unterdrückung und die Richtigkeit der Trotzkischen Kritik an vielen Tendenzen in der Sowjetunion machte ihn unter manchen Revisionisten populär. Gleichzeitig waren damals zweifellos die Chinesen derjenige Teil der kommunistischen Bewegung, der am eindeutigsten die trotzkistische Einstellung zur Weltrevolution repräsentierte.« (Hobsbawm a. a. O., S. 191).

Es gehört wiederum zu den erstaunlichen Widersprüchen Maos und des Maoismus, die vermutlich erst in künftigen Jahren sorgfältig analysiert werden können, daß bei dem Vorsitzenden offenbar der Denker und der Poet einen inneren Kampf aufführten, der sich unvermeidlicherweise – nach außen getragen – als verhängnisvolle Praxis auswirkte. Einerseits der tiefe intellektuelle Selbsthaß dieses bedeutenden Intellektuellen; zum andern immer wieder in Maos Schriften ein nicht minder tiefes Vertrauen in die Schöpferkraft des chinesischen Volkes. Nur so kann man sich Maos Konzept des sogenannten »Großen Sprungs nach vorn« erklären, der zwischen 1958 und 1960 praktiziert wurde, um mit einer wirtschaftlichen Katastrophe zu enden. Dabei hatte gerade Mao bereits 1948 erklärt: »Wenn das Bewußtsein der Massen noch nicht geweckt ist und wir dennoch einen Angriff unternehmen, so ist das Abenteuertum. Wenn wir die Massen stur zu etwas veranlassen, das sie selbst nicht zu tun wünschen, so wird das Ergebnis unweigerlich eine Niederlage sein.« Genau so ist es dann zweimal gekommen als Folge jenes »Großen Sprungs« wie vor allem als Folge jenes Jahrzehnts einer Kulturrevolution, die zehn Millionen Analphabeten in China hinterließ.

Peking-Oper in Peking

Die Gastspiele der Peking-Oper sind auch bei uns bekannt. Ich wollte aber das Theater einmal mitsamt seinem Publikum in Peking erleben. Man spielt allabendlich, die Eintrittspreise sind kaum nennenswert, das Haus ist stets überfüllt. Wir wählten einen Abend, wo ein Stück der traditionellen chinesischen Theaterkunst aufgeführt wurde mit dem Titel »Die Pfauen fliegen nach Südosten«, wenn man mir richtig übersetzt hat. Der Titel ist eine Verszeile aus einem wohlbekannten Gedicht oder auch »Lied«, denn auch hier gehen Poesie und Rhapsodie offenbar ein enges Bündnis ein. An einer Stelle der Handlung wird jenes Gedicht auf der Szene zitiert, oder auch gesungen, wie gesagt. Man machte mich darauf aufmerksam, daß viele Zuschauer heimlich die Lippen bewegten und mitsprachen.

Eine Familiengeschichte aus dem einstigen Konflikt zwischen feudaler und bürgerlicher Tradition. Also gleichsam ein Theaterstück aus dem ideologischen Bereich unseres Sturm und Drang. Doch gerade beim Versuch, eine Analogie herzustellen zu unseren literarischen Traditionen, wird man der Sinnlosigkeit eines solchen Paralleldenkens inne. Das Spiel war streng stilisiert. Jede Bewegung der Hände, der Schleier, der Schritte war tradiert, stellte gleichfalls ein Zitat dar. Mit diesem Phänomen hat sich Brecht in seinen Studien über das chinesische Theater immer wieder beschäftigt. Die Handlung war banal im Sinne unseres Theaters, das immer mehr vom Wegwerfprinzip determiniert scheint. Die böse Schwiegermutter und die junge Frau. Der Sohn gerät in den Normenkonflikt zwischen dem Respekt vor der Mutter und der Liebe zu seiner Frau. Es sind soziale und rituale Konflikte, die offensichtlich kaum psychologisiert werden. Die junge Frau wird zurückgeschickt zu ihrer Mutter. Dort hat man ihr einen wohlhabenden und glänzenden neuen Gatten bereits ausgesucht, allein sie geht in den Tod und hält so einen Treueschwur, den ihr früherer Gatte inzwischen gleichfalls verriet.

Alles wirkte schön und wurde offenbar vollkommen nach der tradierten Spielweise vorgeführt. Faszinierend war für mich das Publikum. Wir reden neuerdings so gern und so viel von der Notwendigkeit eines »Volkstheaters« und erleiden damit immer wieder eine Pleite. *Dies hier war Volkstheater*, dessen bin ich sicher. Ein angespannt lauschendes Publikum, das keinerlei Schwierigkeiten zu haben schien mit der strengen und stilisierten Theaterkunst. Man kannte sich aus und man folgte gespannt und ohne Mühe. In der Pause lief man umher, trank Fruchtsäfte oder Bier, war freundlich und höflich, gut gelaunt. Was war hier Elite oder Masse? Die Kulturrevolution war offensichtlich nicht imstande, diese tradierte Kultur des chinesischen Theaters zu zerstören.

Die neue Chinesische Enzyklopädie

Daß Diderots berühmte Enzyklopädie mitgeholfen hat, die Französische Revolution des ausgehenden 18. Jahrhunderts geistig vorzubereiten, ist bekannt. Bereits die Akzentsetzung war als Absage zu verstehen an die ästhetische Kultur des Absolutismus. In Diderots Enzyklopädie dominierten die Naturwissenschaften, die Handwerkstätigkeiten und angewandten Künste: die arts et métiers. Auch der Sowjetstaat begann, noch auf Vorschlag Lenins, mit der sorgfältig geplanten und organisierten Unternehmung einer Sowjetischen Enzyklopädie. Sie hat inzwischen viele Phasen durchlaufen, und es gehört zu den reizvollen Studien einer Ideologiekritik, bestimmte Artikel oder auch bestimmte Sachthemen und historische Porträts der Sowjetischen Enzyklopädie in ihrem Wandel zu analysieren.

Zur chinesischen Kultur nach der Kulturrevolution gehört auch das große Unterfangen einer neuen Chinesischen Enzyklopädie. Die Literaturwissenschaftler der Akademie für Gesellschaftswissenschaften legten mir eine Liste derjenigen Schriftsteller deutscher Sprache vor, die man in der Enzyklopädie zu behandeln gedachte. Der größte Teil der Namen verstand sich von selbst. Auch hier kannte man sich gut aus. Bei einigen Autoren der Vergangenheit, die noch zum Inventar einer deutschen Klassikerbibliothek von einst gehörten, die man heute aber in guten Treuen vergessen darf, wie mir scheint, regte ich an, auf den geplanten Artikel zu verzichten, nannte dafür andere Autoren. Zum Beispiel den Karl Philipp Moritz, der auf der Liste gefehlt hatte. Ähnlich hielt ich es auch mit den Ratschlägen zur Gegenwartsliteratur. Ich werde mich hüten, hier mitzuteilen, wo ich eine Streichung anregte oder eine Neuaufnahme.

Thermidor-Stimmung?

Ein Liebhaber der historischen Analogien könnte die heutige Lage in China unschwer vergleichen mit dem Sturz Robespierres und Saint-Justs im Sommer des Jahres 1794. Das siegreiche Directoire betrieb dann zunächst eine wirtschaftliche Stabilisierung des Landes, übrigens auf der Grundlage der neuen revolutionären Produktions- und Eigentumsverhältnisse. Wie es weiterging freilich, ist gleichfalls bekannt: wirtschaftliche Stabilisierung, die im Innern gebändigte Revolution als expansiver Exportartikel, der General Bonaparte, das Kaiserreich.

Jene Vier, die nun vor Gericht erscheinen, repräsentieren ein linkes Sektierertum, das sicherlich noch im Lande insgeheim weiterlebt. Freilich bin ich – vermutlich auch mit gutem Grund – keinem Repräsentanten dieser Doktrin begegnet. Im Gegensatz aber zu den genießenden und profitierenden Direktoren damals in Frankreich, den Barras und Tallien, handelt es sich bei den wichtigen Repräsentanten der Volksrepublik China nach Ende der Kulturrevolution um nüchterne Sozialisten, die streng darüber wachen, daß keine neue herrschende Klasse aus Bürokraten und Funktionären entsteht. Die privilegierten Gästehäuser für Spitzenfunktionäre gehörten – absurderweise – zur Praxis der Kulturrevolution. Das wird heute nicht mehr fortgesetzt.

Wahrscheinlich ist die wenig homogene Verbindung der beiden Prozesse gegen die Vier *und* gegen den militärischen Anhang Lin Biaos auch dadurch erklärbar, daß man der Entwicklung hin zu einem neuen Directoire *und* zu einem neuen Bonaparte von Anfang an entgegenarbeitet.

Senegalesisches Tagebuch 1974

Es sind alles Notate ohne Gewähr. Die paar Wochen eines Aufenthalts an der afrikanischen Westspitze, am Grünen Kap, enden
in Ratlosigkeit. Man hatte sich gedacht: es wird umgekehrt sein
wie in den Vereinigten Staaten. Dort leben Schwarze in einem
Staatswesen der Weißen, das folglich auf jener Novembertagung
der UNESCO, übrigens unter Leitung ihres neugewählten sene-
galesischen Präsidenten Mahtar M'Bow, der europäischen Region kulturell zugeteilt wurde, und es zufrieden war. Hier besucht man einen autonomen und souveränen Staat der schwarzen
Afrikaner, wo Weiße eine kärgliche Minderheit darstellen: zugelassen in einer Übergangszeit und auf Widerruf. In Dakar leben
etwa dreißigtausend Europäer in einer Halbmillionenstadt. Alles
ist ganz anders. Staatsrechtlich mag die Antithese stimmen, doch
in der Staatswirklichkeit wirkt die Konstellation vermittelter,
komplizierter, verkehrt sich das Verhältnis zwischen Fremdbestimmung und Autonomie bisweilen ins Gegenteil. Ein afrikanischer Freund, der als Germanist eine Studie über das Bild des
Westafrikaners in der deutschen Kolonialliteratur vorbereitet,
zeigte mir seine Exzerpte aus Berichten deutscher Missionare,
Offiziere, Gesellschaftsdamen. Beim Lesen und Vorlesen hatten
wir gelacht. Grund genug zur Vorsicht bei den eigenen Nota-
ten.

Blick auf die Sklaveninsel

Der Monumentalbau des Prunkhotels steht auf einer leichten
Anhöhe; die Gartenanlagen reichen hinunter bis ans Meer. Vom
Schwimmbecken kann man zu einer kleinen Insel hinüberblik-
ken, die das Auge immer wieder anzieht: vom Präsidentenpalais
aus wie vom Hotelzimmer. Von dieser Insel mit Namen Gorée
kommt alles her.
Sie ist 900 Meter lang und 300 breit und hat die gesamte europäi-
sche Geschichte seit der Renaissance mitgemacht. Entdeckt
wurde sie 1444 durch die Portugiesen, die Holländer haben sie

getauft, man kämpfte darum im Spanischen Erbfolgekrieg und im Siebenjährigen Krieg, sie tauchte in den berühmten Friedensschlüssen auf; als England durch den Abfall seiner amerikanischen Kolonien in Bedrängnis kam, konnten die Franzosen abermals einziehen.

Das war noch Ancien régime und diplomatisches Spiel von Rankes »Großen Mächten«; allein dann kam auch die Französische Revolution nach dem Cap Vert. Die »Compagnie Nouvelle du Sénégal«, also die Firma der Sklavenhändler, war schon 1791 durch die Verfassunggebende Nationalversammlung liquidiert worden; drei Jahre später verbot der Konvent den Sklavenhandel und beraubte die Insel, wie ein heutiger Reiseführer treuherzig mitteilt, »ihrer wesentlichen Reichtümer«. Dann kamen die Engländer wieder, machten das lukrative Geschäft von neuem auf, doch die bourbonische Restauration mußte im Jahre 1818 endgültig den Sklavenhandel untersagen. Jetzt erlebte Gorée vorübergehend und groteskerweise dadurch eine neue Blütezeit, daß es nunmehr als Flottenstützpunkt jener Schiffe zu dienen hatte, die Jagd machen mußten auf illegale Sklaventransporte.

Die geographische Lage an der äußersten Westspitze Afrikas blieb weiterhin günstig. Auch heute versucht die Republik Senegal demonstrativ, ihre Beziehungen zu Brasilien, dem »nächsten« Staat Lateinamerikas, als nachbarliche auszugestalten. Im Jahre 1857 wurde Dakar gegründet, die französische Kolonialverwaltung von der Insel Gorée dorthin, auf das drei Kilometer entfernte Festland verlagert.

Heute ist Gorée ein Museumsplatz: als eine Siedlung, die ausgedient hat in der Wirtschaftsgeschichte. Ein Brügge gleichsam der Erniedrigten. Die Sklavenkammern kann man besichtigen. Als Ware wurde hier das schwarze Frachtgut in niedrigen Zellen gestapelt, bis man es in die Schiffe umladen konnte. Gleich aus dem Speditionsschuppen über ein Klippchen aufs Schiff. Sklavenrecht war Sachenrecht, so hatte man es bereits in den Institutionen des römischen Rechts konzipiert. Bisweilen verderbliche Sachen: viele starben bereits vor dem Abtransport hier auf Gorée. Wenn man ratlos bleibt nach einem Besuch in Senegal, so muß man versuchen, von dieser Sklaveninsel her eine Deutung zu finden.

Auch das hatte man sich vor Beginn der Reise durchaus anders zurechtgelegt. Der Senegal ist seit dem 20. Juni 1960 eine unabhängige Republik, nachdem zwischen 1957 und 1959 von Paris aus erfolglose Konzepte danach gestrebt hatten, das afrikanische Land in irgendeiner Form verfassungsrechtlich noch an das Mutterland zu binden. Was lag demnach näher als die Erwartung, ein französischsprechendes, katholisches und schwarzes Land mit einer weißen Bürokratenschicht anzutreffen.

Nichts stimmt hier, wie sich bald herausstellt. Ethnisch ist der Senegal nicht zwei-, sondern dreigegliedert. Was immer die französischen Missionare geplant haben mochten: ein Land der römischen Religion ist nicht entstanden. Auch der Senegal ist ein überwiegend islamisches Territorium. Etwa 80 Prozent der Bevölkerung sind Mohammedaner, stärkere katholische Religionsgemeinschaften gibt es in einigen Regionen, so im Süden in der Provinz Casamance.

Die planmäßige Verbreitung des Islam im westlichen und zentralen Afrika vollzog sich fast unmerklich für den vor allem an wirtschaftlichen und politischen Veränderungen interessierten Beobachter aus Europa. Daß nicht zuletzt auf dem Weg über die Glaubensgemeinschaft eine solide Bindung an die arabische Welt zustande kommen mußte, war unvermeidlich und schlug sich bald auch weltpolitisch »zu Buch«. Der Beschluß der UNESCO gegen Israel kam unter der neuen Präsidentschaft eines Senegalesen zustande.

Präsident Senghor scheint diesen Kurs insgeheim zu mißbilligen, allein er ist das Oberhaupt eines wesentlich islamischen Staatswesens. Seine Innen- wie seine Afrikapolitik sind durch solche Gegebenheit geprägt.

Jenseits dieser beiden Welt- und Staatsreligionen, Katholizismus und Islam, gibt es hier nichts. Doch, ein paar muselmanische Sekten. Die Große Moschee ist das Wahrzeichen der Landeshauptstadt. Sie wurde 1964 durch König Mohammed V. von Marokko eingeweiht; er hatte den Bau weitgehend finanziert. Auch die katholische Kathedrale kann sich sehen lassen; die Protestanten haben einen Tempel in der Rue Carnot. Als vor ein paar Jahren ein führender Kulturpolitiker des Landes, ein

Freund Senghors aus alten Zeiten, gestorben war, entstand Verwirrung. Der Tote war Freidenker gewesen. Kein Friedhof schien sich für ihn zu öffnen, bis eine Entscheidung des Präsidenten dem Hader ein Ende machte.

Geprägt sind die Stadtbilder vom rituellen Tageslauf des frommen Mohammedaners. In einer Theateraufführung wird an einer Stelle die Kleidung und Gestik der Vorbeter parodiert: jubelndes Gelächter wie beim Fastnachtsspiel, wenn der Pfaffe verulkt wird.

Daß der *Animismus als dritte Landesreligion* nach wie vor praktiziert wird, streitet kein Gesprächspartner ab. Auch Senghor und andere Mitglieder der Regierung sollen auf dem Lande ihre Kultstätten besitzen. Daß man auf dem Dorf, und nicht bloß dort, zwar zum Arzt geht, aber möglichst und gleichzeitig auch zum Medizinmann: wer möchte es abstreiten? Es gibt Schulen dieser amtierenden Animisten. Wundertaten erzählt man sich, wie einst in den ostjüdischen Gemeinden, wenn vom Wunderrabbi die Sage ging.

Auch die ethnische Alternative Schwarz und Weiß läßt sich nicht verifizieren. Da ist die dritte Kraft, und sie ist sehr mächtig: die *Kaufleute aus dem Nahen Osten*, aus Damaskus und Beirut. Die gemeinsame Tutorenschaft Frankreichs in der Vergangenheit sowohl für Syrien und den Libanon, wie andererseits für die Kolonie des Senegal, mag diesen Einstrom erleichtert haben. Daß eine mächtige arabische Bourgeoisie im Handelsleben dominiert, erkennt man nicht bloß an einer Großspurigkeit im Umgang mit den Afrikanern und auch den Weißen, die oft bloß Bürokraten sind und Angestellte, während die Nachfahren der Phönizier aus Sidon und Tyrus mit realem Besitz und Einfluß aufwarten können.

Karthago wurde also nicht zerstört. Es gibt bereits französische Dissertationen, die sich, einigermaßen sorgenvoll, diesem Phänomen der syrisch-libanesischen Distributionssphäre im schwarzen Afrika zugewandt haben. Ein Mittagessen am Sonntag auf der Plantage unweit von Thies zeigt folgende Konstellation: französische Funktionäre und Vertreter mit ihren Familien; die neuen Phönizier mit den besseren und oft sehr teuren Wagen; die Landeskinder, hier jedenfalls, in der dienenden Funktion, als speise man in Texas oder Arizona.

Der Präsident und Poet:
Léopold Sédar Senghor

Alle Gespräche, die man im Lande führt, führen zu ihm und
enden auch dort. Senghor (vom Jahrgang 1906) ist ein bemerkenswerter Mann: Deputierter seit 1946 in Paris; zusammen mit
dem verstorbenen Politiker Amine Gueye, dessen Namen eine
der Hauptstraßen von Dakar festhält. Mit diesen beiden Namen
ist der senegalesische Unabhängigkeitskampf untrennbar verbunden. Senghor war 1959 der Parlamentspräsident in der kurz-
lebigen Mali-Föderation, die aufgelöst wurde. Seit Gründung
der Republik Senegal repräsentiert Léopold Sédar Senghor sein
Land im Innern und nach außen.

Als man ihm 1968 den Friedenspreis des Deutschen Buchhandels
verlieh, wurde vor und in der Frankfurter Paulskirche heftig demonstriert. Für beides gibt es Gründe: für die offizielle Ehrung
wie für die Proteste. Der von ihm 1948 gegründete Bloc Démo-
cratique Sénégalais ist heute als Union Progressiste Sénégalaise
(UPS) nicht bloß Regierungs-, sondern Staatspartei. Gegenbe-
wegungen wurden niedergeschlagen. Die einzige Tageszeitung,
die »vorhanden« ist, auch wenn andere Blätter zugelassen wurden, hat einen bisweilen komischen Hofschranzenstil entwik-
kelt. Kein Tag ohne Bild und – vor allem! – ohne Abdruck einer
Präsidialrede im vollen Wortlaut. Wenn der österreichische Botschafter sein Beglaubigungsschreiben überreichen durfte und
Höflichkeiten ausgetauscht werden mußten, überliefert das Blatt
Le Soleil die Ansprache den künftigen Geschlechtern.

Das macht lächeln, gewiß, aber tut man dem Präsidenten und
auch seinem Hofblatt damit nicht Unrecht? Der begabte Lyriker
französischer Sprache hat bei Claudel und Saint-John Perse den
hymnischen Tonfall gelernt, allein der Politiker und Kulturpolitiker Senghor ist ein Aufklärer, der seine progressistische Union
auf den Weg eines demokratischen Sozialismus führen möchte.
Daß er sich in tiefer Sympathie mit Willy Brandt verbunden
fühlt, steht ebenso fest wie die rational schwer verständliche Tatsache, daß er aus Verehrung für deutsche Dichtung und Philosophie die deutsche Sprache zur ersten Fremdsprache erhob: noch
vor dem Englischen. (Französisch gilt als Landessprache.)
Das mag manchen Zug eines patriarchalischen Regimes erklären,

bisweilen sogar an einen friderizianischen »aufgeklärten Absolutismus« gemahnen, wo in Sanssouci entschieden wurde, ob der Leutnant von Itzenplitz das Fräulein von Bredow heiraten durfte. Es ist schwer, diese Reminiszenz zu verdrängen, wenn man erfährt, daß auf Grund von Zwischenträgereien der Staatspräsident brieflich und nachdrücklich in die Geschäftsgebahrung eines Universitätsinstituts eingreift. Da kann die Frage der Einstellung eines Assistenten die folgende Hierarchie in Bewegung setzen: Präsident – Ministerpräsident – Kultusminister – Rektor – Dekan – Institutsleiter. Wobei es sich um einen weisunggebenden Rektor handelt, der sich das gesagt sein läßt.

Solche Episoden deuten auf die Sache selbst: den Widerspruch zwischen einem bedeutenden (und ungeduldigen) Aufklärer – und seinem Widerwillen, andere Konzepte von Aufklärung zu akzeptieren. Auch fehlen diesem Aufklärer in der Kulturpolitik, jedoch offensichtlich nicht in der Wirtschaftspolitik, die starken Partner oder wenigstens Erfüllungsgehilfen. So daß auch im Sachablauf, wie im Gespräch, in diesem Lande alles zu Senghor hinführt und dort endet.

Négritude

In den Reden und kulturpolitischen Schriften des Staatsmannes Senghor kehrt ein Wort immer wieder: *Négritude*. Ohne Umschweife und Verfälschungen läßt es sich nicht übersetzen. Mit ihm verbindet sich eine afrikanische Geistesbewegung von Forschern und Politikern des Schwarzen Afrika, die in den dreißiger Jahren entstand und darauf ausging, die unter dem Kolonialismus verschütteten und unterdrückten Traditionen der afrikanischen Völker von neuem zu erschließen. Das bedeutete mehr als Forscherarbeit, wenngleich es ohne die Ethnologen, Anthropologen und Sprachforscher nicht geleistet werden mochte, wie Senghor stets, und in hoher Anerkennung der europäischen Forscher, unterstrich.

Eine Rede Senghors vom 7. Januar 1974 enthält im Keim sowohl die Perspektiven wie die Gefahren solcher Suche nach der verlorenen »schwarzen« Identität. Eine Woche lang tagten zu Jahresbeginn 1974 in Dakar die Teilnehmer an einem Kolloquium über

»Négritude und Lateinamerika«. Forscher aus Afrika, Lateinamerika, auch einigen europäischen Ländern, übrigens nicht aus
Deutschland, waren versammelt. Unter ihnen noch der Nobelpreisträger Miguel Angel Asturias aus Guatemala. In seiner
Eröffnungsrede sprach der Staatspräsident von der Aufgabe der
schwarzen Afrikaner, »in der Stunde der wiedererstehenden Nationalismen ihre Identität wiederzufinden, nicht allein die nationale, sondern die ethnische Identität: die Seele«.

Das erinnert auf den ersten Blick an die korrespondierenden Be-
wegungen der schwarzen Nordamerikaner, worin der Begriff
des »Soul« zum Zentraltopos wurde: bis zur Forderung von Studenten, es möge in der Mensa neben den üblichen Speisen auch
eine Auswahl an »soul food« angeboten werden.

Senghors Konzept jedoch, wie es gerade in jener programmati-
schen (und bedeutenden) Konferenzrede vorgetragen wurde,
scheint diesen »wiedererstehenden Nationalismen«, ohne welche sein Staat nicht hätte entstehen können, insgeheim zu mißtrauen. Nationale und ethnische Identität: das waren und sind
Postulate der Aufklärung. Die deutsche Geschichte ist dafür ein
– bedrückendes – Beispiel. Allein Léopold Senghor ist kein Mal-
colm X oder Muhamad Ali. Darum spricht er in jener Rede von
einer *doppelten* Aufgabenstellung des Suchens und Wiederge-
winnens jener Négritude: »Verwurzelung im negro-afrikani-
schen Wertsystem *und* Öffnung für die ergänzenden Werte der
anderen Rassen.«

Gewiß soll dabei zunächst an die Rassen Lateinamerikas gedacht
werden: diesem Ziel hatte das Kolloquium zu dienen. Dennoch
dürfen auch die europäischen Traditionen, denen sich der »französische« Dichter Senghor verpflichtet weiß, nicht negiert werden. Darum auch, sehr im Gegensatz zu den Black Panthers und
vielen afrikanischen Politikern, beim Präsidenten der Republik
Senegal die Förderung von Rassenmischungen. Senghor selbst
ist mit einer Französin verheiratet.

Eine aufgeklärte Négritude: Immer wieder bietet sich diese Republik vom Jahre 1960 in ihrer Propaganda und Selbstdarstel-
lung als ein »Zentrum der Dialoge« an. Das Prestige dieses Kon-
zepts und seines Repräsentanten innerhalb von Afrika scheint
groß zu sein. Andererseits ist der Senegal nicht besonders reich
an Bodenschätzen. Senghor kann nicht mit Ölquellen aufwar-

ten. Ein humanistisches Konzept wird ausprobiert, das im Alltag nicht ohne Folgen bleibt. Ein Gang durch die Medina von Dakar ist für den Weißen nicht zu vergleichen mit dem Spießrutenlaufen durch den schwarzen Stadtteil Harlem in New York.

Rituale der Unhöflichkeit

Zwei Weiße sollten mit zwei Schwarzen zu Abend essen, irgendwo am Meer. Ein deutscher Kollege von der Universität hatte uns eingeladen: einen afrikanischen Professor, einen Assistenten aus dem Lande und mich. Zur vereinbarten Stunde waren drei von uns bereit. Der Professor aus Senegal ließ auf sich warten. Nach einer halben Stunde erreichte man ihn telephonisch zu Hause; irgend etwas von einer dringenden Fahrt ins Krankenhaus wird vorgebracht; man komme sofort, es sei ganz in der Nähe. Nach 45 Minuten erscheint der säumige Gast. Keine Entschuldigung. Er ist aber freundlich, und der Abend läuft gut ab.

Nun ja, ein zerstreuter oder unhöflicher Mensch, wird man sagen. Beim Warten jedoch fiel mir ein, diese Konstellation bereits gelesen zu haben. Ich konnte mich erinnern: das stand bei Norman Mailer in einer Analyse der Beziehungen zwischen Schwarz und Weiß in Amerika. Mailer regte sich darüber auf, bei Einladungen an schwarze Freunde stets in die Haltung des Wartenden gedrängt zu werden: weil irgendein schwarzes Ritual offensichtlich erfüllt werden müsse. Weshalb ich jenen Vorgang beim Abendessen als überindividuellen Ausdruck verkrampfter Beziehungen zu deuten geneigt war. Abendessen: ja. Kein Boykott. Doch unter dem Ritual der Distanz.

Der Rektor der Universität Dakar, Seydou Madani Sy, ist ein Politiker und Berufsrektor. Wie einige seiner europäischen Kollegen scheint auch er die Lehre, die Forschung und die Lernenden eigentlich als Erschwernisse beim reibungslosen Ablauf der Administration zu betrachten. Als man anfragen läßt, ob sich der Gastprofessor aus Deutschland einmal vorstellen könne, wird geantwortet: der Rektor habe keine Zeit. Mitgeteilt vom Rektor an die Sekretärin, weitergeleitet von dort an den Dekan, von dort an dessen Sekretärin, von dort an den Institutsdirektor, von dort an den Gast.

Auch dies ist ein Ritual der Unhöflichkeit: mit der Maßgabe, daß der Rektor wohl Spaß daran hatte. Der Gast aus Europa, zumal er kein Franzose ist, soll gedemütigt werden. Dennoch ist auch da ein Allgemeines zu beobachten. Die erstrebenswerte »Africanisation« eines Landes, wie der offizielle Terminus lautet, das sich aus dem Kolonialstatus befreit hat, vollzieht sich in bedenklichem Maße in Form einer Bürokratisierung. Die schwarze Bourgeoisie ist schwach entwickelt, zudem durch französische und libanesische Konkurrenten bedrängt. Der begabte Nachwuchs, der aus den Dörfern in die Hauptstadt kommt, erstrebt die staatliche Versorgung. Die Wirtschaftsweise mit dirigistischen und planwirtschaftlichen Sektoren befördert diese neue Kaste einer schwarzen Bürokratie. Sie repräsentiert zwar weder Wirtschaftsmacht noch wirkliche Staatsgewalt, allein sie ist privilegiert und läßt sich das gesagt sein.

Im Kino kämpft Muhamad Ali

Das eigentliche Spectaculum fand im Zuschauerraum statt. Der war überfüllt bei der Abendvorstellung. Es fehlten die Weißen ebenso wie die nahöstlichen Zwischenhändler. Dies hier war der Senegal. Ein unvermeidlicher Italo-Western angekündigt als zweite Attraktion. Vorher aber kämpfte Muhamad Ali, einstmals Cassius Clay, gegen den schwarzen Weltmeister George Foreman um die Weltmeisterschaft. Überraschung war nicht zu erwarten. Die Kunde vom ausgezählten Weltmeister war überallhin gedrungen. Niemand brauchte zu bangen. Man war gekommen, um zu akklamieren: dem Sieger natürlich und schwarzen Muselmanen, Muhamad Ali. Auch Foreman war ein Schwarzer, und man kämpfte in Kinshasa (Zaire) im schwarzen Erdteil. Alles hätte, beim Kampf von Schwarz gegen Schwarz, für die Anwendung jener objektiven und sachkundigen »Zuschauerkunst« gesprochen, die sich Brecht so dringlich, als Umwandlung der Theatersäle in Stätten eines sportlichen Agon, herbeigesehnt hatte. Davon war nichts zu spüren. Der Weltmeister kämpfte würdig und gut. Für Alis Faxen, die ihn irritieren sollten, hatte er nur ein verachtungsvolles Hinschauen. Ali war rundenlang nicht gut, und er kämpfte nicht fair. In den Pausen diri-

gierte er die Zurufe seiner Fanatiker taktierend: wie ein Hoher-
priester, der zugleich Gott ist. Die Komik schien keinen im Saale
zu stören.

Es lief als gefilmter Stierkampf ab. Stier war der schwarze Weltmeister, der entthront werden würde: wie man wußte. Der Saal
jubelte, als er am Boden lag. Ali hatte keinen Blick für das Opfer,
sondern zog ab in der allgemeinen Ekstase. Im Saal war man in
Kinshasa, und in der Vergangenheit des Kampfabends.

In der New Yorker Hotelhalle war Cassius Clay einmal vor mir
hergegangen. Im blauen Anzug mit Nadelstreifen, den Reserve-
anzug nach amerikanischer Art in der Hülle und geschultert. Er
ging zum Ausgang, wo die Taxe zum Flughafen wartete. Kaum
ein Blick aus dem Augenwinkel wurde ihm zuteil. Man hatte ihn
jedoch erkannt. Hier in Zaire wurde seine Apotheose zelebriert.
Auch dies war, wie Senghor hätte zugeben müssen, ein Vorgang
der Identitätsfindung. Sie vollzog sich nach dem uralten Ritual
der Rollenverteilung zwischen dem Cäsar und dem Volk.

Im Nationaltheater: »Daniel Sorano«

Das senegalesische Nationaltheater in Dakar besitzt ein schönes,
modernes Gebäude. Es trägt den Namen des frühverstorbenen
Schauspielers Daniel Sorano, der zusammen mit Gérard Philipe
zum Ensemble des Théâtre National Populaire (TNP) gehört
hatte. Auch ihm war ich einmal begegnet: im Alltag, aber bei
einer Veranstaltung in Moskau, als er, im September 1956, den
Studenten auf ihren Zuruf hin die Verse »dekadenter« französischer Lyriker sprach. Nun erfuhr ich in Dakar, daß er aus dem
Senegal stammte. Ein Mischling offenbar: Ich hatte ihn für einen
Korsen oder Provenzalen gehalten. Nun trug das schwarze Nationaltheater seinen Namen.

Sorano war ein französischer Schauspieler gewesen, und die nach
ihm benannte Bühne war eine im französischen Stil und Ritus.
Auch das mußte Widersprüche erzeugen, bisweilen komische.
Am Abend spielte man das Stück »Les Amazoulous« von Abdou
Anta Kâ. Afrikanische Stammesgeschichte der Zulus: vom Ani-
mismus über den Islam zur Säkularisation; von den blutigen
Stammesfehden und Opferungen bis zum Ende der Kolonial-

epoche. Der Weiße kam, gespielt mit weißer Gesichtsmaske, im Tropendreß, mit der Whiskyflasche, und nahm die schwarze Schöne mit sich in die Kulisse. Der Schluß erschien mir sonderbar zaghaft, auch skeptisch. Kein zu erwartender Volksjubel nach dem Sturz der Bastille oder von Zwing-Uri, sondern das Gleiten hinüber in eine langweilige »Übergangszeit«.

Gesprochen wurde französisch, und damit war alles von vornherein unwahr geworden. Die Schauspieler beherrschten den Pariser Theaterstil, das war unverkennbar. Sie sprachen gut, waren wohl auch mimisch und gestisch begabt; allein man sprach nun einmal nicht Wolof, die Hauptsprache im Senegal, oder eine andere der afrikanischen Sprachen, um ein Stück der eigenen (vergangenen) Identität vorzuführen, sondern intonierte und agierte wie beim TNP oder anderswo in Paris. Man spielte artifiziellen Exotismus, aber die Akteure waren »echt«: ganz wie ihr Publikum, das mit Recht kühl blieb.

Orgien und ein strenger Richter

Der strenge Richter saß nicht auf dem Richterstuhl: dort amtierte eine Frau, die nüchtern und innerhalb von zwanzig Minuten einen Alltagsprozeß erledigte. Die Strenge kam auf im Zeitungsbericht (*Le Soleil* vom 26. November 1974). Acht meist ältere Frauen hatten die kleinen Kantinen und Pensionen rund um den Marché N'Guélaw in Absteigen verwandelt. Sie kamen vor Gericht wegen eines Verstoßes gegen das Gesetz vom 1. Februar 1966 zur Bekämpfung von Geschlechtskrankheiten, und wegen Kuppelei. Die Prostitution selbst ist in Senegal nicht strafbar, kann aber, wie in diesem Prozeß, eine strafbare Handlung vorbereiten. Die Richterin rügte, dem Bericht zufolge, ausschließlich die Verletzung der Gesundheitsvorschriften, und die Kuppelung von Restaurant- und Absteigebetrieb. Ein Monat Haft für jede der acht Frauen, mit Bewährungsfrist. Nach sechs Tagen Untersuchungshaft konnten die Verurteilten nach Hause gehen.

Dies aber rief man ihnen in der Zeitung nach: »Niemals hätte man sich vorstellen können, daß die Kantinen des Marché N'Guélaw in Dakar als Aufnahmestätten für Orgien dienen würden. Noch dazu betrieben von ältlichen Frauen, die den Rest ihres Lebens mit Essenzubereitung zubringen sollten, aber auch mit Meditation und Gebet.«

Club of Rome und Club de Dakar

Ende November 1974, kurz vor der Eröffnung der Messe von Dakar, kam der Planungsminister der Elfenbeinküste, Mohammed Diawara, in die senegalesische Hauptstadt, um nach Rücksprache mit Senghor die Gründung eines »Club de Dakar« vorzubereiten, der sich die lose Organisationsform des 1968 gegründeten Club of Rome erklärtermaßen zum Vorbild nahm. Die Kreation eines afrikanischen Gegenstücks zum Braintrust jener Technologen, Ökonomen und Politiker, die sich von den »Grenzen des Wachstums« bedroht sahen, mußte zunächst überraschen. Ein afrikanischer Klub, wenn er gegründet wurde, fand sich notwendigerweise konfrontiert mit Mängeln eines ungenügenden wirtschaftlichen und technischen Wachstums in Afrika. Die Pressekonferenz Diawaras bezog ihre Substanz aus Wachstumsplänen, nicht aus Drosselungsforderungen. Heute exportiere Afrika, das war Diawaras Beispiel, die Baumwolle nach Europa, um dann Kleidungsstücke von dort einzuführen. Der Club de Dakar müsse dazu beitragen, daß »wir eines Tages das Umgekehrte beobachten werden. Wir fabrizieren Stoffe in Afrika und vertreiben sie in Europa.«

Das ist ohne Hilfe der europäischen Fachleute nicht möglich. Diawara und Senghor erstreben folglich einen »gemischten« Club de Dakar, aus Afrikanern und Europäern: also das Gegenteil einer Autarkiekonzeption. Man möchte Verbindung halten zum Club of Rome ebenso wie zu den großen europäischen und amerikanischen Industrien und zu ihren Technologen. Das bedrängendste Problem bezeichnete Diawara als »fuite des cerveaux«: als Flucht der Gehirne. Der Club de Dakar wird Mittel finden wollen, der Auswanderung gut ausgebildeter afrikanischer Fachleute nach Europa und den Vereinigten Staaten dadurch zu begegnen, daß Anreize zum Bleiben geboten werden.

Mit wessen Hilfe? Daß der projektierte Club bisher nur Förderung zu erwarten hat in den Hauptstädten Tunis, Abidjan und Dakar, ließ sich nicht verheimlichen. Das könnte nicht genügen. Überdies wäre es gleichbedeutend mit einer französischen geheimen Hegemonie. Die »Grenzen des Wachstums« wären bei einem solchen Club de Dakar, so folgerichtig Senghor bei seiner Gründung vorgeht, unschwer abzusehen. Auch dies Projekt repräsentiert, wie so vieles in diesem Lande des Übergangs, eine spezifische »Dialektik der Aufklärung«.

IV. Imaginäre Gespräche

Hochstapler Felix Krull und Major von Tellheim sprechen über die Redlichkeit

Die Begegnung findet statt vor einem Prospekt der – inzwischen gesprengten – Potsdamer Garnisonkirche. Berühmt war das Glockenspiel der Garnisonkirche mit der Melodie »Üb' immer Treu und Redlichkeit«. Vor diesem Prospekt steht Felix Krull. Er ist mit erlesener Eleganz des Jugendstils gekleidet. Zu Beginn ertönt die Melodie des Glockenspiels, gefolgt von fünf Stundenschlägen.

KRULL Wie sinnig! Wie ganz und gar entzückend! Die schlichte Weise und doch so ergreifend. Üb' immer Treu und Redlichkeit. *Nüchtern registrierend*: Fünf Uhr auf dem Parnaß. Teestunde im Ritz, denn die Zeit auf dem Parnaß ist natürlich mitteleuropäische Zeit. *Beginnt wieder zu schwärmen:* Treu und Redlichkeit. Keinen Finger breit davon abweichen ... von Gottes Wegen ... Wie sinnig! Wie ganz und gar entzückend! Und noch das kühle Grab. Mein Meister, der Herr Professor Dr. Thomas Mann von der Trave, hätte wohl nicht umhin gekonnt, höchst geistreiche Skepsis zu äußern ob dieser schlichten Metapher. Kühl ist das Grab. In der Tat: war es nicht mein Mentor, Professor Kuckuck aus Lissabon, den als Ehemann zu betrügen ich leider genötigt war, der als Biologe feststellte, Sterben sei eigentlich weniger ein Erkalten als ein Austrocknen. *Besinnt sich:* Aber nein, das sagte ja der Hofrat Behrens in jenem andern Roman meines Meisters, der im verzauberten Berg spielt. *Geringschätzig:* Eigentlich sehr überschätzt, gar nicht zu vergleichen mit meinem, leider fragmentarisch gebliebenen »Bekenntnissen«. Je nun ...

Bei den letzten Worten ist im Hintergrund der Major von Tellheim aufgetreten. Er trägt die Kleidung eines fridericianischen Majors, wie auf der Bühne, ist aber inzwischen wesentlich älter geworden, erinnert mit seinem Krückstock ein wenig an die Ufafilme vom alten Fritz. Er hat Krull nicht bemerkt, sondern steht melancholisch versunken in den Anblick der Garnisonkirche.

KRULL Da ist er schon wieder, der Herr Major von Tellheim und von Gnaden des Herrn Hofrats Lessing. Immer geht er um die Teestunde hier vorüber. . . . Ich will ihn diesmal ansprechen. Ich werde ihn mit »Herr Generalmajor« anreden. Das freut den alten Mann. *Stutzt und besinnt sich:* »Das freut den alten Mann?« . . . Aber das sagt ja die Marschallin im »Rosenkavalier«. Je nun. So geht es halt, wenn man sich mit hochgebildeten Leuten der Literatur einläßt.

Nähert sich zeremoniell dem Major und macht ihm eine formvollendete Verbeugung der Mode von 1910. Tellheim schrickt auf und betrachtet ihn wild und verdrießlich.

TELLHEIM Was will Er? Kann mich nicht erinnern, daß Er mir jemals mit Anstand präsentiert wurde? Ist Er von Adel?
KRULL *sehr schnell und flüssig konversierend:* »Ich stamme aus feinbürgerlichem, wenn auch liederlichem Hause; mein Pate Schimmelpreester, mit dem ich auf sehr innigem Fuße stand, war ein vielfach geschätzter Künstler, den jedermann im Städtchen »Herr Professor« nannte, obgleich ihm dieser schöne, begehrenswerte Titel von Amts wegen vielleicht nicht einmal zukam; und mein Vater legte stets Gewicht auf eine gewählte und durchsichtige Ausdrucksweise. Er hatte von seiner Großmutter her französisches Blut ererbt, hatte selbst seine Lehrzeit in Frankreich verbracht und kannte nach seiner Versicherung Paris wie seine Westentasche. Dies nur im voraus und außer der Reihe«. *Schnappt nach Luft.*
TELLHEIM *hat mit großer Verwunderung zugehört. Er wird immer ärgerlicher:* Also ein Bürgerlicher. Dacht ich mir's doch. *Zitierend:* »Aus feinbürgerlichem, wenn auch liederlichem Hause«. Da hat man's denn mit der Redlichkeit wohl nicht besonders genau genommen.
Krull nickt zustimmend.
TELLHEIM Aber wie spricht Er überhaupt? So gedrechselt, so anspruchsvoll, fast kann ich mich nicht entbrechen, hier an Anmaßung zu denken . . .
KRULL *überaus höflich und verbindlich:* Vielleicht darf ich dem Herrn Obristen zu bedenken geben . . .
TELLHEIM *schroff unterbrechend:* Obrist? Ei, warum nicht gar?

Mein Rock weist mich bekanntlich als Major aus. Aber vielleicht versteht Er sich nicht auf derlei Zeichen. *Krull protestiert heftig.* Zum Obristen hat mich in der Tat die Gnade meines Königs gemacht, als ich den Abschied nahm nach meiner Heirat mit dem Fräulein von Barnhelm. *Muß ein bißchen lachen.* So wurde die Sächsin Minna von Barnhelm zur preußischen Obristin von Tellheim. *Wendet sich Krull wieder zu:* Aber das wußte Er nicht und konnte es auch nicht wissen. Weshalb also »Herr Obrist?«

KRULL Es hängt, verehrter Herr Major, mit meiner Neigung zusammen, die Welt vor mir selbst und vor anderen zu verschönen. Ich weiß nicht, ob der Herr Obrist ... Verzeihung, der Herr Major jemals ein Kaffeehaus in der Kaiserstadt Wien aufgesucht haben?

TELLHEIM *verächtlich:* Wir haben Krieg geführt mit Wien und mit der Kaiserin. Bei jedem Wettersturz spüre ich es am ganzen Körper. Die Blessuren heilten niemals aus. Wien! ... Kaffeehaus! ...

KRULL Je nun ... Sie sind hoch stilisiert und in ihrem Service – *er spricht das Wort maniert und englisch aus* – von schöner Vollkommenheit. Jeder Bürger wird dort als »Herr Doktor« oder »Herr Baron« angeredet, woraus der Herr Major entnehmen mögen, daß man in dortigen Landen den geistigen Adel bedenkenlos gleichzusetzen bereit war mit dem Adel der Geburt ... Darum erlaubte ich mir, wie wohl ich es vielleicht anders wußte, einen Titel zu präsentieren, den ein Mann von solchen Meriten zweifellos verdient.

TELLHEIM *bitter:* Meriten! ... verdient! ... Oh über die Dienste der Großen. »Die Dienste der Großen sind gefährlich und kennen der Mühe, des Zwanges, der Erniedrigung nicht die sie kosten.«

KRULL *hat mit wachsendem Entzücken zugehört, er sagt bescheiden:* Meine Klassiker glaube ich ein wenig zu kennen, wenngleich ich mich einem natürlichen Abschluß meiner Studien gar früh schon entzog. Darin hielt ich es wie mein Meister, der Herr Professor und vielfache Ehrendoktor Thomas Mann, welcher es niemals zur Absolvierung eines Abituriums gebracht hat ... und wer wäre Klassiker, wenn nicht der große Lessing. Glaube ich mich zu irren, wenn ich den Herrn Major soeben einen Text sprechen hörte, der zu jener berühmten und immer wieder erfolgreichen Theaterrolle gehört?

TELLHEIM *mürrisch, aber geschmeichelt:* Ich will's nicht leugnen. Allein ich verabscheue solche Verschönerungen der Wirklichkeit. Sie sind spielerisch und unredlich in einem. Sie betrügen den Partner und die Welt.

KRULL *vorlaut und ironisch:* Ich kenne meine Klassiker. Kenne mich aus in jenem glanzvollen Lustspiel vom ›Soldatenglück‹ ... Darf ich meinerseits zitieren *Fällt in den Tonfall des Riccaut:* »Vous appellez cela betrügen? Corriger la fortune, das nenn die Deutsch betrügen? Betrügen? Oh, was ist die deutsch Sprak für ein arm Sprak! für ein plump Sprak!« Darf ich es nicht sagen mit den unvergleichlichen Worten des Chevalier Riccaut de la Marlinière, Seigneur de Pret-au-val, de la branche de Prensd'or?

TELLHEIM *muß lachen:* Des Leutnants Riccaut doch wohl, wenn's beliebt. Frau von Tellheim hat mir von jener blamablen Affaire berichtet ... Nun denn, man vermeide das Wort betrügen. Aber dann spielen, mit den Menschen spielen und mit der Welt ... Heißt Er das Redlichkeit?

KRULL *süffisant:* Daß der Herr Major so sehr gegen das Spiel eingenommen ist! War er es nicht, der in einigermaßen prekärer Lage dem bezaubernden Fräulein von Barnhelm mit den Worten entgegentrat: »Wenn nicht noch ein glücklicher Wurf für mich im Spiele ist, wenn sich das Blatt nicht völlig wendet, wenn –«

TELLHEIM *wild ausbrechend:* Wie kann Er es wagen? Hat Er bei seinem Meister nicht gelernt, es sei ein Anderes, eine Sache als Bild darzustellen, ein Anderes, die Sache mit dem Bild zu verwechseln. Vom Spiel des Glückes war damals die Rede, als ich in Not war um meine Ehre und meine Liebe zu Minna von Barnhelm ... Spiel des Glückes aber meinte niemals für mich ein wirkliches Spielen. Das Bild vom Spiel des Glücks meint nicht ein Glücksspiel ... *Immer zorniger.* Ich bin nicht der Leutnant Riccaut, den man kassieren mußte und den man auf die Festung nach Küstrin schaffte ... *Höhnisch:* Corriger la fortune ... Das ist liederlich, durchaus liederlich ... So empfand es auch der Hofrat Lessing ... Immer wieder taucht dieses Wort »bei uns« auf ... Darum warnte auch ich meinen Wachtmeister Werner vor der »wilden, liederlichen Lebensart« im Metier des Berufssoldaten. »Man muß Soldat sein für sein Land oder aus Liebe zu der Sache, für die gefochten wird. Ohne Absicht heute hier, morgen da dienen, heißt wie ein Fleischerknecht reisen, weiter nichts.« ... Aber was weiß Er davon? Hat Er nicht selbst gesagt, Er stamme aus einem »feinbürgerlichen wenn auch liederlichem Hause«? Nun denn ...

KRULL *hat den Ausbruch höflich abgewartet:* In der Tat, in der Tat. Allein der Ehrgeiz, mein Herr Major von Tellheim ... Sie sind Aristokrat, Offizier, Gutsbesitzer, Mann von Stand und von Ehre. Ich bin das begabte, aber von der Herkunft nicht privilegierte Kind eines Bankrotteurs und Selbstmörders. Wie soll unsereins den Zugang finden zur großen Welt?

TELLHEIM *verächtlich:* Immer wieder diese große Welt: Es ist mir nicht gut ergangen in der Ehe mit Minna von Barnhelm, denn auch sie zog es in diese armselige und flitterhafte große Welt. »Mein ganzer Ehrgeiz war es einzig und allein, ein ruhiger und zufriedener Mensch ...«

KRULL *unterbricht vorlaut:* Gewiß Herr Major, oh freilich: Man kennt die berühmte Stelle, dies Zitat, wenn ich mir den Hinweis erlauben darf. Man hat Sie mit alledem einen Stoiker genannt ... Einen störrischen Stoiker ... Ich bitte um Entschuldigung, allein ich zitiere nur Ansichten aus der Lessingforschung ...

TELLHEIM *mürrisch, aber doch geschmeichelt:* Was wissen diese Professores und Skribenten von der Ehre und auch von der großen Welt. Hätten sie jemals unter dem Adelsgesetz der Ehre gestanden und der großen Welt angehört, sie sprächen ebenso bitter darüber wie ich ... Der König ist gestorben und seine Welt rasch zusammengebrochen. Wer heute von Potsdam und der Garnisonkirche spricht, meint Bitterkeit. Schlechte Erinnerungen. Nun sind auch Kirche und Glockenspiel dahin. Es gibt sie nur noch als Abbild auf dem Parnaß ... Nun denn, ich habe mit mir selbst gesprochen ... Er wird nicht viel davon verstanden haben.

KRULL *leiser, bescheidener, vergleichsweise ernsthaft:* Schon wieder so stolz-bescheiden, mein Herr Major von Tellheim. *Boshaft:* Auch dies ist ein Wort vom Herrn Hofrat Lessing, freilich aus einem Judenstück vom weisen Nathan ... *Wieder ernsthaft:* Ehre ... Treue ... Redlichkeit! Sollte die Bitterkeit des Herrn Major nicht damit zusammenhängen, daß er die Welt zu klein sieht. Ich selbst habe mich schon als Kind gefragt, was förderlicher sei, die Welt klein oder groß zu sehen.

TELLHEIM *verächtlich:* Förderlicher!

KRULL *bescheiden und zitierend:* »Wer Welt und Menschen für wenig oder nichts achtet und sich früh mit ihrer Belanglosigkeit durchdringt, wird geneigt sein, in Gleichgültigkeit und Trägheit zu versinken und einen vollkommenen Ruhestand jeder Wirkung auf die Gemüter verachtungsvoll vorzuziehen – abgesehen davon, daß er durch seine Fühllosigkeit, seinen Mangel an Teilnahme und Bemühung überall anstoßen, die selbstbewußte Welt auf Schritt und Tritt beleidigen und sich so die Wege auch zu unwillkürlichen Erfolgen abschneiden wird.« Ich habe mir erlaubt, den Gedankengang meines Meisters zu zitieren, den ich freilich in meinen »Bekenntnissen« reproduzieren durfte ... *Wieder spöttisch:* Sollte es nicht auch den Schlüssel geben, Herr Major, für das zweifellos glanzvolle, aber scheiternde Stoikertum eines Tellheim?

TELLHEIM *besonders ruhig:* Nun denn, und was weiter. Vielleicht erweist sich diese Lebensart als wenig »förderlich«; man erregt damit Anstoß, da hat Er wohl nicht Unrecht ... *Langsam und kühl:* Allein man bleibt, der man ist, braucht das Glück nicht zu korrigieren, muß das eigene Dasein nicht maskieren ... *Noch kühler:* Dann tauscht man auch nicht seinen eigenen Lebenslauf gegen den irgendeines Marquis de ... *Nachdenklich:* Marquis de ... *Hat's gefunden:* de Venosta. *Erschrickt, da er sich verraten hat.*

KRULL *ungläubig staunend, dann hoch beglückt:* Marquis de Venosta! Meine Adelsrolle! Der Kellner Felix Krull im Hotel Ritz verwandelt sich, mit allen Papieren und Dokumenten versehen, in den Marquis de Venosta ... Und das haben Sie gewußt, Herr Major. Ich glaubte als schlichte und unbekannte Kunstfigur vor Sie hinzutreten!

TELLHEIM *bärbeißig, aber etwas geschmeichelt:* Nun denn, auch ein preußischer Offizier liest gelegentlich ein gutes Buch ...

KRULL *jubelnd:* Ein gutes Buch! Oh, freilich sind die »Bekenntnisse des Hochstaplers Felix Krull« ein gutes Buch, ein gar vortreffliches! Warum aber, verehrter Mann? Weil unsereiner, mein Autor und ich als sein Geschöpf, es stets mit der anderen Möglichkeit hielt und »die Welt für eine große, unendlich verlockende Erscheinung« geachtet haben. Dadurch schmeichelten wir der Welt und wurden von ihr belohnt.

TELLHEIM *hart und bitter:* So ist es. Sein Autor erhielt Titel, Ehren, Preise. Er selbst kam ins Zuchthaus ... *Höhnisch:* Üb' immer Treu und Redlichkeit ... Er ist ein Bajazzo, und Sein bürgerlich wohlgeborener Meister aus Lübeck war es nicht ... Der hat aus bloßer Ironie den Künstler mit dem Hochstapler gleichgesetzt, und damit in der Literatur und der großen Welt viel Ehre eingelegt ... Er sollte sich nicht so leichtfertig als Geschöpf mit seinem Schöpfer vergleichen wollen ... Das geht stets übel aus ... *Wendet sich zum Gehen.*

KRULL *langsam, ernsthaft, nun gar nicht mehr schmeichlerisch:* Wie wahr, wie durchaus wahr! ... Oh, über den, der sich seinerseits unterfangen wollte, den Major von Tellheim gleichzusetzen mit dem Hofrat Lessing ... Verdanken wir beide es nicht der Ironie unserer Meister, hier auf dem Parnaß in so erlesener Form konversieren zu können? *Tellheim scheint wegzugehen, worauf Krull noch schnell und leise hinzufügt:* ... Wer allzuviel zu scheinen bestrebt ist, und Sorge trägt, was die Anderen von ihm sagen möchten, handelt vielleicht nicht viel anders als jener, der aus Grundsätzen nichts von dem beachten möchte, was die Anderen von ihm denken und sagen; der Stoiker wäre also, könnte ich mir denken, das Negativ eines Hochstaplers. Sein Pochen auf Redlichkeit wäre gleichfalls ein Verstoß gegen dieselbe.

TELLHEIM *ist stehengeblieben. Er ist zweifellos betroffen und getroffen durch Krulls letzte Bemerkung:* Ei, wie denn? Ich dachte, daß es das Gesetz gibt als Unterscheidung zwischen dem redlichen Mann und dem Aventurier, noch gibt es Unterschiede zwischen unsereinem als einem redlichen Kerl, wenngleich ohne Fortune, und etwa, um niemanden zu verletzen, der gerade zuhört, dem Leutnant Riccaut und so weiter, der die Fortune zu korrigieren gedachte. Meint Er das nicht auch?

KRULL *abermals sehr ernsthaft:* Vielleicht nicht so ganz. Lassen der verehrte Herr Major dabei nicht die Ironie ein bißchen zu kurz kommen? Mein Meister von der Trave war ein Ironiker, wie nur irgendeiner, der Verfasser des Lustspiels »Minna von Barnhelm« war es doch wohl auch. Sollte der Herr Hofrat Lessing dabei nun alle Figuren vom Wirt bis zum Fräulein, vom Hochstapler bis zur Kammerzofe nicht ohne einiges Lächeln geführt haben, und nur die Sphäre des Herrn Major wäre ausgespart worden von der Ironie des Herrn Hofrats Lessing?

TELLHEIM *ist unsicher und betroffen. Er fragt zögernd:* So unbilliges wird ein redlicher Mann niemals verlangen. Allein ich sehe nicht recht, auf Ehr und Gewissen, wieso ich in dieser schmerzlichen und heiteren Geschichte ein Anlaß hätte sein sollen zum Gelächter. *Immer zorniger:* Man hat mich zwar aufgerufen, in einem Lustspiel mitzuwirken. Eine Tragödie oder große Staatsaktion wäre mir lieber gewesen. Ich kann's nicht leugnen. Lustspielfigur ... Vielleicht? Aber doch wohl nicht zugleich eine komische Figur?

KRULL *einen Augenblick wieder boshaft:* Je nun. Dem Publico mag es manchmal ein wenig anders vorkommen. *Begütigend:* Aber was versteht schon die Canaille. *Wieder ernsthaft:* Dennoch meine ich es so: Ich bin ein Hochstapler. Wer möchte es abstreiten? Wer aber war es doch, der einmal sagte, als vom Herrn Major von Tellheim die Rede war, er sei gleichsam ein Tiefstapler. Ein ungehöriges Wort, ganz zweifellos, mein Herr Major.

TELLHEIM *erregt:* Ei, warum nicht gar? Ein Tiefstapler? Paperlapapp. Nie habe ich dieses Wort gehört. Lessingen war es auch wohl unbekannt ... Ich weiß wohl, was er meint. Der Hochstapler schmeichelt der Welt, damit man ihm schmeichele. Jener andere, der Tiefstapler meinethalben, schmeichelt ihr entschieden nicht, wird dafür von ihr schlecht behandelt, und genießt so insgeheim das eigene Ungeschick. Das hat er doch wohl gemeint?

KRULL *schweigt und nickt.*

TELLHEIM Jetzt hätte ich fast die Teestunde versäumt ... Er ist ein sonderbarer Mensch, das mag ich nicht leugnen ... Nun denn. *Wendet sich zum Gehen.*

KRULL *macht wieder eine formvollendete Verbeugung:* Je nun. *Nachdenklich schaut er dem davongehenden Major von Tellheim nach.*

Ausblenden

Begegnung auf dem Parnaß:
Albert Camus und Hermann Hesse

SPRECHER Den Lesesaal im olympischen Kulturhaus der verstorbenen Nobelpreisträger hat man sich vorzustellen, wie es die jeweilige Erdenmode verlangt. Es ist eine umfassende Bibliothek der Belletristik und für Belletristen. Die Nobelpreisträger für Physik, Medizin und Chemie leben in ihren eigenen Kulturhäusern. Auch dort gibt es Lesesäle, aber selbstverständlich mit einem ganz anderen Aufbau der Bibliothek. Übrigens findet man die abgeschiedenen Olympier nun, da sie wirklich auf dem Olymp leben, nicht allzu häufig bei den Büchern. Mancher von ihnen, zum Beispiel Winston Churchill, auch er ein Nobelpreisträger der Literatur, liest keine Bücher, nur die pünktlich eintreffenden Tageszeitungen. Da kommt es ihm beim Lesen, wie auch den anderen Lorbeerträgern, gut zustatten, daß die sprachlichen Gegensätze der irdischen Existenz aufgehört haben. Jeder versteht jeden und kann jedes Buch in jeder Sprache mühelos lesen.

Neben Anatole France ist Hermann Hesse der eifrigste Leser. Im Gegensatz zu vielen seiner Kollegen, die meist nur ihre eigenen Werke von neuem durcharbeiten, wohl auch nachträglich bearbeiten, wirft Hesse keinen Blick mehr auf Steppenwolf oder Demian. Er hält sich auf dem laufenden, folglich nicht wesentlich anders als damals in Montagnola: kein Tag ohne ein neues Buch, ohne Ärger, literarische Verdrießlichkeit, Freude an neuer Entdeckung.

Diese allseitige Neugier eines Mannes, der Realität auch im nachirdischen Dasein zu verstehen sucht als Wirklichkeit von Büchern und Verfassern, mag die Ursache für eine Begegnung gewesen sein, von der nun berichtet werden soll. Was Hesse im Augenblick, da es zu dieser merkwürdigen Begegnung kommt, vor sich hat, läßt sich von weitem nicht erraten: auch die olympische Bibliothek arbeitet mit neutralen Einbänden, wo Shakespeare nicht anders aussieht als ein Roman des Marquis de Sade. Er schaut auf, als Albert Camus leise und höflich zum Lesetisch tritt, vor dem Hesse sehr aufmerksam zu arbeiten scheint, denn der Lesende hat einen Notizblock neben sich und macht Anmerkungen zur Lektüre. Camus hat drei broschierte blaue Bände unterm Arm, die offensichtlich eben erst eintrafen und noch nicht von der Bibliotheksverwaltung eingekleidet wurden. Es sind die Schlußbände der Werkausgabe 1970 von Hermann Hesse, also die gesammelten politischen Betrachtungen, kulturkritischen Essays, dazu zwei Bände Schriften zur Literatur.

CAMUS Ich möchte keinesfalls stören, lieber Hermann Hesse, zumal ich anzunehmen glaube, daß Sie auch heute jene Lektüre wieder fortsetzen, die Sie seit einigen Tagen stark zu beschäftigen scheint. Halten Sie mich bitte nicht für indiskret, aber zufällig hörte ich, wie Sie sich vorgestern den Band ausliehen.

HESSE Nun ja, ich lese die ›Kritik der dialektischen Vernunft‹ von Sartre und hoffe doch, daß es Ihnen nicht allzu sehr mißfällt. »Halten zu Gnaden«, pflegte der Musikus Miller in solchen Fällen zu sagen: eine Figur meines schwäbischen Landsmanns Friedrich Schiller.

CAMUS Oh, es mißfällt mir keineswegs, daß Sie jenes Buch lesen, das ein Mann schrieb, der mein Freund war, dann mein Gegner, der jenen institutionalisierten Marxismus akzeptierte, dem ich mich widersetzen mußte, der mir, es hat mich gerührt, als ich das später las, einen sehr noblen Nachruf widmete und den wir wohl niemals in diesem Hause werden begrüßen können ...

HESSE Sie meinen, weil er den Nobelpreis für Literatur abwies, den wir beide akzeptierten: ich durch eine kurze schriftliche Danksage nach Stockholm, Sie hingegen, wie man mit Recht erwartet hatte, mit einer großen Rede vor schwedischen Zuhörern über die Aufgabe des Künstlers in seiner Zeit.

CAMUS Das klingt ein bißchen ironisch. Ich habe mich also nicht getäuscht.

HESSE Worin getäuscht?

CAMUS In Ihrer geheimen Sympathie für Sartre und einer vielleicht nicht einmal sehr undeutlichen Ablehnung dessen, was der Schriftsteller Albert Camus damals, in unserer gemeinsamen Lebenszeit, gewollt und geschrieben hatte.

HESSE Ich glaube nicht, daß irgendein Text, den ich schrieb, dies angeblich negative Urteil Hesses über Camus rechtfertigen könnte ... Sie haben da, ich erkenne die neuen blauen Einbände, freundlicherweise drei Bände entliehen, die nahezu mein ganzes essayistisches und literaturkritisches Werk umfassen. Wenn mich meine Erinnerung nicht täuscht, findet sich nichts darin, was Ihr Werk beträfe: über keines Ihrer Theaterstücke, keinen Roman, keinen Essay habe ich mich öffentlich geäußert.

CAMUS Sie haben das alles also niemals gelesen?

HESSE Alles habe ich gelesen. Sie können es mir glauben.

CAMUS Nun denn ...

HESSE Sie meinen, warum ich nie über ein Werk von Camus etwas sagte, und kann doch nicht leugnen, eine halbe Weltliteratur durchgearbeitet und in meist kleinen Marginalien für mich als Leser charakterisiert zu haben.

CAMUS Genau das wollte ich fragen. Im Schlußband Ihrer Schriften zur Literatur finde ich Rezensionen von einer Breite der Lesesucht, die fast vergleichslos ist.

HESSE Ich habe auch das geistreiche Buch Ihres französischen Landsmanns Valéry Larbaud gelesen mit dem reizenden Titel ›Die Lektüre – das unbestrafte Laster‹ ...

CAMUS Über Joseph Roth haben Sie sich geäußert und über unsere amerikanischen Nobelpreiskollegen Hemingway und Faulkner, über den Italiener Lampedusa und den Amerikaner Salinger, über Max Frisch und Arno Schmidt, wenige Franzosen, das ist wahr, aber immerhin über einen Saint-Exupéry. Warum nicht über Albert Camus?

HESSE Weil Sie mir zu ähnlich und zu unähnlich sind.

CAMUS Die Unähnlichkeit scheint mir evident zu sein: zu Ihrer einstigen Lebensform, die schon im Mannesalter alle aktiven Kontakte zur Umwelt, ausgenommen ein enger Kreis der persönlichen Freunde, abgebrochen hatte und das Verhältnis zur Welt beschränkte auf die Entgegennahme und die Erzeugung von Informationen, auf Lesen und Schreiben, wenn man so will, während ich ...

HESSE Den Aktivismus eines Camus haben auch diejenigen stets bewundert, die ihn gleichwohl einen Mandarin von Paris nannten. Ich will nicht ungerecht sein: die Pariser Studenten im Mai 1968 ließen ihren damaligen Gegenspieler Sartre kaum zu Wort kommen, tolerierten ihn bestenfalls mit Höflichkeit, aber gelesen hatten sie alle Camus und sein Buch vom Menschen in der Revolte.

CAMUS Das scheint sich wie ein Kompliment auszunehmen,

aber ich spüre abermals die Ironie. Wenn sich Revoltierende auf mich berufen, erregen sie dann nicht sogleich das Mißtrauen eines Hermann Hesse? Und wo wäre, um mit Ironie zu antworten, die Verantwortung des Schriftstellers Hesse zu situieren für die zahllosen Menschen in Amerika, die den ›Steppenwolf‹ und sogar ›Narziß und Goldmund‹ in den Rang idolhafter Bücher erhoben? Sie wissen natürlich, lieber Freund und Kollege, daß es eine Band gibt, die sich zum Steppenwolf bekennt.

HESSE Das würde meinen Musiker Pablo im Roman nur erfreuen, und Mozart dürfte es wohl nicht kränken.

CAMUS Dann wären sie ebensowenig unzufrieden über die amerikanischen Steppenwölfe, wie ich es zu sein vermag über die französischen Camus-Leser und Aktivisten vom Mai 1968?

HESSE Warum sollte ich?

CAMUS Dennoch wird, bei so viel evidenter Unähnlichkeit, durch Wirkungsgeschichte noch nicht eine substantielle Ähnlichkeit hergestellt. Worin wäre die mithin zu erblicken?

HESSE Um Ihnen zu beweisen, daß ich mich der Lektüre Ihrer Schriften nicht entzog, darf ich an das Motto eben jenes Buches ›Der Mensch in der Revolte‹ erinnern.

CAMUS Hölderlin, Der Tod des Empedokles *rezitiert:*

> ... und offen gab
> Mein Herz, wie du, der ernsten Erde sich,
> Der leidenden, und oft in heilger Nacht
> Gelobt ichs dir, bis in den Tod
> Die Schicksalvolle furchtlos treu zu lieben
> Und ihrer Rätsel keines zu verschmähn.
> So knüpft ich meinen Todesbund mit ihr.

HESSE Also? ... Meine Beziehung zu Hölderlin, neben Jean Paul und Goethe, wie es sich gehört, werden Sie kaum negieren wollen. Es gibt sogar die Erzählung ›Im Presselschen Gartenhaus‹, wo ich den kranken Hölderlin zu schildern suchte. Aber ich hätte mir niemals jenes Motto gewählt, das Sie sich aussuchten: Bekenntnis zur Erde als zu einem Todesbund. Man hat mich oft einen Spätromantiker genannt, aber dies Motto, lieber Albert Camus, wäre mir allzu romantisch vorgekommen.

CAMUS Und welches Motto Hölderlins hätten Sie gewählt?

HESSE Ich habe es einmal in einer Studie über jenen schwäbischen Dichter zitiert. Hören Sie sich den merkwürdigen Gedanken aus einem Aufsatz von Hölderlin an. »Es kommt alles darauf an, daß die Vortrefflichern das Inferieure, die Schönern das Barbarische nicht zu sehr von sich ausschließen, sich aber auch nicht zu sehr damit vermischen, daß sie die Distanz, die zwischen ihnen und den andern ist, bestimmt und leidenschaftslos erkennen, und aus dieser Erkenntnis wirken und dulden. Isolieren sie sich zu sehr, so ist die Wirksamkeit verloren, und sie gehen in ihrer Einsamkeit unter.« Da hat Hölderlin, der wahrhaft zu den »Schönern« gehörte, eine tiefe Einsicht gehabt. Man darf diesen Satz von der Distanz und seine Forderung nicht nur so auffassen, als solle der edlere Mensch sich von den gemeineren Mitmenschen nicht allzu rigoros isolieren; seine eigentliche Tiefe zeigt er, wenn wir ihn auch nach innen verstehen, als die Forderung, der Edle müsse nicht nur in der Umwelt, sondern auch in sich selbst, in der eigenen Seele das Gemeinere, das naturhaft Naive anzuerkennen und zu schonen wissen.

CAMUS Das scheint mir, wie oft bei Hermann Hesse, ein Ausweichen in die Psychoanalyse zu sein. Psychologie aber hilft immer nur Aktionen und Motive zu *verstehen*, sie wirkt kaum in der Aktion, wo es nicht auf Verstehen, sondern auf Entscheidungen ankommt. Ihr Hölderlin geht mit Ihnen den Weg nach innen. Mein Hölderlin, als Zeitgenosse einer Revolution in meinem Vaterlande, versteht das Bekenntnis zur Erde als Tätigkeit, und als Opfer ...

HESSE Warum sollten wir nicht offen miteinander sein: hier im olympischen Jenseits? Nur allzu gut kenne ich Ihre Schriften, Albert Camus, nicht selten haben sie mich verdrossen.

CAMUS Wann zum Beispiel?

HESSE Als ich noch während des Zweiten Weltkriegs eines Tages auf meinem Tisch im Tessin ein illegales Heft aus der Widerstandsbewegung fand: ›Briefe an einen deutschen Freund‹ und später erfuhr, Sie seien der Verfasser. Ich war damals weniger entsetzt als traurig.

CAMUS Sie meinen solche Sätze wie *zitiert:* »... Darum kann ich Ihnen am Ende dieses Kampfes von der Stadt aus, die ein Höllengesicht bekommen hat, trotz aller den Unseren zugefügten Foltern, trotz unserer entstellten Toten und unserer Dörfer voll Waisen sagen, daß wir selbst im Augenblick, da wir euch mitleidlos vernichten werden, keinen Haß gegen euch empfinden.

Und sogar wenn wir morgen wie so viele andere sterben müßten, würden wir keinen Haß empfinden. Wir können nicht gewährleisten, daß wir keine Angst hätten, wir würden nur versuchen, uns zu beherrschen. Aber wir können gewährleisten, nichts zu hassen. Mit dem einzigen auf Erden, das ich heute hassen könnte, sind wir im reinen, ich wiederhole es; wir wollen euch in eurer Macht vernichten, ohne eure Seele zu verstümmeln.«
Aber das war mitten im Krieg geschrieben und in der Illegalität. Später habe ich in einem Vorwort versucht, den Abstand dazu wiederherzustellen.

HESSE Sie werden nicht erwarten können, daß ein Mann wie ich, der im September des ersten Weltkriegsjahres 1914 an Beethoven erinnerte und an die Neunte Symphonie mit dem Motto »O Freunde, nicht diese Töne!«, hier viel Verständnis anzubieten hätte. Sie sind Schriftsteller wie ich, Albert Camus, muß ich Ihnen wirklich wiederholen, was ich damals gegen die deutschen Nationalisten wie gegen die französischen schrieb, worauf man mich lange in beiden Ländern geächtet hat?
»Wir sehen Künstler und Gelehrte mit Protesten gegen kriegführende Mächte auf den Plan treten. Als ob jetzt, wo die Welt in Brand steht, solche Worte vom Schreibtisch irgendeinen Wert hätten. Als ob ein Künstler oder Literat, und sei er der beste und berühmteste, in den Dingen des Krieges irgend etwas zu sagen hätte.
Andere nehmen am großen Geschehen teil, indem sie den Krieg ins Studierzimmer tragen und am Schreibtisch blutige Schlachtgesänge verfassen oder Artikel, in denen der Haß zwischen den Völkern genährt und ingrimmig geschürt wird. Das ist vielleicht das Schlimmste. Jeder, der im Felde steht und täglich sein Leben wagt, habe das volle Recht zur Erbitterung und momentanem Zorn und Haß, und jeder aktive Politiker ebenso. Und wir anderen, wir Dichter, Künstler, Journalisten – kann es unsere Aufgabe sein, das Schlimme zu verschlimmern, das Häßliche und Beweinenswerte zu vermehren?«

CAMUS Sind Sie niemals irre geworden an dieser Entscheidung für die Nichtteilnahme?

HESSE Ich hielt es stets mit dem Kriegslied des deutschen Dichters Matthias Claudius: »'s ist leider Krieg, und ich begehre, nicht schuld daran zu sein.« Freilich wird man nicht besonders

heiter beim Begehen dieses Weges. Sondern einsam und traurig.

CAMUS Man hätte denken können, daß Schopenhauer Ihr Lieb-
lingsphilosoph war, aber als ich jetzt im letzten Band Ihrer literarischen Aufsätze blätterte, erstaunte es mich etwas, daß Sie so
kühl und kurz über ihn hinweggehen.

HESSE Es war wohl meine intensive Beschäftigung mit den In-
dern und mit den Chinesen, was mich davon abhielt, so viel
Schopenhauer zu lesen, und dann zog mich in späteren Jahren
die Geschichtswissenschaft an, wobei ich Schopenhauers Spuren
bei meinem geliebten Geschichtsdenker wiederentdeckte, bei Jacob Burckhardt.

CAMUS Ich war wohl etwas naiv, als ich annahm, zwei Männer
wie wir, die so viel Nietzsche gelesen haben, müßten sich auch
finden in ihrem Zweifel am Nutzen des geschichtlichen Denkens.

HESSE Wenn Sie das ›Glasperlenspiel‹ gelesen haben, dürften Sie
dort unter anderem auch so etwas gefunden haben wie ein Ab-
schiednehmen von unserem »geschichtlichen« Zeitalter und von
aller »Geschichte«. Aber diese Konstatierung sollte nicht mit einem Bekenntnis zu irgendeinem Nihilismus verwechselt werden. Ich habe wenig Ähnlichkeit mit den Figuren aus Ihrem
Schauspiel ›Die Gerechten‹, obwohl ich Dostojewskij immer
gern las.

CAMUS »Sie wissen genau, daß diejenigen mein Buch über den
revoltierenden Menschen nicht verstehen wollen, die mich als
Nihilisten bezeichnen. Kennzeichen des Nihilismus ist immer
eine Indifferenz dem Leben gegenüber. Vom Nihilismus ist nur
ein kurzer Weg nicht bloß zur Legitimation des Selbstmords,
sondern auch zur Rechtfertigung des Mordes, mag er nun politisch motiviert sein oder auch nicht. Wenn man dem Selbstmord
seine Gründe abspricht, ist es gleicherweise unmöglich, dem
Mord solche zuzusprechen. Es gibt keinen halben Nihilisten.
Die absurde Überlegung kann nicht das Leben dessen bewahren,
der spricht, und zugleich die Opferung der andern dulden. Vom
Augenblick an, da man die Unmöglichkeit der absoluten Vernei-
nung anerkennt, und Leben auf irgendeine Weise kommt dieser
Anerkennung gleich, ist das erste, was sich nicht leugnen läßt,
das Leben des andern. So raubt der gleiche Begriff, der uns glau-

ben ließ, der Mord sei gleichgültig, ihm seine Rechtfertigung; wir fallen in die Illegitimität zurück, aus der wir uns zu befreien suchten. Praktisch überzeugt uns dieser Gedanke zu gleicher Zeit, daß man töten kann und daß man es nicht kann.«

HESSE Und dennoch haben Sie sich für das Recht zur Revolte entschieden, ohne sie weltanschaulich irgendwie rechtfertigen zu können. Ich kenne Ihren Satz, der auch den Mord zuläßt in der Aktion, wenn Sie die Paradoxie der Revolte entwickeln: »Sie erzeugt gerade die Handlungen, die zu legitimieren man von ihr verlangt. So muß die Revolte ihre Gründe in sich selbst finden, da sie sie nirgendwo anders finden kann.« Finden Sie nicht, Schriftsteller Camus, daß Sartre, der dialektisch denkt und historisch und alle politischen Aktionen im geschichtlichen Zusammenhang des Klassenkampfes sieht, die tiefere Legitimation auch der Gewalt glaubwürdiger demonstrieren kann als Sie, der alle Geschichte ablehnt und damit jede Möglichkeit einer Rechtfertigung von Gewalttaten durch Erbitterung über vergangenes Unrecht *oder* durch Hoffnung auf die Beseitigung von Unrecht in der Zukunft?

CAMUS Vielleicht werden Sie aber auch am Schluß meines Buches den Satz entdeckt haben, wo es heißt: »Über den Nihilismus hinaus, bereiten wir alle in den Ruinen eine Renaissance vor, doch wenige wissen es.«

HESSE Ich weiß, ich weiß. Die Rettung durch das mittelmeerische Denken, durch die Sonne Nordafrikas, durch Nietzsches ewige Wiederkehr des Gleichen. Die Sonne Homers leuchtet auch uns? Sind Sie wirklich so sicher angesichts der Veränderung, die der Mensch unserem Planeten jeden Tag neu zufügt? Soviel Geschichtspessimismus im Denken von Albert Camus – und soviel Vertrauen auf die Stabilität der Mittelmeerwelt?

CAMUS Ich bin eines gewaltsamen Todes gestorben: verblutet am Straßenrand. Vertrauen trotzdem, jenseits aller Gewalttaten, auf die leuchtende Renaissance nach allen Revolten und Ruinen. Wie sind Sie, Hesse, aus der Welt gegangen?

HESSE Ich las sehr spät noch, mit dreiundachtzig Jahren, das Buch ›Der Ptolemäer‹ von Gottfried Benn. Es ist dort von Benns Lieblingsthema, dem Niedergang und kommenden Untergang der weißen Rasse, die Rede. »Das kommende Jahrhundert«, heißt es da, würde nur noch zwei Typen zulassen, zwei Konstitutionen, zwei Reaktionsformen: diejenigen, die handelten und hochwollten, und diejenigen, die schweigend die Verwandlung erwarteten – Verbrecher und Mönche, etwas anderes würde es nicht mehr geben.

Und Benn ist nicht der einzige Seher und Prophet dieser Art. Worin auch wäre der schon beinah zur Mode entartete Durst nach Lotos, nach Nirwana, nach Zen begründet, wenn nicht in der bangen Ahnung kommender Untergänge und Wandlungen und in der Bereitschaft der nicht zu Tat und Verbrechen Begabten oder Gewillten, sich in das Jenseits der Gegensätze zu geben?

SPRECHER Gegen Ende des Gesprächs war Hesse aufgestanden. Sartres ›Kritik der dialektischen Vernunft‹ ließ er auf dem Lesetisch liegen, legte eine Hand auf die Schulter von Albert Camus und ging mit ihm aus dem Lesesaal hinüber in die olympischen Clubräume der Nobelpreisträger. Der Dialog wurde nicht fortgesetzt. Wozu auch? Sartre hätte spöttisch hinzugesetzt: »Weil die Würfel bereits gefallen waren.«

V. Augenblicke im Theater

Augenblicke im amerikanischen Theater

I. Der »Ritt über den Bodensee« findet nicht statt

Der »Ritt über den Bodensee« von Peter Handke war kein Erfolg in New York. Dabei hatte man sich große Mühe mit dem für amerikanische Theaterbesucher höchst sonderbaren Stück gegeben. Eine brauchbare Übersetzung, sorgfältige Proben, Aufführung im Lincoln Center, also auf einer ernsthaften Bühne mit literarischem Repertoire. Auch Diskussionen wurden jeweils am Schluß angesetzt; es gab Rotwein und Käsehappen. Die spöttischen New Yorker fanden daraufhin, der Käse sei gut, der Handke sauer.

Es konnte nicht gut ablaufen. Handke wendet sich mit seinem Stück an (oder gegen) mitteleuropäische Erwartungen vom Theater. Indem er seinen Schauspielern die Namen von bewährten Trägern bewährter Rollen gibt, wie Jannings oder Bergner oder George, setzt er beim Publikum die Kenntnis von Theateraufführungen, Filmen und Rollenfächern voraus. Dann wird, wenn dieser Erinnerungsmechanismus funktioniert, das Stück sogleich verständlich. Realität stellt sich dar als Repertoire. Konflikte zwischen dem Herrn und Knecht beispielsweise erinnern nicht an andere Realität, sondern an Primär- und Sekundärliteratur. Schauspieler agieren ein bewährtes Repertoire. Handke möchte demonstrieren, daß sie dadurch, indem das Publikum die Schauspieler imitiert, gleichzeitig neue Realitäten erschaffen.

Dies alles fällt weg im amerikanischen Theater. Es wäre nicht damit getan, die Namen Jannings oder Bergner durch jene eines Spencer Tracy oder einer Bette Davis zu ersetzen. Eine amerikanische »audience« verhält sich im Theater kontrovers. Einerseits verlangt sie scheinbare Natürlichkeit, die augenblicklich die Einfühlung möglich macht; andererseits darf in keinem Augenblick vergessen werden, daß man sich im Theater befindet, wo einem etwas vorgemacht werden soll. Man reitet nicht über den Bodensee. Ein Film wie »Bonnie und Clyde« verändert Realität nur in der Damenmode.

II. Unverständlicher Biedermann, unverständlicher Brandstifter

Auch das Stück »*Biedermann und die Brandstifter*« von Max Frisch war, vor etlichen Jahren, in New York kein Erfolg. Das »Lehrstück ohne Lehre« kam gleichfalls nicht an, und aus gutem Grund. Max Frisch hat die Aufführung damals gesehen und sich Gedanken gemacht über die Ursachen des bloß höflichen Beifalls. Er fand sie im Gegensatz europäischer und amerikanischer Usancen im Wirtschaftsleben. Biedermann bei Frisch ärgert sich bekanntlich über seinen langjährigen, doch wohl nicht mehr sehr leistungsfähigen Mitarbeiter Knechtling. Er kündigt ihm, weist die bittende Frau Knechtling ab, empfiehlt den Gang zum Rechtsanwalt, was sich Knechtlings nicht leisten können. Er könne sich aber auch unter den Gasherd legen. Das tut Knechtling bekanntlich. Biedermann ist sentimental und folglich erschüttert. In weicher Stimmung trifft er auf die Brandstifter und läßt sich mit ihnen ein. Spielt im falschesten Augenblick den »guten Menschen«. Die Folgen sind bekannt.

Max Frisch stellt nun fest: Kein amerikanischer Biedermann, schon gar nicht in Manhattan, wird so weinerlich reagieren. Übrigens würde ein amerikanischer Knechtling nicht sogleich an den Gashahn denken. In einem System, wo die Formel »you are fired« alltäglich ist und jederzeit mitgeteilt werden kann, einer brauche am nächsten Montag nicht wiederzukommen, ist der psychologische und soziologische Mechanismus des Biedermann-Stückes durchaus nicht nachvollziehbar. Ein befremdetes Publikum geht dann kopfschüttelnd in die Pause und aus dem Theater.

III. Kredit wird nicht gegeben

Nein, auch Kredit wird denen auf der Bühne vom Publikum nicht gegeben. Jede Wirkung muß im Augenblick einsetzen. Man erwartet Reaktionen mit Aufgehen des Vorhangs, applaudiert dem Bühnenbild, klatscht beim ersten Auftritt eines erfolgreichen Schauspielers, lacht über einen komischen ersten Satz, auch wenn es hinterher nicht mehr viel Anlaß gibt für Gelächter.

In einem Erfolgsschmarren mit dem Titel »*Butley*« von Simon Gray, aus England importiert mitsamt dem Londoner Hauptdarsteller Alan Bates, lachte das Publikum im überfüllten Theater zu San Francisco vom ersten Moment an. Bates kommt betrunken und verstört am späten Morgen in sein Arbeitszimmer auf dem Campus einer Universität. Er ist Literaturprofessor, hat die Nacht durchgemacht, im Laufe des Stücks bündeln sich die Katastrophen. Alle sind gegen ihn: die getrennt lebende Frau, der Liebhaber, die Universitätsverwaltung, Studenten und Administration. Die Exposition legt das alles seit dem ersten Auftritt dar. Natürlich ist Butley komisch beim Schwadronieren im Fachjargon, in seinen Krisen und genossenen Neurosen. Dennoch handelt es sich immerhin um den Vorgang einer Selbstzerstörung. Das Publikum in Kalifornien hielt sich an die jeweilige Episode: es lachte über und mit Butley, blieb ernst bei Unglücksnachrichten, freute sich dann wieder an den Bonmots. Da kam vielerlei an Wirkung zustande. Man ging zufrieden aus dem Theater. Nur: Kredit wurde nicht gegeben.

Ein Gegenbeispiel sah ich ein paar Wochen danach in Berlin auf der Schaubühne am Halleschen Ufer. Marieluise Fleißers »*Fegefeuer in Ingolstadt*« in Peter Steins Inszenierung. Leise und ausführlich wird dort zu Beginn, lange bevor der erste Satz gesprochen wird, ein gesellschaftlicher Zustand aufgebaut. Der Kleinbürgervater schlurft herein, in Unterkleidung, die beiden Töchter bauen sich um ihn auf. Die Exposition eines Stückes (und eines Milieus) hat stattgefunden: als vorerst noch sprachloser Vorgang.

Das Berliner Publikum folgte ruhig und fasziniert der langsamen Demonstration. Man gab Kredit, dachte offensichtlich in Zusammenhängen, war neugierig auf ein Ganzes, kam nicht auf den Gedanken, auf Punktuelles gleich punktuell zu reagieren. Es wäre müßig, sich die Stücke der Fleisser auf dem amerikanischen Theater vorstellen zu wollen. Da gehören sie nicht hin, sind wohl auch unübersetzbar, müßten funktionslos bleiben. Aber ich frage mich, ob irgendein Regisseur oder Dramatiker auf dem amerikanischen Theater wagen könnte, eine Exposition zu schreiben und zu inszenieren gleich jener in Berlin bei Peter Stein.

IV. Schiller und die schönen Lügen der Königin Elisabeth

Diese wilde Entschlossenheit amerikanischer Theaterbesucher auf Entertainment hat auch sehr positive Wirkung. Erbaulichkeit und Weihe gibt es nicht. Ebensowenig Trost durch Dichtung. Große Namen der Vergangenheit imponieren nicht. Schiller oder Molière haben einfach gut zu sein: heute und hier.

Das wurde prächtig demonstriert, als das Lincoln Center vor zwei Jahren in New York »Friedrich Schiller's Mary Stuart« spielte, in einer freien Übertragung und Bearbeitung von Stephen Spender. Man hatte abermals sorgsam gearbeitet. Da gibt es Fakten über Schillers Leben und Werk im Programmheft, dazu einen Ausschnitt aus Thomas Manns großem Essay. Das Publikum hielt sich an die spannende Geschichte, ging begeistert mit, Schillers Meisterschaft der Kolportage, von Ernst Bloch gebührend hervorgehoben, war jeden Augenblick der Wirkung sicher. So war es gewollt. Auch Goethe hatte, wie man im Briefwechsel mit Schiller nachlesen kann, die spannende Auseinandersetzung zwischen den beiden königlichen »Huren« ebenso nüchtern beurteilt wie jetzt das bei Intrigen nicht unerfahrene Publikum der New Yorker. Es wurde herzlich und häufig gelacht bei Schiller. Man genoß die schönen Lügen der Königin Elisabeth bei ihrem Versuch, den jungen Mortimer einzuspannen, später den armseligen Davison hineinzulegen. Man lachte sehr und voller Hochachtung. Übrigens hatte auch Mortimer überraschendes Profil gewonnen. Stephen Spender gab ihm, im Gegensatz zu Schiller, einen Adelstitel und Vornamen: Sir Edward Mortimer: das war nun kein jugendlicher Liebhaber vom romanischen Fach, der eine berühmte Sprach-Arie abliefert, sondern ein rüder englischer Landjunker der Renaissance. Ein betrogener Betrüger, hier stammte er aus einer Historie von Shakespeare, also aus dem Schillerrepertoire.

V. Auch Peter Brook kommt nicht an

Im Herbst 1972 sah ich den »Sommernachtstraum« in Peter Brooks Inszenierung in Hamburg. Die Engländer waren auf einer Triumphfahrt in Deutschland: München, Berliner Festwochen, Hamburg. Dann noch Köln. In Hamburg saßen offensichtlich viele Leute im Deutschen Schauspielhaus, die gut Englisch konnten. Auch die Pointen kamen an. Die Schauspieler spürten die Reaktion und spielten hingerissen mit diesem Publikum.

Im März 1973 wollte ich das Glück dieses Theaterabends erneuern. Die Truppe war nach Kalifornien gekommen und spielte vor einem Publikum ganz ohne Sprachbarrieren, es war überwiegend dieselbe Besetzung wie in Deutschland, aber das Glück wiederholte sich nicht. Das Theater war gut besetzt, keineswegs überfüllt, sehr applausfreundlich, hielt sich aber in Maßen. Viele junge Leute waren aus Berkeley über die Bay Bridge gekommen. Sie schienen manchmal ein bißchen Langeweile zu verspüren.

War es Peter Brooks programmatischer »leerer Raum«? Wo es taghell ist und leer auf der Bühne und speziell im nächtlichen Wald. Natürlich gab es punktuelle Reaktionen, allein der Ausklang aller Turbulenz in Ernst und Verstörung wurde mißmutig registriert. Freundlicher Beifall am Schluß. Man hatte sich abermals an Einzelheiten gehalten und wurde nun dafür bestraft, daß das amerikanische Theater den sorgfältigen Kompositionen einer Dramaturgie und Regie den Kredit verweigert. Die Verwandlung des Thesus in Oberon, mitsamt allen tiefenpsychologischen Verwicklungen, wurde vom Publikum bloß registriert, aber nicht realisiert. So fand diese Inszenierung an diesem Abend nicht statt.

Auch das ist nicht ungewöhnlich. Als Brechts »Berliner Ensemble« kurz nach der Stalin-Zeit in Moskau gastierte, wurde es kein Erfolg. Ein auf Illusionen und Als-Ob-Verhalten erpichtes Publikum, das es gewohnt war, im Bolschoi-Theater garantiert echte Überschwemmungen und Feuersbrünste zu erleben, fand wenig Geschmack an Caspar Nehers schönen Einheitsdekorationen für den »Galilei«. Auch hier eine fast leere Bühne, mit einigen wertvollen Requisiten ausgestattet, die Helene Weigel als erfahrene Besucherin der Antiquitätenläden aufgestöbert hatte.

Die Weigel erzählte später in Berlin, etwas traurig, die Moskauer Bühnenarbeiter hätten kondoliert: Man sähe doch an den Dekorationen, wie arm es noch zuginge bei den deutschen Genossen.

VI. Mahagonny in Milwaukee

Die beliebten deutschen Fernseh- und Podiumsdiskussionen zur Frage, ob Brecht noch aktuell sei, oder jetzt bereits zum kulinarischen Theater gerechnet werde, muß dem amerikanischen Theaterbesucher, sieht man von einigen Workshops ab, nahezu ungereimt vorkommen. Für ihn bleibt dieser deutsche Promoter eines epischen Theaters, der emotionale Einfühlung den Leuten austreiben möchte, um der Aufklärung willen, immer noch verstörend. Das Kennedy Center in Washington hatte die Oper vom Aufstieg und Fall der Stadt Mahagonny, wie es sich geziemt, ganz kulinarisch inszeniert. Wohl eher an der Musik von Kurt Weill interessiert als an Brechts sonderbarer Geschichte von einer Netzestadt, wo alles erlaubt ist, mit Ausnahme der Pleite.

Die Aufführung kam von Washington nach Wisconsin und provozierte Unruhe. Volksgemurmel in Milwaukee noch vor dem Eröffnungsabend. Bei der Premiere sah man dann viele unauffällige Herren im Zuschauerraum. Nicht wegen der Soziologie oder Politik, mit denen es hier nicht so besonders weit her ist, sondern aus Gründen der Sittlichkeit. In Brechts säkularisiertem (und reduziertem) Katalog der Todsünden, die in Mahagonny nicht untersagt, sondern proklamiert werden, geht es bekanntlich auch um den »Liebesakt«. Zu diesem Zweck hatte sich der Regisseur aus Washington D.C. so etwas wie eine Herbertstraße in Hamburg einfallen lassen. Das ging nicht an und mußte bis zum Abend der Premiere abgeändert werden, worauf alles noch fader wurde.

Vieles wirkte an diesem Opernabend besser als meist hierzulande. Das Orchester spielte die Partitur von Weill aus erstklassiger Kenntnis der Jazzentwicklung, also nicht lustlos, wie deutsche Philharmoniker, denen es nicht an der Wiege gesungen wurde. Die Witwe Begbick war keine monumentale Schlampe, sondern eine attraktive Dame mit Energie und kommerzieller

Alltagsroutine. Keine Symbolfigur aus Babylon. Da war dann freilich noch der Schluß. Wo demonstriert wird, daß in Mahagonny den Menschen nicht geholfen werden kann: solange die Grundprinzipien dieser Stadt, worin Brecht schon vor fast 50 Jahren den Zustand einer »permissive society« vorwegnahm, nicht aufgehoben wurden: »Können uns und euch und niemand helfen.« Das hatten die Leute von Washington einfach weggelassen. Züge der Manifestanten am Schluß, doch ohne Brechts umgekrempelte Losungen, wo ein Hoch dort ausgebracht wird, wo die realen Demonstranten mit Nieder-Parolen zu arbeiten pflegen. Kulinarisches Theater hin oder her: dieser frühe Brecht war verstörend geblieben. Man änderte ihn ab.

VII. Verdi und andere Freuden

Eine Episode im Zuschauerraum der Metropolitan Opera in New York hat mich eine Weile beschäftigt. Das war auf dem ersten Balkon des neuen Gebäudes. Man gab den »Trovatore«: glänzende Stimmen in einer mäßigen Aufführung. Neben mir eine weiße Frau mit dunkelhäutigem Mann. Jung beide, doch nicht mehr so ganz. Während die wirren Vorgänge zwischen Zigeunern und Aristokraten abliefen, rückte die Begleiterin ihrem Begleiter hartnäckig auf den Leib. Es schien niemanden zu stören. Das berühmte Ärgernis wurde nicht genommen. Der Vorgang war auch keineswegs spektakulär. Beide folgten fasziniert der Aufführung. Der Mann vor allem, denn unten sangen die Leontyne Price und die Grace Bumbry. Da blieb wenig Gefühlskraft für Nebendinge.

Warum also davon reden? Weil die Frau, und damit der ganze Vorgang, weit entfernt war von dem, was man »hemmungslose Sinnlichkeit« nennen könnte. Die Parallelschaltung der Vergnügungen geschah eher aus Routine. Darin wiederholte sich, in etwas zugespitzter Form freilich, das übliche Verhalten der Theater- und Kinobesucher in jenem Lande. Man ist allenthalben aus auf Addierung der Genüsse. Kein Kinobesucher ohne Popcorn. Keine Speisekarte, wo nicht die schlichten Fleisch- oder Fischgerichte angeblich gesteigert wurden durch Addition von kalifornischen Früchten, Teilchen von Hummer oder Gänseleber. Jene

Nachbarin in der Oper tat auch nichts anderes. Sie addierte die Genüsse, und schwächte sie dadurch vermutlich ab. Keine Nymphomanin, sondern eine amerikanische Theaterbesucherin. Hier dürfte einmal, aus gegebenem Anlaß, von »Verfremdung« gesprochen werden.

VIII. Amerikanisches Theater und Women's Liberation

Im März 1973 gab es in der »New York Times« einen vehementen Angriff auf der Leserbriefseite gegen Thematik und Tendenz der neueren amerikanischen Dramatik. Eine der Women's Lib nahestehende Kritikerin zog Bilanz der neueren Schauspielerfolge am Broadway, wobei sie zu dem Schluß kam: hier werde immer wieder und sehr bewußt eine Welt der männlichen Kameradschaft evoziert, aus welcher die Frau ausdrücklich weggebannt bleibe.

Daß eine erfolgreiche amerikanische Dramatik der Fünfziger und Sechziger Jahre (Williams, Albee, der jüngst verstorbene William Inge und andere) ihre Theaterstücke nach dem Schema anlegte, wie ein Übermann, ein »Herrlichster von allen«, in eine Frauenwelt verschlagen wird und Verwirrungen der Gefühle provoziert, wurde schon seit einiger Zeit konstatiert. Man brachte es meist jedoch in Verbindung mit den persönlichen Vorlieben der Autoren.

Die jetzige Diskussion, die immer wieder neue Leserbriefe produzierte, brachte eine neue Etappe im offensichtlichen Einverständnis zwischen dem Theaterpublikum und den abgefeimten Praktikern des dramatischen Gewerbes. Man trägt im Augenblick die männliche Kameradschaft und stellt sie der angeblichen Misere des amerikanischen Familienlebens immer wieder entgegen. Kameradschaft im Krieg, nun ist Frieden im Alltag. Die schöne Zeit, als man zur siegreichen Baseballmannschaft des Colleges gehörte, nun wird man langsam alt, hat auch Familie. Die weiblichen Kritiker haben durchaus recht, wenn sie all diese Stücke, wozu ein Erfolgsschmarren »That Championship Season« gehört, als latent frauen- und familienfeindlich denunzieren. Immer wieder Erfolgsfilme, die ausschließlich aus männlicher Perspektive die Frauenwelt als eine Objektwelt schildern:

der Filmerfolg »Carnal Knowledge« gehört dazu. Gewiß, die Männer werden als zerstörte oder verstörte Alternde geschildert; die berühmte Nostalgie aber ist eine solche nach dem Männerbund des Colleges, Militärdienstes, Sportvereins. Immer wieder Augenblicke im amerikanischen Zuschauerraum, wo die Frauen, wenn es hell wird in der Pause oder am Schluß, etwas betreten dreinschauen, die Männer erregt und verschlossen.

Brecht, Beckett und ein Hund

I.

Ein Hund ging in die Küche
Und stahl dem Koch ein Ei
Da nahm der Koch sein Hackebeil
Und schlug den Hund entzwei.

Da kamen die andern Hunde
Und gruben dem Hund das Grab
Und setzten ihm einen Grabstein
Der folgende Inschrift hat:
Ein Hund ging in die Küche ...

(Brecht, Trommeln in der Nacht, Vierter Akt)

Un chien vint dans l'office
Et prit une andouillette.
Alors à coups de louche
Le chef le mit en miettes.

Les autres chiens ce voyant
Vite vite l'ensevelirent
Au pied d'une croix en bois blanc
Où le passant pouvait lire:
Un chien vint dans l'office ...

(Samuel Beckett, En attendant Godot, II)

A dog came in the kitchen
And stole a crust of bread.
The cook up with a ladle

And beat him till he was dead.

Then all the dogs came running
And dug the dog a tomb
And wrote upon the tombstone
For the eyes of dogs to come:
A dog came in the kitchen ...

(Samuel Beckett, Waiting for Godot, II)

II.

In Deutschland kennt jedes Kind den Rundgesang vom unglücklichen Schicksal des Küchenhundes; man kann ihn endlos wiederholen, was Kinder lieben, denn ihr ästhetisches Prinzip ge-
horcht dem Zwang zur Wiederholung, nicht den Reizkünsten
eines ewig Neuen. Überdies hat, was die Kinder nicht wissen,
während Brecht es bewußt einkalkulierte, die grausame Geschichte einen leisen Beiklang des Obszönen. Das gestohlene Ei
meint nicht ein Produkt aus Huhn und Hahn.
Brecht kam von diesem Kindergesang sein Leben lang nicht los.
In der Erstfassung des Dramas »Trommeln in der Nacht« (München 1923) ist der Hund schon im Text gegenwärtig. Allerdings
bloß als knappe Anspielung und Reminiszenz an eine allgemein
bekannte Story. Kragler singt nicht die Moritat vom Koch und
vom Hund, sondern zitiert sie bloß im Gespräch mit Glubb in
der Schnapsdestille: »Da nahm der Koch sein Hackebeil/und
schlug den Hund entzwei.«
Brecht liebte, wie bekannt, die volkstümliche Mischung aus Blut
und Sex. Auch hatte er Freude an strengen Urteilen, worin ord-
nungswidriges Verhalten in einer autoritären Gesellschaft über-
raschend scharf gebüßt werden muß. Zweimal erzählte er mir im
Lauf der Jahre dieselbe Geschichte. Zweimal lachte er heftig am
Schluß der Erzählung: Ein Vater geht mit seinem kleinen Sohn
spazieren. Er setzt das Kind auf eine ziemlich hohe Mauer und
fordert es auf, herunterzuspringen. Das Kind hat Angst und
wird beruhigt. Ich als dein Vater werde dich auffangen und es
wird dir nichts geschehen. Nun springt der Kleine, er wird nicht

aufgefangen, fällt zu Boden und weint. Darauf der Vater: »Damit du siehst, daß man sich auf niemand verlassen soll.« Er lachte dann sehr.

Man glaubt den Richter Azdak, oder den Arbeiter Kalle zu hören, der in den »Flüchtlingsgesprächen« vom Lehrer Herrnreitter berichtet, welcher den Kindern armer Leute schon am ersten Schultag die Lehre beibringt, daß man im Leben kein Pech haben darf. Viel später kommt Brecht in den »Übungsstücken für Schauspieler« wieder zurück auf den Hund und das Ei, den Koch und den Grabstein. Diese Schauerballade, die sich nicht von der Stelle bewegt und immer wieder zum komisch-grauslichen Anfang zurückkehrt, wurde mit Recht im Berliner Ensemble in die Inszenierung des »Messingkauf« eingebaut.

Im März 1954 gab Brecht endlich die Erlaubnis zum Neudruck seiner frühen Dramen und steuerte ein distanzierendes und distanziertes Vorwort bei mit dem Titel »Bei Durchsicht meiner ersten Stücke«. Darin äußerte er sich besonders irritiert über die Wiederbegegnung mit »Trommeln in der Nacht«, wenn es heißt: »In ›Trommeln in der Nacht‹ bekommt der Soldat Kragler sein Mädchen zurück, wenn auch ›beschädigt‹, und kehrt der Revolution den Rücken. Dies erscheint geradezu die schäbigste aller möglichen Varianten, zumal da auch noch eine Zustimmung des Stückschreibers geahnt werden kann«.

Folglich sei versucht worden, der politischen Schäbigkeit des ursprünglichen Textes durch behutsame Retuschen etwas abzuhelfen. Der proletarische Gegenspieler, von dem jedoch nur geredet wird, Neffe des Kneipenbesitzers Glubb, wird erwähnt und damit, wenngleich unsichtbar, als Alternative benannt zur kleinbürgerlichen Kläglichkeit Kraglers und der Seinen.

Viel eindringlicher hingegen war Brecht als Bearbeiter bei Neufassung jenes vierten Aktes vorgegangen, wo ursprünglich der Hund nur als kurzes Zitat auftauchte. Jetzt singt Kragler, bösartig und betrunken, die ganze Jammergeschichte bis hinab zur ewigen Wiederholung. Damit demonstriert er, nach dem Willen seines Autors und Neubearbeiters, eben diese kleinbürgerliche und fatalistische Grundposition.

Als Brecht sich, vermutlich im Laufe des Jahres 1953, an diese Neufassung des Jugenddramas machte, gab es bereits das Stück »Warten auf Godot« von Samuel Beckett; sogar eine deutsche

Übersetzung von Elmar Tophoven war erschienen. Brecht hatte sie gelesen. In seinem Nachlaß fand man eine Ausgabe des Stükkes mit handschriftlichen Veränderungen des Beckett-Textes durch Brecht. (Weitere Einzelheiten darüber bei Werner Hecht, einem der Herausgeber der großen Brecht-Ausgabe. In: Werner Hecht, Aufsätze über Brecht, Berlin 1970, S. 118 ff.). Brecht war ursprünglich darauf aus gewesen, das Stück von Beckett für sich und möglicherweise für eine Aufführung am Schiffbauerdamm zu bearbeiten. Die Anmerkungen und Entwürfe lassen sogar erkennen, wohin diese Bearbeitung Becketts durch Brecht führen sollte: in das gesellschaftlich Konkrete: Die scheinbare Abstraktion der Clowns bei Beckett mißfällt dem marxistischen Dramaturgen Brecht. Er macht aus Wladimir einen »Intellektuellen« und aus Estragon einen »Proleten«, womit man abermals bei den Brechtschen »Flüchtlingsgesprächen« angelangt wäre: zwischen dem Proleten Kalle und dem Intellektuellen Ziffel. Herr und Knecht aber bei Beckett werden gleichfalls soziologisch genauer situiert. Lucky sei ein »Esel oder Polizist«, während der Bearbeiter aus Pozzo, dem er einen Adelstitel beilegt, einen Gutsbesitzer zu machen gedenkt, folglich einen neuen Herrn Puntila.

Damit hat im Grunde der Plan einer Beckett-Bearbeitung von innen her bereits ein natürliches Ende gefunden. Die geplanten Umfunktionierungen Becketts hätten nichts Neues für Brecht ergeben, bloß eine Wiederholung des »Puntila« und der »Flüchtlingsgespräche«.

Bei diesem Versuch einer Bearbeitung jedoch stieß Brecht – gleich zu Beginn des Zweiten Aktes von »Warten auf Godot« – abermals auf die Lieblingsgeschichte vom Hund und vom Koch und von der Perspektive einer »schlechten Unendlichkeit«, mit Hegel zu reden. Didi wartet auf Gogo und reproduziert, voller Anstrengung, diese Geschichte. Beckett hat sich alle Mühe gegeben, zunächst in der französischen, dann in der eigenen englischen Fassung, die Kindermoritat getreulich nachzudichten. Im französischen Originaltext gibt das Würstchen (l'andouillette), noch einen leisen Beiklang zu dem »Ei«. Die englische Fassung hat offensichtlich auf die Assoziation verzichtet.

Daß Beckett die Geschichte gekannt hat und sicher nicht erst bei Brecht entdeckte, ist evident. Brecht hingegen wurde möglicherweise, während er *gleichzeitig* seine Jugenddramen bearbeitete *und* das Stück von Beckett zu manipulieren suchte, erneut auf Hund und Koch und Wiederholung gebracht. Beweisbar ist es sicher nicht, auch vielleicht nur für Philologen von Bedeutung: daß erst diese Wiederbegegnung über Beckett die Ausführlichkeit erklärt, die Brecht bei Neubearbeitung von »Trommeln in der Nacht« jenen Kinderreimen beimißt, die in der ursprünglichen Fassung des Stückes nur als Zitat und Erinnerungsfetzen verwandt worden waren.

Was es mit der endlosen Moritat auf sich hat, wußte Brecht von jeher. Erst der bewußt metaphysische Gebrauch jedoch, den Beckett davon macht, mag den Stückeschreiber Brecht veranlaßt haben, dieselbe Geschichte mitsamt ihrer Metaphysik für den neugedeuteten Andreas Kragler zu übernehmen: als äußerste Verfremdung.

Konfrontiert man von hier aus diese beiden Stücke, den »Godot« und die endgültige Fassung von »Trommeln in der Nacht«, so ist der Hund in beiden Fällen zum Symboltier geworden. Unschwer ließe sich eine vergleichende Dramaturgie Becketts und des späten Brecht mit Hilfe dieses Hundes realisieren.

III.

Die Geschichte vom Hund und seinem Grabstein stellt sich als ein unendlicher Progreß dar, denn zuerst ereignet sich die Geschichte, wird dann auf dem Grabstein berichtet, um immer weiter und endlos sich als Bericht eines Berichts eines Berichts usf. zu präsentieren. Die Unendlichkeit ist auch hier eine rein quantitative. In seiner »Wissenschaft der Logik« sagt Hegel darüber im Ersten Teil, der von der »objektiven Logik« handelt: »Der Progreß ist daher nicht ein Fortgehen und Weiterkommen, sondern ein Wiederholen von einem und eben demselben, Setzen, Aufheben und Wiedersetzen und Wiederaufheben; eine Ohnmacht des Negativen, dem das, was es aufhebt, durch sein Aufheben selbst als ein Kontinuierliches wiederkehrt«.

Folgerichtig kommt Hegel später im »System der Philosophie« abermals darauf zurück, und weiß hier auch – höhnisch – zu erklären, warum man bei dieser Form der Unendlichkeit, im Gegensatz zu Kant, keinerlei Ergriffenheit verspüren könne. In der

Tat kennen wir, nach erstem Lesen der Grabinschrift, die Geschichte und sind nicht bereit, sie als Moritat endlos weiterzuschildern. Hegel erklärt auch, warum dem so ist: »Soviel ist nun allerdings richtig, daß wir es zuletzt bleiben lassen, in solcher Betrachtung weiter und immer weiter vorzuschreiten, jedoch nicht um der *Erhabenheit*, sondern um der Langweiligkeit dieses Geschäfts willen«. (Hegel, System der Philosophie, § 94)

IV.

Wie einschneidend die Neubearbeitung des Vierten Aktes von »Trommeln in der Nacht« gemeint war, verrät schon ein Vergleich der Überschriften. In der ursprünglichen Fassung wird der Akt unter das Signum »Der Schnapstanz« gestellt. Es ist eine krude Benennung des wichtigsten Handlungselements, ähnlich wie »Pfeffer« im Zweiten oder »Das Bett« im Fünften Akt.

Bei der Neubearbeitung um 1953 hat Brecht vier Überschriften beibehalten, diejenige des Vierten Aktes jedoch abgeändert. Nichts mehr vom Schnapstanz. Nun lautet der Akt-Titel: »Es kommt ein Morgenrot«. Ein Zitat also aus der Moritat vom toten Soldaten. Leises Erklingen einer utopischen Melodie. Aber das Zitat steht in der Klammer. Entsprechend ist auch die dramaturgische Anlage wesentlich verändert. Brecht arbeitet jetzt mit dem erprobten Handwerkszeug einer Verfremdungstechnik, deren Fehlen er gerade im Falle der Urfassung des Stückes ausdrücklich bedauert hatte.

Die Urfassung des Stückes freilich wies schon Elemente der Sprachparodie auf. Sprachmelodien der Wagnerianer und des Antiwagnerianer Brecht wurden von Anfang an scharf gegeneinander gestellt in einem Stück, dessen Motto sein sollte: »Glotzt nicht so romantisch«.

Erst in der Neufassung jedoch werden die ideologischen Gegensätze durch drei verschiedene *Songformen* ausgedrückt. Von hier aus wird die ideologische wie dramaturgische Bedeutung der Moritat vom Hund und vom Koch erst verstehbar.

Die ursprüngliche Fassung hatte mitgeteilt: »Das Drama spielt in einer Novembernacht von der Abend- zur Frühdämmerung«. November-Revolution des Jahres 1918. Die Neufassung verlegt

die Handlung hingegen in den Januar 1919, also die Zeit der Ermordung von Karl Liebknecht und Rosa Luxemburg. Zwar hat
Brecht unbekümmert den ursprünglichen Hinweis auf die Zeit
der Handlung bei der Neuausgabe beibehalten, allein der »Besoffene Mensch« singt jetzt in der Neufassung:

> Meine Brüder, die sind tot
> Und ich selbst wär's um ein Haar
> Im November war ich rot
> Aber jetzt ist Januar.

Drei miteinander kontrastierende Positionen; drei gesungene
Monologe und Bekenntnisse. Der Destillateur Glubb sympathi-
siert mit den Spartakisten und der Revolution. Sein Neffe gehört
offensichtlich zu Liebknecht und Rosa Luxemburg. Glubb singt –
diesen Hinweis hat Brecht schon in der Urfassung – die »Moritat
vom toten Soldaten«. Er singt also Brecht, und damit die Verse:

> Die Sterne sind nicht immer da
> Es kommt ein Morgenrot.
> Doch der Soldat, so wie er's gelernt
> Zieht in den Heldentod.

Der Besoffene Mensch war offensichtlich im November 1918 ein
Mann der Revolution gewesen. Aber nun hat er sich zurückgezogen. Glubb scheint ihn verächtlich zu finden. Vielleicht hängt die
Betrunkenheit mit einer inneren Verwundung dessen zusammen,
der einmal solidarisch gewesen war, es nun aber nicht mehr sein
will. Auseinanderfallen des Privaten und des Öffentlichen.
Die dritte Position bezieht Andreas Kragler. Sein gesungenes
Leitmotiv – als Moritat vom Hund gegen Glubbs Moritat vom
toten Soldaten gestellt – besingt die ewige Wiederkehr des Gleichen. Kragler ist gleichfalls betrunken und läßt das Orchestrion
spielen. Als Gegenlied zu Glubb und zum Entsagungssong vom
November und Januar intoniert er, herumhopsend mit Auguste,
den Rundgesang vom Hund und vom Ei.
Der Besoffene Mensch wandelt sein Liedchen ab und wird noch
deutlicher:

Meine Brüder, die sind ja tot, ja tot.
Selber wär ichs beinah um ein Haar.
Im November war ich rot, ja rot
Aber jetzt ist Januar.

Bedauern klingt mit. Die Innerlichkeit des Besoffenen ist noch rot, aber die Praxis strebt dahin, weiß zu werden. Der Gegenrevolution gefügig zu sein.

Die Position des Besoffenen Menschen wird von Brecht als Haltung reformistischer Sozialdemokraten verstanden. Innen rot und außen weiß. Glubb und der Neffe stehen für die Revolution. Kragler aber ist der Kleinbürger, der *ohne Bedauern* die Position Weiß bezieht. Der Besoffene Mensch war noch zerrissen zwischen revolutionärer Innerlichkeit und realer Nichtaktion. Kragler wählt die entschiedene Aktion dessen, der die Revolution ablehnt und als romantische Flausen denunziert.

Zur ideologischen Rechtfertigung dient ihm das Schicksal des armen Hundes. Der hatte aufbegehrt, war vernichtet worden, Solidarität der anderen Hunde blieb ohne Bedeutung für einen toten Hund. Später singen die Männer in der Oper vom »Aufstieg und Fall der Stadt Mahagonny« die schöne Zeile: »Können einem toten Mann nicht helfen«.

Übrig bleibt, wenn man die Geschichte vom Hund und vom Koch in Praxis verwandelt, der Nachruhm auf einen toten Hund, der einmal zugebissen hatte. Sein Ruhm geht durch die Geschichte und die Zeit. Aber als schlechte Unendlichkeit. Endlos, doch langweilig.

So will der Kleinbürger Kragler es sehen. Brecht hat sich, weil er diese Interpretation der Moritat bedenklich findet, in der Neufassung seines Jugenddramas gänzlich von Kragler entfernt. Kragler besingt die schlechte Unendlichkeit und die ewige Wiederkehr des Gleichen. Der Marxist Brecht aber weiß, was von alledem zu halten ist.

V.

Der einzige Hinweis offenbar auf den Dualismus der Moritat vom Hund bei Brecht und Beckett findet sich in einer bisher ungedruckten Chikagoer Dissertation von 1970: »The Dialectic and the early Brecht. An interpretative study of Trommeln in der Nacht.« Unter dem Titel hat der amerikanische Germanist David Bathrick zunächst gleichfalls die Bedeutung der Songs als ideologische Kommentare herausgearbeitet. Er kommt dann auf Hund und Koch zu sprechen und meint: »It is interesting that Act II of Waiting for Godot opens with a recitation of this same ditty. Beckett was obviously interested in the circularity of its structure (the last line of the second stanza introduces the first line of the first stanza like a round) as well as the horror of its message. Both are important for Trommeln in der Nacht as well.«

Freilich scheint dieser Hinweis eine gleichförmige Position von Brecht wie von Beckett gegenüber jener Kreisbewegung und schlechten Unendlichkeit vorauszusetzen. In Wirklichkeit wird gerade hier – nämlich in der durchaus kontrastierenden Funktion der Moritat bei Brecht und Beckett – der ideologische Gegensatz besonders evident.

An der Art und Weise, wie Brecht den Achtzeiler des Rundgedichts vom Hund als Übungsstück für Schauspieler manipulieren möchte, kommt sein Gegensatz zu Beckett ungemein klar zum Ausdruck. Brecht meint (Schriften zum Theater, 5, S. 208) solche Rundgedichte seien eine gute Übung für den Schauspieler eines epischen Theaters. Daher empfiehlt er: »Die Achtzeiler werden jeweils verschieden im Gestus aufgesagt wie von verschiedenen Charakteren in verschiedenen Situationen. Die Übung kann auch noch zur Erlernung der Fixierung der Vortragsart benutzt werden.« Die Schauspieler seines Berliner Ensembles haben sich bei Darstellung der dramatisierten Brecht-Dramaturgie im »Messingkauf« daran gehalten.

Äußerste gestische und mimische Aktivität wird also vom Stückeschreiber empfohlen bei der Präsentierung eines Textes, welcher alles Geschehen als sinnlos erklären muß. Für Brecht ist das Rundgedicht ein Kunstgriff zum Erlernen der Verfremdungspraxis. Während andere Übungsstücke für Schauspieler die Aufgabe stellten, berühmte dramatische Szenen von Shakespeare oder Schiller technisch zu episieren, soll der Schauspieler an der Rundgeschichte lernen, wie man einen epischen Bericht »dramatisiert«. Was Komik erzeugen muß und erzeugen soll. Die ohnmächtige Unendlichkeit des Rundgedichts paßt ausgezeichnet in das dialektische Konzept. Auch der Zuschauer lernt was dabei, wie Brecht vermutet, die Unterscheidung nämlich zwischen realer und theatralischer »Praxis«.

VI.

Bei Beckett ist der Hund schon im dramaturgischen Aufbau des Stückes »Warten auf Godot« sehr bevorzugt behandelt. Die ersten Worte zu Beginn des Zweiten Aktes lauten: »Ein Hund kam in ...«. Vorangegangen allerdings, was wichtig ist, war sehr viel stumme Aktivität des Wladimir nach seinem Auftritt. Bekanntlich steht dieses Stück – dramatisch wie dramaturgisch – unter dem Signum der *Wiederholung*. Bei den ersten Aufführungen empfand es das auf herkömmliche Reize erpichte Publikum als Zumutung, nach der Pause scheinbar bloß noch eine Reproduktion des bereits auf der Bühne Produzierten miterleben zu müssen. Daher beginnt der Hinweis für Akt II mit den Worten: »Am nächsten Tag, um dieselbe Zeit, an derselben Stelle.« (Next day. Same time. Same place.) Didi entfaltet viel Tätigkeit, läuft, steht, untersucht, ist tatbereit und beginnt auf dem Höhepunkt seiner Aktionslust »aus voller Brust« (loudly) zu singen. Zunächst das konventionelle Mißgeschick des Clowns, der zu hoch ansetzt und lernen muß, seine Kunstäußerung zu kontrollieren. Dann singt er los, vom Hund, vom Koch, vom Tod und von der Grablegung. Hier stockt er zum ersten Mal, wird nachdenklich und beginnt von Neuem. Er greift zurück auf die Solidarität der anderen Hunde und die Grablegung. Wieder geht es unaufhaltsam mit dem Gesang weiter durch die Geschichte. Didi stört es nicht, daß er jetzt bereits ebenso flott und aktivistisch wie zu Anfang die Geschichte *reproduziert*, die er vorher geschildert und besungen hatte. Offensichtlich macht er sich den Unterschied zwischen erstem Bericht und Bericht über Bericht gar nicht klar. Für ihn ist alles auf einer einzigen Ebene.

Wieder freilich kommt er, auch bei der Wiederholung, auf die Geschichte vom Grab und der Grablegung. Abermals Wiederholung der Wiederholung. Nachdenklichkeit und neuer Ansatz. Diesmal aber geht es nicht weiter. Er versucht es noch einmal, singt jetzt aber »etwas leiser (softly)«. Es will aber nicht weitergehen. Das Ende ist das Grab, nicht der Grabstein. Er schweigt, steht bewegungslos, dann jagt er wieder fieberhaft und wild tätig über die Bühne. Der Zweite Akt ist bereits Reproduktion. Indem der Clown Wladimir ihn eröffnet mit einem Rundgesang der endlosen Reproduktion, intoniert er, nach Becketts Absicht, gleichzeitig die Form und die Essenz dieses Aktes – und damit die Struktur des ganzen Stückes. Aktivität wird überall konfrontiert mit erstarrten Situationen. Dieselbe Szenerie, Zeit, Örtlichkeit. Ob aber Produkt oder Reproduktion: am Schluß steht immer das Grab. Das allein vermag Didi zu verstören. Er bleibt bis zum Schluß ein Idealist und ein Mann der Tätigkeiten. Immer neue Hoffnungen, neues Warten auf Godot, nichts scheint ihn zu beirren. Bloß wird er stets von Neuem nachdenklich beim Gedanken, daß der Hund tot ist und begraben wird. Bis zu jener verhängnisvollen Zeile war der Rundgesang für ihn bloß eine Form der Aktivität, Produktion von Kunst, ästhetischer Überbau. Er sang laut aus Tatendrang. Allein das »Kunstwerk« hatte sich an der Realität festgehakt. Didi hatte sich zu leichtfertig seiner Einfühlung überlassen. Plötzlich sprach die Kunst vom Tode und vom Grab, und so wirkte sie verstörend hinein ins »Leben«.

Daß es Beckett hier abermals ankommt auf die Gegenüberstellung von Geschichtslosigkeit und subjektiver Geschichtsgläubigkeit, ist unbestreitbar. Daß er vielleicht ähnliche philosophische Konzeptionen hat wie der – humanistisch gebildete – Andreas Kragler, ließe sich zeigen. Wichtiger ist, bei diesem merkwürdigen Dualismus von Brecht und Beckett im Zeichen eines Hundes, das Spiel des Dramatikers Beckett mit einer Dramaturgie der *Einfühlung*, wobei er sich, ironischerweise, jenes Rundreims vom Hund und vom Koch und vom Grab bedient, den Bertolt Brecht als besonders glückliches Beispiel empfand, um daran die Dramatik und Dramaturgie der *Verfremdung* zu demonstrieren.

Die Geburt der Tragödie aus dem Geiste
des Grand Magic Circus
»Der Ring des Nibelungen« in Patrice Chéreaus
Bayreuther Inszenierung

Verstehen wir doch jetzt, was es heißen will, in der Tragödie zugleich schauen zu wollen und sich über das Schauen hinaus zu sehnen.

Friedrich Nietzsche, Die Geburt der Tragödie aus dem Geiste der Musik.

Es liegt nahe, bei einem Bayreuth-Bericht aus dem Jahre 1976 zuerst vom Publikum zu sprechen. Das freilich ist notwendig, denn dabei entsteht unvermeidlicherweise ein politisches Gespräch. Andererseits ist dergleichen auf die Dauer ermüdend. Es gab turbulente Proteste mit Exzessen, die am Schlußabend offensichtlich darauf hingelenkt wurden, den Abbruch des dritten Aktes der »Götterdämmerung« zu erzwingen, was mißlang, weil Pierre Boulez unbeirrt weiterdirigierte. Wer die letzten Jahrzehnte in Bayreuth miterlebte, konnte jedoch bloß eine quantitative Steigerung des Lärms und den Einsatz neuer Lärminstrumente konstatieren. Im Prinzip hatte sich an der Motivation der unentwegten Altbayreuther kaum etwas geändert. Sie selbst, oder ihre Eltern, hatten sich im Jahre 1934 insgeheim entrüstet, als eine neue Dekoration des »Parsifal« dargeboten wurde, um jene uralte Kulisse vom Jahre 1882 zu ersetzen, worauf bekanntlich, wie wörtlich geschrieben wurde, »noch das Auge des Meisters geruht hatte«. Damals freilich wagte man nicht, im Festspielhaus zu demonstrieren. Es hatte sich herumgesprochen, daß der Führer und Reichskanzler höchstpersönlich die neue Dekoration bestellte und gebilligt hatte.

Tobende Entrüstung gegen Wieland Wagner im Jahre 1956, als er es wagte, seine Konzeption der »Meistersinger ohne Nürnberg« vorzuführen, wie die Gegner spotteten. Auch bei seiner Inszenierung des Nibelungenrings im Jahre 1965, ein Jahr vor dem frühen Tode, wurde der Regisseur Wieland Wagner mit

Buhrufen empfangen. Wütende Exzesse des Protestes im Jahre 1972 gegen die Bayreuther Inszenierung des »Tannhäuser« durch Götz Friedrich. Franz Josef Strauß schrieb einen Leserbrief. Auch Udo Jürgens griff zur Feder; mit mehr Kompetenz und Sachverstand. Strauß war dagegen, Jürgens dafür. Ein Jahr später konnte sich Götz Friedrich bei der Wiederaufnahme seiner Inszenierung für einhelligen und jubelnden Beifall bedanken.

Im Jahre 1934 wurde die Tempelschändung beklagt; im Jahre 1956 war Wieland Wagner ein unwürdiger Enkel; im Jahre 1972 zeterte man über den »Kerl aus Ostberlin«. Diesmal hörte man haßerfüllte Reden gegen »die linken Franzosen«. Spaßvögel erklärten: dies sei eine französische Rache für 1871. Besagte Witzbolde übersahen dabei freilich, daß jene Rache bereits zweimal und höchst wirkungsvoll gewaltet hatte, und nicht bloß auf dem Theater: in den Jahren 1918 und 1945.

Bayreuth war ein Jahrhundert lang ein Politikum, und die Festspiele dieses Jahres sind es nicht minder. Bei der Pressekonferenz demonstrierten vor dem Glasfenster des Restaurants die treuen Wagnerianer: zumeist im jugendlichen Alter. Auf den Tafeln standen markante Fragesprüche wie »Gesamtkunstwerk oder Kitsch?« oder auch: »Mythos oder Blechtrommel?« Freundbilder und Feindbilder mithin scharf akzentuiert. Das Gute ist authentisches Gedankengut des Meisters, woran nicht gerüttelt werden darf. Es ist überdies mythisch, was immer das sein mag. Auf der Pressekonferenz beklagte ein italienischer Professor, in Chéreaus Inszenierung komme der »Kosmos« zu kurz. Chéreau antwortete, übrigens in ausgezeichnetem Deutsch, darunter könne er sich nichts vorstellen.

Den Protesten im Publikum hatten sich unverkennbar auch Proteste innerhalb des Bühnenraums zugesellt. Ein gefeierter Bassist, der keine Gelegenheit vorübergehen läßt, offen zu verkünden, daß er auf ein abermals erwachendes Deutschland gesetzt hat, fand Bundesgenossen bei der Bühnentechnik und im Orchester. Die hervorragenden Solisten freilich der Ring-Tetralogie hatten sich mit leidenschaftlicher Überzeugung für die Konzeption des Spielleiters Chéreau und des Musikers Pierre Boulez eingesetzt. Eine Photographie erschien in der Tagespresse, wo Patrice Chéreau, den man soeben vor dem Vorhang ausgebuht hatte, hinter der Bühne von Ovationen seiner Solisten empfangen wird. Dem Dirigenten Boulez freilich ging es mit dem Festspielorchester weit weniger gut. Es gab Widerstände gegen seine Konzeption. Am Schlußabend häuften sich die Patzer bei den Hornisten, Flötisten, beim Blech. Es war schwer, dabei an Zufall zu glauben. Unwahrscheinlich auch, aller technischen Schwierigkeit der Inszenierung ungeachtet, daß es bei gutem Willen zu den vier markanten Pannen beim Vorhangziehen gekommen wäre. Ungeklärt blieb schließlich die auch in der Pressekonferenz vernehmlich gestellte Frage, warum plötzlich, mitten in der »Götterdämmerung«, hinter der Bühne eine Autohupe zu hören war. Sie gehörte zu einem Fahrgestell der Bühnentechnik. Fahrlässigkeit oder ein »dummer Scherz«, wie Wolfgang Wagner als Alternative mitzuteilen hatte? Nehmen wir an, daß es ein Versehen war.

Zur Reaktion der Mitwirkenden und des Publikums gehörte alles, was am Vorabend der Ring-Premiere auf dem Festspielhügel produziert worden war. Die griechische Tragödie, als deren Nachfolger und Fortsetzer sich Richard Wagner verstand, darin philosophisch unterstützt durch Friedrich Nietzsches Buch über »Die Geburt der Tragödie aus dem Geiste der Musik«, war im Athen des fünften vorchristlichen Jahrhunderts als Trilogie konzipiert worden. Ihr pflegte ein Satyrspiel zu folgen, um den kathartischen Abschluß zu bilden.

Richard Wagners Musikdrama als neue Form der Tragödie aus dem Geiste der Musik ist als Tetralogie aufgebaut. Ein Satyrspiel fehlt. In Bayreuth jedoch wurde es, entgegen altgriechischer Tradition, am *Vorabend* geboten bei der festlichen Säkularfeier der Festspiele. Karl Böhm war als Dirigent gewonnen worden. Nach langen Jahren des Fernbleibens kehrte er für einen Abend nach Bayreuth zurück.

Wer an den darauffolgenden Tagen beim Nibelungenring die Erfindungskraft des Bühnenbildners Richard Peduzzi und die klug ausgedachten Kostüme von Jacques Schmidt bewundern durfte, erinnerte sich nur noch mit Ärger an Bilder und Farben der Nürnberger Festwiese und die albernen Witzchen der Lehrbuben, der Zunftvertreter, an das Elend einer noch dazu kaum durchprobierten Regieroutine.

Richard Wagner wurde im Festspielhaus gepriesen in vier schönen Reden. Walter Scheel war »ausgewogen«, wie zu erwarten stand. Er sei kein Wagnerianer, doch ebensowenig ein Antiwagnerianer. Die Beziehung zwischen Meister und Führer wurde nicht ausgespart, was den eingeladenen Gästen aus der Stadt Bayreuth mißfiel. Man fand es unpassend, daß der Präsident der Bundesrepublik Deutschland eine »politische« Ansprache gehalten hatte. Wo aber, wäre zu entgegnen, gäbe es einen besseren Anlaß für eine politische Rede, als eben hier und an diesem Abend?

Der Ministerpräsident des Freistaates Bayern bekam viel Jubel. Alfons Goppel versicherte treuherzig, daß Bayern und die Bayern stets fest und treu, voran offensichtlich die Bürokraten in München, zu Richard Wagner gestanden hätten. Im Geschichtsbuch liest man es anders. Dann frönte der Münchener Regierungschef der deutschen Sitte, wonach die wirklich oder scheinbar großen Männer stets paarweise bei uns aufzutreten haben: Bach und Beethoven, Schiller und Goethe, Kant und Hegel, Bismarck und Moltke. Goppel trieb sie, die wirklich oder vermeintlich großen Männer, in seiner Rede zu Paaren ins bayerische Pantheon. Richard Strauss und Max Reger, den Egk und den Orff, es war kein Halten mehr. Schließlich wurden auch noch Jugendstil und Expressionismus völlig zum bayerischen Gegenstand.

Der Bayreuther Oberbürgermeister zählte auf, was Bayreuth für Richard Wagner geleistet hat. Er hatte die leichteste Aufgabe, denn Schönfärberei war diesmal entbehrlich. Der Festspielleiter schließlich und Enkel Richard Wagners hatte eine kurze Ansprache vorbereitet, die er jedoch nicht verlas, sondern am nächsten Tag verteilen ließ. Der Gegensatz zur Redefreudigkeit seines Großvaters war evident.

Der Abschluß des Festes war gut ausgedacht. Da ein demokratisches Fest in jenem Sinne, den sich der utopische Sozialist und Revolutionär Richard Wagner einst erträumt hatte, auch hundert Jahre nach Eröffnung der Bayreuther Festspiele nicht zu erwarten stand, hatte man etwas wie eine verlängerte Festwiese der »Meistersinger von Nürnberg« konzipiert. Das Bayreuther Volk, das sich hier eingefunden hatte, und auf Holzbänken rund um das Festspielhaus die Würstchen aß und das Bier aus dem Pappbecher trank, war kleinbürgerlich gleich jenem Volk im Schlußbild der Meistersinger, das den Merker Beckmesser auslacht, den Junker Stolzing begabt und sympathisch findet, vor allem aber dem Schuhmacher und Poeten Hans Sachs zujubelt. Wem wurde diesmal zugejubelt? Wohl kaum dem Festspielleiter, denn Speise und Trank mußten bar bezahlt werden. Noch weniger der Bundesprominenz, die nichts bezahlen mußte und im Festspielrestaurant sorglich abgeschirmt war durch viel fränkische Polizei.

Man benahm sich innerhalb der Festspielmauern wie draußen, als hätte man, gleich dem jungen Siegfried aus der »Götterdämmerung«, einen *Vergessenstrank* heruntergeschluckt. Da nichts ernstgenommen wurde an diesem Eröffnungsabend: nicht die Bühnenleistung, nicht die geistige Auseinandersetzung mit einer hundertjährigen Geschichte dieser Institution, erst recht nicht die utopische Grundkonzeption Richard Wagners, präsentierte sich die Festivität als vorangestelltes Satyrspiel ohne Lust und Laune, als Abend der Beschönigung und der Verdrängung.

Damit freilich war es am nächsten Tage zu Ende, als sich der Vorhang hob zum ersten Bild des »Rheingold«. Plötzlich war Gleichzeitigkeit hergestellt worden zwischen dem Werk Richard Wagners und seinen Zuhörern vom Jahre 1976.

Die Grundfrage für jede Inszenierung der Ring-Tetralogie, die vor jeglicher Einzelheit beantwortet werden muß, lautet bekanntlich: Wann und wo spielt Richard Wagners »Ring des Nibelungen«? Die herkömmliche Replik, das Werk des Meisters spiele natürlich im mythischen Bereich, vermag nicht zu genügen. Auch Mythen sind datierbar. Patrice Chéreau als Spielleiter entschied sich zusammen mit seinem Bühnenbildner Richard Peduzzi und dem Kostümbildner Jacques Schmidt eindeutig dahin, die vier Abende innerhalb der bürgerlichen Gesellschaft spielen zu lassen. Damit waren die alten Germanen von vornherein ausgeschaltet. Blieb die Sorge, was mit den Göttern anzustellen sei, mit den Rheintöchtern und Nornen, den Riesen und Zwergen. Chéreau ging von dem Grundkonzept aus, daß man dem chronologischen Fortgang der Handlung innerhalb der vier Abende nicht unbedingt vertrauen dürfe. Das war richtig. Wotan im »Rheingold« ist verändert bereits in der »Walküre«; im »Siegfried« büßt er sogar den Namen ein und tritt bloß noch als »Der Wanderer« auf. Der junge Siegfried, den Chéreau in seiner Inszenierung kräftig »demontierte«, nach eigenem Eingeständnis, weil er einen Typ nicht liebt, der sich ein Schwert schmiedet, zwei Menschen erschlägt und unbekümmert weiterzieht, um die Braut zu freien, ist wesentlich verändert in der »Götterdämmerung«. Siegfried im Smoking und in der feinen Gesellschaft der Gibichungen am Ufer des Rheins hat das Fürchten gelernt, was heißen soll: er hat sich der bürgerlichen Gesellschaft angepaßt, den Gunthers und Gutrunen.

In Bayreuth wird dies aber nicht als ein zeitliches Nacheinander dargestellt, sondern als ein dialektisches Nebeneinander verschiedener Bewußtseins- und Gesellschaftsschichten. Die von Ernst Bloch immer wieder entwickelte Interpretation gesellschaftlicher und ideologischer »Ungleichzeitigkeiten« tritt hervor an diesen vier Theaterabenden. Weshalb es Chéreau sorgfältig vermied, innerhalb der Fixierung auf die bürgerliche Gesellschaft zwischen Neuzeit und Jetztzeit, also zwischen 1876 und 1976, allzu konkret zu werden. Es gibt in Bayreuth nicht, wie in Kassel, eine Architektur der Reichskanzlei; ebensowenig eine Evokation, wie in Leipzig, des Capitols von Washington beim Brand von Walhall. Umgekehrt hat man oft den Eindruck, und zwar gerade bei den gelungensten szenischen und bildlichen Visionen, daß Chéreau und Peduzzi *bemüht waren, auch unsere scheinbare Gegenwart bereits als historische Vergangenheit darzustellen.* Das ist nicht verwunderlich, denn die Tetralogie, die bekanntlich als Götterdämmerung ausläuft, repräsentiert sich, zum erstenmal aufgeführt vor hundert Jahren, als ein *Endspiel* im modernen Sinne. Von hier aus führt der Weg weiter zu Karl Kraus und den »Letzten Tagen der Menschheit«, und weiter zu den Endspielen eines Samuel Beckett. Es ist deshalb folgerichtig, wenn die szenische Interpretation eine Welt vorführt, die bereits gestorben ist, auch wenn sie, mit Smokings und Karabinern und weißen Abendkleidern, scheinbar lebendige Gegenwart zu sein behauptet. Der Bühnenbildner Peduzzi arbeitet deshalb mit Collagen und Bildzitaten. Auch Chéreau hat gelegentlich mit Zitaten gearbeitet. Im zweiten Akt der »Walküre« wirkt Wotan, wenn er seine Vergangenheit der Lieblingstochter erzählt, in bewußter Imitation, wie der alternde »Leopard« Burt Lancaster im Film von Visconti. Viele Bildzitate: von den Friedhofsbildern jenes Arnold Böcklin, der Richard Wagners Bildphantasie immer wieder anzuregen wußte, bis zu Chirico oder Dali. Wenn Siegfried in der

Verkleidung als Gunther das Feuer durchschreitet, um Brünhilde für den König der Gibichungen zu freien, erscheint er in Gunthers Smoking mitten in der mythischen Welt des Walkürenfelsens und der Waberlohe. Das Erschrecken der Zuschauer bei diesem Anblick ist legitim: allein es entspringt einer genauen Analyse der dramatischen Situation wie der Musik. Nachher erinnert man sich, gleichsam in diesem Augenblick ein Bild von René Margritte gesehen zu haben.

Die Welt des Nibelungenrings strotzt von abscheulichen Aktionen der Geilheit und Mordlust. Vor Jahrzehnten hat ein Wagnerianer und strebsamer Jurist die vier Abende nach »strafbaren Handlungen« im Sinne unseres Strafgesetzbuches untersucht. Das ergab eine stattliche Broschüre. Chéreau beschönigt nichts. Morden ist abscheulich, und Sterben sehr häßlich. Ein entsetztes Publikum im Festspielhaus bekommt das vorgeführt. Wer hinterher freilich den Text nachliest, um sich über die Willkür des Spielleiters zu entrüsten, muß immer wieder feststellen, daß Chéreau genau las und eifrig bemüht war, die Regieanweisungen Richard Wagners zu befolgen.

Daraus ergab sich mit Notwendigkeit *ein Kontrast zwischen 1876 und 1976*. Der war bewußt und gewollt. Indem Wagners Theatervorstellungen von 1876 peinlich genau befolgt werden, entsteht Belustigung als Folge der zeitlichen Distanz. Zu den sichtbar gemachten Widersprüchen innerhalb des Werkes treten, gleichsam als Verschärfung der Interpretation, die Gegensätze zwischen einstiger und heutiger Theater-Erwartung.

Um diese Widersprüche sichtbar zu machen, bedient sich Chéreau aller modernen Techniken des Theaters, des Musicals, des Balletts und nicht zuletzt des *Zirkus*. Wenn die Riesen Fafner und Fasolt auftreten als Zirkusriesen, wobei stattliche Bassisten auf den Schultern stämmiger Untermänner zu stehen haben, in herunterwallende Kaftane gekleidet und so plaziert, daß sie gelegentlich die Schultern der Untermänner an einer Brüstung verlassen können, um den Gesangseinsatz nicht zu verfehlen, findet Zirkus statt auf der Festspielbühne. Die Nibelungen, ein verkleideter Kinderschwarm, der angeführt wird von einem verkleideten Liliputaner, sind dazu als folgerichtige Ergänzung inszeniert. Hier findet die Geburt der Tragödie aus dem Geiste des Grand Magic Circus statt.

Am meisten Aufregung verursachte das erste Bühnenbild des »Rheingold«. Keine schöne unberührte Natur, worin sich die Rheintöchter wohlig tummeln, an den obligaten Seilen schwebend oder auch ersetzt durch Ballettmädchen, während die Sängerinnen im Orchester Platz genommen haben. Ein Stauwerk wird sichtbar, der Rhein fließt spärlich hindurch, die eindeutigen Damen, genannt Rheintöchter, warten auf Kunden. Alberich erscheint als frustrierter Mann, der von seiner Schicht kommt. Als sich fünf Tage später der Vorhang hob zum dritten Akt der »Götterdämmerung«, war abermals das Stauwerk sichtbar geworden. Nun brach der Sturm der Entrüstung los. Eine Minderheit beleidigter Wagnerianer hatte es darauf angelegt, den Abbruch zu erzwingen. Das Bühnenbild war verändert. Nach dem Raub des Rheingolds hatte das Fließen aufgehört. Der Stahl war verrostet, die Rheintöchter präsentierten sich als armselige Vetteln.

Natürlich ist es leicht, von hier aus den Protest gegen interpretatorische »Willkür« des Spielleiters zu begründen. Das Stauwerk findet sich nicht bei Richard Wagner, das ist richtig. Das fließende Es-Dur der Musik spricht für eine unzerstörte Natur. Allein der Widerspruch liegt trotzdem in Richard Wagners Werk. Das hatte bereits *Wieland Wagner* erkannt bei seiner Inszenierung vom Jahre 1965. In Wirklichkeit beginnt nämlich der »Ring des Nibelungen« durchaus nicht mit dem ersten Bild des »Rheingold«. Die Natur ist *nicht unberührt* im Augenblick, da das Spiel anhebt. Als die Tetralogie beginnt, ist die Natur bereits geschändet. Die Erste Norne berichtet es zu Beginn der »Götterdämmerung«:

An der Weltesche
wo ich einst,
da groß und stark
dem Stamm entgrünte
weihlicher Äste Wald.
Im kühlen Schatten
rauscht ein Quell:
Weisheit raunend
rann sein Gewell –
das sang ich heil'gen Sinn.

Ein kühner Gott
trat zum Trunk an den Quell;
seiner Augen eines
zahlt er als ewigen Zoll.
Von der Weltesche
brach da Wotan einen Ast;
eines Speeres Schaft
entschnitt der Starke dem Stamm.
In langer Zeiten Lauf
zehrte die Wunde den Wald;
falb fielen die Blätter,
dürr darbte der Baum;
traurig versiegte
des Quelles Trank –
trüben Sinnes
ward mein Gesang.

Im »Rheingold« ist die Natur mithin bereits domestiziert. Als Wotan auftritt mit dem Speer, der die Weltesche verdorren machte und den Quell versiegen ließ, ist moderne Zeit angebrochen. Der Widerspruch liegt in Wagners dramatischer Konzeption. Die erste Szene von »Rheingold« täuscht, mitsamt der Musik, einen absoluten Anfang vor. Die Musik steht jedoch im Widerspruch zum dramaturgischen Konzept. Chéreau ist folgerichtig, wenn er eine durchaus nicht mehr unberührte Natur darstellt. Ein Stauwerk kontrastiert natürlich mit Richard Wagners Musik, doch der Widerspruch liegt im Werk Richard Wagners. So genau kannten die meisten Wagnerianer im Publikum das Werk jedoch nicht, um diesen gedanklichen Ansatz zu verstehen. Sie hatten sich bereits vor elf Jahren über Wieland Wagner entrüstet, als er den scheinbar so wonnigen Aufstieg der verbrecherisch-ohnmächtigen Götter nach Walhall als Abstieg inszenierte und Loge dazu den Kommentar sprechen ließ:

Ihrem Ende eilen sie zu,
die so stark im Bestehen sich wähnen. –

In einem Aufsatz vom Jahre 1929 schrieb *Ernst Bloch* über die Möglichkeit einer »Rettung Wagners durch surrealistische Kolportage«. Dadurch erst werde das Werk in seiner Unheimlichkeit von neuem spürbar. »Dient die Ingenieurkonstruktion dieser Zeit dazu, daß der gekommene Hohlraum nun wenigstens nicht einstürzt, so bildet – unter anderem – das XIX. Jahrhundert genug Symbolstoff, der im Hohlraum schwebt, auch dialektisch leuchtet, auch Fragmente neuer Substanz bezeichnet. Versuche mit offenem Bühnenraum wären darum lehrreich, mit sichtbaren T-Trägern um die Kitschmythologie und ihre Requisiten; völlige Illusionsleere umher, Blockhaus, Rheinterrasse, Brünhildenfels, vu par un surréaliste, in der Mitte. Und auf jeden Fall kann jetzt schon Kolportage in Wagner einbrechen. Jahrmarkt, Zirkus, Rummelplatz in ihr darin ...«

Nun müßte im einzelnen aufgezählt werden, was alles mißlang. Vieles war nicht fertig geworden; es wird im nächsten Jahr und auch später noch überarbeitet werden müssen. Die musikalische Leitung durch Pierre Boulez entsprach vollkommen dem szenischen Konzept. Es war eine geistige Zusammenarbeit erreicht, die es auf deutschen Opernbühnen nur selten gegeben hat. Der Dirigent hatte seinen Regisseur und Bühnenbildner gefunden, und umgekehrt. Die Gesangsleistungen waren außerordentlich. Chéreau hatte wirklich als Schauspielregisseur mit den Opernsängern arbeiten können. Wenn der grimme Hagen plötzlich im Selbstgespräch in die Haltung seines Vaters Alberich verfällt, so ist eine Intensität des Verstehens erreicht worden, wie man sie weder in Bayreuth noch auf anderen Opernbühnen seit langer Zeit erleben konnte. Das Ergebnis? Wenn man hören und sehen wollte: doch wiederum die Geburt einer Tragödie. Nicht rauschhaft genossen, sondern in Betroffenheit erlebt.

Der »Prinz von Homburg« als Denkspiel und als Traumspiel

Jetzt kann man auf zwei Bühnen der Stadt Berlin das Stück vom Homburgerprinzen anschauen, das Kleist eben hier schrieb und vergeblich anzubringen versuchte. Eine dritte Interpretation, die Manfred Wekwerth im Deutschen Theater in der Schumannstraße herauszubringen gedachte, ist zurückgestellt worden.

Hans Lietzaus Inszenierung am Schillertheater hatte bei der Mehrheit der Kritiker eine schlechte Presse, wurde aber auch energisch verteidigt. *Peter Stein* errang an der Schaubühne einen neuen großen Erfolg. Beide Aufführungen miteinander zu konfrontieren ist nicht müßiger Komparatismus, noch weniger schulmeisterliche Zensurenkonferenz. Zwei Regisseure haben sich, sorgfältig unterstützt durch scharfsinnige und fleißige Dramaturgen (*Dieter Hildebrandt* bei Lietzau, *Botho Strauß* bei Stein), ganz ohne Leichtsinn an die Arbeit gemacht. Mit den beiden Programmheften könnte ein Proseminar an der Universität mühelos das Semester zubringen.

Der intellektuelle (und damit ästhetische) Gewinn liegt vor allem in der Erkenntnis, daß beide Aufführungen in hoher Übereinstimmung auf gewisse Interpretationen des Stückes entschieden verzichten, weil sie dadurch gehindert würden, die beunruhigenden, gar verstörenden Momente des Stücks aufzudecken. Folglich erscheint der Kurfürst nirgendwo als allgütiger und allwissender Herrscher, der seinen göttlichen Spaß treibt mit den irrenden Menschlein. Weg mit der Kryptotheologie der Kleistinterpreten um – etwa – das Jahr 1950. Nicht zu reden von der ernsthaft gemeinten preußisch-blauen Apotheose.

Nichts da mit »höherer Heiterkeit« eines sublimen Lustspiels. Der – im Wortsinne – am Boden zerstörte Prinz bei Lietzau ist anzusehen wie in Brechts Sonett über das Stück von Kleist:

> Tot ist er nicht, doch liegt er auf dem Rücken:
> Mit allen Feinden Brandenburgs im Staub.

In der Schaubühne starrt ein Träumer ins Leere. Bald wird er, wie schon zu Beginn, erwachen und umfallen. Dann aber erwartet ihn keine Schlacht bei Fehrbellin, sondern ein Suizid am Wannsee.

Vorbei ist wohl auch, so scheint's, die Epoche der raum- und abendfüllenden Darsteller des Monarchen: der Klöpfer, Krauß, George. Dies ist die Zeit der Könige nicht mehr: als Zeitgenosse Kleists hatte das schon Hölderlin erkannt. Wenn die Denkanstrengung des Homburgdichters, das Bild eines »guten Herrschers«, als Amalgam aus Aufklärung und Tradition, der jämmerlichen Realität eines dritten Königs Friedrich Wilhelm zu konfrontieren, historisch zwar einsehbar, aber nicht mehr nachvollziehbar wurde, so verliert der Kurfürst, ob man ihn nun aristotelisch als Gegenspieler, oder »anti-aristotelisch« als Exponenten von Macht und Repression interpretiert, seine beherrschende Funktion im Stück. Demgemäß erblickt man im Schillertheater (Minetti) einen trockenen, von den Ereignissen oft überrannten Bürokraten, bei Peter Stein (Lühr) einen listigen und herzenskalten Egozentriker, der trotz aller Worte vom Sohn oder Töchterchen nur die eigene Position unausgesetzt bedenkt. Mein Sieg, mein Heer, mein Befehl. Alle Mitwelt nur instrumental einsetzend: nicht zuletzt die gewinnbringend zu verheiratende Prinzessin Natalie. Plötzlich wird die Konstellation Wallenstein, Thekla und Max erinnert.

Die Aufführung an der Schaubühne gibt sich ersichtlich Mühe, all diese im »Homburg« gestaltete Literatur in ihrem Charakter als *funktionelles Zitat* hervorzuheben: Anklänge an den »Tasso«, von der Heroenkrönung des Beginns bis zur Ratlosigkeit der Schlußkatastrophe; Intrigenspiel Wallensteins oder des Kurfürsten mit der Liebe junger Menschen. Peter Lühr hat bisweilen Züge Goethes in dieser Aufführung: gemäß der Lebenskonstellation Heinrich von Kleists, der dem Weimaraner »den Lorbeer von der Stirne« zu reißen gedachte und demgemäß den Homburg sagen läßt:

O Cäsar Divus!
Die Leiter setz ich an, an deinen Stern!

Fast überdeutlich spielt man, bei Stein, plötzlich *Hamlet*: mitten im Stück vom Prinzen von Homburg. Der Prinz, schwarz vermummt wie der Dänenfürst, sieht auf der Bühne sein Grab, das ein Totengräber mit viel Sand aufschüttet. Man wartet auf Yoricks Schädel und ein – von Kleist ungeschriebenes – Gespräch mit dem Totengräber, allein der Prinz entfernt sich, um, wie Hamlet bei der Königin, nun der Kurfürstin seine stürmische Aufwartung zu machen und nebenbei die Prinzessin, als Ophelia, ins Kloster zu verweisen.

Das hat nichts mit grobschlächtiger Pseudo-Verfremdung zu tun, denn all diese literarischen Präfabrikationen sind im Werk enthalten: sie werden hervorgehoben, weil es gilt, die Faktur des Stücks: den Prozeß zwischen dem konkreten Autor und Zeitgenossen Heinrich von Kleist – und seiner dramatischen Arbeit als einer Schöpfung auch aus literarischer Erfahrung – auf der Schaubühne darzustellen.

Verliert nun in beiden Aufführungen der Kurfürst seine Funktion eines Antagonisten und in dieser Rolle anerkannten Gegenprinzips, so bleibt nur noch Homburg auf der Szene. Das Stück wandelt sich folglich; es wird zum *Monodrama mit Statisten*. Beide Spielleiter ziehen diese Folgerung: Lietzau am Schillertheater möchte die Kurve der ideologischen Entwicklung Homburgs zwischen Freiheit und Gebundenheit sichtbar machen. Peter Stein will das Traumspiel vom Homburger Prinzen als ein Spiel nicht allein von, sondern um Heinrich von Kleist inszenieren.

Beide Regisseure wählen dazu, im Bild und Denkansatz, zwei grundverschiedene Zeit- und Stilformen. Paradox zugespitzt könnte man sagen, dieses Stück um die Schlacht von Fehrbellin spiele bei Lietzau etwa im Jahre 1795, bei Stein jedoch genau im Entstehungsjahr 1810. Das gilt sowohl für die Spielräume wie die Bildformen.

Noch zugespitzter – zum Zweck der Charakterisierung – ließe sich die Anlage der Inszenierung im Schillertheater als *klassizistisch* deuten, während es an der Schaubühne ganz unverhüllt *romantisch* zugeht. Das Bühnenbild von *Minks* läßt Plastik dominieren: ein Todesengel, der an Schadow gemahnt, preußische Embleme der Klassizität, strenge und karge Form, Weiträumigkeit. Viel Außenwelt, was dann freilich mit viel lästigen Chargen und »Gängen« erkauft werden muß.

Karl Ernst Herrmann evoziert – historisch und biographisch

279

durchaus zu Recht – Bilder von *Caspar David Friedrich*. Bisweilen auch von Philipp Otto Runge, wenn etwa, gegen das Ende hin, die jungen Offiziere mit blanken Gesichtern zusammenrükken: »Deutsche Menschen«, wie Walter Benjamin das genannt hat. Alles ist malerisch, nicht plastisch: alles hat als Innenraum zu dienen. Der schwarz ausgeschlagene Zuschauerraum bezieht alle Anwesenden in den Traum des Prinzen ein. Weltinnenraum.

Dieser Bildform soll in beiden Aufführungen der interpretatorische Ansatz entsprechen. Bei Lietzau herrschen noch der Weimarische Klassizismus und die Moralphilosophie Kants: wie zu Zeiten des Friedens von Basel (1795), da Kant sein »Traktat vom Ewigen Frieden« herausgab, und die erste Koexistenz zwischen dem revolutionären Frankreich und dem Königreich Preußen statuiert wurde. In Weimar, und damals auch von Kleist, verstanden als Aufforderung zum *bürgerlich-feudalen Kompromiß*.

Deshalb spielt *Helmut Griem* den Kleistschen Prinzen wie einen Schillerhelden im Konflikt zwischen Freiheit und Ordnung, Heteronomie und Autonomie. Und muß an der Darstellung der Heteronomie, der Fremdbestimmung, scheitern. Zweimal wird dieser Homburg des Schillertheaters um seine Identität betrogen. Mutig im Kriege, solange es noch »sein« Krieg zu sein schien, folglich auch, möglicherweise, »sein« Tod, bricht er zusammen, als man ihn, durch Todesurteil, zum Objekt erniedrigt. Des Kurfürsten Brief öffnet den Weg zu neuer Selbstbestimmung. Griem ist ausgezeichnet, wenn er diese Chance (die abermals den Tod bedeutet, aber einen freien) erspürt, muß dann versagen, als Homburg sich, durch eigenen Entschluß, in die Kleistsche Marionette zu verwandeln hat, denn diese dialektische Umstülpung ist nur philosophisch vollziehbar: sie ist eine Kant-Schillersche Lebensabstraktion. Auch um diese Autonomie des ertrotzten Todes wird er geprellt durch den Gnadenerlaß, der wiederum Heteronomie bedeutet, damit das Leben und den Ruhm. Nun erst, in der befohlenen Heiterkeit des Schlusses, ist er vernichtet.

Der Homburg von *Bruno Ganz* hat alles, was Griem nicht zeigen durfte. Heiterkeit und jene Naivität eines freien Menschen (und Künstlers!), die nicht infantil wirkt, sondern bloß frei ist von der Entfremdung durch Gehorsam und Pflichtgefühl. Er hat weder Kant noch Schiller gelesen. Ein Kind, das als Raub des jeweiligen Augenblicks lebt. In Momenten sicher eine Inkarnation des Autors Heinrich von Kleist: mit der Maßgabe freilich, daß er kein Tasso ist, welcher sich die Harmonien am Ende selbst erschreiben könnte.

Durch dieses Konzept wirkt die Darstellung bei Ganz ungemein geschlossen. Diesem Prinzen ist nicht zu helfen. Bei Lietzau wird umgekehrt alle Einheitlichkeit der Figur bewußt dadurch zerstört, daß die jähen Peripetien überscharf sichtbar gemacht werden sollen. Man hat am Schluß, einigermaßen ratlos, einem philosophischen *Denkspiel* zugeschaut, keiner Menschenbegebenheit. Einer Parabel ohne Lehre.

Umgekehrt wird Peter Stein mit der Frauengestalt der Natalie nicht fertig, die bei Lietzau durch *Heidemarie Theobald* sicher auf der Grenze zwischen gesellschaftlicher Hemmung und enthemmtem Fühlen gehalten wurde. Am Halleschen Ufer muß *Jutta Lampe* fast eine Heldenjungfrau in stolzer Trauer inkarnieren. Sie ist immer gegenwärtig als Kommandeuse von Offizieren, während beim Versuch, die Rolle und Funktion dieser Frauengestalt, welche im höchsten Sinne auch eine Kleistsche dichterische Vorwegnahme bedeutet, historisch zu situieren, deren eigentümliche Sprachpoesie verlorengeht.

Das ist um so merkwürdiger, als sonst bei Peter Stein im stillen, atembreiten Ablauf der Inszenierung die Sprache Heinrich von Kleists in ergreifender Weise aufklingt. So daß in nahezu allen Figuren dieser Zusammenklang von Realität, Traum und dichterischer Vorwegnahme möglicher menschlicher Daseinsformen hörbar wird. Mit Ausnahme des Kurfürsten, der keine Zukunft hat und gehabt hat. Erstaunlich aber ist die Darstellung des Kottwitz bei *Otto Sander*: kein Adliger, kaum ein Offizier, weit eher ein bäuerlicher Feldwebel aus der Priegnitz, aber in der Konfrontation mit dem Kurfürsten die Verkörperung eines plebejischen Zukunftsprinzips.

Der eigentümlichste Ansatz der Aufführung am Halleschen Ufer besteht darin, daß ein romantisches Traumspiel vorgeführt wird, jedoch sehr weitgehend mit den Mitteln des *epischen Theaters*. Dargestellt wird, gleichsam als Gesamtzitat, das Stück »Prinz Friedrich von Homburg« von Heinrich von Kleist. Man hört den Titel und Verfasser, worauf das Widmungsgedicht Kleists an die Prinzessin Wilhelm aus dem Off erklingt. Am Schluß die Mitteilung von Kleists Selbstmord nebst Schlußzitat aus einem der Abschiedsbriefe. Vorherrschen des chronikhaften Elements auch in den Botenberichten. Der Kurfürst bleibt auf weite Strekken hin, ganz ohne Stichwort, auf der Bühne, wie schon Solveig in Peter Steins Inszenierung des »Peer Gynt«. Diese Präsenz des Mannes aber, über dessen Entscheidungen die anderen rätseln, ist zu verstehen wie ein episches Berichten: »Zur selben Zeit erwog der Kurfürst ...«

Das geht stellenweise nicht ohne – ungewollte – Brüche ab: Darstellung eines Traumspiels als Gesamtzitat *und* als episches Theater. Dennoch gelang das Wichtigste über die Maßen gut: Demonstration einer dichterischen Innenwelt, welche auch den Zuschauer einbezieht, bei gleichzeitiger Vorführung eines Werkes, das Ferne meint, nicht Nähe. Gleichfalls in doppelter Weise: als Ferne einer geschichtlichen Situation, eines Einst, und als Ferne eines Dereinst im Traum Kleists vom Prinzen von Homburg.

VI. Augenblicke der Musik

Kann Musik lügen?

Ob Musik lügen kann? Die Frage hängt wohl eng mit jener anderen zusammen, ob Musik die Wahrheit zu sagen vermag. Auch damit nicht genug, das Fragen geht weiter. Kann Musik überhaupt etwas »sagen«? Lassen wir einen Augenblick die komplexen Beziehungen zwischen Wort und Ton beiseite, also zwischen dem Librettisten und dem Komponisten, dem Dichter und dem Tonsetzer eines Liedkunstwerks. Kann die sogenannte absolute Musik irgend etwas »sagen«? Oder beruht unser aller unablässiges Bemühen, die großen Werke der Symphonik und der Kammermusik mit Hilfe menschlicher Empfindungen deuten zu wollen, bloß auf einem ähnlichen Anthropomorphismus, wie er uns im Alltagsleben auch im Verhältnis zu unseren Tieren so geläufig ist?

Jeder Musiker und jeder kenntnisreiche Liebhaber der Musik weiß andererseits, daß im Konzertsaal, wenn es den Vortragenden gelingt, die Technik vergessen zu machen und die Musik selbst zu vermitteln, eine Empfindungsgemeinschaft zu entstehen vermag. Sie entsteht mit Hilfe einer musikalischen Substanz. Was der Tonsetzer auszudrücken gedachte, wird als Ausdruck empfangen und damit wohl auch »verstanden«: als handele es sich in der Tat um Rede und Gegenrede.

Für Beethoven hätte es sich dabei niemals um ein substantielles Problem gehandelt. Ob er den Ersten Satz der Pastoral-Symphonie mit dem Hinweis versah »Mehr Ausdruck der Empfindung als Malerei«, oder die Missa solemnis als ein Tonwerk verstand, das »von Herzen zu Herzen« gehen möge, stets hielt er an der tiefen und unerschütterbaren Überzeugung fest, daß seine Musik zu »reden« imstande sei. Der Aufbau der späten Klaviersonaten und Streichquartette nimmt, am Beginn des 19. Jahrhunderts, fast schon die späteren Bemühungen eines Leoš Janáček oder Arnold Schönberg um eine »musikalische Prosa« voraus.

Andererseits hat es gerade in diesem 19. Jahrhundert auch nicht an schroffen Negationen gefehlt, die allen Ausdruckskult und alle Spezifizierung menschlicher Empfindungen bei der Interpretation von absoluter Musik für einen Irrweg hielten. Das berühmteste, viel verlachte und sicher ärgerniserregende Beispiel gab der österreichische Musikkritiker und Ästhetiker *Dr. Eduard Hanslick*, der Mann also, den Wagner so unbändig haßte, daß er den Beckmesser ursprünglich als Hans Lick benennen wollte. Der überaus kenntnisreiche Hanslick, ein treuer Freund von Johannes Brahms, hatte in seinem Buch »Vom musikalisch Schönen« die vielzitierte These verkündet, Musik sei nichts anderes als ein »Spiel tönend bewegter Formen«. Dem Dr. Hanslick wäre daher die Frage, ob Musik die Wahrheit sagen oder gar lügen könne, als ebenso müßig wie absurd erschienen.

Vor einigen Jahren hat sich *Wolfgang Hildesheimer*, der Verfasser eines schönen Buches über Mozart, bei seiner Rede zur Eröffnung der Salzburger Festspiele, in gewisser Weise den Auffassungen von Eduard Hanslick von neuem genähert. Auch er stellte seine Rede, in der Stadt Mozarts, doch gerade auch in der Stadt der Salzburger Festspiele, unter die nachdenkliche Frage, ob Musik etwas ausdrücken könne, und was eigentlich. Hildesheimer blieb skeptisch. Schon in seinem Buch über Mozart hatte er immer wieder die Deutung Mozartscher Musik aus irgendeinem menschlichen Gefühl, der Freude, Totenklage, der Sinnlichkeit oder der Angst, als fragwürdig abgelehnt. Hildesheimer ließ sich nicht auf eine Tonarten-Symbolik ein und wollte durchaus nicht zugeben, daß etwa das g-Moll der beiden Symphonien in dieser Tonart und des großartigen späten Streichquintetts, der Arie der Pamina usw. als Chiffre verstanden werden könne für spezifische Empfindungsweisen des Menschen Wolfgang Amadeus.

Andererseits gibt es gerade bei Mozart, lange vor Beethoven und aller späteren literarisch inspirierten Musikromantik, das Phänomen eines »Sprechens« von Musik. Und mit dem Sprechen der Mozart-Musik ist in einzigartiger Weise auch immer wieder das Phänomen einer lügnerischen Musik verbunden gewesen. Das gilt nicht allein für die großen Opern, vor allem jene, deren Textdichter Lorenzo da Ponte hieß, also für den Figaro, den Don Giovanni, für Cosi fan tutte, dieses Meisterwerk einer Musik, die unentwegt zwischen wahrer, eingebildeter und gelogener Empfindung zu oszillieren pflegt.

Ein Beispiel aus Mozarts letzter Lebenszeit mag die ganze Problematik der Frage: Ob Musik lügen kann? deutlich machen. Ein wohlbekanntes Stück aus der »Zauberflöte«. Die Auftrittsszene der Königin der Nacht. Die Konstellation ist bekannt. Die Königin der Nacht hat ihre drei Damen ausgesandt, um den Prinzen Tamino für sich zu gewinnen, damit er die Tochter Pamina aus Sarastros Reich zurückhole und den Sonnenkreis der nächtlichen Königin wiederbringe. Die Damen überreichen das Bildnis der Prinzessin, das bezaubernd schöne Bildnis begeistert den Tamino. Nun ist das Stichwort gefallen für den Auftritt der sternflammenden Königin. Eine dreiteilige Arie: herrscherliches Rezitativ »O zittre nicht, mein lieber Sohn!«; Lamento als Klage um die verlorene Tochter; der gebieterische Auftrag zur Tat, ohne Rücksicht auf die Mittel. Die Koloraturen sind bereits in dieser Arie, erst recht später im Gegenstück, der Arie in d-Moll, durchaus nicht Zierat für die geläufige Gurgel einer Sängerin, sondern Ausbrüche einer zornigen Ekstase.

Scheinbar ist alles eindeutig, und wird in solcher Weise auch in den meisten Aufführungen vorgetragen. Rezitativ, Lamento der Mutterklage, Ekstase der Bravour und der Rache.

Es bleibt aber ein Rest. Der Prinz nimmt tief bewegt die Klagen und den Auftrag entgegen. Pamina retten, das ist sein Ziel. Allein wie steht es um dieses Lamento der Mutterklage? Lassen wir die ohnehin wohl unlösbare Streitfrage beiseite, ob die Königin der Nacht im Ersten Akt eine ganz andere Rolle spielen sollte, als ihr dann Mozart und Schikaneder bei der weiteren Arbeit an ihrem Libretto zubilligen wollten. War sie ursprünglich als positive Figur gedacht? Man weiß es nicht, obwohl ganze Bibliotheken darüber geschrieben wurden. Die Frage ist trotzdem wichtig, weil sie an entscheidender Stelle in der Aufführung zu klären hat, ob die Königin der Nacht wirklich leidet, oder ob ihr Mutterschmerz eine Lüge ist. Eine gesungene Lüge. Eine musikalische Lüge.

Ein so bedeutender Meister des modernen Musiktheaters wie *Walter Felsenstein* ging in seinen Überlegungen und als Spielleiter davon aus, daß die Königin lügt. Lügnerisch ist dieses g-Moll des Mittelteils, besonders wenn man es mit der späteren Arie der Pamina »Ach ich fühl's« in derselben Tonart vergleicht. Die Wiedergabe der angeblichen Schmerzensschreie Paminas im Augenblick der Entführung, wie sie die Mutter wirkungsvoll nachmacht, zeugt, für Walter Felsenstein, von Täuschungsabsicht, von musikalischer Lüge.

Ein anderes musikalisches Beispiel, ebenfalls dem Opernrepertoire entnommen, führt gleichfalls, wie das Exempel der nächtlichen Königin, auf dem Umweg über eine Kunstfigur des Musiktheaters, die in einer bestimmten Konstellation zu lügen hat, zu unserer Ausgangsfrage, ob die Musik dabei mitzulügen imstande ist. Der Augenblick ist in meiner Erinnerung ganz unvergeßlich, da ich zum ersten Mal, noch als junger Mensch im Berlin der Zwanziger Jahre, mit diesen Problemen der Musik und des Musiktheaters konfrontiert wurde. Die Lehrmeisterin jenes Abends war eine der großen Sängerinnen des letzten Jahrhunderts. *Anna Bahr-Mildenburg* war eine der großen heldischen Sopranistinnen. Gustav Mahler hatte sie in Hamburg entdeckt und mit nach Wien genommen an die Hofoper. Sie war seine Isolde und Donna Anna in den exemplarischen Aufführungen. In Berlin gab sie in der zweiten Hälfte der Zwanziger Jahre noch gelegentlich Gastspiele an der Oper. Ich habe sie noch als Klytämnestra in der »Elektra« von Richard Strauss erlebt und werde bis heute nicht die Intonation des »Ich habe keine guten Nächte« vergessen. An jenem Abend aber unterrichtete Anna Bahr-Mildenburg ihre Schüler in einzelnen Ausdrucksszenen des großen Repertoires. Sie erläuterte jeweils die Konstellation und spielte dann die Szene vor. Darunter eine Szene der Ortrud aus dem »Lohengrin«. Zweiter Akt. Ortrud hat es darauf angelegt, obwohl geächtet mitsamt ihrem Gatten Telramund, von Elsa von Brabant wieder aufgenommen zu werden. Sie will die angemaßte Göttlichkeit Lohengrins entlarven, um die heidnischen Götter zu rächen und wieder einzusetzen. Mit Lügenworten erregt sie Elsas Mitleid. Elsa kommt aus dem Innern des Hauses, um Ortrud hereinzuholen. Während des Wartens auf Elsa springt Ortrud, wie Wagner ankündigt, »in wilder Begeisterung« von den Stufen auf.

ORTRUD Entweihte Götter! Helft jetzt meiner Rache!
Bestraft die Schmach, die hier euch angetan!
Stärkt mich im Dienste eurer heil'gen Sache!
Vernichtet der Abtrünn'gen schnöden Wahn!
Wodan! Dich Starken rufe ich!

Freia! Erhabne, höre mich!
Segnet mir Trug und Heuchelei,
daß glücklich meine Rache sei!
ELSA Ortrud, wo bist du?
ORTRUD *sich demütigend vor Elsa niederwerfend:*
Hier, zu deinen Füßen.

Die Bahr-Mildenburg spielte und sang die Szene immer noch
grandios. Entscheidend war aber für sie nicht der Ausbruch des
»Entweihte Götter!«, sondern der Schluß der Szene, das jähe
Umkippen aus der wahren Empfindung des Hasses und der Rache in die von neuem gespielte Unterwürfigkeit: »Hier, zu deinen Füßen«.
Die Musik Richard Wagners führt die Stimmungskurve des Textes genau aus. Ein demütiges Abtropfen und Austrocknen der
Empfindung begleitet diese Szene, deren Umkippen die Bahr-
Mildenburg uns an jenem Abend auch körperlich als ein In-sich-
Zusammensinken der musikalischen Linie vorführte. Trotzdem
bleibt auch hier die Frage: Lügt die Musik, wenn sie die Stim-
mungen der Lügnerin Ortrud begleitet? Auch hier, wie beim Lamento der nächtlichen Königin, wird man sich vor aller schnel-
len Affirmation zu hüten haben.
Sehr viel klarer wird das musikalische Gestrüpp zwischen Wahrheit und Lüge auch dann nicht, wenn man ein Beispiel der sogenannt absoluten Musik befragt. Ganz so absolute Musik stellt
der »Till Eulenspiegel« von Richard Strauss übrigens nicht dar.
Er gehört immer noch zu dem, was man im Umkreis von Johannes Brahms und im 19. Jahrhundert, in der Ablehnung der Musik von Berlioz und Franz Liszt, abschätzig als »Programm-Mu-
sik« zu bezeichnen liebte. Die Empfänglichkeit eines Richard
Strauss für die Reize einer damals neuen Literatur verband sich
bei ihm stets mit dem musikalischen Formgefühl im Sinne der
tradierten Strukturen. »Till Eulenspiegels lustige Streiche« werden in Rondo-Form vorgeführt. Später verhindert der Tonsetzer, der die Geschichte des Don Quixote auf seine Art erzählen
will, dadurch eine allzugroße Hingabe an die epischen Episoden,
daß er sich der Variationen-Form bedient.
Im »Till Eulenspiegel« gilt einer der Streiche den zur Wallfahrt
aufgebrochenen Mönchen. Till hat sich unter sie gemischt: ver-

mutlich mit der Kutte und dem frommen Gesichtsausdruck. Scheinbar beherzt wird von den Mönchen das Wallfahrtslied gesungen. Ist das bereits Lüge? Strauss hat sich einen banalen Singsang ausgedacht, den er zunächst ganz sonor vortragen läßt. Eine fromme Musik, wie es scheint, ein bißchen billig. Als die zweite Strophe jedoch erklingt, lauert der Wurm im musikalischen Gehäuse. Die verräterische Septime, die den Till Eulenspiegel stets kennzeichnet, klingt in der Tiefe mit, ziemlich aufdringlich. Allein was hat die Musik damit bewirkt? Doch wohl nur, daß ein Lügner mitsingt bei einem nicht gelogenen Wallfahrtslied. Till wird die Sache auch bald leid und gibt sich wiederum als Schelm zu erkennen.

Bei Gustav Mahler häufen sich die Beispiele einer Musik der scheinbar billigen Versöhnung und Lebensharmonie, die dann, unerbittlich und fast in Gehässigkeit, vom Tonsetzer zertrümmert und als Lebenslüge enthüllt wird. Der Dritte Satz in der Ersten Symphonie in D-Dur, der Mahler, in Erinnerung an Jean Paul, die Bezeichnung »Der Titan« beigefügt hatte, präsentiert »feierlich und gemessen, ohne zu schleppen«, wie der Komponist anweist, einen »Trauermarsch in Callots Manier«. Auch hier verbinden sich musikalische und literarische Reminiszenzen mit solchen an den französischen Kupferstecher Jacques Callot, der auch für E. T. A. Hoffmann in dessen frühen »Phantasiestükken« als Patron gedient hatte. Callot also, E. T. A. Hoffmann und Jean Paul Friedrich Richter.

Callots Graphik, die Mahler inspirierte, zeigt einen Zug der zufriedenen Tiere, die einem toten Jäger das Grabgeleit geben. Ein Trauermarsch und zugleich dessen Parodie. Die schrille Es-Klarinette plaudert es aus. Die scheinbare Trauerstimmung schlägt um in eine ordinäre böhmische Weise, schließlich durchdringen sich die vulgäre Heiterkeit und die fratzenhafte Trauer. Die Musik schildert ein lügenhaftes Geschehen, doch sie selbst lügt nicht. Kurz vor seinem Tode schrieb Mahler an seinen treuen Schüler Bruno Walter, nachdem er die Erste Symphonie wieder einmal dirigiert hatte: »Was ist das für eine Welt, welche solche Klänge und Gestalten als Widerbild auswirft! So was wie der Trauermarsch und der darauf ausbrechende Sturm erscheint mir wie eine brennende Klage gegen den Schöpfer ...«

Wenn Musik, um wieder zu Beispielen des musikalischen Theaters zurückzukehren, den Lügner beim Lügen zu begleiten hat, so lügt sie selbst nicht mit, sondern versteht zu zeigen, daß er lügt. Ein bekanntes Beispiel dafür bietet Mozart im Zweiten Akt des »Figaro«. Der Bräutigam der Susanne muß sich wieder einmal herauslügen: er hat den Verdacht des Grafen auf den entflohenen Cherubino auf sich abzulenken. Er selbst sei vom Balkon in den Garten gesprungen und habe sich dabei sogar eine Sehne am Fuß gezerrt. Was ihn kurz darauf nicht hindert, munter zu schreiten und zu tanzen. Was nun wiederum dem Grafen auffällt. Die Musik verrät die Lüge, indem sie die Schmerzempfindung, bei verlangsamtem Tempo, ganz ungebührlich übertreibt.

Ungebührlich groß ist auch der Schmerz der Eheleute Gabriel und Rosalinde von Eisenstein, assistiert vom Kammermädchen Adele, im Ersten Akt der »Fledermaus« von Johann Strauß. Abschiedsschmerz vor dem Abmarsch ins Gefängnis. Dabei wollen alle drei heimlich den Ball des Prinzen Orlofsky besuchen. Die Musik schwelgt zunächst in rührender Abschiedstrauer. Man wird so allein sein, kein gemeinsames Frühstück, und überhaupt. Und dann macht sich die Musik, mitsamt den Lügnern, über alles Schmerz-Getue lustig: »O je, o je, wie rührt mich dies!«

Man sieht, die Musik weicht immer wieder auf ihre Art der musikalischen Lüge aus, da sie den Lügner begleitet, seine Verlogenheit mitmacht, ohne selbst lügnerisch zu werden. Parodie der falschen Gefühle mit spezifisch musikalischen Mitteln. Sie selbst aber, die Musik, lügt nicht.

Auch nicht in der nun wahrhaft verlogenen Operette, etwa im »Zarewitsch« oder der grausigen Goethe-Operette »Friederike« von Franz Lehár. Die Musik des späten Lehár lügt nicht, weil das voraussetzte, daß sie überhaupt darauf aus ist, Gefühle der Kunstfiguren musikalisch auszudeuten. Das tut sie jedoch nicht. Es ist eine gefühllose Musik, gerade wenn sie höchst gefühlvoll sein möchte. Dann liefert sie Klischees, die beinahe echt wirken sollen. Ein besonders abscheuliches Beispiel findet sich als Tenorarie des jungen Goethe in der »Friederike«. Lehár komponiert allen Ernstes, ohne Rücksicht auf Franz Schubert, von neuem das »Heidenröslein«. Wie immer man hier urteilen mag: eine verlogene Musik ist das nicht. Die nämlich hätte vorausgesetzt, daß es hier irgendeine musikalische Wahrheit geben könnte.

Verlogene Musik: man sollte das keineswegs mit einer lügenhaften Musik verwechseln. Die entsteht immer dort, wo der Tonsetzer nichts zu sagen hat und wenig fühlt. Folglich muß er die schwachen Gefühle sehr nachdrücklich aufplustern. Manchmal hat das auch Beethoven in seinen späten Jahren nicht verschmäht: wenn ihn die Auftragskomposition wenig interessierte. Dann entstand ein Oratorium wie »Christus am Ölberg«, ein banales Schlachtengemälde, oder eine mäßig inspirierte Ouvertüre zu irgendeiner »Weihe des Hauses«. Peter Iljitsch Tschaikowski war in späteren Jahren unglücklich, wenn man ihn bei Gastspielreisen im Westen veranlassen wollte, die allzu beliebte Ouvertüre »1812« zu dirigieren, weil am Schluß die Zarenhymne laut und gewalttätig obsiegt über die Marseillaise. Tschaikowski hatte sein Stück zur Einweihung der Erlöserkirche in Moskau geschrieben. Es war ihm nicht wohl dabei. Insgeheim empfand er selbst die Ouvertüre als eine verlogene Musik. Trotzdem handelte es sich nicht um das eigentliche Lügen. Im Gegenteil scheint sich Tschaikowski inbrünstig darum bemüht zu haben, Gefühle auszudrücken, denen er in Wahrheit nicht traute.

Wahre und falsche Empfindungen: wie schwer ist es, gerade auch für den Empfindenden selbst, hier genauer zu unterscheiden. Das Meisterwerk einer Musik, die stets zwischen wahren, halbwahren und unwahren Empfindungen oszilliert, hat Mozart geschrieben in der Oper »Cosi fan tutte«. Seine Musik ist in jedem Takte wahr: gerade auch dort, wo seine Gestalten lügen. Zum Beispiel, wenn die Offiziere Guglielmo und Ferrando, auf Grund ihrer Wette mit Don Alfonso, verlogenen Abschied nehmen müssen von den beiden Frauen, um angeblich in den Krieg zu ziehen. Hier wird der echte Schmerz der Mädchen kontrastiert mit dem gespielten Jammer der Männer, die es angeblich nicht wagen, den geliebten Frauen noch unter die Augen zu treten. Zitternd erscheinen sie schließlich auf Geheiß des Don Alfonso. Die Musik schildert den Aufzug der Jammerbilder.

Als erste wird bekanntlich Dorabella schwankend in ihren Gefühlen. Mozart hatte den Mezzosopran dem Ferrando verbunden, dem Tenor. Nun bahnt sich in der exotischen Verkleidung die neue Paarung an, die den Sopran mit dem Tenor verbindet, den Mezzosopran mit dem Bariton. Die Tugendarie der Dorabella ist halb verlogen. Pathetische Treueschwüre für den abwesenden Liebhaber und energisches Zurückweisen des neuen Amoroso. Die Musik Mozarts bedient sich bewußt des Klischees aus einer Barockoper. Ähnlich hatte er im »Don Giovanni« die Donna Elvira, die er mehr oder weniger für eine alte Schachtel hält, gleichsam im barocken Kirchenton singen lassen.

Das Meisterwerk einer Konfrontation von wahrer Empfindung mit der Lüge findet man jedoch in der Werbung des verkleideten Guglielmo um Dorabella. Sie erliegt der Werbung, verschenkt das Halsband des Ferrando an den neuen Liebhaber. Diesmal aber geht die Musik nicht auf Distanz: das echte Gefühl der umworbenen Dorabella erliegt dem gespielten Gefühl des Guglielmo in einer einzigen Melodie der Sinnlichkeit. Verführungsroutine des Mannes und erregte Sinnlichkeit der Frau verschmelzen im Zwiegesang, ohne daß die musikalische Ironie einen Kommentar dazu geben möchte. Der Parallelfall ist die berühmte Werbung des Don Giovanni um Zerlina. Natürlich lügt Don Giovanni, allein er lügt in sinnlicher Erregung und wird eben dadurch für den Augenblick als Werber erfolgreich. Als Mann des Musiktheaters hat es Mozart den Interpreten auf seiner Bühne überlassen, die gelogenen und die wahren Empfindungen im Spiel voneinander zu unterscheiden. Seine Musik ist sinnliche Schönheit, die sich weigert, zwischen der Wahrheit und der Lüge zu unterscheiden.

Das Musikdrama Richard Wagners und seiner Nachfolger konnte mit Hilfe der Leitmotive, musikalischer Reminiszenzen, auch musikalischer Zitate und Selbstzitate, die Unterscheidung zwischen lügnerischem und redlichem Verhalten der Bühnenfiguren in mannigfaltiger Weise deutlich machen. Das Orchester läßt uns wissen, was Mime denkt und plant, wenn er auf Siegfried einredet. Das Orchester zeigt uns, daß die Kammerzofe Mariandl, die sich mit dem Baron Ochs im Vorstadtbeisel trifft, ein Mann ist, und zwar der Graf Rofrano. Die Wandlungen des Tarnhelmmotivs in der »Götterdämmerung« könnten die entsetzte Brünnhilde darüber belehren, daß nicht Gunther das Feuer durchschreitet, sondern abermals Siegfried in der Verkleidung mit Hilfe des Tarnhelms. Allein Brünnhilde versteht noch nichts von Leitmotiven.

Wie also? Kann Musik lügen? Je genauer man die musikalischen Texte befragt, um so schwerer wird es, die Frage mit einer Affirmation zu beantworten. Musik weicht der Lüge aus: in die Ironie, die Parodie, die Divergenz zwischen Wort und Ton. Es gibt ein merkwürdiges Liedgebilde, eine großartige Einheit aus Josef von Eichendorff und Robert Schumann, wo es Musik übernimmt, den Ausdruck zu finden für eine lügenhafte Menschenwelt.

Zwielicht

Dämmrung will die Flügel spreiten
Schaurig rühren sich die Bäume,
Wolken ziehn wie schwere Träume –
Was will dieses Graun bedeuten?

Hast ein Reh du lieb vor andern,
Laß es nicht alleine grasen,
Jäger ziehn im Wald und blasen,
Stimmen hin und wieder wandern.

Hast du einen Freund hinieden,
Trau ihm nicht zu dieser Stunde,
Freundlich wohl mit Aug und Munde,
Sinnt er Krieg im tückschen Frieden.

Was heut müde gehet unter,
Hebt sich morgen neugeboren.
Manches bleibt in Nacht verloren –
Hüte dich, bleib wach und munter!

Thomas Mann hat dies Gedicht Eichendorffs aufgezählt, als er nach seinen Lieblingsversen gefragt wurde. Er wußte, warum. Die Musik Robert Schumanns ist fahl und fahrig. Sie verzichtet auch dort, wo Eichendorff eine beruhigte Morgenstimmung evoziert, auf die musikalische Versöhnung. Die Singstimme rezitiert mehr, als daß sie spricht. Dies ist bereits musikalische Prosa im Angesicht einer Welt der Lüge.

Der geschichtliche Augenblick des »Fidelio«

Sonderbar eigentlich, daß man nicht häufiger darauf hinwies, wie sehr sich die Schlußbilder des »Wilhelm Tell« von Schiller und des »Fidelio« in der Aussage und theatralischen Wirkung gleichen. In beiden Fällen, beim Schauspiel und in Beethovens Oper, ein Abschluß, den man herkömmlicherweise mit dem Adjektiv »opernhaft« zu kennzeichnen pflegt. Im »Wilhelm Tell« hat Schiller, der im Gegensatz zu Goethe die tragischen Situationen mit vielen Bühnenleichen nicht verabscheute, in der Tat einen festspielhaften musikalischen Schluß gewählt. Die Schlußzeile lautet so: »(Indem die Musik von neuem rasch einfällt, fällt der Vorhang)«. Bei Beethoven gibt es bloß beim fünftletzten Takt die Anweisung »(Vorhang zu)«. Alles übrige besorgt das C-Dur des Orchesters.

In beiden Fällen, Schillers Schauspiel und Beethovens Oper, geht es am Schluß, bildlich und sinnbildlich, um die Beseitigung einer Zwingburg, denn auch das Schloß Zwing Uri hat man sich, gleich dem Gefängnis, das der furchtbare Don Pizarro beherrscht, als eine Stätte der Folter, des Mordes, der Rechtlosigkeit vorzustellen. Zu Beginn des fünften Aktes von Schillers »Wilhelm Tell« soll man sich auf einem öffentlichen Platz bei Altdorf im Kanton Uri befinden. Schiller beschreibt die Dekoration: »Im Hintergrunde rechts die Feste Zwing Uri mit dem noch stehenden Baugerüste«. Was hier beginnt, ist der eigentliche Schluß des Schauspiels vom Befreiungskampf der Schweizer und von der Bildung ihrer Eidgenossenschaft. Schiller dramatisiert den Sturm auf die Bastille, Verzeihung: auf die Burg Zwing Uri aus dem angeblich 13. Jahrhundert. Der Fischer Ruodi, ein Mann aus dem Volk, der mithelfen soll, dies Volk der Hirten, Jäger und Fischer zu verkörpern, gibt die Losung aus:

> Kommt alle, kommt, legt Hand an, Männer und Weiber!
> Brecht das Gerüste! Sprengt die Bogen! Reißt
> Die Mauern ein! Kein Stein bleib auf dem andern.

Der Theatraliker Schiller läßt sich nichts entgehen. Regieanweisungen im Verlauf der Handlung lauten da: »(Man hört die Balken des Gerüstes stürzen)« oder: »(Kinder eilen mit Trümmern des Gerüstes über die Szene)«. Sie rufen: »Freiheit! Freiheit!«

Die Schlußszene des »Fidelio« in Beethovens Umarbeitung von 1814, mit Hilfe der Librettisten Joseph Sonnleithner und Georg Friedrich Treitschke, soll den »Paradeplatz des Schlosses mit der Statue des Königs« zeigen. Es ist ein guter König offensichtlich, ein aufgeklärter Monarch im Sinne der dramatischen Überlieferung des deutschen und österreichischen späten 18. Jahrhunderts. Ähnlich vielleicht dem Bilde eines idealisierten Kaisers Joseph. Weshalb der Minister Fernando bei seinem ersten Einsatz und der Ansprache an das Volk – un poco maestoso – verkündet:

> Des besten Königs Wink und Wille
> Führt mich zu euch, ihr Armen, her,
> Daß ich der Frevel Nacht enthülle,
> Die all' umfangen schwarz und schwer.

Die knienden Gefangenen erheben sich auf seinen Wink. Sie sollen nicht »sklavisch« niederknien, verkündet der adlige Minister Don Fernando. Im »Wilhelm Tell« hat der Junker Ulrich von Rudenz das letzte Wort vor dem Fallen des Vorhangs. Er wird eine bürgerliche Ehe eingehen mit dem Fräulein von Bruneck.

> Und frei erklär' ich alle meine Knechte.

Pizarros Gefängnis ist nicht mehr sichtbar nach dem Willen Beethovens und seiner Librettisten. Vorausgesetzt wird jedoch beim Zuschauer und Hörer der Oper, daß er sich der Nähe der Mordstätte immer noch, im oratorischen Jubel des Finales, bewußt bleibt. Vielleicht liegt hierin, nämlich in dem von Beethoven gewünschten jähen Übergang von Florestans Hungergruft zur Sonnenhelle des Tages, des Lichtes der Aufklärung, des besten Königs und seines Reitenden Boten Don Fernando, die Erklärung dafür, daß Gustav Mahler an der Wiener Hofoper zwischen das szenische Dunkel der Tyrannei und die Opernhelle der Aufklärung das symphonische Gebilde der dritten Leonoren-Ouvertüre gestellt hat. Mit so unabsehbaren Folgen, daß kein

Publikum seitdem, allen dramaturgischen Erwägungen zum Trotz, auf diese Musik in diesem Augenblick verzichten möchte. Der Wiener Hofkapellmeister Otto Nicolai, Tonsetzer bekanntlich der »Lustigen Weiber von Windsor«, hatte 1841 in Wien die dritte Leonore zwischen den beiden Akten des »Fidelio« dirigiert. Ob sich die Partitur besonders gut als Pausenfüller eignet, bleibt fraglich. Außerdem hat sie ganz sicher der Leidensmusik zu Beginn des zweiten Aktes schweren Schaden zugefügt. Der große Hans von Bülow, auch hier wieder exzentrisch, kam später auf den Gedanken, die dritte Leonore am Schluß der Oper anzuhängen: gleichsam um alles, nach dem Fallen des Vorhangs, noch einmal zu sagen.

Trotzdem wird man heute von einem gewissen Bedürfnis nach der musikalischen Katharsis durch die reine, wie man so gern zu sagen pflegt, durch die »absolute« Musik sprechen müssen. Erst beim Aufklingen des Trompetensignals, wie es Beethoven schließlich in der dritten Leonore notiert hat, wobei er sich hütete, diesen Einfall auch noch in der endgültigen und eigentlichen Fidelio-Ouvertüre zu verwenden, tritt ein, was Ernst Bloch, just am Beispiel des Trompetensignals aus dem »Fidelio«, als Vorschein eines »Prinzips Hoffnung« bezeichnet hat.

Schillers »Wilhelm Tell« war ein Befreiungsschauspiel: mit der Maßgabe freilich, daß der oratorienhafte Schluß, mit dem Gedanken der Beseitigung aller Feudalität und der Verkündung einer bürgerlichen Gesellschaft der Freien und Gleichen, zurücktreten mußte hinter dem dramatischen Grundkonflikt einer Befreiung des Volkes von der Fremdherrschaft und aller Willkür einer Besatzungsmacht. Insofern setzt der »Wilhelm Tell« nach dem Willen Friedrich Schillers die zeitgenössische und nationaldramatische Konzeption der »Jungfrau von Orleans« folgenreich fort.

Beethovens »Fidelio« hingegen hat in allen drei Fassungen von 1804/05, 1806 und 1814 das einzige Thema der bürgerlichen Befreiung von Adelswillkür und feudaler Rechtlosigkeit. Schillers »Tell« endet im nationalen Befreiungskampf. Beethovens »Fidelio«, mit Recht verstanden als Befreiungsoper, verkündet das Ende des Absolutismus und eines feudalen Ancien Régime. Der französische Dramatiker Jean Nicolas Bouilly, eigentlicher Librettist des »Fidelio« durch sein Drama »Léonore du

L'Amour conjugal« von 1789, hatte gewußt, warum er die Handlung, die offenbar auf ein Geschehen in Frankreich zurückging und die Pizarros Gefängnis als Pariser Bastille zu verstehen hatte, wohlweislich nach Spanien verlegte. Genauso wie Beaumarchais das Geschehen um Figaros Hochzeit in und um Sevilla ablaufen läßt. In Sevilla lebten auch, wie man weiß, Leonore und Florestan. Der Gefangene fleht seinen Kerkermeister an, er solle einen Boten nach Sevilla schicken: zu Leonore Florestan. Offenbar einer bürgerlichen Frau.

Es ist daher ein schlimmer historischer Irrtum, wenn der Vorwort-Verfasser des Klavierauszugs zum »Fidelio« in der Edition Peters behauptet, der Dramatiker Bouilly habe 1789 die Handlung der »Leonore« nach Spanien verlegt, »da die Schreckenszeit der Französischen Revolution noch in zu frischer Erinnerung lebte«. Die Schreckensherrschaft Robespierres beginnt aber vier Jahre nach 1789 und endet mit dem Thermidor im Jahre 1794 und dem Sturz Robespierres und Saint-Justs. Bouilly hat sein Libretto folglich im Jahre 1789 entweder noch vor dem 14. Juli, dem Fall der Bastille, oder unmittelbar danach konzipiert. Zu einer Zeit also, da man nicht wissen konnte, welche Folgen sich aus den Pariser Ereignissen des Quatorze Juillet für eine Weiterführung der Revolution oder eine kräftige Repression durch den Absolutismus ergeben könnten.

Für Schiller jedoch wie für Beethoven waren die Folgen längst einsehbar geworden: als Weiterführung der Revolution durch Napoleon Bonaparte, im Falle von Beethoven. Durch die Ankündigung einer Fremdherrschaft als Folge der französischen militärischen Expansion, für Friedrich Schiller.

Beide Werke, der »Wilhelm Tell« und der »Fidelio«, sind fast zur gleichen Zeit entstanden.

Der »Wilhelm Tell« wurde im wesentlichen im Jahre 1802 und in der ersten Hälfte von 1803 entworfen. Dann drängte sich die Arbeit an der »Braut von Messina« vor. Zu Beginn des Jahres 1804 aber schrieb Schiller, offenbar in einem Zuge und im Schaffensrausch, das Werk nieder. Bereits im Oktober veröffentlichte Cotta in Tübingen den sogleich sehr erfolgreichen Text, der noch vor Jahresende eine neue Auflage nötig machte. In Schillers Todesjahr 1805 war abermals eine neue Edition fällig geworden. Die Uraufführung fand am 17. März 1804, also unmittelbar nach

Vollendung der Niederschrift, lange vor der Buchausgabe, in Weimar statt. Es folgten sogleich die Aufführungen in Berlin und auch in Mannheim.

Auch der Beginn der Arbeit Beethovens am »Fidelio« fällt in diese Jahre 1803 und 1804. Sonderbarerweise begann es scheinbar fast wie die Parodie einer Mozart-Nachfolge. Das »Theater an der Wien« nämlich wurde im Jahre 1803 immer noch durch Emanuel Schikaneder geleitet. Der engagierte sich den 33jährigen Beethoven, welcher außer dem Ballett »Die Geschöpfe des Prometheus« nichts für die Bühne geschrieben hatte, als Theaterkomponist und lieferte ihm auch sogleich ein Libretto. Eine Zeitungsnotiz vom Juni 1803 berichtet: »Beethoven schreibt eine Oper von Schikaneder.«

Daraus ist nichts geworden. Beethoven verwarf, im Gegensatz zu Mozart, diese Art der Librettistik. Nicht so ganz indessen. Denn die Musik zum Duett der Leonore und des Florestan am Schluß des Kerkeraktes »O namen- namenlose Freude« stammt noch, wie die Forschung herausgefunden hat, aus diesem ersten Textversuch von der Hand des Librettisten der »Zauberflöte«. Schikaneder mußte dann das »Theater an der Wien« abgeben, es wurde zum Hoftheater erhöht und vom Intendanten Baron Braun geleitet, der Beethoven nun gleichfalls aufforderte, eine Oper zu entwerfen. Der Hoftheatersekretär Joseph Sonnleithner brachte dann eine Übersetzung des Leonoren-Stoffes von Bouilly. Beethoven komponierte die erste Fassung, mit dem Titel »Leonore, oder: Die eheliche Liebe« im Jahre 1804 und in den ersten Monaten des Jahres 1805.

Es ist aber nicht allein diese zeitgenössische Gemeinsamkeit der Entstehung von »Tell« und »Fidelio«, auch nicht das gemeinsame Grundkonzept der Befreiungsoper (in beiden Fällen!), was Schiller und Beethoven hier abermals, lange vor der Vollendung einer Neunten Symphonie, miteinander verbindet. Man kann im Gegenteil behaupten, daß Beethoven im »Fidelio« vielleicht stärker innerlich mit Schiller verbunden bleibt, als im Schlußsatz der Neunten Symphonie. Die Parallelität ist evident. In Schillers Ode an die Freude, von Beethoven komponiert, stehen die Zeilen

Wem der große Wurf gelungen,
Eines Freundes Freund zu sein;

Wer ein holdes Weib errungen,
Mische seinen Jubel ein!

Es ist bekannt, daß Beethoven schon früh daran dachte, die Verse Schillers zu vertonen. Im Finale des »Fidelio« intoniert Florestan, »vortretend und auf Leonore weisend«: «Wer ein solches Weib errungen / Stimm' in unsern Jubel ein ...«. Es ist eine leise Stelle. Nach dem Fortissimo von Chor und Orchester begleiten chromatisch niedersteigende Triolen, sempre più piano, schließlich pianissimo, den Dankgesang an die Hoffnung und die Retterin, die zum Werkzeug des Prinzips Hoffnung geworden war: hier klingt ein schüchternes Vertrauen. Auch darin spürt man die nahe Verbundenheit Ludwig van Beethovens mit Friedrich Schiller. Nicht Goethe, der gesunde Mann, der trotz allem unbeirrbare Künstler, konnte zum Dichter der Hoffnung werden, sondern der kranke, stets zwischen Glück und Würde schwankene spekulative Dichter, den das Auseinanderfallen von Ideal und Leben immer von neuem bedrückte.

Die Gemeinsamkeit Friedrich Schillers und Ludwig van Beethovens kann man vielleicht am besten als *Übereinstimmung in der Anerkennung des Prinzips Hoffnung* erblicken. Es gibt einen tiefen inneren Zusammenhang zwischen Schillers Gedichten »Hoffnung« von 1797 oder »Das Eleusische Fest« von 1799 – und dem Befreiungsschema des »Fidelio« mit Leonores großer Anrufung des Prinzips Hoffnung. Im Gedicht »Das Eleusische Fest« wird bereits die Welt der Pizarros beschworen, kurz vor der Jahrhundertwende. Zwei Jahre später wagt Hölderlin, der Schüler Friedrich Schillers, den großen Harmonie-Entwurf seines Gedichts »Friedensfeier«. Abermals zwei Jahre später beginnt Beethoven mit der Arbeit an einer Oper »Leonore«. Es ist ein *großer geschichtlicher Augenblick*, eine Konstellation, da das Prinzip Hoffnung ins Bewußtsein tritt: Schiller hatte es in dem Gedicht »Hoffnung« gültig formuliert, die Leonoren-Arie stellt sich in eine große und heikle Überlieferung.

Es ist kein leerer schmeichelnder Wahn,
Erzeugt im Gehirne des Toren.
Im Herzen kündet es laut sich an:

Zu was Besserm sind wir geboren!
Und was die innere Stimme spricht,
Das täuscht die hoffende Seele nicht.

Uneingelöste bürgerliche Aufklärung dies alles. Jenes Gedicht
vom Eleusischen Fest mit der entsetzten Klage über die Menschheit hatte Schiller in der ursprünglichen Fassung als »Bürgerlied«
betitelt: er wußte, was damit gemeint sein sollte. Die Klage ist
gegenwärtig geblieben. Thomas Mann hat sie, wahrlich aus gegebenem Anlaß, in seiner letzten Rede zum Schiller-Jubiläum 1955
in Stuttgart und Weimar zitiert: »Find ich so den Menschen wieder ...«. Mußte nicht eine heutige Menschheit in die Klage der
Ceres einstimmen, als sich auf dem Ettersberg, oberhalb von
Weimar, in Goethes Buchenwalde, das Tor zur Freiheit öffnete
und ausgemergelte, kaum noch menschenähnliche Gerippe,
gleich den Gefangenen im »Fidelio«, ans Licht und in die Freiheit wankten? Wir wissen heute beim Lesen der Nachrichten,
beim Anblick der Tagesschau, warum Schillers Postulate gültig
geblieben sind und warum sich Ernst Bloch, ganz wie Thomas
Mann übrigens, mit liebender Ehrfurcht zu Schiller ebenso bekannte wie zum »Fidelio«.

Dennoch darf alle Gemeinsamkeit zwischen Schiller und Beethoven nicht die *tieferen Unterschiede* vergessen machen. Es sind
Gegensätze des geschichtlichen Erlebens. Für die Generation
der deutschen Stürmer und Dränger, vom Goethe des Jahrgangs
1749 zu Schiller, Jahrgang 1759, war die bürgerliche Emanzipation als Auflehnung gegen fürstlichen Absolutismus wie kirchli-
che Orthodoxie *nur denkbar als ein bürgerlich-höfischer Kompromiß*. Deshalb dominieren in den großen Werken des Sturm
und Drang nicht die Revolutionäre und künftigen Bastillestür-
mer, sondern die Reformatoren, die ihr Heil setzen müssen in
die geistige Erleuchtung eines an sich nach wie vor absolutisti-
schen Machthabers, eines Joseph von Habsburg, Friedrich von
Preußen, Karl August von Sachsen-Weimar und Eisenach. Die
Sprecher für die Sache des Bürgertums heißen Götz von Berlich-
ingen oder Graf Egmont, Marquis Posa, Reichsgraf von Moor,
Ferdinand von Walter. Auch bei Jakob Michael Reinhold Lenz
sind es Aristokraten. Noch bei Mozart, den man mit guten

Gründen als Repräsentanten einer Kunst des Sturm und Drang bezeichnen darf, wird in der Musikdramatik, wie Ivan Nagel jüngst in seinem Mozart-Buch unter dem Titel »Autonomie und Gnade« demonstriert hat, der Kampf weitergeführt zwischen der Milde des Monarchen oder »besten Königs«, heiße er nun Bassa Selim, oder Thoas von Tauris bei Goethe, oder Sarastro oder Kaiser Titus bei Mozart, und den autonomen Stürmern aller Gefängnisse aller Pizarros.

Hier aber wird der Gegensatz offenbar zwischen Schillers Weiterentwicklung vom Stürmer und Dränger der »Räuber« zum behutsam komponierenden und modifizierenden Dramatiker des »Wilhelm Tell« auf der einen Seite, und der Lebenserfahrung eines Ludwig van Beethoven und seiner Zeitgenossen vom Jahrgang 1770.

Bei Schiller dominiert nach wie vor, gerade auch in seiner Beurteilung der Französischen Revolution, der bürgerlich-höfische Kompromiß. Auch nach der Berufung als Geschichtsprofessor in Jena müht er sich immer noch ab mit dem Plan einer großen Dichtung zu Ehren des verstorbenen Königs Friedrich von Preußen. Er gibt den Plan dann auf und teilt dem Freunde Christian Gottfried Körner in Dresden auch die Gründe dafür mit. Er habe sich nun einmal genauer mit diesem realen König Friedrich befaßt: um erkennen zu müssen, daß hier, wie er schreibt, »eine Riesenarbeit der Idealisierung« geleistet werden müsse.

Der Jahrgang 1770 hingegen erfährt die Pariser Nachrichten im empfänglichsten Jugendalter. Man möge es nicht vergessen: zum Jahrgang 1770 gehören Hölderlin, Hegel und Beethoven. Die Parallelen zwischen ihnen sind ebenso unverkennbar wie ihrer aller Gegensatz zum gescheiterten deutschen Sturm und Drang, zum gesellschaftlichen Kompromiß, zu einer bloß ästhetischen Erziehung des Menschen im Sinne des Weimarer Klassizismus.

Was Beethoven gleichzeitig mit der geistigen Welt Friedrich Schillers verband, und was ihn davon trennte, entspricht in erstaunlicher Weise der Ambivalenz aus glühender Bewunderung und tiefem Befremden in *Friedrich Hölderlins* Verhalten zu seinem schwäbischen Landsmann und Mentor Friedrich Schiller.

Sie waren neunzehn, die jungen Menschen vom Jahrgang 1770, als die Bastille fiel. Sie waren glühende Jakobiner zu einer Zeit,

da Schiller daran dachte, eine Verteidigungsschrift für den angeklagten Ludwig XVI. zu entwerfen. Die Episode aus dem Tübinger Stift, wo zu Beginn der Neunziger Jahre die Zöglinge,
vermutlich angeführt durch Hegel aus Stuttgart und Hölderlin
aus Lauffen und den noch jüngeren Joseph Schelling aus Leon-
berg, einen Freiheitsbaum errichteten und umtanzten, war keine
Legende. Die Dokumente sind eindeutig. Auch die Vorfahren,
Vater und Onkel, des späteren Dichters Justinus Kerner waren
Jakobiner. Der württembergische Herzog Karl Eugen, wohlbekannt aus Schillers Jugendgeschichte und vom späteren Schiller
spöttisch als »der alte Herodes« bezeichnet, hatte gegen das Lebensende noch viel zu tun mit dieser Unbotmäßigkeit des Jahrgangs 1770. Einen Tag vor Hegels 23. Geburtstag, am 26. August 1793, forderte der Herzog energische Maßnahmen »wegen
der in dem Theologischen Stift zu Tübingen obwalten sollenden
democratischen und anarchischen Gesinnung«.
Dies alles ist nicht schnurrige oder halb komische Reminiszenz
zur deutschen Geschichte und Kulturgeschichte. Die Gegensätze zwischen dem gesellschaftlichen Reformismus der Weimarer Klassik, insbesondere Friedrich Schillers, und der demo-
kratisch-egalitären Bejahung der Französischen Revolution in all
ihren Phasen, bis hin zum Jakobinismus und später zum Bona-
partismus, wirken bis heute nach in den großen Werken, die damals entstanden. *Hegels* großes philosophisches Jugendwerk,
die »Phänomenologie des Geistes«, die 1806 fertig wurde, fast
gleichzeitig mit dem Zusammenbruch des preußischen Ancien
Régime in der Schlacht von Jena, also vor den Toren der Stadt des
Professors Hegel; *Hölderlins* großes Gedicht »Die Friedensfeier«, worin Napoleon Bonaparte umgeht, und *Beethovens*
Helden-Symphonie in Es-Dur, der Tonart der »Zauberflöte«,
gehören zusammen. Auch die von Beethoven geplante Widmung der Eroica für Napoleon Bonaparte, die dann zerrissen
wurde bei der Kunde vom »Kaisertum« des Korsen, ist keine
Legende gewesen, sondern Wirklichkeit. Der Aufbau der Eroica
ist eine genau durchkomponierte Darstellung des revolutionären
Prozesses seit dem Quatorze Juillet von 1789. Der Trauermarsch
gilt den Gefallenen in einem Befreiungskrieg. Der Schlußsatz der
Eroica ist ein gewaltiges Gebäude über dem von Beethoven wohl
schon in Bonn entworfenen *Prometheus-Thema*. Prometheus

aber war für sie alle, die frühen Stürmer und Dränger bereits wie den jungen Goethe, wie für die Menschen vom Jahrgang 1770, der Inbegriff des Rebellen, des Selbsthelfers in der Zeit der gesellschaftlichen Unordnung, des Begründers eines neuen Menschentums.

Sie gehören zusammen: die Eroica und der »Fidelio«. Gemeinsam ist ihnen der geschichtliche Augenblick und dessen gemeinsame geistige Deutung. Dies ist *nicht mehr* der geschichtliche Augenblick Friedrich Schillers und des »Wilhelm Tell«. Vergleicht man diese künstlerische Symbiose von Helden-Symphonie und Befreiungsoper mit der späten Synthese aus Schiller und Beethoven in der Neunten Symphonie, so spürt man in Beethovens letzter symphonischer Schöpfung, wie immer wieder erkannt wurde, den merkwürdigen Anachronismus einer Ungleichzeitigkeit. Beethoven hat die Ode an die Freude, geschichtlich verstanden, *vielleicht zu spät komponiert*, und er hat das auch gewußt, denn seine Entwürfe zu dieser Komposition reichen noch zurück in die Bonner Jugendzeit: die Zeit der Revolution.

Bereits für Schiller selbst war dieses Gedicht, aus der verzweifelten Notzeit und Einsamkeit im Häuschen zu Gohlis vor den Toren von Leipzig, wo die Ode an die Freude entstand, bald darauf fast unerträglich geworden. Es sei einfach ein schlechtes Gedicht, so wies er die poetische Vision von sich ab. Auch der späte Beethoven muß den Anachronismus empfunden haben. Er war keineswegs zu einem geruhigen Bürger des Metternich-Regimes geworden, wie man weiß. Allein es muß doch eine tiefe Enttäuschung gegeben haben, die den Tonsetzer dazu veranlassen mochte, weil es ohnehin nichts mehr bedeutete, die Widmung dieser Neunten Symphonie aus Beethoven und Schiller ausgerechnet dem Dritten König Friedrich Wilhelm von Preußen anzutragen, dem stumpfen Monarchen einer mühsam restaurierten feudalen Gesellschaft.

Beethovens Leonore ist weit stärker die Verkörperung einer Idee als einer sinnlichen Menschlichkeit. Darum auch verbietet sich das Feixen im Zuschauerraum beim Anblick der als Mann verkleideten Frau und beim Gerede über die Verlobung der Marzelline mit dem angeblichen Fidelio. Leonore bedeutet die Vermenschlichung des Prinzips Hoffnung. Die rhetorische Frage des Rezitativs richtet sich an den belauschten, nun fernen und furchtbaren Pizarro: »Des Mitleids Ruf, der Menschheit Stimme, / Rührt nichts mehr deinen Tigersinn?« Dann geht, beschworen durch menschliches Vertrauen in den Sinn unserer Sterblichkeit, der Stern des Prinzips Hoffnung auf. Sehr langsam geht er auf, pianissimo:

> Komm, Hoffnung, laß den letzten Stern
> Der Müden nicht erbleichen,
> Oh komm, erhell mein Ziel, sei's noch so fern,
> Die Liebe wird's erreichen.

Dies kann und sollte man nicht mit interesselosem Wohlgefallen als Höhepunkt eines schönen Opernabends entgegennehmen. Es ist nicht bloßer Schein, was hier gesagt und gesungen wird. Hans Magnus Enzensberger hatte in einem Text, der sich an die Stelle von Beethovens Opernbuch zu setzen gedachte, postuliert, in der Oper schlechthin, also auch in dieser hier, sei nichts wirklich, was dort scheine. Noch deutlicher behauptet: »Im Schein der Oper ist auch die Macht nur ein Schein.«
Sie ist es nicht. Pizarro ist wirklich, in jedem Augenblick auch unseres Daseins nach wie vor lebendig. Er hat überlebt: auch er, denn in dieser Oper »Fidelio«, die sich aufrichtet gegen den Tod, darf keiner umkommen, auch nicht der Mörder. In dieser Oper Beethovens bricht immer wieder die Wirklichkeit durch: vielleicht nur hier im gesamten Bereich der musikalischen Dramatik.
Diese Vision einer freien und gleichen Menschheit ist ebenso bald schon, im frühen 19. Jahrhundert, zurückgenommen worden, ganz wie die Vision vom Hohen Paar. Auch das Finale im »Freischütz« steht in C-Dur. Es ist in aller Bewußtheit sowohl in der Ouvertüre wie am Schluß der Oper, der dem Abschluß der Freischütz-Ouvertüre entspricht, dem Fidelio-Finale nachgebildet. Was Carl Maria von Weber jedoch in solcher Dithyrambik besingt, hat diesen Wortlaut:

> Ja, laßt uns die Blicke erheben
> Und fest auf die Lenkung des Ewigen bau'n,
> Fest der Milde des Vaters vertrau'n!

Wer rein ist von Herzen und schuldlos im Leben,
Darf kindlich der Milde des Vaters vertrau'n!

Im Mittelpunkt steht der Eremit. Die Regieanweisung hatte gelautet: »Er kniet nieder und hebt die Hände. Agathe, Kuno,
Max, Ännchen und mehrere des Volks folgen seinem Beispiel.«
Es ist ein Opernschluß der vollkommenen theologisch-poli-
tischen Heteronomie. Von Gott zum Eremiten, zum Landesfür-
sten, zum Erbförster, zum Jägerburschen. Das heteronome C-
Dur des Freischütz-Finales wird man als Zurücknahme verstehen müssen des autonomen C-Dur bei Beethoven. Es muß nicht
gesagt werden, daß hier nicht der »Fidelio« ausgespielt werden
soll gegen Webers Meisterwerk. Angedeutet wird allein jener
stets gefährdete, rasch wieder verschwindende geschichtliche
Augenblick, da Beethovens »Fidelio« in seiner Einzigartigkeit
entstehen konnte.

Was den geschichtlichen Augenblick des »Fidelio« so tief und
grundsätzlich unterscheidet von aller Abhängigkeit und Unter-
tänigkeit, wie in jenem Finale des »Freischütz«, verkündet Leonore in einem einzigen Satz in der Kerkerszene. Allein darum
verbietet sich das übliche Spötteln über das Libretto des »Fidelio«. Es ist ein großer Text geblieben. Beethoven wußte, warum
er davon nicht loskam. Derselbe Beethoven, der sich später nicht
dazu entschließen konnte, immerhin einen eigens für ihn geschriebenen dramatischen Entwurf von Franz Grillparzer zu
komponieren.

Was Leonore hier ausspricht, lange bevor sie in dem unglücklichen Gefangenen des stockdunklen Kerkers den eigenen Gatten
erkannt hat, ist nichts anderes als das ethische Grundprinzip des
Philosophen Immanuel Kant. Er hatte postuliert, menschliches
Handeln solle stets dessen eingedenk sein, daß es von anderen
Menschen als gültig und moralisch, oder auch als unmenschlich
und unmoralisch, empfunden werden könne. In jeder Einzelak-
tion müsse die Maxime einer menschlichen und vernünftigen
Gesetzlichkeit durchscheinen.

So handelt Leonore bei Beethoven. Sie weiß nicht, wer dort im
Todeskerker des Pizarro hingemordet werden soll, allein sie
spürt und sagt: »Wer du auch seist, ich will dich retten.« Dies ist
der tiefe und humane Gegensatz zu allem Gerede von Menschen-

material, und zu allem Tun, das nur sich selbst will und keinen anderen zu kennen glaubt. Das also handelt nach der schrecklichen Formel: »Ohne Rücksicht auf Verluste«.

Der geschichtliche Augenblick des »Fidelio« war rasch vergangen. Das Werk ist geblieben. Wer für sich dabei einen schönen Opernabend erwartet und nachher darüber räsoniert, ob Sopran und Tenor ihre Sache gut gemacht haben, hat dies einzigartige Werk nicht verstanden. Er hat dann – leider – auch sich selbst (uns selbst!) nicht verstanden: die Zeitgenossen unserer eigenen Tage und ihrer Tagesnachrichten.

Neunte Symphonie und Song of Joy

Dem Berliner Philharmonischen Orchester
in Dankbarkeit gewidmet

Die Geschichte der Neunten Symphonie ist Lebensgeschichte
Ludwig van Beethovens und Zeitgeschichte zugleich. Man hat
die Spuren, und mit gutem Recht, zurückverfolgt bis nach Bonn
und ins Jahr 1791. Da gab es im Karneval und in der berühmten
Redoute einen Ball, zu welchem der junge Beethoven ein »Rit-
terballett« im Auftrag und zum höheren Ruhm des Grafen
Waldstein musikalisch ausstatten mußte. Man trug damals, im
Frühstadium deutscher Romantik, die »altdeutsche« Mode. Die
Musik des jungen Bonner Musikers gipfelt in einem »Deutschen
Gesang«, wenngleich es sich um ein Instrumentalwerk handelt.
Dieser »Deutsche Gesang« jedoch gliedert sich bereits nach dem
Versschema von »Freude, schöner Götterfunken ...«
Auch die Beziehung der Musik zur Ode an die Freude wurde
damals schon hergestellt. Die Altdeutschen des Bonner Masken-
festes waren begeisterte Schilleriander, ganz wie ihr Musikant
Beethoven. Schillers Gedicht »An die Freude«, das er dem zweiten Heft seiner Zeitschrift *Thalia* voranstellte, war fünf Jahre
vorher, also 1786, gedruckt worden. Die *Thalia* hatte bereits
eine Musik zum Gedicht mitgeliefert. Der Erfolg des Liedes,
dieser als Wechselgesang von Vorsänger und Chor konzipierten
Dichtung, war überwältigend. Man lebte im Ausklang des Sturm
und Drang und am Vorabend einer großen Revolution. Freundschaft und Menschenbrüderschaft waren zu verstehen als Ge-
genwerte zur höfischen Hierarchie, zu dem also, was Schiller,
nicht allein hier, sondern auch in *Kabale und Liebe*, als »Mode«
verächtlich abzutun pflegte. Schiller selbst war insgeheim entsetzt über die Popularität eben dieses Textes. Er hat ihn später als
»ein schlechtes Gedicht« abtun wollen. Der endgültige Druck in
der Ausgabe gesammelter Gedichte von 1800 präsentiert daher
eine weitgehend gemilderte Fassung. Da heißt es nicht mehr, wie
noch 1786, zur Freude Beethovens und seiner Gesinnungs-
freunde:

Deine Zauber binden wieder
was der Mode Schwerd getheilt;
Bettler werden Fürstenbrüder,
wo dein sanfter Flügel weilt.

Gestrichen hat Schiller auch, für die endgültige Ausgabe, den
Schluß der einstigen Ode mit Zeilen wie »Rettung von Tirannen-
ketten« und den nahezu blasphemischen Thesen:

Allen Sündern soll vergeben
und die Hölle nicht mehr seyn.

Ein verzweifelter Mensch hatte ihn geschrieben: den Freudendithyrambus. In Gohlis, einem Leipziger Stadtteil, der damals
noch vor den Toren lag, steht das Gartenhäuschen, wohl erhalten und viel besichtigt von Touristen, wo Friedrich Schiller von
Anfang Mai bis zum 11. September 1785 als Gast des Juristen
Christian Gottfried Körner fast einen »Unterschlupf« fand, als
man in Mannheim den Vertrag als Theaterdichter nicht verlängerte. Mittellos und auf die Hilfe von Freunden angewiesen, in
einem Häuschen vor dem Stadttor, entwarf er das Gedicht »An
die Freude«, das aber wohl erst in Dresden im Oktober vollendet
wurde.
Es ist der wohlbekannte, für Schillers Art des Schöpfertums
kennzeichnende Versuch, der alltäglichen Misere eine ideale Gegenwelt, mit Hilfe der Dichtung, zu konfrontieren. Während
später aber die scharfe Trennung vollzogen wird zwischen dem
Ideal und dem Leben, versteht sich das Gedicht »An die Freude«
als eine Utopie, die zur Wirklichkeit werden soll, als »Anleitung
zum Handeln«. Wobei es Freunde geben soll, aber auch Gegner:
die Anhänger nämlich einer gleichheitsfeindlichen »Mode«
ebenso wie jene Armseligen, die sich als unfähig erwiesen zur
Freundschaft, mithin zur Menschenbrüderschaft. Der Einsame
in Gohlis, dieser große Politiker und Diplomat, der seinen politischen Scharfsinn nur auf dem Theater entfalten konnte, schrieb
in aller Bewußtheit ein Lied für die »Millionen«, und er wurde
verstanden von seinen Zeitgenossen, die auch später, als der *Wilhelm Tell* erschienen war, beim Sturz von Zwing Uri sogleich an
den Fall der Bastille und an den 14. Juli 1789 erinnert wurden.

In solcher Gesinnung hatte Beethoven seinen Schiller gelesen und verstanden. Allein das Gedicht »An die Freude« wandelte sich auch für ihn im Verlauf der Lebens- wie der Zeitgeschichte: ganz wie es sich für Schiller verzerrt hatte. Bei Schiller standen die Verse, die inspiriert waren von Jean-Jacques Rousseau und seiner Utopie einer »natürlichen Religion« jenseits der etablierten Konfessionen, im Umkreis einer Dichtung der Praxis, nicht der spekulativen Idealität. Das Gegengedicht zur Ode an die Freude hieß »Resignation« und begann mit den berühmten Zeilen: »Auch ich war in Arkadien geboren ...« Wobei Arkadien gleichfalls wie ein Elysium verstanden wurde. Das Gedicht schloß mit dem schnöde praktischen Verweis an den isolierten, folglich freund- und freudelosen Träumer:

> Was man von der Minute ausgeschlagen
> gibt keine Ewigkeit zurück.

Beethoven war Jahrgang 1770. Als er den Deutschen Gesang für eine Ballmusik des Jahres 1791 schrieb, im zweiten Jahr der Revolution von Paris, errichteten in Tübingen die Jahrgangsgenossen Hegel und Hölderlin, zusammen mit dem noch jüngeren Joseph Schelling, einen Freiheitsbaum im Hof des Tübinger Stifts. Der Weg Beethovens, eine »sprechende« Musik der bürgerlichen Aufklärung schreiben zu wollen, der nach manchem Umweg schließlich zur Neunten Symphonie, einer Symphonie aus d-Moll, führen sollte, hat seine Korrespondenz bei Hegel wie vor allem bei Hölderlin, der jenen einstmals spielerischen Begriff vom »Deutschen Gesang« mit den großen Inhalten seiner Zeit und Hoffnung füllen sollte.

Beethovens Musik zu Schillers Dichtung war offenbar früh schon konzipiert als Bau einer Instrumentalmusik, die schließlich gleichsam ausbricht ins Wort und in den Gesang, als ein chorisches gemeinschaftliches Bekenntnis der Menschheit, worin kein Kontrast mehr spürbar wird, ganz wie bei Schiller, zwischen den Vorsängern und dem Gemeinschaftssingen.

Den Unterschied freilich zwischen Beethovens ursprünglichem Planen und der späteren Neunten muß man darin sehen, daß der Freudendithyrambus zwar stets am Ausgang eines Menschheitskampfes erklingen sollte, daß man auf dessen siegreichen Abschluß ursprünglich jedoch rechnen durfte. Man vertraute dem Weltgeist und der Aufklärung, gemäß dem Konzept einer Heldenmusik der bürgerlich-menschheitlichen Emanzipation.

Mit dem Titanen *Prometheus* hatte alles begonnen und hatte alles, auch in Beethovens Konzept, zu beginnen. Prometheus entwendete den Göttern das himmlische Feuer, um seinen Lehmgestalten, die von ihm gebildet waren »nach meinem Ebenbilde«, wie es bei Goethe heißt, das Leben einzubrennen. Menschenwelt gegen Götterwelt. Gleichheit der Menschen als Gegenwelt zu einer Art von »Über-Ich«. So hat es Beethoven komponiert im op. 43, nämlich in seiner Musik zum Ballett *Die Geschöpfe des Prometheus*, mit dem behutsam und fast beiläufig hingesetzten Baßthema, das seinen Tonsetzer nicht losließ, so daß er es ein Jahr nach der Ballettmusik von neuem den Klaviervariationen op. 35 zugrundelegte. Man spricht zu Unrecht bei diesem Klavierwerk von den »Eroica-Variationen«, obwohl sie der Dritten Symphonie auch geistig vorangingen und im Grunde die finale Gipfelung der Eroica erst möglich machten: dieser ursprünglich geplanten Napoleon-Symphonie. Das Prometheus-Thema bedeutet hier, als Steigerung und Ausklang, *eine Apotheose der emanzipierten Menschheit*, aller seitherigen Geschöpfe des Prometheus.

Die Neunte Symphonie hingegen ist nicht einfach eine neue und mit anderen Mitteln unternommene Weiterführung eines solchen hoffnungsreichen Planens, als ein Jahrhundert jung war und alles möglich zu sein schien. Die Neunte ist weit eher als eine *Gegenschöpfung* zu verstehen, wenngleich auch sie wieder mit der prometheischen Anstrengung der Menschwerdung beginnt: in einer schrecklichen Beschwörung der Leere und des Chaos im ersten Satz. Es gäbe durchaus Gründe, hier gleichsam von einer »Zurücknahme« der Eroica durch die Neunte Symphonie zu sprechen.

Äußerlich ließe sich das aus dem Kontrast von realer und geplanter Widmung der beiden symphonischen Werke ableiten. Die Widmung seiner Heldensymphonie an den Konsul Napoleon Bonaparte hat Beethoven bekanntlich zurückgenommen. Einem Kaiser Napoleon hatte er nichts zu widmen. Die Neunte Symphonie op. 125 hingegen trägt die Widmung »Sr. Majestät dem König von Preußen Friedrich Wilhelm III zugeeignet«.

Allein man soll diese höfliche Geste des Tonsetzers für den Preußischen König der Restaurationszeit nicht überschätzen. *Die Neunte Symphonie ist kein Werk der Resignation* oder gar einer restaurativ gewordenen Gesinnung. In seinen Erläuterungen zur Neunten Symphonie hat Harry Goldschmidt auf einen Ausspruch Beethovens während der Arbeit an der d-Moll-Symphonie hingewiesen: »Was mich anbelangt, so ist geraume Zeit meine Gesundheit erschüttert, wozu auch unser Staatszustand nicht wenig beiträgt, wovon bisher noch keine Verbesserung zu erwarten, wohl aber sich täglich Verschlechterung desselben ereignet.« Das Regime Metternichs in Wien war mit dem Königreich Preußen des Königs Friedrich Wilhelm III. in »Heiliger Allianz« verbunden. Als sich Beethoven in den Jahren 1817/18 an die Ausarbeitung einer Neunten Symphonie machte und diesmal weitaus genauer als bisher die Aufgipfelung mit Hilfe Friedrich Schillers erwägt, lebt man in einer Welt der Spitzelei und Polizeiherrschaft, inmitten von Demagogenverfolgungen und Verboten. Beethoven hat, wie man weiß, viele musikalische Gedanken der Neunten Symphonie aus Plänen zu einer Oper »Bacchus« übernommen, die ein dionysisches Fest im antiken Stil schildern sollte: bacchantisch trunken und als entfesselte Lust. Das Fugenthema aus dem zweiten Satz der Neunten Symphonie, mitsamt den bei jeder Aufführung der Neunten von neuem erschreckenden Paukenschlägen, gehörte in diesen Bereich.

Friedrich Hölderlin hat seinen »Deutschen Gesang« in einer harten Formel als Dichtung »in dürftiger Zeit« gedeutet. Die Neunte Symphonie ist ausdrücklich zu verstehen als ein gewaltiger und auch gewaltsamer Versuch, die prometheischen Gedanken der Menschwerdung und Emanzipation zu verkünden in einer dürftigen Zeit der Restauration und der Repression. Beethoven hatte einmal von »diesen wüsten Zeiten« gesprochen. Sie sind stets gegenwärtig und bedrohlich in allen vier Sätzen der Symphonie. Am stärksten natürlich im Eingangssatz und im Molto vivace des zweiten Satzes, der unmittelbar das thematische Verdikt des Hauptthemas aus dem ersten Satz fortzusetzen scheint, abermals fortissimo beginnend, dann zögernd mit zweimaliger Pause, um darauf jedoch pianissimo das einstige Fugenthema aus dem Bacchus-Fest zu intonieren. Ein Scherzo ist das durchaus nicht mehr. Es ist aber auch nicht bloß, wie oft behauptet wurde, eine Verkündung der »Triebhaftigkeit« und Ekstase, die folglich zurückgenommen werden muß im vierten Satz, wo kein dionysisches Bacchanal mehr zugelassen wird, sondern eine Beschwörung menschlicher Sympathiegefühle stattfindet. Friedrich Nietzsche hätte gerade hier vom Gegensatz des Dionysischen und des Apollinischen sprechen können.

Es gibt jedoch, und das macht abermals die Größe des Einfalls aus, auch im zweiten Satz der Neunten Symphonie *ein Element des Apollinischen.* Die Ekstase nämlich ist durch strenge Form gebändigt. Der fugierte Satz ist ein geistiges Ordnungselement. Man erlebt gleichzeitig die Exaktheit und die Ekstase. In ähnlicher Weise hat Richard Wagner, als dankbarer Schüler Beethovens, den Exzeß der nächtlichen Prügelei im zweiten Akt der *Meistersinger von Nürnberg* als Prügel-Fuge komponiert und damit geordnet.

Arkadien ist nicht Elysium: so wird man den dritten Satz mit seinen Bestandteilen des Adagio molto e cantabile und des alternierenden Andante moderato verstehen müssen, wenn der Pianissimo-Ausklang in B-Dur jäh durch einen Fortissimo-Akkord, noch in B-Dur, unterbrochen wird, gegen den sich sogleich und brutal die d-Moll-Welt des ersten Satzes durchzusetzen scheint. Arkadien ist kein Elysium, mehr noch: die Rückkehr nach Arkadien in eine bukolische Welt des natürlichen Lebens noch vor aller Aufklärung ist undenkbar. Die Schäferspiele der Anakreontiker aus dem 18. Jahrhundert, mitsamt dem gespielten Rousseauismus der Königin Marie Antoinette, sind endgültig vergangen. Die Revolution von 1789 war nicht rückgängig zu machen. Das Ancien Régime ließ sich nicht »restaurieren«. Auch ein restauriertes Arkadien war unmöglich. Die erschreckenden Dissonanzen zu Beginn des vierten Satzes kehren zurück zu den schweren Kämpfen einer Menschwerdung, wo Prometheus, gleichsam wie Michelangelo, die Menschengestalten aus dem Gestein herausschlagen muß.

Alles aber muß zurückgenommen werden: der prometheische Kampf um die Formung des Menschen; die mühsam durch Form gebändigte Ekstase der Bacchanten und Orgiasten; die sehnsüchtig und einmal noch aufgerufene arkadische Welt des Einst. Es gehört daher zur Notwendigkeit des kompositorischen Aufbaus, daß auch das Freudenthema in D-Dur nicht kampflos an die Stelle der früheren Sätze treten kann, die allesamt Weltzustände geschildert hatten, welche zu überwinden seien.

Zwar kann sich das leise Freudenthema zunächst entfalten und immer weiter steigern, dann jedoch bricht plötzlich abermals, und abermals presto, das schreckliche d-Moll von neuem durch. Die ganz kurze Pause vor Eintritt des Rezitativs bedeutet endlich den Übergang zu Friedrich Schiller. Auch Beethoven muß selbst noch »das Wort nehmen«, um diesen Übergang möglich zu machen: »O Freunde, nicht diese Töne! sondern laßt uns angenehmere anstimmen, und freudenvollere!« Freunde und Freude. Der Weg nach Elysium, in eine Welt der Freundschaft und menschlichen Sympathie, setzt Gemeinschaft voraus. Der Tenor verkündet es dann alla marcia: Der Weg der Menschen zum Sieg muß planvoll ablaufen wie der Gang der Gestirne. »Laufet, Brüder, eure Bahn, / Freudig, wie ein Held zum Siegen.« Beethoven hat hier, was bedeutsam ist, die Aufteilung Friedrich Schillers zwischen dem Vorsänger und dem Chor durchbrochen. Bei Schiller singt der Chor dies Bekenntnis zur Einheit von Natur und Gesellschaft. Beethoven braucht einen heldischen Vorsänger.

Im Augenblick freilich, da der Bassist gebieterisch, mit einem Ausrufungszeichen, die Freude fordert, fast dekretiert, und der Chor ihm, nicht minder gebieterisch, beistimmt, unmittelbar vor Intonation der Freudenode, beginnt der Zwiespalt: sowohl im Werk selbst wie im Zuhörer und Betrachter. Die Zweifel darüber sind nie verstummt, ob es dieser Musik gelang, in wüsten Zeiten trotz allem die angenehmeren Töne anzustimmen, und die freudenvolleren.

Mit Schillers Poem von 1786 hat dies Finale bloß noch den Text einiger Strophen gemein. Beethoven zertrümmert die poetische Komposition: mit gutem Grund. Der Unterschied war zu groß zwischen Schillers Anrufung einer brüderlichen Gemeinschaft von bürgerlichen und vorurteilslosen Freunden, die keine feudale Hierarchie, also keine »Mode«, gelten lassen wollen, und Beethovens Anrufung der Menschheit mit einer ekstatischen Gebärde, die Gott (oder die Gottheit) hineinnimmt in den Menschenbund. Darum ist das Adagio ma non troppo, ma divoto zu jenem Text, der die Anbetung des Weltschöpfers musikalisch gestaltet, bloß eine kurze Episode, worauf im Allegro energico der pantheistische Kontrapunkt gleichsam die himmlische und die irdische Liebe ineinanderfügt. Auch dies gehört zum Bauprinzip der Neunten Symphonie: gleich den zweimaligen Erzklängen des Göttlichen inmitten der arkadischen Welt des dritten Satzes und gleich dem Vorschein der Freudenmelodie inmitten des dionysischen Festes.

Alles ist *gleichzeitig* in diesem op. 125. Fidelioklänge mitten im Kampf um die Menschwerdung; immer wieder die Hoffnung; am Schluß des erschreckenden ersten Satzes ein Trauermarsch, doch mit Akzenten der Hoffnungslosigkeit, nicht zu vergleichen der hoffnungsvollen Trauer in der Eroica. In solcher Spannweite aus Geschichte und Gegenwart, aus einstiger Hoffnung auf eine bessere Menschenordnung und dem Leben in einer Restauration wird plötzlich auch wieder Nähe spürbar zu Schiller. Sein Gedicht gipfelt, jenseits des geschichtlich Zufälligen, in einer grandiosen Hierarchie der Sympathiegefühle: nicht bloß in der Menschenwelt, sondern im Weltall.

> Wollust ward dem Wurm gegeben,
> Und der Cherub steht vor Gott.

Deshalb ist auch für Beethoven die »Freude« mehr und anderes als eine dionysische Orgie, mehr aber auch als amor dei im Sinne von Spinoza.

Die Geschichte des deutschen Tonsetzers Adrian Leverkühn in Thomas Manns Roman *Doktor Faustus* konfrontiert das Künstlertum in der ersten Hälfte unseres Jahrhunderts gleichzeitig mit Goethes *Faust* und mit der Entwicklung des musikalischen Schaffens seit Beethoven. *Keine Erlösung des faustischen Künstlers, sondern Höllenfahrt.* Keine Anrufung der Freude und Menschheitshoffnung in einem letzten symphonischen Werk gleich dem op. 125, sondern abermals Weheklage und Versinken in der Nacht.

Adrian Leverkühn weiß, was er tut. Es solle nicht sein, erklärt er dem Freunde und Biographen und erläutert: »Das Gute und Edle, was man das Menschliche nennt, obwohl es gut ist und edel. Um was die Menschen gekämpft, wofür sie Zwingburgen gestürmt, und was die Erfüllten jubelnd verkündigt haben, das soll nicht sein. Es wird zurückgenommen. Ich will es zurücknehmen.«

Der andere versteht nicht. Was solle zurückgenommen werden? »Die ›Neunte Symphonie‹, erwiderte er. Und dann kam nichts mehr, wie ich auch wartete.«

Die These ist ernst zu nehmen. Es gab bereits bei Beethoven, als Folge geschichtlicher Wandlungen, gleichsam *eine Zurück-nahme der Eroica in der Neunten Symphonie*. Gibt es eine Zurücknahme der Neunten Symphonie in unserem Jahrhundert dergestalt, daß eine jede Aufführung des Freudenhymnus bloß den schmerzlichen Abstand erkennen macht zu Beethoven wie zu Schiller, zur Welt der Aufklärung und zum Postulat der Brüderlichkeit?

Der »Song of Joy« ist freudlos. Er verwertet das schwer errungene musikalische Gleichnis als hübsche Melodie und wirft den Rest in den Kübel. Erklingt die Ode im Olympiastadion bei der Siegerehrung, so wird auch hier bloß der Abstand spürbar. Dies ist nicht Olympia und Arkadien. Unsere Freude ist Freude in dürftiger Zeit.

> Find ich so den Menschen wieder,
> Dem wir unser Bild geliehn,
> Dessen schöngestalte Glieder
> Droben im Olympus blühn?
> Gaben wir ihm zum Besitze
> Nicht der Erde Götterschoß,
> Und auf seinem Königssitze
> Schweift er elend, heimatlos?

So klagt bei Schiller die Göttin Ceres. Sie hat uns »die süße Heimat gegeben, / Die den Menschen zum Menschen gesellt«. Beethoven hat sein Dasein niemals in anderer Weise verstanden. Von jener Bonner Redoute des Jahres 1791 bis zum »Dankgesang eines Genesenden«. Der Neunten Symphonie muß man sich stellen. Da gibt es keine hübschen Melodien, sondern Kämpfe und Rückschläge, und dennoch gibt es auch den schönen Götterfunken. Bei jeder Aufführung der Neunten springt er von neuem über. Selbst wenn es traurig macht.

Alberich und die Rheintöchter
Gedanken Richard Wagners in seiner letzten Nacht

Am Abend des 12. Februar ist wieder der Maler Paul von Joukowsky, der Bühnenbildner des »Parsifal«, im Palazzo Vendramin zu Gast. Richard Wagner liest vor, die erzromantische Erzählung »Undine« von Friedrich von Fouqué. Während er liest, wird er von Joukowsky gezeichnet. Der Prospekt der Bayreuther Festspiele von 1983 zeigt diesen letzten Richard Wagner auf dem Umschlag. Wagners Lider sind tief gesenkt beim Vorlesen. Dadurch wirkt der Kopf bereits wie der eines Toten. In der Nacht kommt es noch zu einem merkwürdigen Gespräch mit Cosima: »Wie ich schon zu Bett liege, höre ich ihn viel und laut sprechen, ich stehe auf und gehe in seine Stube: ›Ich sprech mit dir‹, sagt er mir und umarmt mich lange und zärtlich: ›Alle 5000 Jahre glückt es!‹ ›Ich sprach von den Undinen-Wesen, die sich nach einer Seele sehnen.‹ Er geht an das Klavier, spielt das Klage-Thema ›Rheingold, Rheingold‹, fügt hinzu: ›Falsch und feig ist, was oben sich freut.‹ ›Daß ich das damals so bestimmt gewußt habe‹ – Wie er im Bette liegt, sagt er noch: ›Ich bin ihnen gut, diesen untergeordneten Wesen der Tiefe, diesen sehnsüchtigen.‹«
Auch diese Bemerkung führt, wie alles aus Wagners letzten Lebenstagen, zurück ins Zentrum seines Denkens und Empfindens. Undine, die Seejungfrau, ist abermals ein Zwitterwesen zwischen Geisterwelt und Menschenwelt. Die Verbindung eines Menschen mit ihm ist nicht geheuer. Es ist das Thema des Fliegenden Holländer ebenso wie jenes der Kundry. Es ist auch das Thema des Sängers Tannhäuser zwischen Venus und Elisabeth, zwischen der Lusthölle und den christlichen Rittern auf der Wartburg. Es führt zurück zu Wagners letzten Betrachtungen und Arbeiten über Kunst und Religion, über die Emanzipation der Frau. Doch die Erinnerung an die Klage der Rheintöchter in dieser letzten Lebensnacht bedeutet noch mehr. Sie paßt nur allzu gut zu Wagners tiefer Enttäuschung über das Schicksal seines Werkes in diesem jungen und so geldwütigen Deutschen Kaiserreich vom 18. Januar 1871. Der Schluß des »Rheingold«,

den Wagner bereits im Züricher Exil entworfen hatte, als steckbrieflich gesuchter Revolutionär, wird nach wie vor als weiterwirkend empfunden. Die Klage der Rheintöchter um die Zerstörung der Natur und den Raub des Goldes ist auch seine eigene: sie ist Richard Wagners Klage.

WOTAN Welch Klagen klingt zu mir her?
LOGE *späht in das Tal hinab*:
Des Rheines Kinder
beklagen des Goldes Raub.
WOTAN Verwünschte Nicker! –
Zu Loge: Wehre ihrem Geneck!
LOGE *in das Tal hinabrufend*:
Ihr da im Wasser!
Was weint ihr herauf?
hört, was Wotan euch wünscht:
glänzt nicht mehr
euch Mädchen das Gold,
in der Götter neuem Glanze
sonnt euch selig fortan!

Die Götter lachen und beschreiten mit dem Folgenden die Brücke.
DIE RHEINTÖCHTER
Rheingold! Rheingold!
Reines Gold!
O leuchtete noch
in der Tiefe dein laut'rer Tand!
Traulich und treu
ist's nur in der Tiefe:
falsch und feig
ist, was dort oben sich freut!

Während die Götter auf der Brücke der Burg zuschreiten, fällt der Vorhang.

Traulich und treu / ist's nur in der Tiefe: / falsch und feig / ist, was dort oben sich freut! Das waren Wagners Gedanken in seiner letzten Nacht.

Erstaunlich ist immer wieder, was man erst seit Kenntnis von Cosima Wagners Tagebüchern konstatieren kann, die Kontinuität des Erlebten und jemals Gedachten in Richard Wagners Leben. Nichts war für ihn abgetan. Noch die stark antithetischen Denkanstöße, die er an sich erfuhr, versuchte er bis ins Alter hinein festzuhalten und zu einer – oftmals unmöglichen – Einheit zusammenzufügen. Ein merkwürdiges Beispiel dafür bildet der Wandel seiner Grundauffassung vom schroffen Gegensatz zwischen »Oper« und »Drama«. In der Schrift des Züricher Exils kommt es fast zur Absage an die »absolute Musik«. Der Primat des Dramatischen wird stark betont, fast überstark.

Dann aber verfällt Richard Wagner der Metaphysik Arthur Schopenhauers und ist nun genötigt, der Musik, gerade wegen ihrer (bei Schopenhauer) einzigartigen Stellung innerhalb der Künste, einen höheren Rang einzuräumen. Musik ist eine Kunst für Schopenhauer, die sich allein fernhält von der Mimesis, einer Nachahmung des menschlichen Treibens, innerhalb einer Welt als »Vorstellung«. Daher ist Richard Wagner gleichzeitig entzückt und erschreckt im Jahre 1872 und in Tribschen, als er Nietzsches »Geburt der Tragödie« liest und auch bei Nietzsche spüren muß, daß dieser ihn als »Musikdramatiker« verstehen möchte.

Der kleine Aufsatz »Über die Benennung ›Musikdrama‹« von 1872 spiegelt sowohl die Widersprüche in der Entwicklung, wie auch Wagners Bemühung um geistige Kontinuität. Eine Lösung gibt es nicht. Wagner behilft sich, während er an der Partitur des Dritten Aktes »Siegfried« arbeitet, mit einer glanzvollen und berühmt gewordenen, doch insgeheim ausweichenden Formel. Er selbst definiere, meint er fast zögernd, »meine Dramen gerne als ersichtlich gewordene Taten der Musik«. Ersichtlich gewordene Taten der Musik. Das gilt zweifellos für den Beginn der Tetralogie, also für die Szenen der Rheintöchter, dann wieder für die Konfrontation zwischen Siegfried und dem Wanderer im Dritten Akt »Siegfried«, auch für Siegfrieds Gespräch mit den Rheintöchtern, das keines ist, weil man aneinander vorbeiredet in einem windschiefen Dialog. Die höchste Form einer solchen Musik, die nicht »absolut« ist und doch die dramatischen Konflikte ausschließlich mit musikalischen Mitteln »ersichtlich« macht, ist die Trauermusik um Siegfried: ein »Fest der Beziehungen«, so hat es Thomas Mann formuliert.

Man wird fragen dürfen, warum sich gerade am Trio der Rheintöchter dies musikalische und dramatische Wollen Richard Wagners so stark und so glückhaft entfalten konnte, daß er dessen noch eingedenk war in der letzten Nacht. Es hängt wohl mit den geheimen romantischen Impulsen zusammen, die schon in der deutschen Frühromantik, auch noch in der »Undine« des Baron Fouqué, wirksam gewesen waren, und auch mit den eigenen Lebenserfahrungen des späteren Meisters von Bayreuth. Die romantischen Gestalten eines Zwischenreichs zwischen Menschenwelt und Geisterwelt, zwischen reiner Natur und unreiner menschlicher Gesellschaft, bedeuteten jedesmal den *Außenseiter*. Künstler als Außenseiter schufen Werke, die von Außenseitern zu handeln hatten. Noch ein spätromantischer Nachfahre wie Hugo von Hofmannsthal war besessen von diesem Thema. Die Geschichte der Undine, die Wagner am Abend des 12. Februar 1883 in Venedig vorlas, enthält auch im Keim bereits die Geschichte einer »Frau ohne Schatten«. Sie alle bedeuten Gegenwelt zur unreinen Menschenwelt: diese Undinen und Rheintöchter. So müssen sie Außenseiter und Wesen der Entfremdung werden, falls sie sich zu den Menschen gesellen.

Allein da ist noch mehr, wenn man vom Gedanken der Kontinuität bei Richard Wagner ausgeht. Die Erinnerung an die Rheintöchter bedeutet auch bei ihm stets eine erneuerte romantische Sehnsucht nach einer verlorenen Zeit und einer *verlorenen menschlichen Heimat*. Wahrscheinlich äußert sich darin, wenn man die Soziologie befragt, die Fremdheit und Verstörung von Menschen des ausgehenden 18. und des frühen 19. Jahrhunderts über das Fortschreiten einer bürgerlich-kapitalistischen Gesellschaft. Joseph von Eichendorffs »gute alte Zeit« bedeutete durchaus nicht, wie später eine vulgär-soziologische Deutung behauptet hat, die Sehnsucht nach Rückkehr des Feudalismus und der Adelswelt. Sie bedeutete nur das Bewußtsein einer tiefen Entfremdung und Heimatlosigkeit. Eben darum konnte Eichendorffs Dichtung, die ganz erfüllt ist vom Gefühl dieser Verstörung, immer wieder fruchtbar werden für Musiker: von Robert Schumanns »Liederkreis« bis zum späten Richard Strauss, zu Hans Pfitzner, zu Othmar Schoeck. Auch das Werk Richard Wagners, insbesondere die Tetralogie vom »Ring des Nibelungen«, lebt im Bewußtsein einer solchen Heimatlosigkeit. Allein

Wagner hat sich die schreckliche Variante gewählt: die der Undine. Traulich und treu, also *heimatlich*, ist's nur in der Tiefe. Alles andere oben, nämlich bei den Nibelungen, in der Menschenwelt der Wälsungen, hoch oben auf Walhall, ist Untreue und Feigheit. Richard Wagners Gedenken an die Rheintöchter war wohl als letztes Eingeständnis einer tiefen Entfremdung und Heimatlosigkeit zu verstehen.

Auch *E.T.A. Hoffmann* war ergriffen und verstört worden durch Fouqués Erzählung von der Undine. Hoffmanns Oper »Undine« ist vermutlich sein bedeutendstes musikalisches Werk geworden. Nicht zufällig. Auch in Hoffmanns Erzählungen gibt es die Insistenz der Zwischenbereiche zwischen Menschenwelt und Geisterwelt, die Hoffmann, wohl als erster, als Einsamkeit der Künstlerwelt versteht.

Es gibt, soweit man sieht, bis heute noch keine zureichende Arbeit über die Bedeutung E.T.A. Hoffmanns für das Schaffen Richard Wagners. Man kennt die thematischen Bezüge, die hinüberreichen bis zu den »Meistersingern von Nürnberg«, auch die Selbstbekenntnisse Richard Wagners, doch die eigentümliche Wichtigkeit Hoffmanns und seiner grenzüberschreitenden Kunstauffassung für Wagners Bewußtsein der eigenen Identität, das ist bisher noch nicht ausgelotet worden. Undine, die Rheintöchter, Fouqué, Hoffmann, Schopenhauer, im späten Richard Wagner war alles nach wie vor wirksam und virulent geblieben. Bis in die letzten Augenblicke dieses Lebens.

Freilich kam noch eine andere Erfahrung hinzu. Richard Wagner als spätgeborener Romantiker hatte nicht allein die Klagen der Rheintöchter vernommen, sondern auch ihren furchtbaren Gegenspieler gesehen. Der Beginn der Tetralogie stellt beide Welten hart gegeneinander: Alberich und die Rheintöchter.

Die Gestalt des Alberich muß Richard Wagner schon früh erschaut haben. Sie scheint sich im Verlauf der Jahrzehnte für ihn kaum geändert zu haben. Anders steht es um Wagners Urteil über die Nibelungen. Im Jahre 1848 schreibt er, wie man heute sagen würde, ein ausführliches »Szenario« der künftigen Tetralogie mit dem Titel »Der Nibelungen-Mythos. Als Entwurf zu einem Drama«. Der Entwurf beginnt so: »Dem Schoße der Nacht und des Todes entkeimte ein Geschlecht, welches in Nibelheim (Nebelheim), d.i. in unterirdischen düsteren Klüften und Höhlen wohnt: sie heißen Nibelungen; in unsteter, rastloser Regsamkeit durchwühlen sie (gleich Würmern im toten Körper) die Eingeweide der Erde: sie glühen, läutern und schmieden die harten Metalle. Des klaren edlen Rheingoldes bemächtigte sich Alberich, entführte es den Tiefen der Wässer und schmiedete daraus mit großer listiger Kunst einen Ring, der ihm die oberste Gewalt über sein ganzes Geschlecht, die Nibelungen, verschaffte: so wurde er ihr Herr, zwang sie, für ihn fortan allein zu arbeiten, und sammelte den unermeßlichen Nibelungenhort, dessen wichtigstes Kleinod der Tarnhelm, durch den jede Gestalt angenommen werden konnte, und den zu schmieden Alberich seinen eigenen Bruder, Reigin (Mime = Engel), gezwungen hatte. So ausgerüstet strebte Alberich nach der Herrschaft über die Welt und alles in ihr Enthaltene.«

Die Schilderung läßt sich als dichterische Vision einer modernen Arbeitswelt verstehen, und soll auch so verstanden werden. Richard Wagner hatte in den Pariser Hungerjahren nicht bloß eine virtuos entwickelte Finanzwelt kennengelernt, nämlich eine »giftige Geldwirtschaft«, wie sie Ludwig Börne, gleichfalls in Paris lebend, definiert hat. Er war in Frankreich auch Zeuge geworden der ersten Aufstände eines Proletariats im heutigen Sinne. Die Pariser Februar-Revolution von 1848 hatte schon im Juni zu einem Aufstand der »Nibelungen« gegen die provisorische Regierung geführt. Der Aufstand wurde ebenso mit Kartätschen niedergeworfen wie, kaum ein Jahr später, der Dresdener Aufstand, woran der Kapellmeister Wagner beteiligt gewesen war.

Darum ist der Schluß des »Nibelungen-Mythus« im Jahre 1848 noch ganz ohne Schopenhauer, Brand von Walhall und Götterdämmerung konzipiert. Auch die Rolle der Nibelungen, sogar des Alberich, wird verständnisvoll angelegt. Was in dem Prosaentwurf bereits bis in einzelne Formulierungen hinein angekündigt wurde, findet sich, genau adäquat, auch in den damals bereits ausgearbeiteten Verspartien von »Siegfrieds Tod«. Brünnhildes Abschiedsrede gilt den Nibelungen:

Ihr Nibelungen, vernehmt mein Wort!
eure Knechtschaft künd' ich auf:
der den Ring geschmiedet, euch Rührige band, –

nicht soll er ihn wieder empfahn, –
doch frei sei er, wie ihr!

Alberich wird überleben. Das tut er bekanntlich auch am Ende der späteren Tetralogie. Vielleicht ist es gar ein »Überbleibsel« aus der Grundvision von 1848. Der Kreislauf des Goldes hat sich vollendet, die giftige Geldwirtschaft wurde beseitigt. Das Gold kehrte zurück in den Schoß der Natur. Das Volk der Nibelungen wird weiter arbeiten, aber frei. In einer von seinem Fluch befreiten Welt mag dann auch Alberich weiterleben und frei sein. Und die Götter? Ihnen gilt, den Überlebenden und ohne Fluch Herrschenden, der letzte Gruß der Walküre.

> Nur einer herrsche:
> Allvater! Herrlicher du!
> Freue dich des freiesten Helden!
> Siegfried führ' ich dir zu:
> biet' ihm minnlichen Gruß,
> dem Bürgen ewiger Macht!

Fast im selben Wortlaut fand sich die Verkündigung auch schon im Prosaentwurf. Dann aber erfuhr Richard Wagner, der gescheiterte Revolutionär und Emigrant, all jene tiefen Enttäuschungen und Demütigungen, von denen er im Jahre 1871 in seinem »Epilogischen Bericht über die Umstände und Schicksale« der Tetralogie seit ihren Anfängen so erbittert, und bisweilen sogar genußvoll referiert hat. Was er in jenem Schlußbericht verschweigt, möglicherweise weil es ihm nicht voll bewußt wurde, ist die tiefe Wandlung seines Verhältnisses zu den Nibelungen. Alberich und die Rheintöchter: hier hatte ein grandioser dramaturgischer Einfall zwei miteinander unvereinbare Welten der Moderne gegeneinander gestellt. Hier die noch unberührte Natur, dort ein Vertreter der zeitgenössischen Arbeitswelt, die verflucht war bereits vor dem Fluch des Alberich. Der ursprüngliche Entwurf zur Tetralogie glaubte an ein Nebeneinander der beiden Welten: der Rheintöchter als Hüter des wiedererlangten Goldes *und* der aus der Arbeitswelt befreiten Nibelungen mitsamt dem Alberich.
Die Trauermusik um Siegfried jedoch ist eine Musik der *Verlore-*

nen Illusionen. Sie alle müssen zugrundegehen, denn sie alle fallen dem Fluch Alberichs zum Opfer, die Schuldigen und die – nur scheinbar – Unschuldigen. So wandelt sich der ursprüngliche Nibelungen-Mythos mit befreiter Natur und vom Fluch erlöster Götterwelt in das Endspiel einer »Götterdämmerung«.

Cosimas Tagebücher schildern den schwerkranken Künstler im Palazzo Vendramin als einen tief enttäuschten Menschen und Zeitbeobachter. Er hat die erfolgreiche Uraufführung des »Parsifal« erleben dürfen. Den Dritten Akt hat er bei der letzten Vorstellung noch selbst geleitet, als er den Taktstock aus Hermann Levis Hand entgegennahm. Allein er glaubt nicht mehr so recht an den Sinn der Festspiele. Es ist nicht bloß das immer noch lähmende Defizit vom Jahre 1876. Richard Wagner hat fast alle Illusionen von sich getan: über den König von Bayern, über das neue und geeinte Deutsche Reich, über die Möglichkeit eines demokratischen Festes auf dem Hügel von Bayreuth.

Sein liebevolles Bekenntnis zu den Rheintöchtern in jener letzten Nacht ist mehr als ein Bekenntnis zu den romantischen Ursprüngen und zur Heimatlosigkeit des Künstlers in der Bürgerwelt. Es ist – vielleicht? – auch Flucht vor dem Wirken Alberichs nach dem Untergang der Götter und der Burg Walhall.

VII. In eigener Sache

Jugenderinnerungen

Meine Erinnerungen aus der frühesten Kindheit sind kaum bedeutsam. Jedermanns Bildchen, sozusagen. Bemerkenswerte Neurosen waren noch nicht angelegt. Vielleicht sähe es anders aus, hätte ich je auf der Couch des Psychoanalytikers gelegen. So aber waltet über meinen frühen Erlebnisfetzen viel Dunkelheit. Ich beklage das nicht. In seinem Briefwechsel mit Sigmund Freud hat Arnold Zweig für sich über solchen Zustand lamentiert: »die Amnesie ... ist zäh und will nicht weichen. Aber wir werden es schon schaffen.«

Auch meine Amnesie ist zäh. Da ist ein Flüßchen in der Eifel und man taucht mich hinein. Wohlgefühl und das erste bewußte Erlebnis des Wassers. Im Elternhaus gibt meine Mutter eine Damengesellschaft; ich werde herumgereicht und erinnere heute noch das Décolleté meiner Tante, der jüngeren und sehr schönen Schwester meiner Mutter. Da sind Hunde und Nachbarskinder: alltäglicher Bewußtseinskram.

Der Schulbeginn mit sechs Jahren, also 1913, wird genauer registriert, doch die erste Helligkeit fällt zusammen mit dem Ausbruch des Weltkriegs von 1914. Ich glaube nicht, daß ich mir etwas vormache, wenn ich einen Sommertag wiedersehe, wohl im August und in den Tagen des Kriegsanfangs. Meine Mutter schickt das Mädchen zum Einkaufen, ich sehe auch noch den Laden und den Weg, den das Mädchen zu gehen hatte. Außerdem wird der dicken und braven Köchin eingeschärft: möglichst einige Pfund Butter zu horten. Es sei Krieg, und für alle Fälle.

Man hat den schrecklichen Beginn des Zwanzigsten Jahrhunderts damals nicht wahrgenommen. Gelassenheit herrschte vor; daß Deutschland bald gesiegt haben würde, schien keiner der Erwachsenen zu bezweifeln. Die Frauen waren ein bißchen unruhig, weil der Rhythmus des Alltags gestört wurde; darum vor allem erinnere auch ich jene Tage, denn ich war mit dieser Frauenwelt noch eng verbunden. Ich war nicht ›Jahrgang 1902‹, wie der Erzähler in Ernst Glaesers Roman mit eben diesem Titel: weshalb ich auch nicht mit ebenso altklugen wie wohlfeilen Erkenntnissen eines dezidierten Pazifismus aufzuwarten vermag.

Freilich, fünf Jahre Unterschied, zwischen dem Jahrgang 1902 und meinem eigenen Jahrgang 1907, machen viel aus: allein ich glaube noch zu ahnen, daß die Männer meiner Familie gelassen waren, auch sie wahrscheinlich sicher des Sieges, doch ohne rauschhaften Exzeß.

Seit einigen Jahren wohnte die Familie nicht mehr in der Stadt Köln, sondern jenseits der Stadtwälle, also jenseits der alten Trennungslinie, die der Kölner Oberbürgermeister Konrad Adenauer nach dem Krieg, durchaus noch während meiner Schulzeit, durch einen »Grüngürtel« neu markieren ließ. Als bürgerliches Pendant zum Arbeitervorort Ehrenfeld entstand damals ein Neu-Ehrenfeld mit breiten Straßen, schönen Baumreihen, Einzelhäusern oder Wohnhäusern mit geräumigen Wohnungen für wenige Familien. Ein Park war nahe, den man, in Erinnerung an das ferne 1813, als Blücherpark deklarierte. Bald darauf gab es zeitgenössische Strategie zu feiern, weshalb das hübsch bewachsene Fleckchen mit einem netten Teich zum Hindenburgpark befördert wurde. Dort habe ich als »Mündiger«, also mit 21 Jahren, einen Sommer lang gesessen und das ›Kapital‹ von Karl Marx durchgearbeitet: drei dicke Bände, und dann noch die ›Theorien über den Mehrwert‹.

Den Kriegsanfang habe ich mithin nicht in der Stadt erlebt, sondern eigentlich als ferne Kunde irgendwo zwischen Stadt und Land. Daher vermag ich keine Bilder an Jubelzüge, muntere Kampfparolen »Nach Paris!« und blumengeschmückte Krieger zu reproduzieren. Man nahm mich nicht mit in die Stadt, um mitzufeiern. Ein Augenblick des Ernstes hingegen blieb und bleibt aufbewahrt. Die Parallelwohnung zu der unsrigen, im Erdgeschoß des großen Bürgerhauses, das übrigens auch den Zweiten Weltkrieg überstand, wurde gleichfalls von einem jungen Ehepaar mit einem einzigen Kind bewohnt: auch einem Jungen. Die Elternpaare trafen sich in den Gärten; dort pflegte ich mit dem dreijährigen Werner zu spielen. Es stellte sich heraus, daß Dr. Horenburg, der Name blieb bei mir, ein Hauptmann war und sofort einrücken mußte. Er nahm mich beiseite, sprach leise zu mir als Mann zum Mann, was mich erschütterte, und vertraute mir den kleinen Werner an. Ich versprach es fest. Sicher war der Ritus auch ernst gemeint von Werners Vater. Der Hauptmann Horenburg fiel wenige Monate danach, noch im

Jahre 1914. Seine Witwe zog fort von Köln; Werner kam später auf die Kadettenanstalt im holsteinischen Plön. Er ist früh gestorben, wohl noch vor der Reife.

Erst seit dem Jahre 1915 besitze ich Erinnerungen, die mehr sind als punktuelle Lichtbilder. Von nun an werden Zeitabläufe markiert, dazu Kausalitäten. Für mich hat der Weltkrieg als begriffene Wirklichkeit erst im Jahre 1915 begonnen: mit dem Ausrükken des Vaters in den Krieg. Ich war damals acht Jahre alt und in der zweiten »Vorschulklasse«. Was damit gesagt war, soll noch erläutert werden. Der Vater war 1914 zurückgestellt worden. Die Sehschärfe seines linken Auges war sehr gering. Er hat mir eine entsprechende Schwäche des rechten Auges vererbt. Immerhin lernte ich bereits im ersten Kriegsjahr die Bedeutung so letaler Begriffe wie: kv, gv und du. Also: kriegsverwendungsfähig, garnisonsverwendungsfähig, dauernd untauglich. Der Vater, ein Mann damals Mitte der Dreißig, war gv.

Die Marneschlacht war verloren: der hybride Jubel der Spätsommertage von 1914 wurde abgelöst vom geheimen Zweifel. Wofür soll hier gestorben werden? Meinem Vater ist beim Ausrücken anzumerken, daß er sich weder etwas vormacht, noch den Drükkeberger spielen möchte. Man hat jenen, die abmarschieren mit unbekanntem Ziel, das Singen verordnet. »Die Vöglein im Walde, die sangen sangen sangen so wunder-wunderschön.« Der Vater blickt zu uns herüber. Ich glaube nicht, daß er gesungen hat. Ich halte die Hand der Mutter, wir winken und gehen vorerst noch mit: im gleichen Schritt und Tritt. Dann der Auszug aus dem Kasernentor, wir bleiben zurück. In der Heimat, in der Heimat, da gibt's ein Wiedersehn.

Mein Vater hat diesen ersten Krieg überlebt. Zuerst kam er an die Front in Frankreich, dann in die belgische Etappe, gegen Jahresende 1917 zu einer Fernmelde-Einheit zurück ins Rheinland. Zuerst hatten wir Feldpostpäckchen expedieren müssen. Die Verwandten und Freunde oben in Oldenburg halfen immer wieder aus. Trotzdem habe ich die Kinderjahre im Krieg als arge Hungerjahre in der Erinnerung. Köln war eine große Stadt, bisweilen sogar das Ziel feindlicher Flieger. Zu essen gab es nicht viel. Damals hörte ich jene Redeformeln, die ich dann nach 1945 unverändert fand. Man sprach vom »Bohnenkaffee«, weil es durchaus auch anderes Gebräu gab, das heiß war und schwarz.

Es gab die »gute Butter« und den »schwarzen Tee«, der sich nicht etwa vom grünen unterschied, sondern vom Nicht-Tee. Auch die Truppen hatten Hunger. Als der Vater auf Urlaub kam, waren Hungerödeme bei ihm festgestellt worden, die sich auf die Augen geschlagen hatten.

Da der Vater nichts verdienen konnte, lebten wir von der Hilfe der Großmutter, die zusammen mit ihrem Schwager, dem Bruder meines schon 1911 verstorbenen Großvaters, nach Köln gezogen war, in ein hübsches Haus mit schönem Garten unweit von uns. Die Sommerferien verbrachten wir meistens mit der Großmutter in Bad Münster am Stein an der Nahe; noch heute zähle ich, wie damals, die Tunnels zwischen Koblenz und Bingerbrück.

Den Kaiser habe ich oft gesehen. Zuerst bald nach Kriegsbeginn, als er über die Hohenzollernbrücke nach Osten fuhr: im Gegensatz zu seinem Standbild auf besagter Brücke, das auch heute noch dem Westen, hoch zu Roß, zustrebt. In Münster am Stein fuhren sie jeden Tag an uns vorbei: der Kaiser, Hindenburg und Ludendorff. Wir jubelten ihnen zu, den Heroen. Das Hauptquartier befand sich in Kreuznach an der Nahe. Jeden Morgen fuhr man zur Lagebesprechung durch das malerische Münster, das so viele Erinnerungen und Sagen zu bieten hatte: an Rheingrafen und Drachen, an Ulrich von Hutten und Franz von Sikkingen, deren Doppeldenkmal auf der nahen Ebernburg mich tief beeindruckte. Ich hielt die monumentale Zweiheit der Hindenburg und Ludendorff für gleichwertig. Der Geschichtsunterricht im Kölner Schiller-Gymnasium legte das nahe. Denn Geschichte hatten wir bereits seit 1917, also seit der Quinta.

Es gab andere Familien aus Köln, jüdische und christliche, die sich in den guten, doch keineswegs luxuriösen Hotels und Pensionen an der Nahe eingefunden hatten. Vom Krieg sprach man, das fiel mir bald auf, nur noch indirekt. Man nahm Bäder, hatte bei den Salinen tief einzuatmen, wir spielten vor einer Salinenpumpe, die im Rhythmus die Bilder von Max und Moritz auftauchen und verschwinden ließ. Das habe ich nicht vergessen. Um das Jahr 1950 reizte es mich plötzlich, auf die Suche zu gehen nach einer verlorenen Zeit. So habe ich mich für einen Woche wieder eingemietet in Bad Münster. Der Zauber war hin. Walter Benjamin hat den Mechanismus erklärt in seiner Parabel von der wunderbaren Maulbeeromelette, die ein König in seiner Jugend und in einem Augenblick der Furcht wahrhaft genossen hatte, und die niemals wieder zubereitet werden kann, wie der Koch erläutert: »Denn wie sollte ich sie mit alledem würzen, was du damals in ihr genossen hast ...« Allein Max und Moritz bewegten sich immer noch im Takt der Pumpe.

Ein bißchen lesen konnte ich schon vor der Schulzeit. Ich habe ein Leben lang immer und voller Lust gelesen. Damals, in einer ersten Kriegszeit und noch vor der Pubertät, las ich gläubig die deutsche Kriegs- und Durchhalteliteratur. Der jüdische Verlag Mosse und der streng deutschnationale Scherl-Verlag, beide in Berlin, waren kaum voneinander zu unterscheiden, ganz sicher nicht für ein achtjähriges Kind, hinsichtlich der Schreibweise und Zielrichtung. Ich habe damals nicht allein die U-Boot-Helden und Kampfflieger bewundert, auch Trauer empfunden bei ihrem Tod, sondern alle Emotionen geliefert, die der ferne Propagandaschreiber freisetzen wollte. Dennoch ist mir eine Story, sie gehörte zu einem richtigen, gut eingebundenen Buch, besonders als Erinnerung geblieben, weil sie – ungemein geschickt – eine damals noch unübliche Mischung aus Heldengeschichte und Horrorgeschichte anzubieten hatte. Es muß um das Jahr 1915 gewesen sein, wohl noch etwas später, als sich der deutsche Generalstab, auf Anweisung Ludendorffs, der polnischen Juden anzunehmen begann. Polen war von deutschen Truppen besetzt; wir sammelten eifrig die Briefmarken mit dem Aufdruck »Generalgouvernement Warschau« und ahnten nichts von dem künftigen Grauen. Ein kluger Journalist hatte kaltschnäuzig, in falscher Sprache und falscher Herablassung, einen Aufruf »Zu die Jiden in Paulen« redigiert, der in Polen durch die Truppe verbreitet wurde.

Die schöngeistige Propaganda hatte dabei mitzuhalten. So bekam ich eine »wahre« Geschichte zu lesen, worin edle Deutsche die polnischen Juden gegen das russische Untermenschentum verteidigten. Der Schreiber hatte gut gearbeitet: noch heute erinnere ich die Szene, wo der hungrige deutsche Offizier von einem Russen ausgefragt wird, während der Russe sein Frühstück genießt. Weißbrot und Butter und Äpfel, man denke, und nachher die Zigarette, doch der Deutsche blieb standhaft. Er trat ein für die Judenfamilie eines gewissen Leiser Lazarowitsch (sogar der

Name blieb mir erhalten!), die pittoresk, fremdartig, doch gutartig geschildert war. Dann mußten sich die Deutschen, im wechselvollen Spiel der Kräfte vorübergehend zurückziehen, kamen bald aber siegreich zurück. Der Held sucht seine lieben Juden, allein die Russen hatten den Leiser Lazarowitsch inzwischen aufgehängt. Ich war tief erschüttert.

Je länger sich der Krieg jedoch hinzog, um so stärker wurde meine Gläubigkeit in Versuchung geführt. Ich habe die Lüge und das Lügen erst spät gelernt. Als ich etwa zehn Jahre nach Kriegsende den Roman ›Kaspar Hauser oder die Trägheit des Herzens‹ von Jakob Wassermann las, worin ein solches erstes Erlebnis einer Lügenwelt der Erwachsenen geschildert wird, machte mir das Eindruck, obwohl ich sonst gegen Wassermanns Erzählkünste gefeit war.

Wenn mein Vater auf Urlaub kam, wurden Legenden zerstört. Er war kein Rebell, doch ein Soldat, der sich nichts vormachen ließ. Er war damals für die Sozialdemokraten; heute vermute ich, daß er es insgeheim mehr mit den Unabhängigen hielt als mit den verspotteten »Kaisersozialisten«. So konnte es nicht fehlen, daß während solcher Urlaubstage der Streit tobte am Abendbrottisch zwischen dem Urlauber und Onkel Ludwig als dem Hortwalter der deutschnationalen Gesinnung.

Ludwig Meyer-Wachmann kam 1843 zur Welt; er ist sehr alt geworden und wurde bei seinem 80. und 85. Geburtstag gebührend gefeiert. Von seinem 90. Geburtstag hingegen nahm man in Köln nicht Notiz: da pflegte man, nämlich im Jahre 1933, das jüdische Alter nicht mehr zu ehren. Onkel Ludwig starb bald danach. Ich habe ihn als hochgewachsenen, strengen Mann in Erinnerung behalten, mit kurzgeschnittenem schwarzem Kinnbart, sorgfältig gekleidet, herrisch und selbstbewußt als unangefochtene Autorität der Familie von Mutters Seite. Auch der Vater meines Vater war autoritär, aber als ein jüdischer Patriarch mit schrecklichen Wutanfällen; die Neigung und Begabung dafür hat er mir vererbt. »Onkel Ludwig«, eigentlich der Großonkel, hingegen war ein deutscher Tyrann und Schulmeister mit der unbezwinglichen Lust, alle und über alles zu belehren. Als meine Kusine, das Kind der Schwester meiner Mutter, von meinen Eltern im Jahre 1920 nach Oberbayern in die Ferien mitgenommen wurde, war unser gemeinsames Hauptthema, Lotte war zwei Jahre jünger als ich, der Onkel Ludwig. Das war der Familien-Fetisch.

Ludwig kam aus der norddeutschen Provinz; er wuchs auf im Großherzogtum Oldenburg. Zusammen mit seinem Bruder, meinem Großvater, betrieb er in Cloppenburg einen Laden für Herrenbekleidung, wenn mir recht ist: ich sah das großelterliche schöne Haus erst, als das Geschäft nach Großvaters Tode aufgelöst worden war. Das Haus steht noch: wenn ich nicht irre, so gehört es heute zum Amts- oder auch Wohnbereich des Bürgermeisters. Cloppenburg ist eine katholische Enklave im protestantischen Norden. Meine Mutter ging zur Schule bei den Schwestern Unserer Lieben Frau; kopfschüttelnd habe ich später in ihren Schulheften geblättert.

Alles muß mitgeholfen haben, den Onkel Ludwig zum entschiedenen Aufklärer zu machen. Aufklärung verlangt, daß man mündig wird durch Lesen. Ludwig hatte eine erstaunlich reichhaltige Bibliothek im Lauf seines Lebens aufgebaut. Es war ausgemacht, daß ich sie einst erben sollte. Dazu ist es nicht mehr gekommen. Dieser norddeutsche Provinzler und Kaufmann besaß nicht allein die damals an der offiziellen Bildungsbörse notierten deutschen Klassiker, sondern auch viel angelsächsische Literatur. Ludwig als ein wohlhabender Mann, der sich nach des Bruders Tode von den Geschäften zurückgezogen hatte ins frühe Rentnertum, liebte es zu reisen. Er war gern in England und in der Schweiz. Bei ihm sah ich zum ersten Mal nicht bloß Dickens, sondern auch Thackeray. Der Name von Washington Irving, einem Liebling des Onkels, war mir wohlvertraut, lange bevor ich in New York, Downtown, dessen einstiges Haus besuchte, als Gsat der Tochter von Hofmannsthal.

Aufklärer Ludwig pflegte – natürlich – Heine zu zitieren, wenn von Religion, Riten, Speisegesetzen und der Synagoge die Rede ging. Dann kam das Schlußverdikt aus der »Disputation«, einem schwachen und ausweichenden Heine-Gedicht, wie ich schon damals wußte. In einem mittelalterlichen Spanien disputieren der Rabbi und der Mönch; jeder sucht den anderen durch Lokkungen und Drohungen zu konvertieren. Schließlich macht der König, als es zu lange dauert, seine schöne und dumme Geliebte zur Schiedsrichterin. Sie weiß nicht, wer recht hat, doch es will sie schier bedünken,

daß der Rabbi und der Mönch,
daß sie alle beiden stinken.

Bei diesem Zitat lachte Onkel Ludwig. Man stimmte verlegen
ein. Das Zitat war bekannt und durchaus nicht schlüssig, allein
nun konnte nichts mehr erwidert werden.
Ludwig vermied den jüdischen Umgang: seine Freunde waren
Lehrer, Beamte, Ärzte. Er lud sie nicht zu sich, ging wohl auch
nur selten zu ihnen ins Haus. Man traf sich an Stammtischen.
Dort wurde politisiert. Der sehr deutsche, betont norddeutsche
Jude wurde gut aufgenommen, wie es scheint. Übrigens habe ich
den Eindruck, daß Ludwig, unter seinen Freunden in Köln, wohin er mit seiner Schwägerin, meiner Großmutter, gezogen war,
den Verkehr mit Norddeutschen oder Westfalen bevorzugte.
Sein vertrauter Freund wurde später, auf dem Schiller-Gymnasium, mein Französischlehrer, ein urtümlicher Westfale, der den
Zischlaut des Sch stets zu zerlegen pflegte, was bei der Aussprache von Wörtern wie chapeau oder chien etwas hinderlich war.
Wenn ich bei Onkel Ludwig darüber spottete, kam unweigerlich
die Antwort: »Er ist ein grundgelehrter Mann!«
Bücher, Bildung, Gelehrsamkeit, das waren die Grundbegriffe
seiner Lebensführung. Er hatte nicht geheiratet, ich möchte annehmen aus Sparsamkeit, denn den Frauen und sehr jungen
Mädchen war er bis ins hohe Alter hinein sehr zugetan. Politisch
blieb dieser deutsch-jüdische Aufklärer ein gläubiger Nationa-
list, der alles glaubte und weitertrug, was die Kriegspropaganda
uns wissen ließ. So kam es zum permanenten Konflikt mit meinem Vater, dem Urlauber. Es gab eine schreckliche Szene am
kümmerlich bestückten Abendbrottisch, als der Onkel jubelnd
verkündete, die deutschen U-Boote hätten das amerikanische
Schiff ›Lusitania‹ versenkt: bekanntlich eine Ursache für Ameri-
kas Eintritt in den Krieg. Mein Vater wurde so erregt, wie ich ihn
nie zuvor gesehen hatte. Damals sagte er, was ich nie wieder vergessen sollte: »Wir siegen uns tot!«
Wahrscheinlich wurde hier eine Formel wiederholt, die der Vater mitbrachte aus dem Krieg: der Front wie der Etappe. Ich habe
prägnante Satzbildungen schon immer geliebt. Diese wurde fast
zur Offenbarung. Wie denn? Man kann also gleichzeitig siegen
und verlieren? In der Lateinklasse war man noch nicht beim

Pyrrhussieg angelangt. Das hatten wir »noch nicht gehabt«. Um so stärker traf mich die dialektische Formel. Ich war damals acht Jahre alt. Eine Photographie zeigt mich neben der Mutter mit dem versorgten Gesicht. Ich bin dünn, schwarzäugig, noch ohne Brille, im unvermeidlichen Matrosenanzug. Als der Zusammenbruch kam im November 18, war ich elf, skeptisch, aufsässig gegen Onkel Ludwig wie gegen meine Lehrer am Städt. Schiller-Gymnasium zu Köln-Ehrenfeld.

Einige meiner Lehrer

Nein, von den Lehrern jener Städtischen Anstalt zu Köln am Rhein, das sich damals noch Cöln schrieb, soll die Rede nicht sein. Das war ein Humanistisches Gymnasium mit viel Latein, auch ziemlich viel Griechisch (vier Wochenstunden), ein bißchen Französisch, das ein Westfale mit etwas sonderbarer Aussprache zu lehren pflegte, und noch weniger Englisch. Physik war Nebenfach, und so blieb mir, zumal Widerwille im Spiel war, die Struktur eines Rundfunkapparates bis heute ein Wunder. Chemie wurde nicht unterrichtet. Beim Abitur mußte man eine Stelle aus dem Thukydides als schriftliche Arbeit abliefern, was ich gut gelernt hatte, um es – leider – rasch wieder zu verlernen. Die schriftliche Arbeit im Fach Latein bestand in der Übersetzung eines Leitartikels der »Cölnischen Zeitung« ins Lateinische.

Das nimmt sich eindrucksvoll aus, war aber bloßer Firlefanz. Die Schule hatte offenbar drei Themenvorschläge eingereicht und mit uns ein halbes Jahr sämtliche Wendungen durchgepaukt. Alle in der Klasse wußten, worum es ging. Als der Text am Prüfungsmorgen verkündet wurde, herrschte nicht Entsetzen, sondern Lustigkeit. Die Prosa jenes Zeitungsartikels mitsamt den schrulligen lateinischen Wendungen, die als Übersetzung in Frage kamen, kannten wir in- und auswendig. Die einzige Gefahr, die drohte, bestand in falschen Konjuktiven.

Den Abiturientenaufsatz (fünf Stunden) schrieb ich über das einzig vorgelegte Thema: «Ist Goethes Egmont ein Freiheitsheld?» Wenn so gefragt wurde in preußischen Schulen, hatte man positiv zu antworten. Ich bewies das freiheitliche Heldentum Egmonts, und so war auch das getan.

Ein anderer Schulaufsatz von mir ist literarisch irgendwie auf die Nachwelt gekommen. Wir hatten – das war wohl in der Obersekunda – die sinnige Frage zu beantworten: »Was ist uns Deutschen der Wald?« Die besonders törichte Frage ist mir bis heute im Gedächtnis geblieben. Darüber berichtete ich einmal im Gespräch mit dem Lyriker Erich Fried. Der schrieb dann meinen Schulaufsatz noch einmal: aber als Gedicht. Darin finden sich folgende Zeilen der Antwort auf die Frage, was »uns Deutschen« der Wald sei:

Ein Grund in ihm zu lieben und in ihm zu schießen
ihn tief ins Herz und für den Durchgang zu schließen.

Von einzelnen Lehrern zu sprechen, hat wenig Sinn. Sie waren weder vom bösartigen Format eines Professor Unrat, noch Anreger zur Wissenschaft oder gar zur Kunst. Erinnert wurde der Satz eines Elsässers, der nach 1918 für Deutschland optierte, von den Franzosen folglich ausgewiesen wurde und nun bei jeder Gelegenheit sein politisches Ressentiment spüren ließ. Zu mir sagte er einmal, als es Ärger gab mit meinen Leistungen in Mathematik: »Sie sind auch einer von den Werfel, Landauer und Konsorten.« Das muß um 1921 gewesen sein, Landauer hatte man längst totgeschlagen. Ich kannte seine aus dem Nachlaß (1920) von Martin Buber herausgegebenen Vorträge über Shakespeare. Die haben mich früh schon geprägt und erfahren lassen, daß es Stücke gab wie »Maß für Maß« oder »Troilus und Cressida«.
Weshalb ich dem wütenden Schulmeister, ich war damals vierzehn Jahre alt, kühl antwortete: von Franz Werfel hätte ich noch nichts gelesen, von Landauer seien mir die Vorträge über Shakespeare bekannt, und die fände ich sehr gut. Nun war alles aus. Einige Jahre später kam Werfel dann übrigens selbst nach Köln, um vorzulesen, einmal sein Schauspiel »Juarez und Maximilian«, bei einem späteren Besuch die damals gerade entstandene Erzählung vom »Tod des Kleinbürgers«, die ich für eine seiner schönsten Arbeiten halte. Ich mag wohl bei solcher Gelegenheit an den Satz von den »Werfel, Landauer und Konsorten« gedacht haben. So etwas vergißt sich nicht. Was ich jedoch bei solchem Anlaß lernte, hatte mit dem eigentlichen Lehrpensum nicht mehr viel zu tun.

Das erste wissenschaftliche Buch, das mich bis heute geprägt hat, war »Geschichte und Klassenbewußtsein« von *Georg Lukács*. Von seiner Existenz erfuhr ich im Wintersemester 1927/28 an der Kölner Universität. Ich war nach den Berliner Semestern wieder nach Hause zurückgekehrt, las einen Anschlag, worin eine

»marxistische Studentengruppe« ankündigte, man werde eine Arbeitsgemeinschaft über »historischen Materialismus« abhalten. Ich ging hin, nahm an der Arbeitsgemeinschaft teil, wurde als Ahnungsloser sehr arrogant behandelt, begriff aber, daß ich vor allem einmal dies gelb broschierte Buch von Lukács aus dem Malik-Verlag durcharbeiten müsse. Erst später erfuhr ich, daß meine Lehrmeister und Kommilitonen zwar der KPD angehörten, doch gerade kurz vor dem Parteiausschluß standen: sie waren für Bucharin und nicht für Stalin. Übrigens verschwieg man mir, so daß ich es erst später entdeckte, daß das Heilige Buch selbst, also »Geschichte und Klassenbewußtsein«, bereits seit 1925 offiziell geächtet und vom Verfasser verleugnet worden war.

Georg Lukács selbst lernte ich einige Zeit später kennen, etwa 1928 oder 1929. Ich sehe ihn noch als Vortragenden im mäßig besetzten Raum einer linken Buchhandlung. Die offizielle Kommunistische Partei ignorierte den Besuch, denn Lukács war stets bei der Parteiobrigkeit ein bißchen suspekt. Lukács sprach an jenem Abend, das ist mir unvergeßlich geblieben, über den »Sozialfaschismus in der Literatur«. Man wird den Titel erläutern müssen. Das Wort vom »Sozialfaschismus« war eine Erfindung des großen Stalin. Er hatte gelehrt, die kapitalistische Herrschaft ruhe auf zwei Säulen: dem Faschismus und dem Sozialfaschismus. Mit letzterem war die Sozialdemokratie gemeint.

Stalin ging noch weiter. Er lehrte nämlich, in der gegenwärtigen Phase der Weltwirtschaftskrise (1929!) sei besagter Sozialfaschismus sogar »die soziale Hauptstütze der Bourgeoisie«. Es war nur folgerichtig, wenn man damals gemeinsame Aktionen mit den Faschisten machte, also mit Goebbels: gegen die Sozialdemokratie und ihre Regierung im Staate Preußen. Georg Lukács hat alles mitgemacht. Sein Vortrag versuchte zu zeigen, daß eine sozialkritische Literatur, etwa bei Heinrich Mann oder Arnold Zweig oder Hans Fallada, die sich der kommunistischen Parteidisziplin nicht unterwirft, mit Notwendigkeit mithilft, die Bourgeoisie zu stützen. Wir haben an jenem Abend heftig mit Lukács gestritten. Er selbst hat, soweit ich sehe, den damaligen Redetext niemals publiziert, so daß ich mich manchmal frage, ob ich dies alles eigentlich träumte. Ich habe auch bei späteren Begegnungen, mit gutem Grund, den Verfasser von »Geschichte und Klassenbewußtsein« niemals an jenen Abend erinnert.

Von jener Begegnung her ist mir eine Fremdheit geblieben gegenüber diesem großen Lehrer. Ich trennte insgeheim, was ich mir viel später erst klarmachte, den realen Georg Lukács von seinem Werk. Das war ungerecht und falsch. Im Gegensatz jedoch zu Adorno (und auch zu Ernst Bloch) habe ich niemals den frühen Lukács gegen das große spätere Werk ausgespielt. Es hat viele Divergenzen gegeben zwischen Lukács und mir, darüber kann man bei ihm wie bei mir nachlesen: in Sachen der deutschen Romantik, Heinrich von Kleist, Kafka, Dekadenz, Expressionismus und so weiter. Neugierig war ich bis zum Schluß auf jede Zeile, die Lukács schrieb. Ins Erscheinungsbild eines Lehrers hingegen will er mir nicht passen. Bei anderen muß das anders gewesen sein, bei Johannes R. Becher oder bei Anna Seghers. Da kam die Gemeinschaft der Kommunistischen Partei hinzu. Auch war Lukács kein Mann des Gesprächs, sondern des Monologs. Gegeneinwände hatte er von vornherein bereits selbst durchdacht. Kam das Stichwort, so lag die Replik auf Abruf bereit.

Bei meinem letzten Besuch freilich in Budapest, beim halbwegs geächteten, aber auch schon wieder ein bißchen tolerierten Hochverräter des Jahres 1956 fand ich einen ganz anderen Lukács. Er hatte sich wohl, nach so vielen Wandlungen und Gefahren, mit Ernst Bloch zu reden, »zur Kenntlichkeit verändert«. Das war ein leiser, gütiger, zuhörender, gesprächsbereiter Mann von 77 Jahren. Er kommentierte damals, die Stimme zur Vertraulichkeit dämpfend, warum er zweimal offizielle Selbstkritik übte, ohne jemals daran zu glauben. Jetzt aber sei das abgetan. Selbstkritik gleich welcher Art könne von ihm nicht mehr erhofft werden.

Noch etwas sollte gerade mir an jenem Abend am Belgrad-Kai, unten floß die Donau, erläutert werden. Lukács versuchte zu begründen, warum der Stil seiner wichtigsten Werke, seit »Geschichte und Klassenbewußtsein«, allen literarischen Glanz der früheren Arbeiten, also auch noch der »Theorie des Romans«, abgetan habe. Es sei Ungeduld gewesen, meinte der Theoretiker. Die Zeit habe gefehlt für die literarische Feinarbeit. Nun sei vielleicht der Augenblick gekommen, doch wieder die verleugneten Möglichkeiten des Schriftstellers wirken zu lassen. In der Tat knüpft der späte Aufsatz über »Minna von Barnhelm«, der eigentlich von Mozart handelt, in der behutsamen und vorsichtigen Diktion nach so langen Jahrzehnten wieder beim Frühwerk an, ohne irgend eine der späteren theoretischen Positionen preiszugeben.

Ich verließ dann Leipzig und habe Lukács nicht wiedergesehen. Mein Lehrer ist er durch seine Bücher geworden, doch jenen langen Nachmittag und Abend in Budapest im Herbst 1962 kann ich nicht vergessen.

Der erste bedeutende Mensch, mit dem ich – jenseits gelegentlicher Bekanntschaft – wahrhaft Umgang haben durfte, war der Jurist und Staatstheoretiker *Hans Kelsen.* Seinem Einfluß verdanke ich viel. Nicht allein die Freude an Antithesen des Denkens, sondern die Lust an wissenschaftlicher Arbeit, unerprobten Betrachtungsweisen, wohl auch die Bereitschaft zu Erkenntnissen, die gefährlich sein konnten, zum mindesten unerwünscht.

Kelsen wurde 1881 in Prag geboren; wir haben seinen 50. Geburtstag gefeiert, als der berühmte Jurist, Schöpfer der ersten Verfassung einer Republik Österreich, den Antisemitismus einiger Wiener Kollegen und die Ungezogenheiten völkischer Studenten nachgerade satt hatte und den Ruf auf den Lehrstuhl für Völkerrecht an der Universität Köln annahm. Im März 1933 wurde der nichtarische Jugendverderber als einer der ersten aus dem Lehramt gedrängt. Dafür sorgte ein neuberufener Staatsrechtler, dessen Lehre Hans Kelsen mit gutem Grund heftig bekämpft hatte. Der Sieger bekam einen Brief »Dem Fürsten Piccolomini« und wurde Staatsrat bei Hermann Göring.

Kelsen bekam eine Professur am Hochschulinstitut für Internationale Studien, wo er in französischer Sprache nun Vorlesungen über Völkerrecht hielt. Als der Krieg näherrückte, folgte er dem Ruf an die Universität von Kalifornien in Berkeley. Dort ist er hochbetagt gestorben, nachdem er noch erleben konnte, daß sein Verfassungsmodell für Österreich im wesentlichen erneuert, und die von ihm zuerst für Österreich projektierte Institution eines *Bundesverfassungsgerichts* auch von der Bundesrepublik Deutschland übernommen wurde. Streitbar und »umstritten« blieb Kelsen bis zuletzt. Man weiß heute zu wenig von ihm, und das ist ein großer Fehler. Der bei Luchterhand im Jahre 1964 mit einer Einleitung von Ernst Topitsch herausgegebene Band der großartigen »Aufsätze zur Ideologiekritik« hat, wenn ich es richtig sehe, kaum Widerhall gefunden.

Kelsen war vielleicht der intelligenteste Mensch, dem ich begegnet bin. Ich weiß, was ich da hinschreibe, und ich weiß auch, daß Intelligenz nicht das Höchste ist. Er war ein Kantianer. Wenn seine Schüler auf Hegel und die Dialektik zu sprechen kamen, so hörte er aufmerksam zu, denn Kelsen war, im Gegensatz zu Lukács, ein Mann des Dialogs, doch hielt er die Hegelianer insgeheim für Schwindler. Die auch von Kelsen, der sich zum Sozialismus bekannte, bewunderte Größe eines Karl Marx wurde als politisches Phänomen interpretiert; der windige Hegelianismus störte dabei nur. Theoretische Abgrenzung versuchte der Begründer einer »Reinen Rechtslehre« bereits 1931 in dem Traktat über die »Allgemeine Rechtslehre im Lichte materialistischer Geschichtsauffassung« und später (1955) in »The Communist Theory of Law«.

Bei Kelsen lernte ich das Mißtrauen vor Ideologien mit Heilscharakter. In dem Buch »Reine Rechtslehre« hatte der Verfasser programmatisch erklärt, die von ihm vertretene Rechtswissenschaft lehne es ab, »irgendwelchen politischen Interessen dadurch zu dienen, daß sie ihnen die Ideologien liefert, mittels deren die bestehende gesellschaftliche Ordnung legitimiert oder disqualifiziert wird.« Keine Apologetik, aber auch kein rechtswissenschaftlicher Hilfsdienst für Revolutionäre. Der Moralist Kelsen war revolutionärer Empörung durchaus fähig, doch der Kantianer in ihm trennte säuberlich das – schlechte – Sein vom – unerwünschten – Sollen. Rechtswissenschaft, so lehrte dieser sensible Menschenfreund, hat stets nur mit den positiv geltenden Ordnungen zu tun; eine Bewertung steht ihr nicht zu. Der Rechtstheoretiker Kelsen hätte vermutlich zwischen unserem Grundgesetz als Rechtsnorm und der Herrschaft Idi Amins keinen qualitativen Unterschied sehen wollen. Da mochten Konflikte nicht ausbleiben. Auch nicht zwischen Lehrer und Schüler.

Durch Kelsen wurde ich mit *Max Horkheimer* bekannt. Auch das emigrierte Frankfurter »Institut für Sozialforschung« war in Genf gelandet. Es unterhielt dort, und in Paris an der École Normale Supérieure, eine unscheinbare Bürofiliale. Horkheimer

und sein Freund Friedrich Pollock waren aber, als ich im Frühjahr 1934 mit ihnen durch Kelsen in Verbindung gebracht
wurde, eifrig dabei, die Übersiedlung nach Amerika vorzubereiten.

Kelsen und Horkheimer kamen in Genf bisweilen zusammen:
als Emigranten und als verjagte deutsche Universitätsprofesso-
ren. Viel mochten sie einander nicht sagen. Horkheimers Fachmann für Rechtsfragen und politische Theorie war damals Franz
Neumann; der aber konnte einer Reinen Rechtslehre kaum etwas abgewinnen. Kelsen war in politischen Dingen ein melan-
cholischer Optimist. Ein Freund, der dabei war, hat mir berichtet, wie Hans Kelsen viel später, unter dem Regime Peróns, vor
dem argentinischen Generalstab in Buenos Aires über sichere
Wege sprach, die künftigen Kriege zu verhindern. Man müsse
alle Militärs und Diplomaten von vornherein zivilrechtlich haf-
ten lassen für die Folgen ihres Tuns. Die Generale Peróns waren's zufrieden. Vielleicht haben sie sich ein bißchen mokiert,
was leicht ist. Mir erscheint dies naive Vertrauen eines Aufklä-
rers in den allgemeinen Respekt vor der Rechtsordnung nach wie
vor ergreifend.

Horkheimer war weder für die Melancholie begabt, noch für den
Optimismus. Als ich ihn zuletzt in Montagnola im Tessin besuchte – die Frau war ihm gestorben, Adorno war tot, auch Pollock –, mochte dieser erste deutsche Ordinarius für Sozialphilosophie von allen Philosophen nur noch Arthur Schopenhauer
als Thema erneuten Nachdenkens zulassen.

Auch der einsame und kranke Begründer einer »Kritischen
Theorie« hatte sich zur Kenntlichkeit verändert. Nun wurden
am Ende eines Denkerlebens, das der ideologiekritischen Zerstörung von Autoritätsstrukturen gewidmet war, die Leitbilder
des Vaters, des Staates, sogar des Monarchen wieder hervorge-
holt und vom Staub befreit. Stolz erzählte Horkheimer, wie der
Vater und Geheime Kommerzienrat den kleinen Max dem König
von Württemberg vorstellen durfte. Auch hier fällt es leicht, sich
zu mokieren. Mir aber war früh schon aufgegangen, wie streng
dieser Bürger und Bürgerssohn von Anfang an die theoretischen
Resultate seines Denkens von aller verändernden Praxis zu trennen suchte. Als einer der ersten hat Horkheimer – und das ist
seine Denkleistung innerhalb der Kritischen Theorie – das Pro-

blem der Autorität und ihr Korrelat der Antiautoriät analysiert. Als Mann aber, als Professor und Bürger stand er zu den etablierten Autoritäten.

In seiner Einleitung zum Sammelband des Instituts über »Autorität und Familie« lobt Horkheimer die antiautoritären Verhaltensweisen des Don Juan und der Liebenden Romeo und Julia. »Beide verherrlichen die Rebellion des erotischen Elements gegen die Autorität der Familien: Don Juan wider die beengende Moral der Treue und Ausschließlichkeit, Romeo und Julia im Namen dieser Moral.« Dann aber folgt die Zurücknahme, weil man nicht Romeo sein will und auch nicht Don Juan: »... im Respekt vor der Meinung der Umwelt und vor allem in der inneren Abhängigkeit von eingewurzelten Begriffen, Gewohnheit und Konvention, in diesem anerzogenen und zur Natur gewordenen Empirismus des Mannes der neueren Zeit, liegen stärkste Antriebe, die Form der Familie zu achten und sie in der eigenen Existenz zu bestätigen.«

Als mir Horkheimer bei unserer ersten Begegnung in Paris im Jahre 1934 den Auftrag erteilte, für den geplanten Sammelband die Analyse der extrem antiautoritären Gedankenwelt des Anarchismus vorzubereiten, sagte ich zwar zu und lieferte auch meine Arbeit ab, die dann publiziert wurde und inzwischen zu den Ehren eines Raubdrucks kam, fand aber insgeheim, der verehrte Sozialphilosoph mache sich (im Jahre 1934!) höchst unnötige Sorgen. Daß jedoch Horkheimer in der Tat aus einer damaligen Wirklichkeit reflektierte, wurde mir erst ein paar Jahre später klar, als ich Horkheimers Studie über »Egoismus und Freiheitsbewegung« lesen konnte.

Für meine Beziehung zu Horkheimer wird man das Wort »intermittierend« verwenden müssen. Eine Folge von Kontakten und Unterbrechungen. Die ersten Verbindungen wurden durch den Kriegsausbruch 1939 unterbrochen. Nach dem Kriege kam Horkheimer nach Frankfurt: vor meinen Studenten der »Akademie der Arbeit« in der Frankfurter Universität sprach er zum erstenmal wieder zu deutschen Hörern. Seine alte Universität zeigte damals noch wenig Neigung, ihn zurückzuholen. Das war wohl 1947. Später wurde Horkheimer als Professor zurückgeholt, zum Rektor gewählt, zum Frankfurter Ehrenbürger ernannt. Ich besuchte ihn, von Leipzig kommend, während seines

Rektorats. Damals hatte die Magnifizenz gerade die Korporationen erneut zugelassen. Unser Gespräch war kühl und voll der Vorbehalte. Ich war nun, für den Rektor einer Hochschule innerhalb der restaurierten Bürgerwelt, der »Mann von drüben«; für mich verkörperte er damals den wohlbekannten Typ eines Musterschülers der – vergeblichen – deutsch-jüdischen Assimilation.

Jahre später stellte Horkheimer die Verbindung wieder her. Plötzlich kam da – ich war inzwischen Professor in Hannover – ein ganz unerwarteter Telefonanruf aus Montagnola. Horkheimer war einsam geworden. Er lud mich ein und ich fuhr zu ihm. Seine harten Urteile über Brecht und Thomas Mann wunderten mich nicht. Auch die Kühle, die jede Erwähnung Benjamins umgab, war nicht unerwartet. Horkheimer schien zurückgekehrt zu sein vom Ausflug in fremde Welten und Denkbereiche: zur bürgerlichen Herkunft, zu den Eltern, neben denen er begraben worden ist, nach Württemberg, zum Judentum. Nun machte er sich Gedanken über eine Reform der jüdischen Liturgie.

Er war einer meiner Lehrer. Die differenzierte Methode seiner großen Essays, philosophische Systeme der Vergangenheit (Montaigne oder Kant oder auch Bergson) aus dem geschichtlichen Kontext zu deuten, hat mich tief beeinflußt. Ein Buch wie »Georg Büchner und seine Zeit« ist in Fragestellung und Schreibweise bewußt orientiert an Horkheimers historisch-dialektischem Denken. Kelsen ignorierte die Geschichte zugunsten schroffer Dualismen. »Dialektik der Aufklärung« lernte ich bei Max Horkheimer.

Kelsen, Lukács, Horkheimer: man nannte sie einst, aller Unterschiede ungeachtet, schlicht Kulturbolschewisten, was insgeheim den Tod bedeuten mußte. Horkheimer machte sich nichts vor. Lächelnd erzählte er später, wie Adorno zu Beginn des Jahres 1933 von einer romantischen Illegalität mitten im Dritten Reich fasziniert war. Er selbst habe damals nüchtern bemerkt: »Nun ist es höchste Zeit, so schnell wie möglich zu emigrieren!«

Den Historiker *Carl J. Burckhardt* aus Basel einen Kulturbolschewisten zu nennen: auf diesen Gedanken wäre niemand gekommen. Dennoch ist auch Burckhardts Einfluß aus meinem

Leben und meiner Arbeit nicht wegzudenken. Auch ihn lernte ich durch Kelsen kennen, der ebenso wie Burckhardt am Hochschulinstitut für internationale Studien in Genf lehrte. Kelsen und Burckhardt standen gut miteinander, wenngleich der Völkerrechtler und Emigrant mit Unbehagen zusah, wenn der schweizerische Diplomat, Funktionär des Internationalen Komitees vom Roten Kreuz und Historiker, mit Amtsstellen des Dritten Reiches verkehrte, das Konzentrationslager Oranienburg offiziell besuchte und den Häftling »Ossietzky, Carl von« zu Gesicht bekam. Burckhardts Rapporte fielen beschwichtigend aus: man wollte den Kontakt zu den Berliner Machthabern keinesfalls abreißen lassen.

Zu den Emigranten aus Deutschland, Österreich, Ungarn, auch aus dem Griechenland des Diktators Metaxas, die bei ihm in Genf studierten, verhielt sich Burckhardt überaus freundlich und hilfsbereit. Er hat vielen geholfen. In seinem Erinnerungsbericht, der vor zehn Jahren (1967) zu meinem 60. Geburtstag geschrieben wurde unter dem Titel »Der junge Hans Mayer«, erwähnt Burckhardt auch jenen »blutjungen Hellenen«, das damalige Wunderkind des Genfer Instituts, als meinen geistigen Gegenspieler aus damaligen Tagen. Heute ist Panayotis Papaligouras, wie bekannt, einer der führenden Politiker der Regierung Karamanlis.

»Was ihn letzten Endes am tiefsten betraf, am meisten anzog, waren Geistesgeschichte und Dichtung. Da lebten wir beide, jeder in seiner Art, fern von der Sprache unserer Heimat und Jugend, beide entbehrten wir etwas Entscheidendes ...« So hat Burckhardt vor einem Jahrzehnt sein Erinnerungsbild vom »jungen Hans Mayer« fixiert.

Der Ausdruck Geistesgeschichte berührt die Sache nicht. Mit den Methoden Friedrich Meineckes hatte ich nie etwas im Sinn. Der Hinweis auf die »Dichtung« jedoch trifft genau zu. In einer von Burckhardt vielleicht nicht voll erkannten Bedeutung sogar: daß es der Umgang mit ihm war, dem Freund Hofmannsthals, Rilkes, auch Claudels, der auch mir schließlich zur Kenntlichkeit verhalf. Dazu nämlich, die Werke der Schriftsteller nicht als bloße Indizien für historische Sachverhalte zu benutzen, sondern als Schöpfungen eigenen Rechtes ernstzunehmen.

Hofmannsthals und Burckhardts Bild der Literatur konnte ich

nicht übernehmen. Dennoch habe ich *das Ernstnehmen der Literatur* bei diesem konservativen Historiker, dem Großneffen des Verfassers von »Weltgeschichtlichen Betrachtungen«, gelernt. Als ich im Jahre 1935, mit 28 Jahren, daranging, den Plan eines Buches über Georg Büchner zu entwerfen, als ein schlechthin aussichtsloses Unterfangen angesichts meiner eigenen und der allgemeinen Lage, las ich die jeweils geschriebenen Kapitel meinem Lehrer Burckhardt vor. Er sorgte dafür, daß ich durchhielt.

Er selbst war, als das Buch langsam fertig wurde, als Hochkommissar des Völkerbundes nach Danzig berufen worden. Das Weitere ist allgemein bekannt. Man hat Burckhardt später Blindheit und konservativen Illusionismus vorgeworfen. Ganz abzuwehren sind solche Urteile der nachlebenden Historiker sicher nicht. Aber ich höre noch, wie mir Burckhardt die Perspektiven der Danziger Mission vor Amtsantritt voraussagte: »Eines Tages werden deutsche Kriegsschiffe im Hafen von Gdingen einfahren, und ich werde mit dem Füllfederhalter in der Hand im Namen des Völkerbundes dagegen protestieren!«

Es gibt Trauer und Enttäuschung, wenn ich an Burckhardt denke. Wie sein Großonkel Jacob Burckhardt war auch er fasziniert von den Inhabern der »Macht«. Eine Ästhetisierung des Bösen lag ihm nicht fern. Politik verstand er nach wie vor als undurchsichtige Geheimdiplomatie. Das war nicht mein Fall. Konservatives Geschichtsbild in der Bewunderung Metternichs, dazu der assimilatorische Eifer des jüdischen Emigranten: der Fall eines Henry Kissinger beweist mir, daß mein Lernen bei Burckhardt mehr bedeutet hat als einen Lebenszufall.

Enttäuschung war auch, bei vielen Ehrungen, um Burckhardt in seiner letzten Lebenszeit. Wenn ich ihn am Genfer See besuchte, klang Trauer durch über so viel Unvollendetes: ungeschriebene Memoiren, Biographien, gewollte, doch nicht geformte Dichtung. Trauer vor allem über die Ohnmacht eines Botschafters und Außenpolitikers. Hat er sich noch eine letzte große Freundschaft mit Charles de Gaulle erhofft? Seine Bitterkeit, wenn vom Präsidenten die Rede war, bei dem Burckhardt akkreditiert war, könnte es vermuten lassen. Ein Staatsmann als Freund: das kam schließlich mit Theodor Heuss zustande, nicht mit De Gaulle. Aber auch Heuss war kein Mann der »Macht«.

Meine Lehrjahre gingen zu Ende, wie es in der Natur der Sache lag, mit dem Kriegsende 1945, was heißen soll: mit dem Überleben. Ich war kein Wilhelm Meister, auch kein Glasperlenspieler wie Josef Knecht. Ich war 38 Jahre alt, als ich, im Oktober jenes Jahres 1945, in einem amerikanischen Jeep aus der Schweiz ins zerstörte Deutschland geholt wurde und meine erste Mahlzeit auf deutschem Boden bei einem unbekannten Arzt in Heidelberg einnahm. Er hieß Alexander Mitscherlich.

Es folgten die Wanderjahre. Mit dem schweizerischen Emigrantenpaß ins amerikanisch besetzte Frankfurt am Main. Mein erstes deutsches Papier war ein Presseausweis des »Landes Großhessen«. Drei Jahre später (1948) die umständliche Übersiedlung nach Leipzig. Mitten im Kalten Krieg, also ohne Eisenbahnverbindung und fast ohne Autoverkehr. In Leipzig machte man, trotz ausdrücklicher Zusage, daß das nicht geschehen werde, meinen Frankfurter Ausweis freudig grinsend ungültig. Fünfzehn Jahre später (1963) wurde ich sozusagen ein Rückwanderer.

Von gesundem Menschenverstand zeugte es sicher nicht, im Herbst 1945 die Schweiz zu verlassen und ins zerstörte Deutschland zu ziehen. Ebensowenig, drei Jahre darauf, nach der Währungsreform, als plötzlich »alles« wieder zu haben war, eine Professur in Leipzig anzunehmen, obwohl auch ein westdeutscher Lehrstuhl in Aussicht stand. Leipzig verließ ich schließlich als materiell gesicherter Professor und Nationalpreisträger: angefeindet, doch nicht in der Existenz gefährdet. Dennoch halte ich diese drei Wanderschaften für folgerichtig und notwendig. Auch *Leipzig* war eine Lehrzeit. Sie gehört dazu.

Würde ich nach den Lehrern aus dieser Wanderschaft gefragt, ich müßte sogleich die Namen *Bertolt Brecht* und *Ernst Bloch* nennen. Aber das war ein Lernen von neuer und anderer Art. Man lernte, in beiden Fällen, den *Umgang mit dem Unerprobten*. Auch heute noch setze ich mich unablässig mit diesen beiden, mit Brecht und Bloch, innerlich auseinander. Andere Lehrer habe ich dann nicht mehr gesucht.

Die zweifache Heimkehr

Man lernte bereits in der Schule, daß man, wenn nach unserer Staatsangehörigkeit gefragt wurde, zu antworten hätte: »Preuße«. Man war Staatsangehöriger eines Bundeslandes im Deutschen Kaiserreich.

Staatsangehörigkeit also: Preuße. Heute lebe ich als Staatsbürger mit entsprechendem Paß und Personalausweis in der Bundesrepublik Deutschland. Folglich könnte man eine in sich geschlossene, sozusagen harmonische Lebensgeschichte entwerfen, wenn man Ausgangsposition und Gegenwart linear miteinander verbindet. Einmal Deutscher, immer Deutscher. Ein solcher Versuch freilich erinnert an die objektive Komik des Films »Goldrausch« von Charlie Chaplin. Der Tramp Charlie geht unverdrossen vorwärts zwischen Felswand und Abgrund. Links der Felsen, rechts die schreckliche Tiefe, dazwischen der kleine Pfad. Charlie dreht sich um: da ist nichts. Er geht weiter und schaut geradeaus. Aus einer Felsenhöhle spaziert ein Bär, macht sich auf den Weg vorwärts zu Charlie. Der ahnt nichts und dreht sich nicht um. Wider alle Erwartung verschwindet der Bär plötzlich in einer anderen Felsenhöhle. Nun dreht sich Charlie um: da ist nichts. Da war also nichts.

Bei uns jedoch ist etwas gewesen und lagert sich zwischen Herkunft und Gegenwart. Wir haben den Bären gesehen, können den Anblick nicht vergessen, selbst wenn man es sich wünschte. Mache ich mir heute Gedanken über mein Leben als Alternder in der Bundesrepublik Deutschland, so muß der Bär mitgedacht werden. Die heutige lebhafte, immer wieder reizvolle Großstadt am Rhein, meine Geburtsstadt Köln, hat kaum etwas zu tun mit der Umwelt meiner Kindheit und Jugend. Das habe ich begriffen, als ich zum ersten Mal, im Sommer des Jahres 1946, auf der Fahrt zu einem Vortrag in Düsseldorf, im Trümmerfeld stand, das durch Schilder nach wie vor als »Hohe Straße« bezeichnet wurde. Alles hat sich verändert. Es gibt nicht mehr den Staat Preußen, auch nicht mehr die preußische Staatsangehörigkeit.

Bis zum Jahre 1933, genauer: bis zum 30. Januar dieses Jahres, als man am Rundfunk saß und verstört den Kommentaren der amtlichen Jubler lauschte beim Fackelzug für den Führer und den Reichspräsidenten, hätte ich mich unbedenklich als Deutschen bezeichnet. Das entsprach meinem Status als Rechtssubjekt, meiner Sprache und meiner Erziehung, auch meinem Gefühl. Allein es geht nicht, auch nicht beim guten Willen, doch was vermag der gute Wille?, diesen Zustand heute noch fingieren zu wollen. Es hat die Flucht gegeben und das Exil, dann die Heimkehr. In meinem Falle kompliziert sich die Lage als zweifache Heimkehr. Ich bin zurückgekehrt nach Deutschland im Oktober 1945: aus dem schweizerischen Exilland ins zertrümmerte Deutschland der vier Besatzungszonen.

Dann verließ ich die amerikanische Zone im Oktober des Jahres 1948. Die Währungsreform hatte ich noch in Frankfurt am Main erlebt. Bei Gründung der Bundesrepublik Deutschland jedoch befand ich mich bereits in Leipzig als Ordentlicher Professor für Weltliteratur und Neueste Deutsche Literaturgeschichte. Als die Deutsche Demokratische Republik gegründet wurde, gehörte ich zu ihren Staatsbürgern. Dann reiste ich im Juli 1963 von Leipzig nach Westdeutschland, um nicht mehr zurückzukehren. Die Gründe sind komplex, nur das Ergebnis dieser Lebensentscheidung ist von Bedeutung für meinen Gedankengang. Nun war ich, nachdem ich bekanntgab, daß ich nicht mehr nach Leipzig zurückkehren würde, Staatsbürger der Bundesrepublik Deutschland. Das war eine Folgerung aus dem Grundgesetz der Bundesrepublik. Jetzt lebe ich hier: nach der zweifachen Heimkehr.

Freilich wird man die existentielle Situation dieser beiden Arten von Rückkehr genau unterscheiden müssen. Die Heimkehr aus dem Exil war Heimkehr aus der Fremde. Viele andere Emigranten in vielen Exilländern sind durch die Notwendigkeit der Flucht und Asylsuche zu Engländern geworden oder Franzosen, zu Nordamerikanern oder auch zu Lateinamerikanern. Ich glaube aber, daß sich die meisten Emigranten meiner Generation täuschen, wenn sie von einer neuen Heimat im Exilland reden. Das ist mir klar geworden vor zehn Jahren, als ich im Goethe-Haus New York in deutscher Sprache über die damalige deutsche Literatur zu sprechen hatte. Da kamen sie nach dem Vortrag und beim Empfang, um Fragen zu stellen: die Tochter Hugo von Hofmannsthals und die Tochter von Richard Beer-Hofmann, ein Sohn Alfred Döblins, Johannes Urzidil aus Prag und Hermann Kesten aus Fürth. In seinem Gedicht »Schlaflied für Mirjam«, das Beer-Hofmann dieser seiner Tochter gewidmet hatte, vor zwei Weltkriegen, fand sich die Zeile: »Keiner kann keinem Gefährte hier sein.« Das hatten sie erfahren müssen, diese Emigranten zwischen Hudson und East River.

Weshalb ich selbst niemals, in der französischen und schweizerischen Emigration, daran denken mochte, irgendwann einmal ein Franzose oder Schweizer zu werden: mit neuer Staatsbürgerschaft, neu angepaßtem Verhalten, durch Eingewöhnung in eine von Grund auf fremde Zivilisation. Wenn ich mich zurückerinnere, so habe ich auch in der Fremde stets daran gedacht, irgendwann einmal nach Deutschland zurückzukehren und dort zu arbeiten. Das Exil war provisorisch in jedem Augenblick. Andererseits gab es weder Sentimentalität noch Trotz in solchen Überlegungen des Exils. Ich habe mich nicht nach Deutschland gesehnt, auch nie ein Deutschland trotzig prätendieren wollen, das man mir im Dritten Reich in Form eines Ausbürgerungsdekrets aberkannte. Allein ich empfand mich stets als deutschen Schriftsteller, als Historiker der deutschen Kulturentwicklung. So war es nur folgerichtig, daß ich im Herbst 1945 das Abenteuer auf mich nahm, aus der wohlhabenden und unzerstörten Schweiz »zurückzukehren«. Wohin? In eine verlorene Zeit, die nur noch durch Erinnerungen und Berichte wiederzufinden war. Heimkehr konnte man das nicht nennen, dies Hinüberwechseln in die Trümmer, die Not, die geistige Verstörung.

Als ich im Jahre 1968 zum ersten Mal in Israel erschien, um einen Vortrag zur Eröffnung einer deutschen Buchwoche zu halten, dem Publikum in Tel Aviv vorgestellt durch den Botschafter der Bundesrepublik Deutschland, gab es zornige Fragen in der anberaumten Pressekonferenz. Wie ich als Jude jemals hätte nach Deutschland zurückkehren können. Ich antwortete, ich sei deutscher Schriftsteller und Literaturwissenschaftler. Die Erfahrung habe bewiesen, daß man das nicht bleiben könne, wenn man dort fortbleibt, wo diese Sprache gesprochen, diese Literatur produziert wird. Das war keine über den Sonderfall hinaus befriedigende oder schlüssige Antwort, ich weiß. Allein es gab für mich keine andere.

Als dann freilich weitergefragt wurde, ob ich bereit sei, mich als

Deutschen zu bezeichnen, trat die Brüchigkeit der Position jäh hervor. Ich konnte nicht sagen, nunmehr sei ich »wieder« zum Deutschen geworden. Das war nicht der Fall. Man hatte den Bären gesehen und kennengelernt. Allzu viele waren durch ihn in den Abgrund geschleudert worden. Andererseits war ich kein Zionist. Bei großer Sympathie für den Staat Israel hatte ich nie ernsthaft daran gedacht, in Israel auf die Dauer leben und arbeiten zu wollen. Das wäre gleichzusetzen gewesen mit dem Verzicht auf meine Arbeit und auf meinen Beruf. Die französische Sprache ist mir vertraut, trotzdem hätte ich nie daran gedacht, als französischer Schriftsteller wirken zu wollen. Nun gar die hebräische Sprache, das Iwrith? Den fragenden Journalisten gab ich die Antwort, ich sei ein Bürger der Bundesrepublik Deutschland, auch ein Beamter »auf Lebenszeit« als Ordentlicher Professor für Deutsche Literatur und Sprache an der Technischen Universität Hannover, Land Niedersachsen. Mehr war auf solche Fragen nach Deutschland und dem Deutschtum nicht zu antworten.

Zweifache Heimkehr also, und nun der »Lebensabend« in einem Gesellschaftsgebilde und Völkerrechts-Subjekt mit Namen »Bundesrepublik Deutschland«. Beim Versuch, meine Gedanken zu ordnen, muß ich sowohl der Vertreibung zwischen 1933 und 1945 eingedenk sein, wie jener fünfzehn Jahre zwischen 1948 und 1963, die ich zwar in Deutschland zubrachte, doch in jenem anderen deutschen Staat. Was ich heute in Tübingen oder Hannover, bei Vorträgen und Besuchen in Hamburg oder München erlebe, je nachdem erfreut oder entsetzt, hängt mit der zwiefachen Heimkehr zusammen. Von der Fremde aus hatte ich gelernt, Deutschland und die Deutschen von außen zu sehen als einer, der nicht mehr dazugerechnet werden konnte. Von Leipzig her hatte ich gelernt, auch den westdeutschen Staat von außen zu sehen. Es konnte nicht daran gedacht werden, auch nicht nach Verlassen der DDR, einen Dankgesang ob erneuter Rettung zu intonieren. So war das nicht. Die Entscheidung war und blieb richtig, die Leipziger Professur und mit ihr die damalige Staatsbürgerschaft, und auch sonst mancherlei, aufzugeben, um in der Bundesrepublik Deutschland zu leben und zu arbeiten. Doch wie erscheint sie mir heute, nach allem, was geschehen ist, diese Umwelt meiner späten Lebenszeit?

Was hat sich verändert? Die deutsche Literatur ist fasziniert, wie mir scheint, im Gegensatz zu anderen Schriftsteller-Traditionen, vom Kontrast zwischen Ausreise und Heimkehr. Als ich Abschied nahm, als ich wiederkam. Die große und unverkennbar »deutsche« Dichtung eines Joseph von Eichendorff fand hier den geheimen Mittelpunkt. Man kehrte nach langer Abwesenheit in einen Bereich zurück, der ehemals Heimat war. Doch niemand kennt einen mehr, und man erkennt das Vertraute nicht wieder. Es hat sich zur Unkenntlichkeit verändert. Worin liegen für mich, vergleiche ich mein Deutschlandbild, selbst noch vom Jahre 1933, mit der heutigen Umwelt, diese besonderen Fremdheiten? Die eine Unkenntlichkeit bewirkten, denn das Land, worin ich lebe, bedeutet Unkenntlichkeit im Vergleich zu jenem früheren, das man einmal als Heimat empfunden hat. Die Antworten sind geläufig, die auf solche Fragen gegeben werden, denn nicht ich allein empfinde solche Unkenntlichkeit. Nur hat sie sich bei mir stärker und jäher bewußt gemacht, weil man nicht der langsamen Veränderung gewahr werden konnte. Man entwich illegal über die Landesgrenze im Spätsommer 1933, stand erst wieder auf deutschem Boden im Oktober des Jahres 1945. Deutschland – das war in der Zwischenzeit bloß ein schreckliches Thema der Zeitungen und Rundfunkberichte. Auch hatte man von Basel aus die Flammen gesehen des brennenden Freiburg im Breisgau.

Deutschland ist heute für mich gekennzeichnet als ein *Land ohne Juden*. Diese Tatsache macht sich freilich nur in ganz bestimmten Großstädten bemerkbar. Also nicht in Hamburg oder München oder auch in Köln. Dort wurden die gesellschaftlichen, wirtschaftlichen und vor allem auch die kulturellen Besonderheiten nicht besonders stark geprägt durch die in der Stadt lebenden Juden. Die hanseatische, bayerische, rheinisch-katholische Prägung war stärker. Anders muß es gewesen sein in Breslau und in Leipzig; ganz sicher in Frankfurt am Main und in Berlin. Zu Beginn der Zwanziger Jahre, als ein österreichischer Judenhaß wieder einmal virulent wurde, schrieb ein jüdischer Journalist namens Hugo Bettauer einen viel gelesenen Roman mit dem Titel »Die Stadt ohne Juden«. Es war eine politische Fiktion mit sogenannt glücklichem Ende. Die Juden wurden aus Wien – im Roman – plötzlich vertrieben, wobei es zuging wie in einer Komödie von Shakespeare. Dann brach alles zusammen, und man holte sie feierlich zurück. Bekanntlich hat es sich in der Wirklichkeit ein bißchen anders abgespielt. Man hat sie auch nicht zurückgeholt: nicht nach Österreich und nicht nach Deutschland. Ich empfinde es nach wie vor, auch heute noch, als schweren politischen Fehler, der von mehr kündet als von kurzsichtiger Politik, daß in den Anfängen der Bundesrepublik Deutschland niemals ein Appell erging an die Verscheuchten und Fortgetriebenen: wieder nach Deutschland zurückzukehren. Das wäre mehr und anderes gewesen als alle materielle Wiedergutmachung. Allein man kam nicht auf den Gedanken, oder wollte so viel nun wieder auch nicht anlegen.

Hier gibt es wesentliche Unterschiede zwischen der Bundesrepublik und der DDR. Die sowjetische Besatzungszone, die spätere Deutsche Demokratische Republik, hat große Anstrengungen unternommen, Emigranten aus ihren Exilländern zurückzuholen. Freilich war man, aus verständlichen Gründen, nicht gerade an jüdischen Unternehmern interessiert, wohl aber an Spezialisten aller Art. Erwartet wurde nicht kommunistische Gesinnung, sondern Loyalität gegenüber den bestehenden Institutionen. Damit war in der Tat etwa zehn Jahre lang ein Lebenskompromiß möglich. Es kam hinzu, daß die Traditionen der ehemaligen KPD nunmehr zum Bestandteil der neuen Herrschaftsstruktur geworden waren. Die KPD aber hatte seit ihrer Gründung, also seit den Zeiten von Rosa Luxemburg und Paul Levi, viele Juden in wichtigen Funktionen aufzuweisen. Das galt insgesamt auch für den internationalen Kommunismus. Weshalb es Stalin nach 1949 ein leichtes war, die Säuberung von Parteien seines Machtbereichs unter antisemitischem Vorzeichen zu organisieren. Vom Rajk-Prozeß in Budapest bis zum Slansky-Prozeß in Prag. Auch bei den Verhaftungen in Ostberlin, die zum analogen Schauprozeß in der DDR führen sollten, waren die jüdischen Funktionäre sehr nachdrücklich selektiert worden.

Das schauderhafte Ritual wurde bekanntlich durch Stalins Sterben beendet. Aber nach wie vor befanden und befinden sich Juden in der DDR in einflußreichen Gremien: im Politbüro wie Albert Norden, als langjähriger Stellvertretender Ministerpräsident wie Alexander Abusch, zu schweigen von den Künstlern und Wissenschaftlern: Hanns Eisler und Paul Dessau, Helene

Weigel, Friedrich Wolf oder Anna Seghers. Es gibt keine Einheitlichkeit dieser jüdischen Kommunisten in irgendeiner Frage. Einige unterschrieben die obligaten Resolutionen gegen den »zionistischen Imperialismus«, andere nicht. Bei der politischen Auseinandersetzung über den (Juden) Wolf Biermann gab es jüdische Sympathisanten und Gegner des vertriebenen Liedersängers.

Natürlich pflegten diese prominenten Repräsentanten der DDR ihre jüdische Abkunft als Zufälligkeit ohne wissenschaftliche Relevanz zu betrachten: so hatte es schon Leo Trotzki gehalten. Auch Ernst Bloch betonte mürrisch bei einer kleinen Rede zum neunzigsten Geburtstag, als wieder einmal auf Elemente jüdischen Denkens im »Prinzip Hoffnung« hingewiesen wurde: »Ich bin nicht Martin Buber!« Trotzdem war unverkennbar, daß es im Leben der DDR, vor allem in ihrem kulturellen Leben, ein Element gab, das die einstige bürgerliche Tradition einer deutsch-jüdischen Symbiose unter sehr veränderten gesellschaftlichen Verhältnissen fortsetzte.

Davon ist in der Bundesrepublik niemals die Rede gewesen. Die Emigranten wurden jahrelang kaum zur Kenntnis genommen, erwünscht waren sie schon gar nicht. Um die Verleihung des Ordens Pour le Mérite an Thomas Mann entstand (hinter den Kulissen, wie es sich versteht) ein absurdes Gezänk. Thomas Manns erster Besuch in Deutschland, im August 1949, wurde entweder bewußt heruntergespielt oder durch törichte Polemik verstört. Er selbst hat sich, als er dann nach Weimar weiterreiste, was im Westen auch nicht gerade freundlich kommentiert wurde, etwas verächtlich über die damaligen Erfahrungen geäußert.

Dann hat es, seit etwa zwanzig Jahren, ein paar Änderungen gegeben: im Verhältnis zu den Emigranten und auch zu den vertriebenen Juden. Man nahm Adorno und Horkheimer, Bloch und Marcuse zur Kenntnis; die germanistischen Seminare entdeckten zuerst Kafka und Brecht, sodann mit modischem Eifer auch die Exilliteratur. Es gab ein paar – sozusagen – geistige Wiedergutmachungen; allein Wiedergutmachung bedeutet stets eine indirekte neue Distanzierung, eigentlich Vertreibung.

Daß ausgerechnet von Frankfurt aus, unter besonderen Umständen, die untrennbar verbunden sind mit der einstigen Vertreibung, ein modischer und sogenannt »linker« Antisemitismus ausgehen konnte, läßt ahnen, was sich verändert hat in dieser Stadt ohne Juden. Die kulturelle Provinzialität, von der Westberlin, nicht zuletzt im Zusammenhang mit seiner Presse, immer stärker bedroht wird, ist ein anderes Resultat dieser – für mich – durchaus veränderten gesellschaftlichen Konstellation.

Dies führt unmittelbar zu einer zweiten Besonderheit, die ich im Vergleich zum Einst zu verstehen hatte. Die Bundesrepublik Deutschland ist auch ein *Land ohne Hauptstadt*. Daß der Ablauf deutscher Geschichte niemals eine Zentralisierung im französischen Sinne, ein Zusammenwachsen von Staaten wie in Spanien oder Großbritannien zuließ, ist allgemein bekannt. Keine deutsche Stadt hat jemals und die Jahrhunderte hindurch eine Rolle gespielt, die sich mit Paris oder London oder Madrid im Bereich der dortigen Nationalkultur vergleichen ließe. Es gab immer wieder literarische Zentren, die jedoch keine politische Kraft darstellten: Schlesien im 17. Jahrhundert, dann Leipzig, auch Mannheim oder Hamburg, allein alles blieb gesellschaftlich ohne Wirkung. Die mißglückten Versuche mit einem deutschen Nationaltheater sind mehr als ein Symptom. Das Schicksal einer Deutschen Nationalstiftung läßt erkennen, daß sich daran auch heute kaum etwas geändert hat.

Eine vorübergehende Verbindung der politischen und wirtschaftlichen mit der kulturellen Konzentration in der Reichshauptstadt Berlin hat es im Grunde erst seit der Reichsgründung von 1871 gegeben. Auch dann etablierte sich sogleich, doch unverkennbar, eine Gegenzentrum in München. Der Naturalismus der Neunziger Jahre brauchte die Inspiration durch eine moderne Großstadtwelt. Gerhart Hauptmann ist in Berlin durchgesetzt worden. So divergierende Künstler jedoch wie Thomas Mann, Wedekind oder Heinrich Mann kamen nicht auf den Gedanken, in der Hauptstadt des Kaiserreichs zu wirken, vor allem zu leben. Der Expressionismus war viel stärker mit München verbunden, auch mit Dresden oder auch mit dem Rheinland, als mit Berlin. Die produktive Gegenkultur zum Wilhelminischen Reich und später zum Gesellschaftskompromiß der Weimarer Republik ist nicht in Berlin entstanden. Durchgesetzt freilich wurden die neuen Ideen, Ziele, Spielmöglichkeiten schließlich doch an der Spree. Entscheidend freilich wurde – wenigstens im

Bereich der Künste und in manchen Fällen auch der Wissenschaft, oder besser: der wissenschaftlichen Publizistik – das Verdikt der Berliner Presse. Sie war überregional in einem politisch »elastischen« Sinne: von den jüdischen Konzernen Ullstein und Mosse bis zum deutschnationalen Verlag des August Scherl. Daneben zählten nur noch, allerdings in entscheidender Weise, die »Frankfurter Zeitung« und die »Kölnische Zeitung«.

Dies alles ist von Grund auf verändert. In Berlin wird heute nichts mehr entschieden für die Bundesrepublik. Die Bundeshauptstadt Bonn vermag kaum mehr zu sein als ein politisches Entscheidungszentrum und als der Sitz eines Verwaltungsapparats. Alles andere ist unmöglich und soll offensichtlich auch unmöglich bleiben. Die Auswirkungen aber sind evident, denn keine andere deutsche Stadt hat jene – ephemere – Funktion der einstigen Reichshauptstadt übernehmen können. Am wenigsten die Bundeshauptstadt. Allein auch Hamburg oder München, Köln oder Stuttgart stehen nur für sich selbst. Ich halte es nicht für Zufall, daß viele namhafte Künstler zwar in Deutschland wirken und produzieren, jedoch vorgezogen haben, jenseits der Grenzen den Lebensalltag zu verbringen.

Beim Vergleich zwischen dem Einst und dem Jetzt erscheint mir die heutige Bundesrepublik schließlich als ein *Land ohne Gegenkultur*. Das ist um so verwunderlicher, als die deutsche Kulturgeschichte, weitaus stärker als etwa in England, Frankreich, Italien oder selbst Spanien, interpretiert werden kann als Werk von Neinsagern. Die Gegenkultur hat sich als dauerhaft erwiesen, nicht die jeweilige Offizialkultur. Das gilt für Lessing, die Stürmer und Dränger, für das einsame Spätwerk Goethes, für Hölderlin und Büchner, Heine und den frühen Gerhart Hauptmann. Aber nicht minder für den verlachten und verachteten Richard Wagner, für die sozialistischen Theoretiker, für die Expressionisten. Wer im Jahre 1977 das Festival der »Zwanziger Jahre« in Berlin bewunderte, hatte zumeist mit einer Gegenkultur zu tun zur offiziellen Hierarchie der Weimarer Republik. Brecht und Piscator; ein Film wie »Kuhle Wampe«; die Songs von Hanns Eisler; Bloch und Benjamin; Otto Dix wie George Grosz; alles war Gegenkultur, die wir heute in der Welt vorzeigen: meistens ohne auf einzelne Lebensläufe näher einzugehen.

Dergleichen gibt es heute nicht mehr, wie mir scheint. Es hängt mit unserem Gesellschaftssystem der angestrebten Sozialharmonie zuammen. Die bürgerliche Gegenkultur der Aufklärung aber war potenter als der kulturelle Feudalismus, sieht man ab von der Architektur und der Oper. Diejenigen, selbst zumeist Bürger ihrer Herkunft nach, die sich später als Sprecher des Proletariats verstanden, hatten Wichtigeres mitzuteilen, als die bürgerlichen Epigonen Kants, Schillers, als Neoklassizisten und Neuromantiker.

Alexander Mitscherlich hat mit Recht von unserer »Angestelltenkultur« gesprochen. Man kennt die neue Spezies der leitenden Angestellten, wenn sie das Flugzeug betreten oder die südliche Promenade umsäumen: ausgerüstet mit dem Groschenblatt und dem Blatt der klugen Köpfe. Angestellte aber, leitende noch dazu, und Gegenkultur? Indem man, mit durchaus erwägenswerten Gründen, einen Sozialkompromiß anstrebte, machte man das Denken und Fühlen der kleinbürgerlichen deutschen Mittelschicht zur Maxime einer allgemeinen Gesetzlichkeit. Womit sogleich zwar die bekannte Debatte über Möglichkeiten der Systemveränderung provoziert wurde, doch keine Alternative, folglich auch keine Gegenkultur zur Kleinbürgerkultur der Bundesrepublik Deutschland. Weshalb alle Versuche mit einer Kulturrevolution scheitern mußten und gescheitert sind.

Die Gegenkultur aber von damals, aus den fernen Zwanziger Jahren? Die wurde zur Grundlage einer Offizialkultur im anderen deutschen Staat, allein auch ihrerseits, aus den bekannten Gründen, ohne eine wirkliche Gegenkultur im Lande.

Soll man die Bundesrepublik endlich noch als ein *Land ohne Außenseiter* kennzeichnen? Das klingt absurd und läßt sich scheinbar leicht widerlegen. Gerade der deutschen Literatur nämlich war die Beschäftigung mit Sonderlingen, Eigenbrötlern und Taugenichtsen stets ein Lieblingsgeschäft: von Jean Paul bis Raabe, von Hesses »Demian« bis zur »Blechtrommel«. Für seine Romanszenerie deutscher Entwicklung, etwa zwischen 1900 und 1945, im »Doktor Faustus« entwarf Thomas Mann eine Stadt namens Kaisersaschern, die reich ausgestattet war mit Querköpfen, Narren und Außenseitern aller Art. Dorthin versetzte der Romancier seinen deutsch-musikalischen Doktor Faust.

Trotzdem spricht vieles, heute zumal, für die These vom Land, das zwar nicht wirklich ohne Außenseiter sein kann, sie aber nicht wahrhaben, sondern nivellieren, anpassen, sagen wir es doch: das sie »gleichschalten« möchte. In meinem Buch »Außenseiter« (1975) habe ich die weiblichen Außenseitertypen der Judith und der Dalila, den sodomitischen und den jüdischen Außenseiter in der neueren europäischen Kulturentwicklung studiert. Natürlich gibt es solche »Phänotypen« nach wie vor auch in der Bundesrepublik Deutschland: die Juden am wenigsten. Dafür aber neue Typen der Nicht-Integration: vor allem jene Menschenscharen, die man im Sprachgebrauch falsch-freundlich als »Gastarbeiter« bezeichnet, wobei für mich stets noch der einstige Terminus der Fremdarbeiter nachklingt.

Eine Frauenkultur hat es in deutschen Landen nie gegeben. Maria Theresia war nicht minder frauenfeindlich als ihr Widersacher Friedrich von Preußen. Ein paar Sympathisantinnen wie Karoline Schlegel, oder Jüdinnen wie Dorothea Mendelssohn und Rahel Levin haben daran nichts geändert. Versteht man Dalila als die allzu schöne und Judith als die allzu »scharfgeschliffene« Frau, so gab es und gibt es Widerwillen bei uns gegen solchen weiblichen Gegentyp zur allgemeinen Erwartungshaltung: nicht allein der Männer natürlich. Die einstige deutsche Idolatrie um die unschöne, knabenhafte Jüdin Elisabeth Bergner wäre für mich heute undenkbar. Frankreich hatte sein Idol Brigitte Bardot, es gab den Rummel um Marilyn. Produkte – auch – der Werbe-Industrie, gewiß; allein man konnte die Kampagne wagen, weil die seelischen Voraussetzungen vorhanden waren. Das deutsche Befremden hingegen über Dasein, Lebensweise und Filmkunst von Romy Schneider zeugt vom nach wie vor virulenten Widerwillen gegen das weibliche Außenseitertum.

Nicht allein der notorische Kommunismus der Anna Seghers hat bisher verhindert, daß ihr großes Œuvre hierzulande so zur Kenntnis genommen wurde, wie es sich gebührte. Man hat sich gewöhnt an die Frau am Richtertisch, in der Fakultät wie im Bundestag. Das geheime deutsche Befremden ist geblieben.

Gewöhnung auch an die nunmehr als solche zur Kenntnis genommenen homosexuellen Außenseiter. Allein die Toleranz ist weit eher verordnet, folglich insgeheim unwirklich, als real. »Jagdszenen aus Niederbayern«, um das bekannte Theaterstück Martin Sperrs mit »einschlägigem« Thema anzuführen, wären jederzeit nicht bloß in Niederbayern möglich. Immer noch wirkt nach das »gesunde Volksempfinden« von einst. Es ruft gern, wie bekannt, nach Tod und Folter, Sterilisation, mindestens nach dem Prügelstock. Der Knabenmörder Jürgen Bartsch war offensichtlich »schlimmer« als der Hamburger Frauenmörder.

In seinen »scritti corsari« (als »Freibeuterschriften« im Jahre 1978 auch in deutscher Sprache publiziert) hat sich Pier Paolo Pasolini, dessen Schicksal bekannt ist, Gedanken gemacht über die Wandlung im italienischen Volk von der Toleranz der einstmals armen Leute zu ihrer heutigen, kleinbürgerlichen Intoleranz. Ein bißchen materieller Aufstieg – und alle Vorurteile des Kleinbürgertums, entsprungen aus dem Neid und der Angst einer gesellschaftlichen Zwischenexistenz, halten Einzug. Kein Wunder also, daß eine Verbürgerlichung der deutschen Arbeiterschaft, deren Wurzel zurückreicht ins ausgehende 19. Jahrhundert, weitgehende Intoleranz hervorrief gegenüber allem, was »ausgefallen« ist oder »übertrieben« im hanseatischen Sprachgebrauch.

Wenn es richtig ist, daß sich unser Grundgesetz in dialektischer Spannung befindet, fast als »Vorwegnahme« zu unserem Leben und Denken, so gewiß in allem was die Außenseiter betrifft. Das Grundgesetz gewährt ihnen die individuelle Lebensführung: im Rahmen allgemeiner Gesetze. Kein nicht-affirmatives Schaffen des Künstlers oder Gelehrten darf, wie in der Sowjetunion, als Parasitentum bestraft werden. Allein wir sind weit davon entfernt, dies Grundgesetz, mit Friedrich Schiller zu reden, »in den Willen aufgenommen zu haben«.

Natürlich kann man solche Denkprozesse und Gefühlsregungen eines zweifachen Heimkehrers abtun als Vorurteile eines Gealterten. Oder als Räsonieren eines Außenseiters über die Außenseiter. Trotzdem ist der Widerspruch unverkennbar zwischen einem – vorerst noch realen – Wohlstand des Landes und dem disharmonischen Lebensgefühl seiner Bewohner. Die Spannungen sind bekannt. Ein Land mit offenen Grenzen; ein geteiltes Land; ausgeschieden aus dem einstigen Bereich der konventionellen Großmächte. Dazu der Kontrast zwischen wirtschaftlicher Prosperität und offizieller kultureller Stagnation. Die international gefeierten Musiker sind kaum noch Absolventen unserer Musikhochschulen. Universitäten, deren akademische

Lehrer selten hinauszuwirken vermögen über den unmittelbaren Fachbereich. Der Hinweis auf die geänderte Struktur moderner Hochschulen ist nicht schlüssig, denn die Wissenschaft Englands, Frankreichs, der Vereinigten Staaten weist nach wie vor solche Denker der Fach- und Grenzüberschreitung auf.

Erstaunlich ist der *Mangel an geistiger Neugierde*. Auch dies gehört zum Idealtyp eines kleinbürgerlichen Bewußtseins. Sogar der Ruf nach neuer »Lebensqualität«, nicht zufällig programmiert in der amerikanischen Zivilisation, zeugt vom Gegenteil eines qualitativen Denkens. »Mehr« Lebensqualität bedeutet Forderung nach Quantifizierung, auch Gleichsetzung von Lebensglück mit Komfort. Die geistige Neugierde jedoch meint etwas anderes.

Vielleicht hängen all diese Symptome, die niemand leugnen wird, auch wenn der Einwand gemacht werden kann, hier dürfe nicht »verallgemeinert« werden, mit der Tatsache zusammen, daß sich die Bundesrepublik gegenwärtig als *Land ohne Alternative* darstellt. Man kann das, je nachdem, als ein Glück betrachten oder als eine Belastung. Es kommt auf den Standpunkt an.

Meine Gedichte

Da ist kein Schatzkästlein, das man öffnen könnte, um die Juwelen herauszunehmen, vorzuweisen und in der Sonne glitzern zu machen. Literatur ist niemals ein ewiger Besitz: obwohl oder gerade weil sie dauerhafter zu sein pflegt als alle ephemeren Ereignisse des Tages und der Mode. Die großen Werke können warten, die Gedichte vor allem. Ihnen nähert man sich, falls man sie früher einmal kennenlernte und zu lieben begann, immer wieder im Verlauf eines Lebens: mit oft verblüffender Wirkung. Manchmal gibt es keine Verbindung. Dann ist die Zeit nicht danach oder auch die eigene Einstimmung. Manchmal erreicht der Text einen im günstigen und richtigen Augenblick. Vielleicht versteht man dann erst das Gedicht, und besser als früher.

Natürlich gibt es auch für mich poetische Texte in deutscher Sprache, und nicht allein in meiner Muttersprache, die immer gegenwärtig und abrufbar sind. Das beginnt mit Hofmannsthals »Ballade des äußeren Lebens«, die im Lesebuch für die Unterprima gestanden hatte, und dann mit mir gehen sollte durch meine Lebensjahrzehnte. Viel Hölderlin, der diesmal aber beim Bericht ausgespart werden soll. Auch die »Nänie« von Friedrich Schiller, ein wunderbares Gedicht, das ein Mann schrieb, der dem lyrischen Wort insgeheim mißtraute. Allein hier weiß ich nicht so recht, ob ich Schillers Gedicht liebe, oder seine Vertonung durch Johannes Brahms.

Am besten verhält man sich gleichsam wie auf der Couch des Psychoanalytikers: was sich an Gedichttexten und -überschriften sogleich einstellt, wenn man sich selbst befragt zum Thema »Meine Gedichte«, gehört offenbar dazu. Vielleicht führt es dann auch weiter zu den anderen poetischen Gebilden, und vielleicht auch in irgendeine sonst verborgene Seelentiefe.

Als ich beschloß, gleichzeitig den Patienten zu spielen und den Analytiker, meldeten sich sogleich zwei kurze Gedichte. Beide hatten es in sich, das spürte ich sofort. Beide gehörten auch innerlich zusammen, wenngleich die Autoren kaum etwas miteinander verbunden hatte: die Lyriker Gottfried Benn und Günter Eich.

Günter Eich und Peter Huchel waren für mich neue Erfahrungen mit deutscher Dichtung seit meiner Heimkehr in die deutsche Fremde im Oktober des Jahres 1945. Zwei Männer meiner eigenen Generation, beide etwas älter, doch Jahrgangsgenossen des Erlebens: auch dort, wo sie, während des Dritten Reiches, auf der Gegenseite – scheinbar – zu finden waren.

Über das Gedicht »Fußnote zu Rom« von *Günter Eich* habe ich einmal geschrieben: für ein Gedenkbuch und zur Erinnerung an den verstorbenen Dichter und Freund. Trotzdem war es für mich unvermutet, daß diese »Fußnote zu Rom« sogleich präsent war beim Suchen nach Lieblingstexten einer deutschen Poesie.

Fußnote zu Rom

Ich werfe keine Münzen in den Brunnen,
ich will nicht wiederkommen.
Zuviel Abendland,
verdächtig.

Zuviel Welt ausgespart.
Keine Möglichkeit
für Steingärten.

Das scheint sich unschwer zu erschließen. Die Fontana di Trevi. Man wirft eine Münze in den Brunnen, so einer innig wünscht, Rom wiederzusehen. Sicher scheint, daß man die Münze, mit dem Rücken zum Brunnenrand, über die Schulter zu werfen hat. Nicht hinschauen. Jeder Tourist als ein Orpheus.

Ist dem aber so, dann wirkt das lyrische Ego des Gedichts »Fußnote zu Rom« als Spielverderber. Der geht nicht, kurz vor der Fahrt zum Flughafen oder zur Stazione Termini, rasch noch zur Prunkfontana, um seine Münze zu werfen, damit die römischen Kinder auch dies Objekt deutscher Südkrankheit mit ihren Magneten herausfischen können.

Hier ist einer, der will das Spiel nicht mitspielen. Er will nicht wiederkommen. Hielt es ähnlich auch in dem Gedicht »Timetable«: »Diese Flugzeuge / zwischen Boston und Düsseldorf. /

Entscheidungen aussprechen / ist Sache der Nilpferde / Ich ziehe vor, / Salatblätter auf ein Sandwich zu legen und / unrecht zu behalten.«

Die Steingärten übrigens, die Eich auf den römischen Hügeln vermißt, sind sehnsüchtige Reminiszenz an den Aufenthalt in Japan. Das Gedicht eines Neinsagers.

Der zweite Text, der sogleich da war beim Meditieren auf der Couch, spricht ebenfalls von einer großen Verweigerung. Auch der Text »Einsamer nie« von *Gottfried Benn* gehört bei mir in das – nicht vorhandene – Schatzkästlein: obwohl ich sehr lange Zeit hindurch nichts mit dem Autor zu tun haben wollte. Er hat mich dann langsam erobert.

Einsamer nie

Einsamer nie als im August:
Erfüllungsstunde – im Gelände
die roten und die grünen Brände,
doch wo ist deiner Gärten Lust?

Die Seen hell, die Himmel weich,
die Äcker rein und glänzen leise,
doch wo sind Sieg und Siegsbeweise
aus dem von dir vertretenen Reich?

Wo alles sich durch Glück beweist
und tauscht den Blick und tauscht die Ringe
im Weingeruch, im Rausch der Dinge –:
dienst du dem Gegenglück, dem Geist.

Ein Gedicht vom Doppelleben. Scharf antithetisch aufgebaut in allen drei Vierzeilern. Hier das Leben, dort das Dichten. Hier die Dinge und dort der Geist. Das Glück und das Gegenglück. Aber das Gegenglück, das der Dichter, den der Ausdruckszwang treibt, zu erfahren weiß, ist an die Einsamkeit geknüpft. Ich glaube zu wissen, warum eben diese beiden Gedichte der Absage, Günter Eich und Gottfried Benn, sogleich in meinem Bewußtsein zur Stelle waren. Sie durften sich mit Recht als »Meine Gedichte« betrachten.

Dann aber leuchtet im Bewußtsein das große Signal auf. Nicht als Überschrift eines Gedichtes, sondern als Dichtername. *Goethe* natürlich. Da glaube ich fast alles zu kennen aus dem lyrischen Werk. Eben deshalb gibt es hier keine Lieblingsgedichte. Das wechselt mit den Jahresringen und Lebensphasen. In der Schule waren es sogleich die »Grenzen der Menschheit«. Später verband sich meine Liebe zur goetheschen Lyrik mit der Musik der großen Liederkomponisten: von Schubert bis Hugo Wolf. Dann gab es das Erlebnis des »Divan« und der späten Gedichte. Ich wurde ungerecht gegenüber dem Stürmer und Dränger, der unsere lyrische Sprache recht eigentlich mit geschaffen hatte. Heute ist vor allen anderen ein Gedicht, das nur mittelbar zum lyrischen Werk gehört, obwohl es ein vollkommenes und streng in Form von Stanzen gebautes Versgebilde darstellt. Doch es gehört in einen durchaus unlyrischen Zusammenhang. *Es ist die »Zueignung« zum Faust.*

Zueignung

Ihr naht euch wieder, schwankende Gestalten,
Die früh sich einst dem trüben Blick gezeigt.
Versuch' ich wohl, euch diesmal festzuhalten?
Fühl' ich mein Herz noch jenem Wahn geneigt?
Ihr drängt euch zu! nun gut, so mögt ihr walten,
Wie ihr aus Dunst und Nebel um mich steigt;
Mein Busen fühlt sich jugendlich erschüttert
Vom Zauberhauch, der euren Zug umwittert.

Ihr bringt mit euch die Bilder froher Tage,
Und manche liebe Schatten steigen auf;
Gleich einer alten halbverklungnen Sage
Kommt erste Lieb' und Freundschaft mit herauf;
Der Schmerz wird neu, es wiederholt die Klage
Des Lebens labyrinthisch irren Lauf,
Und nennt die Guten, die, um schöne Stunden
Vom Glück getäuscht, vor mir hinweggeschwunden.

Sie hören nicht die folgenden Gesänge,
Die Seelen, denen ich die ersten sang;

Zerstoben ist das freundliche Gedränge,
Verklungen, ach! der erste Widerklang.
Mein Lied ertönt der unbekannten Menge,
Ihr Beifall selbst macht meinem Herzen bang,
Und was sich sonst an meinem Lied erfreuet,
Wenn es noch lebt, irrt in der Welt zerstreuet.

Und mich ergreift ein längst entwöhntes Sehnen
Nach jenem stillen, ernsten Geisterreich,
Es schwebet nun in unbestimmten Tönen
Mein lispelnd Lied, der Äolsharfe gleich,
Ein Schauer faßt mich, Träne folgt den Tränen
Das strenge Herz, es fühlt sich mild und weich;
Was ich besitze, seh' ich wie im weiten,
Und was verschwand, wird mir zu Wirklichkeiten.

Das ist ein Gedicht der Alterserfahrung, und es ist ein Gedicht
auch für alte Leute, für Überlebende. Jetzt ist es mein Goethe-
Gedicht vor allen anderen.
Allein ich liebe auch den frechen und eben deshalb viel zu wenig
bekannten Goethe. Brecht meinte einmal im Gespräch, Goethe
hätte Deutschlands größter Humorist werden können: der Mephistopheles in ihm beweise das. Der Mephistopheles in Goethe
schrieb auch ein respektloses Gedicht, dessen Schlußzeilen als
Zitat in die Umgangssprache eingegangen sind, ohne daß man
noch weiß, woher das stammt. Aber oft sagt einer von sich bei
besonderer Gelegenheit: »Prophete rechts, Prophete links, / Das
Weltkind in der Mitten.« Ich liebe dieses Goethe-Gedicht besonders, weil es sich so überlegen über alles abstrakte und ideologische Gezänk zu erheben weiß. Damals zwischen dem christlichen Eiferer Lavater und Basedow als dem positivistischen
Mann der Wissenschaft mit seiner bibelkritischen Nüchternheit.
Das Weltkind Goethe hört zu, man befindet sich auf einer Reise
an den Rhein, ißt Fisch und Geflügel und hat seinen Spaß.

Zwischen Lavater und Basedow

Zwischen Lavater und Basedow
Saß ich bei Tisch des Lebens froh.

Herr Helfer, der war gar nicht faul,
Setzt' sich auf einen schwarzen Gaul,
Nahm einen Pfarrer hinter sich
Und auf die Offenbarung strich,
Die uns Johannes der Prophet
Mit Rätseln wohl versiegeln tät;
Eröffnet' die Siegel kurz und gut,
Wie man Theriaksbüchsen öffnen tut,
Und maß mit einem heiligen Rohr
Die Kubusstadt und das Perlentor
Dem hocherstaunten Jünger vor.
Ich war indes nicht weit gereist,
Hatte ein Stück Salmen aufgespeist.

Vater Basedow, unter dieser Zeit,
Packt einen Tanzmeister an seiner Seit
Und zeigt ihm, was die Taufe klar
Bei Christ und seinen Jüngern war;
Und daß sichs gar nicht ziemet jetzt,
Daß man den Kindern die Köpfe netzt.
Drob ärgert sich der andre sehr
Und wollte gar nichts hören mehr,
Und sagt: es wüßte ein jedes Kind,
Daß es in der Bibel anders stünd.
Und ich behaglich unterdessen
Hätt einen Hahnen aufgefressen.

Und, wie nach Emmaus, weiter gings
Mit Geist- und Feuerschritten,
Prophete rechts, Prophete links,
Das Weltkind in der Mitten.

Und noch einmal Goethe. Ein kurzes Gedicht, antiker Form
sich nähernd, wie Goethe das zu benennen pflegte. Dem war ich
verfallen seit dem Liederabend eines großen Bassisten mit Lie-
dern von Hugo Wolf. »Anakreons Grab«.

Anakreons Grab

Wo die Rose hier blüht, wo Reben um Lorbeer sich
schlingen,
Wo das Turtelchen lockt, wo sich das Grillchen ergetzt,
Welch ein Grab ist hier, das alle Götter mit Leben
Schön bepflanzt und geziert? Es ist Anakreons Ruh.
Frühling, Sommer und Herbst genoß der glückliche Dichter;
Vor dem Winter hat ihn endlich der Hügel geschützt.

Goethe schrieb den Text noch in Weimar um 1785. Sehnsucht
nach Italien und nach dem Süden ist darin. Die Sehnsucht des
Dichters nach der besonnten Wirklichkeit. Auch dies ist ein Gegengedicht zu Gottfried Benn.
Von zwei lyrischen Texten darf ich schließlich noch sprechen,
die ich in einem sehr besonderen Verstande als »Meine Gedichte« betrachten darf. Es sind Geschenke der Dichter an mich;
sie wurden mir gewidmet. *Paul Celans* Text »Weißgeräusche«
wurde mir zum 60. Geburtstag geschenkt, zum 19. März 1967.
Er stand zuerst in einer Freundesgabe, die der Rowohlt-Verlag
damals herausbrachte. Heute steht er im zweiten Band der Gesammelten Gedichte.

WEISSGERÄUSCHE, gebündelt,
Strahlen-
gänge
über den Tisch
mit der Flaschenpost hin.

(Sie hört sich zu, hört
einem Meer zu, trinkt es
hinzu, entschleiert
die wegschweren
Münder.)

Das Eine Geheimnis
mischt sich für immer ins Wort.
(Wer davon abfällt, rollt
unter den Baum ohne Blatt.)

Alle die
Schattenverschlüsse
an allen den
Schattengelenken,
hörbar-unhörbar,
die sich jetzt melden.

Das nimmt sich, wie die meisten Gedichte Paul Celans, zunächst rätselhaft aus, fast abweisend. Dennoch war Celan, wie er in seiner Dankesrede beim Empfang des Büchner-Preises bekannte, ein Gegner aller monologischen Lyrik im Sinne von Benn. Seine Gedichte wollen den Partner, den Dialog. Oft genügt dabei ein einzelner Partner, der versteht und angesprochen werden soll. So verhält es sich hier. Auch dieses Gedicht ist ein Gelegenheitsgedicht wie viele andere Texte von Celan, wenn sie auf Tübingen verweisen oder Köln oder ein Gasthaus in Zürich. Das Gedicht »handelt« von unserer ersten Begegnung in Wuppertal bei einer literarischen Tagung im Jahre 1957. Man sprach damals über Lyrik und über das Gedicht als Flaschenpost. Wir saßen am halbrunden Tisch einander gegenüber, wir erkannten einander: auch als Juden. Davon handelt der Text, der mit dem Wort »Weißgeräusche« beginnt. Dies ist also *mein* Gedicht in vielfacher Hinsicht. Berühmt wurde *Peter Huchels* Gedicht »Winterpsalm«. Es trägt die Widmung »für Hans Mayer«. Huchel hat gern einzelne Gedichte mit Widmungen versehen: etwa an Hans Henny Jahnn oder Ernst Bloch und Jean Améry. Wenn er Gedichte vorlas, so wurden die Widmungen stets mitgelesen: sie gehörten für ihn dazu. Der »Winterpsalm« erschien zuerst in der Sammlung »Chausseen Chausseen«, der in Frankfurt am Main im Jahre 1963 herauskam. Damals lebte Huchel noch in seinem Haus auf märkischem Boden in der Nähe von Potsdam. Man hatte ihm zum Jahresende 1962 die Leitung der von ihm seit 1949 herausgegebenen Zeitschrift »Sinn und Form« aus politischen Gründen entzogen. Er war ganz einsam. Ein Gemiedener. Im April 1963 hatte er den 60. Geburtstag gefeiert. Ich kam aus Leipzig, um zu gratulieren. Zusammen mit der Frau und dem Sohn waren wir acht Personen am Abend beim Geburtstagsessen. Dies alles schwingt mit im Winterpsalm. Huchel durfte schließlich, wie er beantragt hatte, in die Schweiz und nach Westdeutschland aus-

reisen. In der Westberliner Akademie der Künste, deren Mitglied er war, las er seine Gedichte vor im überfüllten Saal. Viele
junge Menschen. Er las auch den Winterpsalm. Aber das Erlebnis der Eiseskälte hat ihn nicht wieder verlassen bis zum Tode.

Winterpsalm

für Hans Mayer

Da ich ging bei träger Kälte des Himmels
Und ging hinab die Straße zum Fluß,
Sah ich die Mulde im Schnee,
Wo nachts der Wind
Mit flacher Schulter gelegen.
Seine gebrechliche Stimme,
In den erstarrten Ästen oben,
Stieß sich am Trugbild weißer Luft:
»Alles Verscharrte blickt mich an.
Soll ich es heben aus dem Staub
Und zeigen dem Richter? Ich schweige.
Ich will nicht Zeuge sein.«
Sein Flüstern erlosch,
Von keiner Flamme genährt.

Wohin du stürzt, o Seele,
Nicht weiß es die Nacht. Denn da ist nichts
Als vieler Wesen stumme Angst.
Der Zeuge tritt hervor. Es ist das Licht.

Ich stand auf der Brücke,
Allein vor der trägen Kälte des Himmels.
Atmet noch schwach,
Durch die Kehle des Schilfrohrs,
Der vereiste Fluß?

Reden über das eigene Land: Deutschland

Auch der elfte Redner zum stets selben Thema – Reden über das eigene Land *Doppelpunkt* Deutschland – wird mit Fragen beginnen müssen: statt aller Antwort. Was ist das eigene Land? Was ist Deutschland? Hinzu kommt, in meinem besonderen Falle, die Zusatzfrage: Ist Deutschland mein eigenes Land? Davon vor allem möchte ich zu Ihnen sprechen.

Ich wurde im Kaiserreich geboren, das ein Bundesstaat der fürstlichen Regierungen war, wie man weiß. Wichtig waren die Bundesstaaten, und einer war es vor allen anderen: das Königreich Preußen. Ich kam im Rheinland zur Welt, in Köln, also in der Rheinprovinz, die seit 1815 das Schlußlicht zu bilden hatte bei schulmäßiger Aufzählung der zwölf preußischen Provinzen. Ich kann sie noch auswendig, und die Aufzählung ist heute ein trauriger Spaß; beginnend mit Ostpreußen und Westpreußen, Pommern und Posen, um hinzuführen schließlich zu Sachsen, Westfalen, Hannover, und eben zur Rheinprovinz. Wenn man einen Fragebogen auszufüllen hatte, um etwa einen Reisepaß zu erhalten, schrieb unsereiner, weil er auch das in der Schule gelernt hatte, auf die Frage nach der »Staatsangehörigkeit« das Wort »Preuße«. Preuße, nicht Deutscher.

Ich besitze ihn noch, jenen deutschen Reisepaß aus meiner Schülerzeit. Das Deutsche Reich war eine Republik geworden, die Staatsgewalt ging nicht mehr von den Fürsten aus, sondern vom Volk, wie der Artikel 1 der Weimarer Verfassung verkündete. Der Umschlag aber meines preußisch-deutschen Reisepasses wies bereits die fatale braune Farbe auf.

Wie konnte es geschehen, daß ich, viele Jahrzehnte nach Ausstellung jenes Reisepasses mit der Photographie eines Gymnasiasten, genötigt war, einen Erinnerungsbericht über mein Leben und meine Arbeit mit der Überschrift »Ein Deutscher auf Widerruf« zu versehen? Der äußere Tatbestand war simpel und blieb nach wie vor erschreckend. In meinem Buch habe ich berichtet, wie ich damals, vor nunmehr zweiundfünfzig Jahren, mit dem Leben davonkam. Die erste Haussuchung im April 1933 traf mich nicht mehr an. Die Braunen hielten sich zornig an meine Bücher. Besondere Wut beim Anblick eines Buches mit dem Titel »Juden auf der deutschen Bühne«, so wurde mir berichtet. Das Titelbild zeigte den Schauspieler Fritz Kortner in irgendeiner Rolle, vielleicht sogar als Shylock. Dann die Flucht über Belgien und Luxemburg nach Frankreich, im August 1933. Ich besaß einen Reisepaß, allein der war nicht mehr gültig. Seit jener Machtergreifung hatte ich nicht mehr wagen können, ihn zu verlängern.

Der ungültig gewordene war mein letzter »deutscher« Reisepaß. Ich wurde niemals Staatsbürger außerhalb von Deutschland. Im Jahr 1938, in Paris war es wohl, sagte mir beiläufig ein Mitemigrant: »Übrigens, du stehst auch auf der neuen Liste der Ausbürgerungen im Reichsanzeiger.« Ich machte eine abschätzige Handbewegung. Das änderte nichts. Man hatte längst, im Wortsinne, »im Elend« gelebt: ohne Heimat und ohne irgendeinen väterlichen Staat. Das war auszuhalten, sogar ehrenvoll. Man befand sich in guter Gesellschaft.

So lebte ich bisweilen ohne alle Papiere und Erlaubnisse; später mit einem Flüchtlingspaß; noch später mit einem Papier des Landes Großhessen nach meiner Heimkehr in die deutsche Fremde im Oktober 1945; dann mit einem Papier der Sowjetischen Besatzungszone nach meiner Berufung an die Universität Leipzig; mit einem Paß der Deutschen Demokratischen Republik; verbotenerweise zugleich auch bereits mit einem Paß der Bundesrepublik Deutschland seit dem April 1957, der zuerst ganz zufälligerweise bereits in Tübingen ausgestellt wurde und den ich abzuliefern hatte, wenn ich nach Leipzig zurückkehrte. So wurde einem das Reisen leichter gemacht, allein es war verboten. Abermals ein Achselzucken: nach so viel Exil und illegalem Grenzübergang. Beim Paß der Bundesrepublik und bei Tübingen blieb es seitdem.

Reden über das eigene Land Doppelpunkt Deutschland. In der Wirrnis solcher An- und Aberkennungen gehört die Frage nach Deutschland als dem eigenen Land unmittelbar zur Wirrnis. Bis zum Jahre 1933 hätte ich mich, erstaunt darüber, daß man es bezweifeln könnte, als Deutschen bezeichnet. Das war keine Sache der Staatsangehörigkeit, sondern eines deutschen Selbstempfindens. Ich mußte fliehen. Es ging um Leib und Leben. Ich kam davon. Man widerrief mein Deutschtum durch einen Verwaltungsakt. *Seitdem ist alles verändert.* Es erinnert mich immer an Franz Kafkas Parabel vom Schlag ans Hoftor: Da hat einer unachtsam, fast spielerisch, was die Bürokraten eines Dritten Reiches für sich nicht behaupten konnten, irgendwo eine Kränkung verübt. Die Folgen sind unabsehbar. Nichts kann zurückgenommen werden. Auch kein Widerruf eines individuellen Deutschtums.

Machen wir den besonderen Fall zur Maxime einer allgemeinen Gesetzlichkeit. Was bedeutet es, so muß gefragt werden, für die Befindlichkeit menschlicher Lebensformen, wenn die Machthaber und Bürokraten eines Staates frei darüber entscheiden können, welche Bürger sie haben und »behalten« wollen, und welche nicht. Gedanken der europäischen Aufklärung, wie man weiß: einer bürgerlichen Emanzipationsbewegung, die Schluß macht mit einer Fürstenwillkür, welche nach Belieben ganze Gruppen ihrer »Landeskinder«, wie man zu sagen pflegte, aus dem Lande trieb, kräftige junge Burschen vom Dorf durch Söldner einfangen und verkaufen ließ für gutes Geld. Das Geld wurde in kostspieligen, meist sehr schönen Bauten angelegt. Schloß Wilhelmshöhe bei Kassel demonstriert immer noch, was es mit dem Ruf »Ab nach Kassel!« auf sich hatte. Das hieß: Abtransport aus der Heimat, weg von der Familie, ab zur Residenzstadt, und dann nach Übersee. Die Kammerdienerszene in Schillers »Kabale und Liebe« blieb das große literarische Dokument einer deutschen Schande.

Es hat keine bürgerliche und erfolgreiche Revolution gegeben auf deutschem Boden. Alles mußte immer wieder importiert und oktroyiert werden. Die Gründung eines Deutschen Kaiserreiches kam als Einigung von oben zustande. Die erste deutsche Republik entstand im Gefolge einer militärischen Niederlage, von welcher die Mehrheit der Deutschen nach 1918 nicht wahrhaben wollte, daß es eine war. Die Weimarer Verfassung vom 11. August 1919 enthielt zum erstenmal die unverletzlichen Rechtsgüter der Menschen- und Bürgerrechte. Da jedoch nur allzuviele Deutsche, aus welchen Gründen immer, diese Republik nicht als ihr »eigenes Land« ansahen, wurde die Weimarer Verfassung, mit Schiller zu reden, nicht »in den Willen aufgenommen«. Die postulierten Menschenrechte waren von nun an solche auf Widerruf.

Das zeigte sich überdeutlich in den zwei Monaten Februar und März des Jahres 1933, als man im Volk auf die neue Reichsregierung mit dem jüngst erst eingebürgerten Reichskanzler vom 30. Januar zu reagieren hatte. Nachdem der Reichstag brannte, war kein Halten mehr. Man stellte sich auf den berühmten Boden der Tatsachen: in Anerkennung dessen, was der Staatsrechtslehrer Georg Jellinik, ein Jude übrigens, als »Normative Kraft des Faktischen« bezeichnet hatte. Faktische Macht als faktisches Recht.

Ich sehe das noch vor mir. Seit diesem 30. Januar war ich, der junge Mensch mit der preußischen Staatsangehörigkeit, der Gerichtsreferendar, dessen Familie ein bißchen Geld besaß, alles bloß noch auf Zeit: auf Widerruf. Ein Jude. Denen geht es nun an den Kragen. Ich traf, es muß gegen Ende Februar gewesen sein, einen einstigen Mitschüler auf der Straße. Strammer katholischer Anhänger der Zentrumspartei. Ich hoffte einen Leidensgefährten zu treffen. Er lehnte kurz ab: »Ich bin seit letztem November bei der SA ...«

Man hat diese hastigen politischen Konvertiten damals spöttisch als »Märzgefallene« bezeichnet: ohne zu ahnen, wie infam sich dieser hohnvolle Vergleich ausnahm. Die »Märzgefallenen« waren Tote in den revolutionären Kämpfen des März 1848 in Berlin und in Wien. Das Volk hatte den Preußenkönig gezwungen, sich vor den Särgen der Märzgefallenen zu verneigen. Die Gefallenen im März 1848 und die erfolgsgeilen und feigen Umfaller vom März 1933: nun war sie am Ende, die deutsche Aufklärung mit ihren Menschenrechten und Rechtsgarantien, mit der Gleichheit vor dem Gesetz. Übrigens auch mit der bürgerlichen Eigentumsgarantie. Alles auf Widerruf. »Humanitätsduseleien«: so hatten es die nationalistischen Ideologen im Deutschen Reich und in Österreich bereits seit Ende des 19. Jahrhunderts deklariert, die Lagarde und Langbehn, auch Moeller van den Bruck, der es mit den Konservatismus des späten Dostojewski hielt und mit einem »Preußischen Stil«, der die zivile Welt energisch zurückweist hinter die militärischen Hierarchien.

Zu schweigen vom »Mythos des 20. Jahrhunderts«. Der Essayband »Die totale Mobilmachung« von Ernst Jünger erschien 1931.

Nun war es soweit. Von nun an entschieden Führer und Unterführer, wen man behalten wollte und wen nicht. Gleichheit vor dem Gesetz? Bloße Humanitätsduselei. Es gab Herrenmenschen, Menschen und Untermenschen. Das wurde zur Praxis. Wer dies erlebt hat, wie unsereiner, kann es nicht von sich abtun. Der Schlag ans Hoftor. Ein deutscher Schriftsteller, der nicht zum Märzgefallenen wurde in jenem infamen Sinne, *Wolfgang Koeppen*, Jahrgang 1906, hat alles auf einer einzigen Romanseite, fast in einem einzigen deutschen Satz, zusammengefaßt. Indem er die Lebensgeschichte eines Ehepaares schildert, das geglaubt hatte, man könne beides sein: ein preußischer Deutscher, und ein Jude. In dem Roman »Tauben im Gras«, der in München spielt und in der ersten Zeit nach einem Zweiten Weltkrieg, denkt eine junge Frau, die davonkam und mit einem Amerikaner verheiratet ist, darüber nach, warum sie nicht, wie es ihr Amerikaner möchte, nach München reisen will. Henriettes Eltern lebten am Kupfergraben in Berlin, wo Hegel gewohnt hat. Oberregierungsrat Friedrich Wilhelm Cohen arbeitete in der Verwaltung der Staatlich Preußischen Museen. Seine Tochter wird Schauspielerin und tut manches, was dem Vater mißfällt. Dann heißt es wieder: »Henriette, das geht nicht.« Nun resümiert Wolfgang Koeppen.

»Was ging, und was ging nicht? Es ging, daß sie in Berlin den Reinhardt-Preis als beste Schülerin ihres Jahrgangs bekam; aber es ging nicht, daß sie in Süddeutschland, wohin sie verpflichtet war, die Liebhaberin in den »Freiern« von Eichendorff spielte. Es ging, daß sie ein Wanderleben führte und mit einer Emigrantentruppe in Zürich, Prag, Amsterdam und New York tingelte. Es ging nicht, daß sie irgendwo eine unbefristete Aufenthaltsbewilligung, die Arbeitserlaubnis oder für irgendein Land ein Dauervisum bekam. Es ging, daß sie mit anderen Mitgliedern der Tingeltruppe aus dem Deutschen Reich ausgebürgert wurde. Es ging nicht, daß der korrekte Oberregierungsrat weiter am Museum arbeitete. Es ging, daß ihm das Telefon und die Bank in den Anlagen verboten wurde. Es ging nicht, daß ihr Vater seinen Namen Friedrich Wilhelm Cohen behielt, es ging, daß er Israel Cohen genannt wurde ... Es ging nicht, daß die Menzelsche Erscheinung, der preußische Beamte und seine schüchterne Frau länger in ihrer Geburtsstadt Berlin blieben. Es ging, daß sie zu den ersten Juden gehörten, die abtransportiert wurden: zum letztenmal traten sie aus dem Haus am Kupfergraben, in der Abenddämmerung, sie stiegen in ein Polizeiauto, und Israel Friedrich Wilhelm, korrekt, stäubchenfrei, ruhig in friderizianischer Zucht, half ihr hinauf, Sarah Gretchen, die weinte, und dann schloß sich die Tür des Polizeiautos, und man hörte nichts mehr von ihnen, bis man nach dem Krieg alles hörte, nichts Persönliches zwar, nur das Allgemeine, die Gesichtslosigkeit des Schicksals, die Landläufigkeit des Todes – es genügte.«

So ist es gewesen, genau so. Und darum sollte es unsereiner ohne Widerspruch hinnehmen, das läppische Gerede: Ich war damals noch zu jung, das geht mich nichts an ...«? Oder gar das laute Denken von Diätenempfängern, die sich hervortun wollen: nun habe man aber genug vom Gerede über die *besonderen* Beziehungen zwischen Deutschen und Juden. Jetzt müßten das Verhältnisse werden wie andere Verhältnisse auch. Ausgerechnet vor den Folgen einer deklarierten und praktizierten Ungleichheit sollte man plötzlich wieder sich einschwören können auf das Gleichheitsgebot der europäischen Aufklärung?

Reden über Deutschland, und das heißt doch wohl: über die beiden Staaten auf deutschem Boden, kann für mich nur bedeuten, von neuem über diese meine eigene, und damit über eine geschichtliche Erfahrung zu sprechen. *Zu sprechen über die Deutschen und ihre Juden.* Im Rückblick des Historikers und Literaturhistorikers *und* im Nachdenken darüber, wie es mit ihnen und ihrem Zu- oder Gegeneinander weitergehen soll. Ich halte nicht viel von den Ritualen einer christlich-jüdischen, noch dazu organisierten Zusammenarbeit. Auch *Heinrich Böll,* dieser Deutsche, der ganz frei war, wohl auch noch in seinen Träumen und Geheimnissen, vom Judenhaß, hat wohl nicht viel davon gehalten. Lesen Sie nach in den »Ansichten eines Clowns«, was die einstige Durchhaltemutter Schnier, von den Braunkohlenschniers, an Symposien und »guten Gesprächen« manipuliert: vermutlich im »Jargon der Eigentlichkeit«, wie Adorno das genannt hat, und was ihr Sohn, der Clown Hans Schnier, davon hält.

Von den Deutschen und ihren Juden sprechen, heißt aber nicht allein, daß man die sogenannte deutsch-jüdische Symbiose als einen Geschichtsvorgang interpretiert, der von der deutschen Seite, wie es in der Tat geschehen ist, aufgekündigt wurde: in einer bis heute, in allen Untaten unserer Gegenwart, beispiellos gebliebenen Weise. Es heißt zugleich, daß man auch *die Etappen einer Aufkündigung von jüdischer Seite* einbezieht. Dann erst wird sichtbar, daß alles heutige Katastrophengeschehen nach wie vor verbunden bleibt jener Katastrophe der deutschen Judenheit. Die Wunde schließt sich nicht. Es gibt keinen heiligen Speer, der sie schließen könnte. Wenn Richard Wagner in der Tat sein Rätselwort »Erlösung dem Erlöser« als Entjudung des Jesus von Nazareth verstanden haben sollte, so hat der Wagnerianer als deutscher Machthaber die *totale Nichterlösung* unserer heutigen Welt bewirkt. Nicht zuletzt für die Deutschen und die Juden.

Man hat sich's in neuerer Zeit angewöhnt, von einer »deutschjüdischen Symbiose« zu sprechen. Symbiose meint ein Zusammenleben. Ein deutsch-jüdisches Zusammenleben, das eine tiefe Verschiedenheit derjenigen vorauszusetzen hatte, die bereit waren zu einem solchen Zusammenleben. Die Schwierigkeiten waren außerordentlich: von Anfang an. Von seiten der Deutschen stand der Antisemitismus des Dr. Martin Luther ebenso dagegen wie die katholische Theologie. Selbst wahrhaft aufgeklärte Deutsche verspürten, mitten im 18. Jahrhundert als einem Zeitalter der Vernunft, ein tiefes Unbehagen über die Möglichkeit einer Gemeinschaft mit diesen fremdartigen Hausierern und Geldverleihern im Kaftan, mit langen Schläfenlocken und seltsamer Kopfbedeckung.

Noch im 17. Jahrhundert hatte der Dichter Johann Michael Moscherosch, Kriegs- und Kirchenrat in Hanau, vor der Zweiheit der deutschen und der jüdischen Handelsleute gewarnt. Eine negative Gemeinschaft des deutschen bestechlichen Kommissarius und des boshaft-ironischen Juden.

> Ein Kommissarius ohn Lohn
> Ein Jude ohne Spott, Meineid und Hohn
> Sind zwei Buben in einer Haut,
> Der dritt, der diesen beiden traut.

Das Unbehagen blieb auch ein Jahrhundert später.
Noch mitten in der Zeit des Sturm und Drang, also um 1775, da sich bereits der junge Goethe in einer denkwürdig gebliebenen

Buchrezension für die »Gedichte von einem polnischen Juden«
interessiert hatte, verspürte ein so nobler und kühler Aufklärer
wie *Georg Christoph Lichtenberg* tiefes Unbehagen bei jeder Begegnung mit jüdischen Gestalten. Lichtenberg sieht in London
am 2. Dezember 1775 eine Aufführung des »Kaufmann von Venedig« von Shakespeare mit dem berühmten Schauspieler Mack-
lin als Shylock. Er fühlt den eigenen Zwiespalt zwischen seinem
Aufklärungsdenken und seinen Empfindungen bei Betrachtung
des Shylock.

»... diesen Juden zu sehen, ist mehr als hinreichend, in dem
gesetztesten Mann auf einmal alle Vorurteile der Kindheit gegen
dieses Volk wieder aufzuwecken. Shylock ist keiner von den
kleinlichen, beredten Betrügern, die über die Tugenden einer
goldenen Uhrkette aus Tomback eine Stunde plaudern können;
er ist langsam, in unergründlicher Schlauigkeit stille, und wo er
das Gesetz für sich hat, bis zur Bosheit gerecht.«

Widerwille, auch heftiger Protest gegen das jüdisch-deutsche
Zusammenleben, die Symbiose also, bei den Juden selbst. Zusammenleben bedeutete für sie den *Untergang als Juden*. Nicht
mehr die hebräischen Texte und das deutsch-jüdische Idiom, das
man seit dem Mittelhochdeutschen beibehalten hatte und das der
deutsche Judenspott einfach als »Mauscheln« zu denunzieren
liebte. Nicht die im mosaischen Gesetz vorgeschriebenen Formen der Kleidung, der Speise, der strengen Absonderung von
allen Nicht-Juden. Der Shylock bei Shakespeare sagt eisig-kühl
zum Kaufmann Antonio von Venedig: er sei zwar bereit, mit
ihm Geschäfte zu machen, doch essen werde er nicht mit dem
Anderen, dem Christen, dem Nicht-Juden. So beginnt, um die
Mitte des 18. Jahrhunderts, von Anfang an mit tiefen Widersprüchen belastet, dieser Prozeß eines deutsch-jüdischen Zusammenlebens. Denkbar nur durch das Zusammenwirken zweier
Männer, bedeutender und mutiger Denker im Geist einer aufgeklärten Philosophie. Deutsch-jüdische Symbiose: das wurde
zum Gemeinschaftswerk des protestantischen Pastorensohns
Gotthold Ephraim Lessing aus Kamenz in Sachsen und des kleinen, körperlich unansehnlichen Juden *Moses Mendelssohn* aus
Dessau. Als der junge Lessing in seinem frühen Einakter »Die
Juden« im Jahr 1749 einen jüdischen Reisenden als »edlen Juden«, übrigens auch als einen Juden von Bildung und Besitz, in

den Mittelpunkt eines Theaterstücks stellte, redet man bereits in höflicher und zivilisierter Form miteinander, auch als der judenfeindliche Baron erfahren muß, sein nobler Lebensretter sei ein Jude. Gelöst aber wird kein Konflikt in Lessings Jugendwerk. Der Baron kennt nur einen Seufzer: »O, wie achtungswürdig wären die Juden, wenn sie alle Ihnen glichen!« Worauf der jüdische Reisende, dem Lessing übrigens keinen Namen gegeben hat, bloß entgegnen kann: »und wie liebenswürdig die Christen, wenn sie alle Ihre Eigenschaften besäßen.«

Lessing mußte sich alsbald verteidigen. Gegen den Vorwurf, es gebe keinen Juden gleich diesem Reisenden, antwortet er mit dem Hinweis auf einen Brief, der beweise, »daß es solche Juden wie den Reisenden gebe und geben könne«. Der Brief war echt. Moses Mendelssohn hatte ihn an den Arzt Aaron Samuel Gumpertz in Berlin gerichtet. Im übrigen weist Lessings Antwort bereits im Jahre 1754 alle Eigentümlichkeiten der bürgerlichen Aufklärung in Deutschland auf. Also Verzicht auf eine allgemeine Regelung einer Gleichstellung der Juden, die dann erst juristisch als Folge der Französischen Revolution und ihres Gleichheitsgebotes institutionalisiert werden konnte. Bündnis der deutschen und jüdischen wohlhabenden und intellektuellen Oberschicht. Lessing erörtert es in folgender Weise:

»Was aber wird mehr hierzu erfordert, als Reichtum? Doch ja, auch die richtige Anwendung dieses Reichtums wird erfordert. Man sehe nunmehr, ob nicht ich beides bei dem Charakter meines Juden angebracht habe. Er ist reich; er sagt das selbst von sich, daß ihm der Gott seiner Väter mehr gegeben habe, als er brauche; ich lasse ihn auf Reisen sein; ja, ich setze ihn sogar aus derjenigen Unwissenheit, in welcher man ihn vermuten könnte; er lieset, und ist auch nicht einmal auf der Reise ohne Bücher.«

Entsprach auf der Seite deutscher Aufklärer das Vertrauen in Wohlstand und Bildung den allgemeinen Prämissen des Rationalismus, der nicht daran zweifeln mochte, noch im Falle der jüdischen, so rätselhaften Sonderexistenz, mit den allgemeinen Antithesen von Vorurteil und vernünftiger Überzeugung auskommen zu können, so erweisen sich, beim Rückblick, die jüdischen Impulse der Emanzipation als *Ambivalenz der Hoffnung und der Furcht*. Der Zionist Jochanan Bloch hat die denkerischen Prämissen fast grausam hart, doch historisch nicht unzutreffend analysiert. Man sei von der These einer zu Versöhnung fähigen Vernunft ausgegangen, die schließlich zum Ziele führen müsse, »möge es auch immer zu Abweichungen kommen, die der sinnlich-chaotischen und unvernünftigen Schicht entstammen«. In der Tat kann man diese Argumentation nicht bloß in den »Juden«, sondern, weit umfassender, auch in »Nathan der Weise« verstehen: das vernünftige Gespräch von Sultan, reichem und weisem Juden und adligem Tempelritter, der beides in einem ist, Christ und Muselmann, Orientale und Deutscher, vermittelt Duldsamkeit und materielles Glück. Ausgeschlossen aus dem Bunde bleiben die Orthodoxie des Patriarchen und die Dienereinfalt der Daja.

Jochanan Bloch antwortet darauf in einer zionistischen Diktion, die schroff ist und wohl auch ungerecht. »Dieser Glaube mißachtet die Härte der Gegensätze. Er ist andererseits ja vernünftig, und das heißt ausgleichend und bescheiden. Daher ist er evolutionär, will die Revolution nicht, und es fehlt ihm jeder Instinkt für das Kommen der Katastrophe und ihre schicksalhafte Notwendigkeit. Doch in all seiner Bescheidenheit ist er hochmütig gegenüber der Dimension der Konkretheit, über die er nicht verfügt. Zu seiner Ehre sei gesagt, daß dies Hochmut aus Furcht ist.«

So also hat sie angefangen, die deutsch-jüdische Symbiose. Alle Widersprüche waren damit angelegt. Moses Mendelssohn verlangte von seinen Glaubensgenossen, daß sie sich assimilierten, auf das mosaische Gesetz verzichten lernten, sich deutsche Sprache und Kultur zu eigen machten. Sein eigenes Wirken vollzog sich noch sowohl in einer hebräischen wie einer vorzüglichen deutschen Schriftstellerei. Seine Söhne bereits, Joseph und Abraham Mendelssohn aber, wandten sich entschieden ab von den jüdischen Ursprüngen und Ritualen. Abrahams Kinder, unter ihnen der Knabe Felix Mendelssohn-Bartholdy, wurden nicht ins Judentum aufgenommen. Die Tochter Dorothea Mendelssohn vollzog noch eine jüdische Heirat mit dem Bankier Veit, verließ aber den Gatten, wurde Protestantin, später die Gefährtin des Romantikers Friedrich Schlegel und konvertierte mit ihm zum Katholizismus.

Es entstand ein Typ des assimilationsgierigen und deutschgläubigen Juden. Viele Juden nahmen später, und aus Dankbarkeit, den deutschen Namen des Gotthold Ephraim Lessing an. Der spätere Philosoph Theodor Lessing aus Hannover, der in diesem deutsch-jüdischen Antagonismus durch gedungene Mörder ums Leben kam, im August 1933, hat in seinen Erinnerungen berichtet, daß der Name seiner Familie als Dank an den Dichter des »Nathan« zu verstehen war.

Begonnen hatte alles um die Mitte des 18. Jahrhunderts in Deutschland: im Zeichen der Aufklärung, des Nachdenkens über Menschenrechte und Menschenwürde. *Beendet* wurde dieser schwierige, doch ungeheuer produktive Prozeß an einem genau feststellbaren Datum: *am 30. Januar 1933*. Nun war diese Hoffnung gescheitert. Die Familie Mendelssohn galt längst nicht mehr als jüdisch im Sinne der infamen Nürnberger Rassengesetze, aber sie hatte nichts mehr mit Deutschland gemein. Das Bankhaus Mendelssohn & Co. wurde im Jahre 1939 durch die Deutsche Bank übernommen.

Die nunmehr beginnende Krise der deutsch-jüdischen Symbiose war eine Folge des Zusammenwirkens eines preußisch-junkerlichen und akademischen Antisemitismus mit dem brutalen kleinbürgerlichen Judenhaß, der sich von Österreich aus entfaltete. Es ging zu Ende: das war den Juden im Deutschen Kaiserreich und im Kaiserreich Österreich-Ungarn klargeworden. Je mehr von deutscher Seite das einstige Aufklärungsabkommen verletzt wurde, um so entschiedener stellten sich jüdische Kreise die Frage, ob *auch sie* das Abkommen kündigen sollten. So entstand jene Alternative der Zionisten, die sich auf ihr Jude-Sein zu besinnen gedachten und einen eigenen Staat, den durch Theodor Herzl aus Wien proklamierten »Judenstaat«, begründen wollten, und jenen treu gebliebenen Schülern Lessings und Moses Mendelssohns, die nicht ahnen konnten, wie verloren der Posten war, auf welchem sie standen. Sie fanden sich zusammen in einem »Centralverein deutscher Staatsbürger jüdischen Glaubens«. Kurt Tucholsky, der zuweilen am jüdischen Selbsthaß zu leiden pflegte, formulierte spöttisch, es sei ein Centralverein deutscher Staatsjuden bürgerlichen Glaubens.

Es gibt ein erstaunliches, nahezu unbekanntes Dokument aus den frühen Zwanziger Jahren, das diese beginnende innerjüdische Auseinandersetzung widerspiegelt: in einem *vertraulichen Gespräch*. Der Zionist Kurt Blumenfeld hat es übermittelt, frei-

lich viele Jahrzehnte später. In seinem Buch »Erlebte Judenfrage.
Ein Vierteljahrhundert deutscher Zionismus«, das 1962 in Stuttgart erschien, referiert er ein Gespräch zwischen *Albert Einstein
und Walther Rathenau,* dessen Zeuge er war. Es besteht kein
Anlaß, trotz der Zeitdifferenz, der grundsätzlichen Rekonstruk-
tion jenes Gesprächs zu mißtrauen. Vermutlich schrieb Blumenfeld seine Eindrücke damals rasch nieder. Es bestand auch Anlaß
dazu. Das Gespräch fand Anfang April 1922 in Berlin statt. Am
24. Juni 1922 wurde Walther Rathenau, wie bekannt, im Grune-
wald ermordet. Blumenfeld berichtet:

»Ich hatte Rathenau nur gelegentlich gesehen. Wir kannten uns
flüchtig. Es kam aber bis 1922 nie zu einer Unterhaltung, die
mitzuteilen wert ist. Mein stärkstes persönliches Erlebnis mit
ihm war ein Gespräch Anfang April 1922, wenige Wochen vor
seiner Ermordung. Ich hatte Einstein gebeten, mit mir zu Rathenau zu gehen, um ihn zu beeinflussen, sein Amt als Außenminister aufzugeben. Einstein teilte meine Anschauung.

Unsere Unterhaltung dauerte von acht Uhr abends bis ein Uhr
nachts. Wir waren zu dreien. Fünf Stunden lang wurden Palästina und das Judenproblem und im Zusammenhang damit die
Frage erörtert: hat Rathenau das Recht, die deutsche Politik als
Außenminister zu vertreten oder nicht?

Die Anwesenheit Einsteins war entscheidend. Er bezeichnete
sich selbst an diesem Abend als Ferment. Er hielt die Unterhaltung in Fluß. Er wurde, wie auch Rathenau fühlte, zu einer Art
Schiedsrichter, als sie sich ihrem Ende zuneigte ...

Rathenau war ein Meister des Gesprächs, ein vollendeter Dialek-
tiker, der den Zionismus für eine ›angesalbte‹ Sache erklärt hatte.
»Die Zionisten sprechen gern von Selbsthilfe und Auto-Emanzi-
pation, aber das zionistische Palästina wird immer auf das Wohl-
wollen der nicht-zionistischen Juden angewiesen sein. Eine Sache, die nicht ›self-supporting‹ werden kann, ist auch als Idee
nicht interessant. Die Idealisten in Palästina, auch wenn sie bereit sind, für ihre Sache zu sterben, bleiben für die anderen Juden
doch nur eine durch Wohltätigkeit erhaltene Gruppe.«

An dieser Stelle des Gesprächs stellt Blumenfeld fest, daß Rathenau offensichtlich im Begriff steht, das unangenehme zionistische Thema von sich wegzuschieben. Etwas von oben herab lobt
er die zionistischen Siedlungen, stellt aber als Wirtschaftsfach-

mann fest: auch ein Judenstaat werde sich mit den Gegebenheiten der modernen Stadt- und Großstadtkultur auseinanderset-
zen müssen.

»Das war dem geraden Sinne Einsteins jedoch zu viel. Er fragte
Rathenau, was er eigentlich damit bezwecke, wenn er dauernd
das Thema ändere. ›Ich bin in dieser Unterhaltung nur ein advo-
catus diaboli‹, erwiderte Rathenau, ›mich interessiert es, die zionistische Sache unter verschiedenen Aspekten zu sehen.‹

Jetzt aber griff ich ein: ›Wir glaubten, daß diese Sache Sie angeht,
und wir sind zu Ihnen gekommen, um Sie auf die Schwierigkeiten Ihrer eigenen Person hinzuweisen. Nach meiner Meinung
haben sie kein Recht, als Minister des Äußeren die Angelegen-
heiten des deutschen Volkes zu leiten.‹

›Warum nicht?‹ verteidigte sich Rathenau, ›nachdem Sie meine
Argumente über die Palästinawirtschaft nicht widerlegt haben,
kommen Sie wieder mit Psychologie. Ich bin der geeignete Mann
für mein Amt. Ich erfülle meine Pflicht gegenüber dem deutschen Volk, indem ich ihm meine Fähigkeiten und meine Kraft
zur Verfügung stelle. Im übrigen: was wollen Sie, warum soll ich
nicht wiederholen, was Disraeli getan hat?‹

›Im Erfolg ist manches möglich‹, erwiderte ich. ›Disraeli brachte
England den Suezkanal und machte seine Königin zur Kaiserin
von Indien. In schwerer Zeit zeigt sich deutlicher, wer dazugehört und wer als fremd empfunden wird. Ich glaube übrigens,
daß ein Jude unter keinen Umständen das Recht hat, die Angele-
genheiten eines anderen Volkes zu repräsentieren. Sie sehen nur
sich und ahnen nicht, daß jeder Jude, nicht nur in Deutschland,
sondern in der ganzen Welt, für Ihr Tun verantwortlich gemacht
wird. Sie lehnen es ab, sich mit dem jüdischen Volk zu identifi-
zieren, aber es gibt eine objektive Judenfrage, der Sie durch kein
Argument entgehen können. Sie erfüllen nur eine Funktion und
sind in Wahrheit nicht eins mit dem deutschen Volke, das Sie zu
repräsentieren versuchen.‹

›Damit müssen Menschen wie ich durch ihre Leistung fertig werden. Ich durchbreche die Barrieren, mit denen die Antisemiten
uns isolieren wollen.‹ Und dann fügte er plötzlich mit einer Art
Augurenlächeln hinzu: ›Natürlich säße ich lieber in der Dow-
ningstreet als in der Wilhelmstraße.‹

In dem Augenblick sagte Einstein mit seiner unbefangenen Klarheit: ›Jetzt sind Sie aber reingefallen. Das gerade hat doch Blumenfeld versucht auseinanderzusetzen.‹

Der Allzukluge hatte einmal nicht aufgepaßt. In diesem einen einzigen unbewachten Augenblick gab Rathenau zu, daß er wirklich nur eine Funktion erfülle, daß er zu der deutschen Welt, die er damals politisch vertrat, zwar mit tausend Fäden und mit besten Gründen, aber doch nur sehr bedingt und nicht unbedingt gehörte.

Rathenau war sehr nachdenklich geworden, denn er wußte nun, daß er mattgesetzt worden war. Wir drei aber spürten, daß dieses Mattgesetztsein nicht das Resultat dialektischer Unterlegenheit war, sondern aus tieferen Schichten seines Wesens stammte.«

Die Frage, ob man Trauer empfinden müsse über das Scheitern einer deutsch-jüdischen Lebensgemeinschaft, die noch mit Entschiedenheit in den Alternativen zwischen dem deutschen Juden Walther Rathenau und dem Zionisten Albert Einstein behandelt worden war, war einige Jahre nach jenem Berliner Gespräch und der Ermordung Rathenaus schon gegenstandslos geworden.

Im Briefwechsel zwischen *Sigmund Freud* und *Arnold Zweig* lebt man bereits auf beiden Seiten der Briefpartner im Zeichen einer inneren Aufkündigung der Symbiose. Der Briefwechsel zwischen Freud und Zweig ist auf weite Stellen hin ein erregendes Werkstatt-Gespräch zwischen einem Schriftsteller, den die Sozialpsychologie fasziniert, und einem Forscher, der – wie diese Briefe abermals bestätigen – große deutsche Prosa schreibt.

Aber da ist mehr. Freud wirkt vereinsamt, bei allem Weltruhm. Als Arnold Zweig im Herbst 1933 im Begriff steht, nach Paris zu emigrieren, und Freud um nützliche Adressen bittet, erhält er die nüchterne und harte Antwort: »Ich habe keine Freunde in Paris, nur Schüler.«

Inzwischen hat sich, seit dem 30. Januar 1933, auch bei Arnold Zweig eine Wendung vollzogen. Der Autor des Buches »Caliban« kennt sich aus mit den Gruppenleidenschaften und hat rasch begriffen, daß seines Bleibens in Deutschland nicht mehr sein kann, in einem nunmehr so schrecklich erwachten Deutschland. Es ist eingetreten, was Sigmund Freud ihm schon am 18. August 1932 vorausgesagt hatte: »Wenn Sie mir von Ihren Grübeleien erzählen, kann ich Sie von dem Wahn befreien, daß man ein Deutscher sein muß.«

Auch in dem Briefwechsel zwischen *Gerhard Scholem*, der sich als Zionist nach seiner Übersiedlung von Berlin nach Jerusalem den hebräischen Vornamen Gershom zulegte, und seinem Jugendfreund *Walter Benjamin* wiederholt sich die Konstellation des Briefwechsels zwischen Sigmund Freud und Arnold Zweig. Der Briefwechsel zwischen Scholem und Benjamin, dessen geschichtlichen und biographischen Hintergrund der überlebende Freund Scholem in seinem Buch über »Walter Benjamin – Die Geschichte einer Freundschaft« sorgfältig erforscht und nacherzählt hat, ist zunächst auch ein Briefwechsel zwischen Deutschen: genauer sogar zwischen zwei Berlinern. Er beginnt früh schon, vor einem Ersten Weltkrieg. Auch hier aber wiederholt sich jene Konstellation Freud – Zweig, die das Ende der deutsch-jüdischen Symbiose behandelt hatte. Scholem lebt in Palästina, das für ihn zur neuen, vermutlich zur »wahren« Heimat geworden war. In Jerusalem liegt er begraben. Walter Benjamin starb als Emigrant. Er hatte Hand an sich gelegt, um die berühmte Formel von Jean Améry zu wiederholen. Benjamin liegt begraben an der französisch-spanischen Grenze, die zu überschreiten im August 1940, nach der französischen Niederlage, ihm nicht gestattet wurde.

Benjamin hatte zu Kriegsbeginn als deutscher Emigrant ins Internierungslager gemußt. Am 25. November 1939 war er entlassen worden. Er war abgemagert, schien sich aber wohl zu fühlen. Der Hitler-Stalin-Pakt hatte ihn tief verstört. Anschließend schreibt er in einem Brief an Scholem vom 11. Januar 1940 über die politischen Ereignisse: »Veranstaltungen des Zeitgeistes, der die Wüstenlandschaft dieser Tage mit Markierungen versehen hat, die für alte Beduinen wie wir unverkennbar sind.«

In Benjamins Thesen zur Geschichtsphilosophie kommt er, mit Notwendigkeit, wieder auf die Anfänge seiner Beziehung zu Gerhard Scholem zurück und auf ein Bild von Paul Klee, den Angelus Novus, dem Scholem ein Gedicht gewidmet hatte. Walter Benjamins IX. These zur Geschichtsphilosophie erhielt ein Motto: vier Zeilen aus jenem Gedicht von Gerhard Scholem. Die IX. These lautet:

>»Mein Flügel ist zum Schwung bereit
Ich kehrte gern zurück
denn blieb' ich auch lebendige Zeit
ich hätte wenig Glück.

Gerhard Scholem, Gruß vom Angelus.

Es gibt ein Bild, das Angelus Novus heißt. Ein Engel ist darauf dargestellt, der aussieht, als wäre er im Begriff, sich von etwas zu entfernen, worauf er starrt. Seine Augen sind aufgerissen, sein Mund steht offen und seine Flügel sind ausgespannt. Der Engel der Geschichte muß so aussehen. Er hat das Antlitz der Vergangenheit zugewendet. Wo eine Kette von Begebenheiten vor *uns* erscheint, da sieht er eine einzige Katastrophe, die unablässig Trümmer auf Trümmer häuft und sie ihm vor die Füße schleudert. Er möchte wohl verweilen, die Toten wecken und das Zerschlagene zusammenfügen. Aber ein Sturm weht vom Paradiese her, der sich in seinen Flügeln verfangen hat und so stark ist, daß der Engel sie nicht mehr schließen kann. Dieser Sturm treibt ihn unaufhaltsam in die Zukunft, der er den Rücken kehrt, während der Trümmerhaufen vor ihm zum Himmel wächst. Das, was wir den Fortschritt nennen, ist dieser Sturm.«

Selbst wenn man, mit Walter Benjamin, den Fortschritt bloß noch als Sturm und élan vital verstehen will: ohne inhaltliche Festlegung und ohne ein Festhalten an einstigen Werten des Zusammenlebens, der Gesittung, der Verantwortungsethik, so wird man nicht leugnen dürfen, daß dieser Geschichtssturm alles einstmals Errungene menschlicher Humanisierung nach wie vor mit sich treibt. Geschichte mag in der Tat verstanden werden, mit Hegel, als »Furie des Verschwindens«, allein sie war, wie unsere Erfahrung bestätigt, niemals eine Furie des Wegwerfens. Alles wurde »aufgehoben« und ist dadurch in jedem geschichtlichen Moment auch wieder verfügbar: wenn man es sucht, braucht, wiederfinden möchte.
Das gilt auch für die Deutschen und die Juden. Es war ein deutscher Jude, grandioses Erzeugnis jener so kühn erdachten Symbiose, *Heinrich Heine*, der unablässig hinwies auf die erstaunlichen Parallelismen im Urteil der Welt über die Deutschen wie die Juden. Vielleicht hat gerade dies bewirkt, daß der Mann aus der

Düsseldorfer Altstadt ein Weltereignis werden konnte, doch bis heute ein deutscher Skandal geblieben ist.

Der geistige Glanz jener Symbiose ist erloschen. Kafka, Freud, Einstein, Elias Canetti, Paul Celan, Walter Benjamin, Jean Améry, Hannah Arendt, Anna Seghers, Günther Anders: das ist zu Ende im Bereich deutscher Sprache und Kultur. Übrigens auch im Bereich der Deutschen Demokratischen Republik. Dort hatte man die jüdischen Emigranten zurückgeholt: falls sie ihr Judentum als einen Zufall der Geburt ansahen, der wenig bedeute. Auch Arnold Zweig hat dort sein Leben beendet: hoch geehrt. Es gab und gibt dort jüdische Mitglieder im Parteiapparat und im Ministerrat, dort haben Hanns Eisler und Paul Dessau und Anna Seghers arbeiten und wirken können. Allein auch das geht zu Ende. Das deutsch-jüdische Selbstempfinden erzeugt immer neue Spannungen. Was jedoch kaum mehr möglich ist, abgelebte Gestalt, vermutlich ohne Wiederkehr, ist das Vertrauen Moses Mendelssohns und des Oberregierungsrats Friedrich Wilhelm Cohen in die – mögliche – Harmonie zwischen Deutschen und Juden.

Abgetan sein sollte auch, nach Auschwitz, der einstmals so quälende jüdische Selbsthaß eines Karl Kraus, Otto Weininger, Kurt Tucholsky, wohl auch eines Walther Rathenau und Ernst Bloch. Man ist, der man ist. Benachbart war übrigens der jüdische Selbsthaß von jeher dem Selbsthaß so vieler Deutscher. »Wie bin ich krank an meinem Vaterlande ...«, heißt es bei August von Platen.

Allein auch die einstmals so reine Idee eines Zionismus im Sinne Martin Bubers und Gerhard Scholems und der vielen Arbeiter in den Kibbuzim erscheint in schrecklich verzerrter Gestalt. Der Angelus Novus der Geschichte scheint uns alle zu zwingen, weiterzuleben und weiterzumachen: ohne Utopie und ohne glanzvolle Alternative. Doch nicht ohne Hoffnung.

Vor vierzig Jahren, im Oktober 1945, kehrte ich aus dem Exil zurück in die deutsche Fremde. Das habe ich niemals bereut. Ich empfand mich stets, auch wenn es im Leben die wunderlichsten Umwege gegeben hat, als einen Mann des Wortes und der Literatur. Des deutschen Wortes. Dem kann man dort nur dienen, wo es gesprochen wird. Wer das, als Schriftsteller, nicht wahrhaben will, büßt es an seinem Werk. Es gibt warnende Exempel.

Als ich im Jahre 1968 zuerst nach Israel kam, vorgestellt als Redner durch den Botschafter der Bundesrepublik Deutschland, gab es heftige Angriffe auf der Pressekonferenz. »Wie konnten Sie als Jude ...« Inzwischen war ich Gastprofessor an der Hebräischen Universität zu Jerusalem. Mehr noch: am 23. Oktober 1983 hielt ich in Jerusalem den Eröffnungsvortrag zu einer israelisch-deutschen Gelehrtentagung über die Geschichte der deutsch-jüdischen Literaturbeziehungen. Die Texte dieses im guten Sinne aufregenden Symposions werden noch dieses Jahr erscheinen.

»Alles Getrennte findet sich wieder ...« Wird man es so sagen können? In Jerusalem spielt die Parabel vom weisen Nathan, wo demonstriert wird, wie Feinde durch das vernünftige Gespräch zu Freunden werden können. Allein wie schrecklich verzerrt bieten sie sich heute dar, die Welten Nathans, des Sultans Saladin und des Tempelherrn.

Der höchste Feiertag der Juden in aller Welt ist der Jom Kippur, der *Versöhnungstag*. Ein Tag des Gebetes, Fastens und der Gewissensforschung. Eine Vokabel wie »Jom-Kippur-Krieg« läßt ahnen, wie unwiderruflich die Utopie Gotthold Ephraim Lessings bis ins Sprechen hinein vernichtet werden konnte. Ein betendes Volk wird zum strategisch benachteiligten Angriffsobjekt. Damals waren es Saladins Mannen, die sich aufmachten gegen Nathan und die Seinen. Allein wir ahnen, daß in den Zeiten, die wir durchleben, auch ganz andere Konstellationen denkbar sind.

Versöhnung ... Es ist gut, daß Richard von Weizsäcker in der Stadt des weisen Nathan sorgsam diese Vokabel vermied. Mehr noch: er ließ wissen, daß er sie vermieden habe. Das war gut getan. Versöhnungsfeste, man hat es erlebt, wurden zu Festen der Medien. In der Politik steht die Vokabel im Ruch der Heuchelei. In der Rechtswissenschaft, etwa im Eherecht, hat sie mit Fakten zu tun, nicht mit Gesinnungen.

Sollte sich auf deutschem Boden wieder der Bazillus des Judenhasses ausbreiten, und das ist immer noch möglich, so ist das wichtig *allein als Thema deutscher Politik*. Mit den Deutschen und den Juden hat es nichts mehr zu tun.

Jean-Paul Sartre veröffentlichte im Jahre 1946 seine »Betrachtungen zur Judenfrage«: zu einer Zeit also, da alle Welt von Auschwitz sprach. Der Philosoph aber sah über den Tag hinaus und schrieb: »Man muß jedem klarmachen, daß das Schicksal der Juden auch sein Schicksal ist ... Kein Franzose wird sicher sein, solange ein Jude in Frankreich und in der ganzen Welt für sein Leben fürchten muß.« Anders gesagt: Jeder kann der Jude für einen anderen werden. Man hat es erlebt und erlebt es jeden Tag.

Was verlorenging, als die jüdisch-deutsche Symbiose aufgekündigt wurde: verlorenging für die Deutschen wie für die Juden, das ist heute noch gar nicht auszumachen. Jene Friedrich Wilhelm Cohens, die sich retten und überleben konnten, sterben langsam aus: auch im Judenstaat. Ihre Kinder wissen nichts mehr von jener deutschen Diaspora. Vielleicht auch leben sie in Brooklyn oder Chicago. Vielleicht erhielt einer von ihnen jüngst den Nobelpreis. Ihre Namen jedoch weisen immer noch zurück nach Franken oder in die Rheinpfalz. Immer wieder auch nach *Günzburg*. Als ich Gerhard Scholem fragte, woher das komme, gab er mir die Erklärung. Günzburg war berühmt als Hochschule der jüdischen Gelehrsamkeit. Als die jüdischen Namen durch deutsche ersetzt werden mußten, nahmen viele Juden die Namen jener Städte als Eigennamen an, wo große Rabbiner gewirkt hatten. Daher Namen wie Ernst Ginsberg und Allen Ginsberg oder Natalia Ginsberg, wie viele noch. Heut denkt man an das Andere und den Anderen.

Lassen Sie mich in wenigen Sätzen noch einmal zurückschauen auf meine Herkunft und Jugend. Ein eigenes Land besitze ich nicht mehr. Ich bin Staatsbürger, Professor im Ruhestand, deutscher Schriftsteller. Doch glaube ich immer noch meine *eigene Landschaft* zu besitzen. Die liegt am Rhein: jede Fahrt zwischen Mainz und dem Niederrhein macht es mich spüren. Auch die Vaterstadt ließ sich nicht widerrufen: das hat sich gezeigt. Darüber kann und will ich immer noch reden. Reden über die eigene Landschaft und über die eigene Sprache. Das ist nicht Vorschein von Heimat, wie Ernst Bloch gehofft hatte, eher ein spätes Licht. Aber ein Licht: nach so viel Dunklem.

Anhang

Nachwort

Der 80. Geburtstag Hans Mayers ist Anlaß, Rückschau zu halten auf sein umfangreiches Werk. Einen Einblick in die Vielfalt des Werkes will dieses Lesebuch geben: Einführung in die Lektüre für denjenigen, der das Werk noch nicht hinlänglich kennt, und Fortführung der Lektüre für denjenigen, der es bereits kennt, denn der Band bietet Neues genug. Die bisher unveröffentlichten Vorträge über Karl Kraus und Beethovens »Fidelio«, das imaginäre Gespräch zwischen Felix Krull und Major von Tellheim stehen neben zwei Kapiteln aus den zweibändigen Erinnerungen »Ein Deutscher auf Widerruf«.

Bekanntes und Unbekanntes wird hier vorgestellt in der Hoffnung, daß aus dieser Sammlung ein Lesebuch entstanden ist, das in der Art alter Lesebücher nicht nur relativ kurze und einprägsame Stücke enthält, sondern auch exemplarische; Lesestücke also, die beispielhaft sind für das Gesamtwerk des Autors. Der Umfang dieses Werkes – die Bibliographie dokumentiert ihn – und die Vielfalt sind einzigartig in der deutschsprachigen Literatur der Nachkriegszeit.

Als promovierter Jurist begann Hans Mayer, Schüler von Hans Kelsen, mit juristischen Arbeiten. Die Klarheit der Argumentation, das Abwägen von Für und Wider bis zur Urteilsfindung zeichnen seine Texte seitdem aus. In der Genfer Emigration schrieb Hans Mayer dann seine große Untersuchung über »Georg Büchner und seine Zeit«, einen der wichtigsten Beiträge zur Büchnerforschung bis zum heutigen Tag. Duch diese Untersuchung etablierte er sich als Literarhistoriker, freilich als einer, der immer anders war als die andern, nicht nur wegen seiner klaren Diktion, die dem Leser »Jahrhundertdurchblicke« (Uwe Johnson) gewährt, nicht nur wegen seiner Belesenheit, die ihn die deutsche Literatur im europäischen Kontext sehen läßt, sondern auch wegen seiner öffentlichen Wirksamkeit, die immer über die Grenzen des Faches hinausging.

Hans Mayer ist nicht nur Jurist und Literarhistoriker, er ist auch Publizist und Redner. Als er nach dem Krieg in das zerstörte Deutschland zurückkehrte, zeigte sich seine Begabung des öffentlichen Vortrags sogleich in den Rundfunk-Kommentaren, die er als Chefredakteur von Radio Frankfurt gab. Seine öffentliche Wirksamkeit wurde zwar nach der Übernahme der Leipziger Professur zunächst auf die Ostzone, die spätere DDR, beschränkt, weitete sich aber bald auf die Bundesrepublik aus, ein nicht nur damals einmaliger Vorgang, bis sie sich schließlich ganz auf diese und das westliche Ausland richtete, als sie ihm in der DDR unmöglich wurde. Die beiden Bände seiner Reden – »Nach Jahr und Tag« und »Aufklärung heute« – bezeugen eine publizistische Tätigkeit, die in den letzten Jahren in der Bundesrepublik noch gewachsen ist, wie am zweiten Band dieser Reden abzulesen ist: Hans Mayer ist eine öffentliche Instanz.

Ein Grund für diese Wirkung des Hochschullehrers, Kritikers und Essayisten liegt sicher in seiner Themenwahl und in der Art, wie er diese Themen behandelt. Literatur und Kunst sieht er nie isoliert, sondern immer eingebunden in den gesellschaftlich-geschichtlichen Prozeß, in dem auch wir als Leser und Zuhörer stehen, so daß wir beim Lesen und Zuhören den Eindruck gewinnen: tua res agitur. Den geschichtlichen Prozeß reduziert Hans Mayer nie auf einen Mechanismus, wie dies etwa Georg Lukács oft tat – von kleineren Geistern in der Hegel- und Marx-Nachfolge zu schweigen –; man vergleiche etwa Hans Mayers Essay »Heinrich von Kleist und der geschichtliche Augenblick«, dessen differenzierende Darstellung des komplexen Lebenszusammenhangs Heinrich von Kleists mit Georg Lukács' Abrechnung mit dem »preußischen Junker«. Hans Mayer sieht immer den Menschen im Mittelpunkt des historischen Prozesses, und er sieht ihn nie ohne Anteilnahme; die »Konstellationen« und die »Porträts« dieses Lesebuches geben Beispiele für diese Betrachtungsweise. Sie macht den geschichtlichen Prozeß lebendig; so bewegt er uns nach wie vor.

Vom Juristen, vom Literarhistoriker, vom Publizisten ist gesprochen worden, vom Redner, dessen Kunst des improvisierten Vortrags die Teilnehmer der Tagungen der Gruppe 47 zu schätzen wußten; vom Musikwissenschaftler muß noch die Rede sein, nicht allein vom Musikkritiker. Hans Mayer hat zahlreiche Rezensionen literarischer Werke geschrieben, er hat zahlreiche Besprechungen von Musik-, Opern- und Theateraufführungen geschrieben, bisweilen für die öffentliche Urteilsbildung entscheidende Besprechungen; zwei solche Rezensionen stehen in diesem Buch: die des seinerzeit umstrittenen, nunmehr zum »Jahrhundert-Ring« erhobenen Bayreuther »Rings« von Boulez und Chéreau und die der beiden, miteinander konkurrierenden Berliner Aufführungen des »Prinzen von Homburg«. Als Musikwissenschaftler – oder besser Musikhistoriker? – zeigt sich Hans Mayer jedoch in seinen großen Essays über Beethoven, Wagner, Mahler, Schönberg; im Lesebuch stehen hervorragende Beispiele, in denen ihm ebensolche »Jahrhundertdurchblicke« gelingen wie in seinen literarhistorischen Untersuchungen.

In all diesen Arbeiten, in den Rezensionen so gut wie in den Essays, in den »Konstellationen« so gut wie in den »Porträts« findet sich immer wieder das große »Leitmotiv«, das Hans Mayer bewegt, auch da und nicht zuletzt da, wo er vom Scheitern sprechen muß: das Erbe der europäischen Aufklärung. Aus seiner »selbstverschuldeten Unmündigkeit« soll das Individuum sich befreien, zu Selbstbestimmung finden in einer freien Gesellschaft. Die Ideale der französischen Revolution, Humanität und Toleranz, stehen für dieses Erbe, das nicht nur von denen, die die Revolution behinderten, sondern auch von denen, die sie zu einer »terreur« machten, verraten wurde. Das Scheitern der Aufklärung konstatiert er immer wieder an den Ereignissen unserer Literatur und Geschichte. Unser dunkles Jahrhundert mit seinen faschistischen und stalinistischen Schrecken hat wenig Anlaß zu Hoffnung gegeben.

Hier wird Hans Mayers Leben uns zum Exempel: in seinen Erinnerungen »Ein Deutscher auf Widerruf« hat er es beschrieben. Das ist nicht die geringste der Leistungen des Autors; hier ist er vollends zum Schriftsteller geworden. Er berichtet über seine Lebenserfahrungen, über seine Hoffnungen und Enttäuschungen. Im letzten Teil des Lesebuchs »In eigener Sache« werden dazu neue Texte abgedruckt, sie werden eingeführt vom ersten Kapitel der Erinnerungen. Hans Mayer spricht nicht nur von privater Entwicklung, auch da unterscheidet er sich von anderen, die nicht über sich hinauskommen oder sich in Anekdoten erschöpfen; er sieht auch sich selbst in den historischen Prozeß gestellt. Spricht er von sich, spricht er auch von uns, nämlich von unserer Geschichte.

Das ist ja das Erstaunliche, das ist für uns Jüngere, die wir von ihm gelernt haben, das Wichtige: er zeigt uns die Brüche, die Diskontinuität unserer Geschichte, eben das Scheitern der Aufklärung. Aber gerade dadurch, daß er dies bewußt macht, ermöglicht er uns eine Kontinuität: er hält die Ideale fest, auch da, wo sie von einer schlechten Praxis verraten wurden. So bietet er uns Konstellationen, an die wir heute anknüpfen können. Er baut eine Brücke über die Zeit von 1933 bis 1945, so daß wir an die fortschrittliche literarische und soziale Bewegung der Weimarer Republik hinüberreichen, und er baut eine Brücke über die Mauer zwischen Ost und West hinweg, da er beide deutsche Staaten kennt und wiewohl skeptisch, so doch nicht einseitig beurteilt. Hans Mayer formuliert auf diese Weise eine Tradition, in die wir uns stellen können, ohne unsere Skepsis aufgeben zu müssen.

Eine gewisse Melancholie, das kann nicht verschwiegen werden, liegt dennoch über diesem Lebenswerk. Dem Leser des zweiten Bandes der Erinnerungen drängt sie sich auf, wenn sie auch nie ausdrücklich mitgeteilt wird. Die Melancholie mag unterschiedliche Gründe haben, ihr wichtigster Grund ist jenes »Unwiederbringlich«, das über der deutsch-jüdischen Geistesgeschichte seit Auschwitz steht. Diese fruchtbare Epoche unserer Geschichte, von Moses Mendelssohn bis zu Ernst Bloch, Paul Celan und Hans Mayer ist unwiederbringlich dahin. Doch sie enthält schon in ihrer frühesten Konstellation, der von Moses Mendelssohn und Gotthold Ephraim Lessing – Lessing hat es in seinem »Nathan der Weise« dargestellt – die einzige Hoffnung, die wir für die Zukunft haben: die auf eine Humanität, die jeden Menschen als Menschen gelten läßt, gleichgültig welcher Nation, Rasse oder Religion er auch ist.

Wolfgang Hofer   Hans Dieter Zimmermann

Quellennachweise

Werthers »Leiden« und *Prinz Leonce und Doktor Faust.* – in: Das unglückliche Bewußtsein. Zur deutschen Literaturgeschichte von Lessing bis Heine. Suhrkamp, Frankfurt am Main 1986.

Nachdenken über den Großen Nörgler. Zum 50. Todestag von Karl Kraus. – Sendung des Süddeutschen Rundfunks zum 12. Juni 1986.

Bertolt Brecht und seine Vaterstadt. Erstdruck im »Merian«, Heft Augsburg, April 1985, 38. Jg., S. 47-50.

Ernst Bloch oder die Selbstbegegnung. – Vortrag, gehalten in München am 17. Juni 1985. Erstdruck in den Protokollen einer Hohenheimer Bloch-Tagung der Akademie der Diözese Rottenburg-Stuttgart 1985. (Gekürzt abgedruckt in: Süddeutsche Zeitung, 29./30. 6. 1985, S. 145 f.)

Nachdenken über Adorno. – Vortrag, gehalten anstelle eines für diesen Tag geplanten Vortrags von Adorno in Hildesheim am 12. 1. 1970. (Leicht gekürzt in: Frankfurter Hefte, April 1970) – und: *Erinnerung an Paul Celan.* (Zuerst in: Merkur, Dezember 1970). In: Der Repräsentant und der Märtyrer. Konstellationen der Literatur. Suhrkamp, Frankfurt 1971 (edition suhrkamp 463), S. 145-168 und S. 168-188.

Selbstbefreiung in der normalisierten Welt. Peter Brückner: Leben und Denken. – In: Die Zeit, 20. 1. 1984, S. 61.

Augenblicke mit Ernst Busch. – In: Frankfurter Allgemeine Zeitung, 19. 1. 1980.

Des Zauberers Tochter und Gehilfin. Erinnerungen an Erika Mann. – In: Frankfurter Allgemeine Zeitung, 8. 11. 1975.

Günther Anders. Skizze zu einem Porträt. – In: Die Zeit, 17. 7. 1981, S. 39.

Ein Gegendenker: Elias Canetti. – In: Lui, Januar 1981, S. 74-77.

Moskau 1956. – In: Ein Deutscher auf Widerruf. Erinnerungen. Band II. Suhrkamp, Frankfurt 1984, S. 157 ff.

Die Kultur nach der Kulturrevolution. Nachdenken über eine Reise in China 1980. – Gekürzt in: Die Zeit, 2. 1. 1981, S. 29 f.

Senegalesisches Tagebuch 1974. – Erstdruck in: Süddeutsche Zeitung, 1./2. 2. 1975, S. 85 f.

Hochstapler Felix Krull und Major von Tellheim sprechen über die Redlichkeit. – Sender Freies Berlin, 3. Fernsehprogramm, 10. 12. 1970.

Begegnung auf dem Parnaß: Albert Camus und Hermann Hesse. – In: Wege der deutschen Camus-Rezeption. Hg. v. Heinz Robert Schlette. Wissenschaftliche Buchgesellschaft, Darmstadt 1975, S. 201-209.

Augenblicke im amerikanischen Theater. – In: Süddeutsche Zeitung, 30. 6./ 1. 7. 1973, S. 125.

Brecht, Beckett und ein Hund. – In: Vereinzelt Niederschläge. Kritik und Polemik. Neske, Pfullingen 1973, S. 253-261 (Erstdruck in: Theater heute 6/1972).

Die Geburt der Tragödie aus dem Geiste des Grand Magic Circus. »Der Ring des Nibelungen« in Patrice Chéreaus Bayreuther Inszenierung. – Erstdruck in: Theater heute 9/1976, S. 6 ff.

Der »Prinz von Homburg« als Denkspiel und als Traumspiel. – In: Vereinzelt Niederschläge. Kritik und Polemik. Neske, Pfullingen 1973, S. 262-266 (Zuerst in: Theater heute 12/1972, S. 8 ff.).

Kann Musik lügen? Ein Radio-Essay. – In: Manuskripte. Zeitschrift für Literatur. Heft 86, Dezember 1984, S. 30-32.

Der geschichtliche Augenblick des »Fidelio«. – Vortrag, gehalten im Stadttheater Aachen am 8. September 1985.

Neunte Symphonie und Song of Joy. – In: Ein Denkmal für Johannes Brahms. Suhrkamp, Frankfurt 1983 (Bibliothek Suhrkamp 812), S. 28-41.

Alberich und die Rheintöchter. Gedanken Richard Wagners in seiner letzten Nacht. – In: Bayreuther Festspiele 1983, Programmheft »Rheingold«.

Jugenderinnerungen. – In: Ein Deutscher auf Widerruf. Erinnerungen Band I. Suhrkamp, Frankfurt 1982, S. 9 ff.

Einige meiner Lehrer. – In: Die Zeit, 18. 3. 1977, S. 34.

Die zweifache Heimkehr. – ungedruckt.

Meine Gedichte. – Rundfunkvortrag. Norddeutscher Rundfunk, 6. 1. 1983.

Reden über das eigene Land: Deutschland. – Rede, gehalten in den Münchner Kammerspielen am 17. November 1985. In: Hans Mayer, Joseph Beuys u. a.: Reden über das eigene Land: Deutschland, Bd. 3. Bertelsmann München 1985.

Bibliographie

Das folgende Werkverzeichnis stützt sich auf die von Leo Kreutzer für den Band »Hans Mayer zum 60. Geburtstag«, Reinbek 1967, zusammengestellte und von Inge Jens für den Band »Über Hans Mayer«, edition suhrkamp 887, Frankfurt a. M. 1977, erweiterte Bibliographie.

I. Selbständige Veröffentlichungen

Die Krisis der deutschen Staatslehre und die Staatsauffassung Rudolf Smends.
  Köln 1931
*Von der dritten zur vierten Republik. Geistige Strömungen in Frankreich
  (1939-1945).* Zürich-Affoltern 1945
Georg Büchner und seine Zeit. Wiesbaden u. Berlin 1946 (Erw. Neuaufl.:
  Frankfurt 1972)
Ansichten über einige Bücher und Schriftsteller. (Mit Stephan Hermlin)
  Wiesbaden 1947 (Erw. bearb. Ausgabe: Berlin 1947)
Karl Marx und das Elend des Geistes. Studien zur neuen deutschen Ideologie.
  Meisenheim/Glan 1948
Frankreich zwischen den Weltkriegen (1919-1939). Frankfurt 1948
Unendliche Kette. Goethestudien. Dresden 1949
Goethe in unserer Zeit. Berlin 1949
Literatur der Übergangszeit. Berlin 1949
Thomas Mann. Werk und Entwicklung. Berlin 1950 (Neuaufl. Frankfurt
  1975)
Studien zur deutschen Literaturgeschichte. Berlin 1953.
Schiller und die Nation. Berlin 1953
Richard Wagners geistige Entwicklung. Düsseldorf 1954
Das Ideal und das Leben. Leipzig 1955
Leiden und Größe Thomas Manns. Berlin 1956
Deutsche Literatur und Weltliteratur. Reden und Aufsätze. Berlin 1957
*Von Lessing bis Thomas Mann. Wandlungen der bürgerlichen Literatur in
  Deutschland.* Pfullingen 1959
Richard Wagner in Selbstzeugnissen und Bilddokumenten. Hamburg 1959
Bertolt Brecht und die Tradition. Pfullingen 1961
Heinrich von Kleist. Der geschichtliche Augenblick. Pfullingen 1962
Ansichten. Zur Literatur der Zeit. Reinbek 1962
Zur deutschen Klassik und Romantik. Pfullingen 1963
Dürrenmatt und Frisch. Pfullingen 1963
Georg Büchner: Woyzeck. Frankfurt/Berlin 1963
*Platon und die finsteren Zeiten. Über die Möglichkeiten einer Akademie im
  heutigen Deutschland.* Berlin 1965
Anmerkungen zu Brecht. Frankfurt 1965

Anmerkungen zu Richard Wagner. Frankfurt 1966
Zur deutschen Literatur der Zeit. Zusammenhänge-Schriftsteller-Bücher. Hamburg 1967
Gerhart Hauptmann. Velber b. Hannover 1967
Das Geschehen und das Schweigen. Aspekte der Literatur. Frankfurt 1969
Der Repräsentant und der Märtyrer. Konstellationen der Literatur. Frankfurt 1971
Brecht in der Geschichte. Drei Versuche. Frankfurt 1971
Zwei Bäume der Erkenntnis. Berlin 1971
Anmerkungen zu Sartre. Pfullingen 1972
Goethe. Ein Versuch über den Erfolg. Frankfurt 1973
Vereinzelt Niederschläge; Kritik, Polemik, Essays. Pfullingen 1973
Außenseiter. Frankfurt 1975
Richard Wagner in Bayreuth. Stuttgart/Zürich 1976
Über Friedrich Dürrenmatt und Max Frisch. Pfullingen 1977
Nach Jahr und Tag. Reden 1945-1977. Frankfurt a. M. 1978
Doktor Faust und Don Juan. Frankfurt a. M. 1979
Thomas Mann. Frankfurt a. M. 1980
Versuche über die Oper. Frankfurt a. M. 1981
Ein Deutscher auf Widerruf. Erinnerungen I. Frankfurt a. M. 1982
Ein Denkmal für Johannes Brahms. Frankfurt a. M. 1983
Ein Deutscher auf Widerruf. Erinnerungen II. Frankfurt a. M. 1984
Aufklärung heute. Reden und Vorträge 1978-1984. Frankfurt a. M. 1985
Das unglückliche Bewußtsein. Zur deutschen Literaturgeschichte von Lessing bis Heine. Frankfurt a. M. 1986
Versuche über Schiller. Frankfurt a. M. 1987
Gelebte Literatur. Frankfurter Vorlesungen zur Poetik. Frankfurt a. M. 1987

2. Veröffentlichungen in Büchern, Zeitschriften, Zeitungen

Staatstheorie und Staatspolitik. Bemerkungen zu Hans Kelsens Schrift »Der Staat als Integration«. In: *Die Justiz. Monatsschrift für Erneuerung des Deutschen Rechtswesens,* Berlin, Febr./März 1932, S. 249 ff.
Verfassungsbruch oder Verfassungsschutz? In: *Die Justiz. Monatsschrift für Erneuerung des Deutschen Rechtswesens,* Berlin, September 1932, S. 545 ff.
Wilhelm Sauer: Kriminalsoziologie. In: *Zeitschrift für Sozialforschung* 3/1934, S. 461 f.
Hans Kelsen: Reine Rechtslehre. In: *Zeitschrift für Sozialforschung* 4/1935, S. 137
Hermann Heller: Staatslehre. Ebd., S. 277 f.
Alois Schrattenhofer: Soziale Gerechtigkeit. Ebd., S. 282 f.
Giuseppe lo Verde: Die Lehre vom Staat im neuen Italien. (u. a.) Ebd., S. 467 f.
Egon Reiche: Rousseau und das Naturrecht. (u. a.) In: *Zeitschrift für Sozialforschung* 5/1936, S. 120 f.
William Robson: Civilisation and the Growth of Law. Ebd., S. 131 f.

Mihail Manoilesco: Le siècle du corporatisme. (u.a.) Ebd., S. 145-148

Hans Proesler: Die Anfänge der Gesellschaftslehre. Ebd., S. 274

Kurt Schilling: Der Staat. (u.a.) Ebd., S. 298f.

Arthur Holcombe: Government in a Planned Democracy. Ebd., S. 458

Günther Kauss u. Otto v. Schweinichen: Disputation über den Rechtsstaat. Ebd., S. 460f.

Alexander Gurwitsch: Das Rechtsproblem in der deutschen staatswissenschaftlichen Literatur. Ebd., S. 461f.

Autorität und Familie in der Theorie des Anarchismus. In: *Autorität und Familie. Studien aus dem Institut für Sozialforschung.* Hg. v. Max Horkheimer, Paris 1936, S. 824ff.

Werner Sombart: Soziologie. Leopold v. Wiese: Sozial, geistig und kulturell. (u.a.) In: *Zeitschrift für Sozialforschung* 6/1937, S. 179-181

Carl J. Burckhardt: Richelieu. Ebd., S. 204f.

Erich Vogelin: Der autoritäre Staat. Ebd., S. 226f.

Paolo Treves: Joseph de Maistre. Ebd., S. 427f.

Karl Löwith: Jacob Burckhardt. Ebd., S. 428f.

Adolf Menzel: Der Staatsgedanke des Faschismus. (u.a.) Ebd., S. 464f.

Ossip K. Flechtheim: Hegels Strafrechtstheorie. Ebd., S. 662

Max Adler: Das Rätsel der Gesellschaft. (u.a.) Ebd., S. 663f.

Reinhold Aris: History of Political Thought in Germany. Ebd., S. 705f.

Zweifel und Verzweiflung. Zum Tod von Leo Ferrero. In: *Der Kleine Bund. Literarische Beilage des »Bund«,* Bern, 21. 11. 1937

Erich Kahler: Der deutsche Charakter in der Geschichte Europas. In: *Der Bund,* Bern, 14. 6. 1938. (Abendausgabe)

Otto Vossler: Der Nationalgedanke von Rousseau bis Ranke. In: *Zeitschrift für Sozialforschung* 7/1938, S. 240f.

Kurt A. Mautz: Die Philosophie Max Stirners. Ebd., S. 241f.

Adolf Menzel: Grundriß der Soziologie. Ebd., S. 421.

Oswald Spengler: Reden und Aufsätze. Ebd., S. 421f.

Stirner und Hegel. In: *Neue Zürcher Zeitung,* 6. 9. 1938

Marc-Edouard Chenevière: La pensée politique de Calvin. In: *Zeitschrift für Sozialforschung* 8/1939, S. 240

Sjoerd Hofstra: Die sozialen Grundlagen von Erkenntnis und Wissenschaft. Ebd., S. 241f.

Fragment oder Vollendung? Aus »Georg Büchner« von Hans Mayer. In: *Programmhefte des Schauspielhauses Zürich,* Spielzeit 1939/40, Heft 24

Anmerkung über Rimbaud. In: *Die Tat,* Zürich, 10. 11. 1941

Der glückliche Dichter Jean Giraudoux. In: *Neue Schweizer Rundschau,* Zürich, April 1944, S. 765ff. (pseud.)

100. Geburtstag von Paul Verlaine. In: *Neue Schweizer Rundschau,* Zürich, Juli 1944, S. 170ff. (pseud.)

Faust und die Huldigung der Künste. In: *Neue Schweizer Rundschau,* Zürich, Dezember 1944, S. 478ff. (pseud.)

Eine Stimme aus dem Zuschauerraum. Nachwort zu: *Theater. Meinungen und Erfahrungen.* Zürich-Affoltern 1945

Innerlichkeit als Propaganda. Deutsche Träumereien an Robert Schumanns Kaminen. In: *National-Zeitung,* Basel, 11. 2. 1945

Stephan Hermlins »Zwölf Balladen von den großen Städten«. In: *Neue Schweizer Rundschau,* Zürich, Mai 1945, S. 59 ff. (pseud.)

Vom ersten zum zweiten Schriftstellerkongreß. In: *Frankfurter Hefte,* Jg. 1947, S. 1179 ff.

Zu Tolstois Romanen. In: *Das Goldene Tor,* Baden-Baden, Jg. 1947, S. 523 ff.

Der Richter vom Jahrgang 1919 (Paul E. H. Lüth). In: *Die Neue Zeitung,* München, 12. 12. 1947

Literaturgeschichte, Polemik und tiefere Bedeutung. Ein Nachwort über »Literatur und Lüth«. In: *Aufbau,* Berlin, Jg. 1948, S. 516 ff.

Der Breslauer Weltkongreß. In: *Frankfurter Hefte,* Jg. 1948, S. 975 ff.

Thomas Manns Roman ›Doktor Faustus‹. In: *Ost und West,* Berlin, Jg. 1948, S. 23 ff.

Bert Brecht zum 50. Geburtstag. In: *Frankfurter Rundschau,* 14. 12. 1948

Die deutsche Literatur und der Scheiterhaufen. In: *Aufbau,* Berlin, Jg. 1948, S. 463 ff.

Nachwort zu »Jettchen Gebert« von Georg Hermann. In: *Der Dreiklang,* Flensburg, 12. 6. 1948

Kulturkrise und neue Musik. In: *Melos,* Mainz, August/September-Heft und Oktober-Heft 1948

Der Schriftsteller und die Krise der Humanität. In: *Literatur und Politik,* Konstanz 1948

Thomas Manns »Zauberberg« als pädagogische Provinz. In: *Sinn und Form,* Berlin, H. 4/1949, S. 48 ff.

Goethes Erbschaft. In: *Zu neuen Ufern … Essays über Goethe.* Berlin 1949

Exkurs über »Dr. Jekyll und Mr. Hyde«. In: *Zwei Jahre ›Volk und Welt‹.* Berlin 1949, S. 2 ff.

Einleitung zu: Alfred Kämpf, *Die Revolte der Instinkte.* Berlin 1949

Bertolt Brecht oder die plebejische Tradition. In: *Sinn und Form, Sonderheft Bertolt Brecht,* Berlin 1949, S. 42 ff.

Einleitung zu: Karl Marx/Friedrich Engels, *Revolution und Konterrevolution in Deutschland.* Berlin 1949, S. 5 ff.

Nachwort zu: Henry Fielding, *Tom Jones.* Berlin 1951

Mickiewicz und die deutsche Klassik. In: *Heute und Morgen,* Schwerin, Jg. 1951, S. 348 ff.

Bechers »Tagebuch 1950«. In: *Aufbau,* Berlin, Jg. 1951, S. 822 ff.

Wischnewskis »Optimistische Tragödie«. In: *Heute und Morgen,* Schwerin, Jg. 1951, S. 691 ff.

Anmerkungen zu einem Gedicht von Heinrich Heine. In: *Sinn und Form,* Berlin, Jg. 1951, S. 177 ff.

Thomas Mann, Mario und der Zauberer. In: *Aufbau,* Berlin, Jg. 1951, S. 499 ff.

Jugend und Vollendung des Königs Henri Quatre. Zu den Romanen Heinrich Manns. In: *Sonntag,* Berlin, 27. 1. 1952

Der Dichter Balzac und der Dichter Lucien de Rubempré. In: *Sinn und Form*, Berlin, H. 5/1952, S. 121 ff.

Zu einem Brief Thomas Manns an Gerhart Hauptmann. In: *Sinn und Form*, Berlin, H. 6/1952, S. 9 ff.

Die dramatischen Meisterwerke Gerhart Hauptmanns. In: *Heute und Morgen*, Schwerin, Jg. 1952, S. 980 ff.

Der Dichter und das »feuilletonistische Zeitalter«. Über einige Motive im Werk Hermann Hesses. In: *Aufbau*, Berlin, Jg. 1952, S. 613 ff.

Arnold Zweigs Grischa-Zyklus. In: *Sinn und Form*, Sonderheft Arnold Zweig. Berlin 1952, s. 203 ff.

Nachwort zu: Louis Aragon, *Die Reisenden der Oberklasse.* (»Le Monde réel«, Bd. III) Berlin 1952

Nachwort zu: Tobias Smollet, *Die Abenteuer Roderich Randoms.* Berlin 1952

Anmerkungen zu einer Szene aus »Mutter Courage«. In: *Theaterarbeit.* Hg. v. Berliner Ensemble. Dresden 1953, S. 249 ff.

Richard Wagners geistige Entwicklung. In: *Sinn und Form*, Berlin, H. 3/4/ 1953, S. 111 ff.

Nachwort zu: Denis Diderot, *Jakob und sein Herr.* Berlin 1953

Deutsche Literatur und Weltliteratur. In: *Aufbau*, Berlin, Jg. 1954, S. 299 ff.

Wiederbegegnung mit Lion Feuchtwanger. In: *Tägliche Rundschau*, Berlin, 2. 7. 1954

Lessing, Mitwelt und Nachwelt. In: *Sinn und Form*, Berlin, Jg. 1954, S. 5 ff.

Madame Bovary. In: *Sinn und Form*, Berlin, Jg. 1954, S. 880 ff.

Georg Büchners ästhetische Anschauungen. In: *Zeitschrift für deutsche Philologie*, Berlin, Jg. 1954, S. 129 ff.

Verlagsgeschichte als Literaturgeschichte. In: *Zeitschrift für Geschichtswissenschaft*, Berlin, Jg. 1955, S. 46 ff.

Nachruf auf Paul Rilla. In: *Sinn und Form*, Berlin, Jg. 1955, S. 120 ff.

Leiden und Größe Thomas Manns. In: *Sinn und Form*, Berlin, Jg. 1955, S. 369 ff.

Georg Lukács zum 70. Geburtstag. In: *Georg Lukács.* Berlin 1955

Deutsche Dramatik im zwanzigsten Jahrhundert. In: *Neue deutsche Literatur*, Berlin, H. 8/1955, S. 83 ff.

Schillers Vorreden zu den »Räubern«. In: *Goethe. N. F. des Jahrbuchs der Goethe-Gesellschaft*, Weimar 1955, S. 45 ff.

Das Ideal und das Leben. In: *Schiller in unserer Zeit. Beiträge zum Schillerjahr 1955.* Hg. v. Schiller-Komitee. Weimar 1955, S. 295 ff., und in: *Schiller-Reden im Gedenkjahr 1955.* Stuttgart 1955, S. 162 ff.

Bemerkungen zu einer Maxime Ernst Jüngers. In: *Ernst Bloch zum 70. Geburtstag.* Berlin 1955. S. 241 ff.

Nachwort zu: Honoré de Balzac, *Junggesellenwirtschaft.* Berlin 1955

Goethes Begriff der Realität. In: *Goethe. N. F. des Jahrbuchs der Goethe-Gesellschaft*, Weimar 1956, S. 26 ff.

Nachwort zu: Conrad Ferdinand Meyer, *Jürg Jenatsch.* Berlin 1956

Erinnerung an Wilhelm Pieck. In: *Wilhelm Pieck zum 80. Geburtstag.* Berlin 1956

Der frühe Brecht. In: *Aufbau*, Berlin, Jg. 1956, S. 831 ff.

Zur Gegenwartslage unserer Literatur. In: *Sonntag*, Berlin, 2. 12. 1956

Was erwartet das Publikum vom Literaturwissenschaftler? In: *Aufbau*, Berlin, Jg. 1956, S. 659 ff.

Weiskopf der Mittler. In: *Neue deutsche Literatur*, Berlin, H. 9/1957, S. 82 ff.

Der Dramatiker Bernard Shaw. Vorwort zu einer vierbändigen Ausgabe ausgewählter Schauspiele von G. B. Shaw. Berlin 1957

Vergebliche Renaissance: Das »Märchen« bei Goethe und Gerhart Hauptmann. In: *Gestaltung-Umgestaltung. Festschrift zum 75. Geburtstag von Hermann August Korff.* Leipzig 1957, S. 92 ff.

Karl Kraus und die Nachwelt. In: *Sinn und Form*, Berlin, Jg. 1957, S. 934 ff.

Gelegenheitsdichtung des jungen Brecht. In: *Sinn und Form*, Berlin, Jg. 1958, S. 276 ff.

Die Wirklichkeit E. T. A. Hoffmanns. Ein Versuch. Einführung zu einer sechsbändigen Ausgabe von E. T. A. Hoffmanns *Poetischen Werken*. Berlin 1958

Schillers Nachruhm. In: *Études Germaniques*, Paris, Jg. 1959, S. 374 ff. (*Sinn und Form*, Berlin, Jg. 1959, S. 701 ff.)

Der Zeichner und die Farben. (Über Ludwig Renn.) In: *Sinn und Form*, Berlin, Jg. 1959, S. 174 ff.

Einleitung zur rumänischen Ausgabe der *Buddenbrooks*. Bukarest 1960

Richtige und falsche Bücher. In: *Literatur und Literaturkritik in Deutschland.* Hg. von der Redaktion *Die Zeit*. Hamburg 1960

Schillers Gedichte und die Traditionen deutscher Lyrik. In: *Jahrbuch der deutschen Schillergesellschaft*, Bd. IV, Stuttgart 1960, S. 72 ff.

Goethes ›Italienische Reise‹. In: *Sinn und Form*, Berlin, Jg. 1960, S. 235 ff.

Kafka und keine Ende? In: *Die Zeit*, Hamburg, 13. 1. 1961

Dem Wahren, Guten, Schönen. Epilog zur Schiller-Feier 1959. In: *Schiller. Reden im Gedenkjahr 1959.* Stuttgart 1961, S. 159 ff.

Aragons Roman »Die Karwoche«. Nachwort zur Übersetzung des Romans *La Semaine sainte*. München und Berlin 1961

Goethe, Die Epen. Nachwort zu Bd. 6 der *Sämtlichen Werke* Goethes im Deutschen Taschenbuch Verlag, München 1961

Hermann Hesses »Glasperlenspiel« oder Die Wiederbegegnung. Nachwort zu einer Ausgabe des *Glasperlenspiels*, Berlin 1961

Anmerkung zu dem Gedicht »An die Nachgeborenen«. In: *Mein Gedicht. Begegnungen mit deutscher Lyrik.* Wiesbaden 1961

Faust, Aufklärung, Sturm und Drang. In: *Literaturgeschichte als geschichtlicher Auftrag. Festschrift zum 60. Geburtstag von Werner Krauss.* Berlin 1961, S. 79 ff.

Max Beckmanns Selbstbildnis 1927. In: *Die Zeit*, Hamburg, 30. 6. 1961

Hugo von Hofmannsthal und Richard Strauss. In: *Sinn und Form*, Berlin, Jg. 1961, S. 888 ff.

Brecht und Dürrenmatt oder Die Zurücknahme. In: *Der unbequeme Dürrenmatt.* Basel-Stuttgart 1962

La Vie et l'œuvre de Thomas Mann. In: Th. Mann, *La Mort à Venise.* Paris 1962, S. 25 ff.

Formation et Transformation des termes littéraires. In: *Acta Litteraria Academiae Scientiarium Hungaricae,* Tom V, Budapest 1962, S. 63 ff.

Grabbe, Büchner, Hebbel. In: *Welttheater. Bühnen–Autoren–Inszenierungen.* Braunschweig 1962, S. 245 ff.

Danzel als Literaturhistoriker. Einführung in: Theodor Wilhelm Danzel, *Zur Literatur und Philosophie der Goethezeit. Gesammelte Aufsätze zur Literaturwissenschaft.* Stuttgart 1962

Kafka und kein Ende? Zur heutigen Lage der Kafkaforschung. In: *Kwartalnik Neofilologiczny,* Warschau, Jg. 1962, S. 127 ff.

Anmerkung zu einer Erzählung von Anna Seghers. Nachwort zu: *Der Ausflug der toten Mädchen.* Leipzig 1962

Zum 85. Geburtstag von Hermann Hesse. In: *Neue Zeit,* Berlin, 30. 6. 1962

Anmerkungen zum zeitgenössischen Drama. In: *Sinn und Form,* Berlin, Jg. 1962, S. 667 ff.

Rede zu Ehren Gerhart Hauptmanns. In: *Der Morgen,* Berlin, 23. 12. 1962

Tannhäuser und die künstlichen Paradiese. In: *Programmheft ›Tannhäuser‹,* Bayreuther Festspiele 1962

Hesses »Steppenwolf« nach fünfunddreißig Jahren. Nachwort zu: Hermann Hesse, *Der Steppenwolf.* Berlin 1963

Schiller, Die Erzählungen. Nachwort zu einer Neuausgabe der Erzählungen im Insel-Verlag, Leipzig 1963

Wagners Nichtmehr und Nochnicht im »Fliegenden Holländer«. In: *Jahrbuch der Komischen Oper,* Bd. II, Berlin 1963

Tristans Schweigen. In: *Programmheft ›Tristan‹,* Bayreuther Festspiele 1963

Die bösen Märchenträume des Jevgenij Schwarz. In: *Programmhefte der Kammerspiele München,* Spielzeit 1963/64, Nr. 4

Zur Lage der Romantik-Forschung. In: *Wiss. Zs. d. Univ. Leipzig,* Jg. 1963, S. 493 ff.

Jean Pauls Nachruhm. In: *Études Germaniques,* Paris, Jg. 1963, S. 58 ff.

Erinnerungen an Robert Musil. In: *Tagebuch,* Wien, Mai/Juni 1963

Critics and the Separation of Powers. In: *The Times Literary Supplement,* London, 27. 9. 1963 (Dt.: *Das Amt des Literaturkritikers.* In: *Die Zeit,* Hamburg, 11. 10. 1963)

»Meistersinger« ohne 19. Jahrhundert. In: *Theater heute,* Velber b. Hannover, H. 9/1963

Was nicht untergehen sollte. Anläßlich der Buchmesse. In: *Die Zeit,* Hamburg, 11. 10. 1963

Abbiamo Ionesco, ma non ci basta. In: *Il filo rosso,* Mailand, Dezember 1963, S. 55 ff.

Hans Mayers Büchertagebuch 1-12. In: *Die Zeit,* Hamburg, Nr. 2-52/1964

Literatur und Kommunismus (mit François Bondy). In: *Der Monat,* Berlin, H. 185/1964, S. 49 ff.

Pelle der Eroberer und Morten der Rote. Über zwei Romane von Martin Andersen Nexö. In: *Bodenseebuch, Jahrbuch für Wissenschaft, Kritik und Kunst,* Kreuzlingen/Schweiz 1964, S. 59 ff.

Von guten und schlechten Traditionen deutscher Sprache und Literatur. In: *Sind wir noch das Volk der Dichter und Denker?* Reinbek 1964, S. 7 ff.

Hermann Hesses »Steppenwolf«: eine Wiederbegegnung. In: *Studi germanici* (nuova serie), Jg. 1964, S. 76 ff.

Germanistik–Englisch und Deutsch. (Rezension zweier Bücher von Roy Pascal und Herbert Singer.) In: *Frankfurter Hefte*, Jg. 1964, S. 667 ff.

Hans Mayers Büchertagebuch 1-8. In: *Die Zeit*, Hamburg, Nr. 4-35/1965

Anmerkung zu Reden von Adolf Arndt. Nachwort zu: *Geist der Politik, Reden von Adolf Arndt.* Berlin 1965

Über Brechts Gedichte. In: *Études Germaniques*, Paris, Jg. 1965, S. 269 ff.

Nachwort zu: Bertolt Brecht, *Stücke 1935-45*. Frankfurt 1965, S. 657 ff.

Einleitung zu: Bertolt Brecht, *Teatro*. Torino 1965, S. VII ff.

Nachwort zu: Jean-Paul Sartre, *Die Wörter.* Reinbek 1965

Uwe Johnson, *Das dritte Buch über Achim.* In: *Deutsch für die Oberstufe 1965-66.* La saret (hg. v. schwedischen Rundfunk, Stockholm) Nr. 1033, 1965-66, S. 81 ff.

Walter Jens, *Herr Meister.* In: *Walter Jens. Eine Einführung.* München 1965, S. 80 ff.

Artikel »Literaturwissenschaft in Deutschland«. In: *Das Fischer Lexikon, Literatur II*, Erster Teil. Frankfurt 1965

Ernst Blochs poetische Sendung. In: *Ernst Bloch zu Ehren.* Frankfurt 1965, S. 21 ff.

Wagners »Ring« als bürgerliches Parabelspiel. In: *Theater heute*, Velber b. Hannover, H. 9/1965, S. 10 ff.

Zerstörung und Selbstzerstörung in Wagners »Ring des Nibelungen«. In: *Programmheft »Rheingold«*, Bayreuther Festspiele 1965

Orpheus im Zeitenwandel. In: *Programmhefte der Städt. Bühnen Nürnberg-Fürth*, Spielzeit 1965/66, Nr. 13

Grabbe und die tiefere Bedeutung. In: *Akzente*, München, H. 1/1965, S. 79 ff.

Lion Feuchtwanger oder Die Folgen des Exils. In: *Neue Rundschau*, Frankfurt, H. 1/1965, S. 120 ff.

Brecht e l'umanità. In: *Duemila*, Rom, H. 3/1965, S. 10 ff.

Keeping off the Grass. In: *The Times Literary Supplement*, London, 30. 9. 1965 (ungezeichnet)

Berlinische Dramaturgie von Gerhart Hauptmann bis Peter Weiss. In: *Theater heute*, Velber b. Hannover, H. 12/1965, S. 1 ff.

Nachwort zu: Gerhart Hauptmann, *Griechischer Frühling*, Berlin 1966

Der unzuverlässige Jean Paul. Nachwort zu: Jean Paul, *Politische Fastenpredigten während Deutschlands Marterwoche.* Frankfurt 1966

Die Frage nach der Einheit der deutschen Literatur. In: *Auswärtige Kulturbeziehungen.* Neuwied 1966, S. 83 ff.

Sprechen und Verstummen der Dichter. In: *Die deutsche Sprache im 20. Jahrhundert.* Göttingen 1966, S. 64 ff.

Peter Huchel, Winterpsalm. Erinnernde Deutung. In: *Doppelinterpretationen. Das zeitgenössische Gedicht zwischen Autor und Leser.* Frankfurt 1966, S. 98 ff.

Rhetorik und Propaganda. In: *Festschrift zum 80. Geburtstag von Georg Lukács.* Neuwied 1966, S. 119ff.

Musik und Literatur. In: *Über Gustav Mahler.* Tübingen 1966, S. 142ff.

Das Jahrhundert und sein Roman. In: *Akzente*, München, H. 1/2/1966, S. 17ff.

Der pessimistische Aufklärer Kurt Tucholsky. In: *Moderna Språk*, Stockholm, Nr. 3/1966, S. 286ff.

Anmerkungen zum »Doktor Faustus« von Thomas Mann. In: *Sprache im technischen Zeitalter*, Stuttgart, H. 17/18/1966, S. 64ff.

Ein imaginäres Romanmuseum des 20. Jahrhunderts. In: *Die Weltwoche*, Zürich, 17. 6. 1966

Fahrt zu Alfred Döblin. In: *Literarium 14*, Olten/Schweiz, 1966, S. 3/4

Komödie, Trauerspiel, deutsche Misere. Über Dürrenmatts »Meteor« und Grassens »Die Plebejer proben den Aufstand«. In: *Theater heute*, Velber b. Hannover, H. 3/1966, S. 23ff.

Rückblick auf den Expressionismus. In: *Neue deutsche Hefte*, Berlin, H. 4/1966, S. 32ff.

Faust II ohne Faust I. In: *Programmheft ›Faust II‹ des Schiller-Theaters*, Berlin 1966

Rückblick des Dramaturgen. (Faust II in Berlin) In: *Theater heute*, Sonderheft *Theater* 1966, Velber b. Hannover 1966, S. 44

Schillers Dramen–für die Gebildeten unter ihren Verächtern. In: *Schillers Werke* in 4 Bänden. Frankfurt 1966, Bd. II, S. 481ff.

Die Frage nach dem Lyriker Schiller. In: *Schillers Werke* in 4 Bänden. Frankfurt 1966, Bd. III, S. 479ff.

Der Moralist und das Spiel. Zu Friedrich Schillers theoretischen Schriften. In: *Schillers Werke* in 4 Bänden. Frankfurt 1966, Bd. IV, S. 809ff.

Verhaltensforschung auf Brechtsche Art. In: *Programmheft Atelier am Naschmarkt*, Wien, H. 4/1966/67, S. 2 u. 5ff. (Zu: Bertolt Brecht, *Der Fischzug*)

Lessing und Aristoteles. In: *Festschrift für Bernhard Blume.* Göttingen 1967

Robert Minder, Dichter in der Gesellschaft. In: *Der Spiegel*, Hamburg, 5. 6. 1967

Das lyrische Tagebuch des Günter Grass. In: *Der Tagesspiegel*, Berlin, 23. 7. 1967

Bayreuther Bilanz 1967. In: *Theater heute*, Velber b. Hannover, H. 9/1967, S. 1ff.

Klappentext und schielende Löwen. In: *Die Zeit*, Hamburg, 13. 10. 1967

Die Innenwelt und ihr Preis. Über: Max Kommerell, Briefe und Aufzeichnungen. In: *Der Spiegel*, Hamburg, 27. 11. 1967

Sartre, Flaubert und die Dummheit. In: *Süddeutsche Zeitung*, München, 5./7. 1. 1968

Wie aktuell ist Georg Büchner? Zur historisch-kritischen Ausgabe seiner Werke. In: *Süddeutsche Zeitung*, München, 11./12. 5. 1968

Karl Marx und die moderne Wissenschaft. In: *Der Gewerkschafter*, H. 6 u. 7/1968

Leiden und Größe Thomas Manns. In: *Exil-Literatur 1933-1945.* Bad Godesberg (Inter Nationes) 1968, S. 47 ff.

Lohengrin oder die Utopie in A-Dur. In: *Programmheft »Lohengrin«,* Bayreuther Festspiele 1968

Was Geschichtsschreibung noch zu leisten vermochte. Zu Carl Jacob Burckhardts Werk über Richelieu. In: *Der siebente Tag,* Wochenendbeilage der *Hannoverschen Allgemeinen Zeitung,* 27./28. 1. 1968

Goethes »Faust« als episch-dramatisches Theater. Über: Wolfgang Streicher, *Die dramatische Einheit von Goethes »Faust«.* In: *Frankfurter Allgemeine Zeitung,* 2. 4. 1968

Von der Spätromantik zum Realismus. In: *Germanistik,* Tübingen, H. 3/ 1968, S. 599 ff.

Peer Gynt als Zeitgenosse. In: *Theater heute,* Velber b. Hannover, H. 8/ 1968, S. 21 ff.

Biermanns Gesang zwischen den Stühlen. In: *Buch und Zeit,* Beilage der *Süddeutschen Zeitung* zur Frankfurter Buchmesse 1968, München, 18. 9. 1968

Bildung, Besitz und Theater. In: *Die Zeit,* Hamburg, 20. 9. 1968. Fortsetzung unter dem Titel: *Die Bühne–ein Museum?* In: *Die Zeit,* Hamburg, 27. 9. 1968

Jux mit Nestroy. In: *Die Zeit,* Hamburg, 22. 11. 1968

Ordnung schaffen in den Abfallgebirgen. Zur Situation der deutschen Literaturwissenschaft heute. In: *Hannoversche Allgemeine Zeitung,* 24. 12. 1968

Der unzeitgemäße Theodor Lessing. In: *Der siebente Tag,* Wochenendbeilage der *Hannoverschen Allgemeinen Zeitung,* 7./8. 6. 1969

Die neue literarische Saison. In: *Die Zeit,* Hamburg, 10. 10. 1969. Wieder abgedruckt unter dem Titel: *Zur aktuellen literarischen Situation,* In: *Die deutsche Literatur der Gegenwart,* Stuttgart, 1971, S. 63 ff.

Walter Schönau, Sigmund Freud's Prosa. In: *Psyche,* Stuttgart, H. 12/1969, S. 951 f.

Famulus Wagner und die moderne Wissenschaft. In: *Gestaltungsgeschichte und Gesellschaftsgeschichte. Fritz Martini zum 60. Geburtstag.* Stuttgart 1969

Politische Rhetorik und deutsche Gegenwartsliteratur. In: *Festschrift für Adolf Arndt zum 65. Geburtstag.* Frankfurt 1969

Don Juans Höllenfahrt. Don Juan und Faust. In: *Untersuchungen zur Literatur als Geschichte. Festschrift für Benno von Wiese.* Berlin, 1973, S. 182 ff.

Über Christa Wolf: »Nachdenken über Christa T.« In: *Neue Rundschau,* Frankfurt, H. 1/1970, S. 180-186

Manès Sperber, Alfred Adler oder das Elend der Psychologie. In: *Neue Rundschau,* Frankfurt, Jg. 1970, S. 598 ff.

Lessing loben und Lessing lesen. In: *Die Zeit,* Hamburg, 10. 4. 1970

Die Literatur der künstlichen Paradiese. In: *Merkur,* Stuttgart, H. 6/1970, S. 514 ff.

Georg Lukács, Geschichte und Klassenbewußtsein. In: *Der Spiegel,* Hamburg, 31. 8. 1970

Herr und Knecht – kämpfend oder kampfesmüd? Variationen über ein Thema von Hegel in der modernen Weltliteratur. In: *Süddeutsche Zeitung*, München, 25./26. 7. 1970

Bayreuth, Langeweile, Restauration. In: *Theater heute*, Velber b. Hannover, H. 9/1970, S. 26 ff.

Vom Altern der Literaten und der Literatur. Vortrag beim Symposion über »Integrierte und nichtintegrierte Revolution in der Kunst« beim »Steirichen Herbst«, 8. 10. 1970. In: *Musik zwischen Engagement und Kunst.* Hg. v. Otto Kolleritsch, Graz 1972, S. 100-115

Erinnerungen und Reflexionen eines Unpolitischen. (Über Ernst Fischer) In: *Der Spiegel*, Hamburg, 12. 1. 1970

Politische Philosophie der beiden Janusköpfe. (Über Ernst Blochs politische Aufsätze) In: *Die Weltwoche*, Zürich, 19. 3. 1971

Das geliebte Klischee. In: *Der Tagesspiegel*, Berlin, 25. 3. 1971

Malina oder Der große Gott von Wien. In: *Die Weltwoche*, Zürich, 30. 4. 1971

Bekenntnisse eines Spätdenkers (Über Jean Améry, *Unmeisterliche Wanderjahre*) In: *Die Weltwoche*, Zürich, 2. 7. 1971

Der »Ring« und die Zweideutigkeit des Wissens. In: *Programmheft »Götterdämmerung«*, Bayreuther Festspiele 1971

Woran starb die Gruppe 47? Anmerkungen zur Lage der Literaturkritik. In: *Süddeutsche Zeitung*, München, 21./22. 8. 1971

Die Legende der unheiligen Leni Gruyten. (Über Heinrich Bölls *Gruppenbild mit Dame.*) In: *Die Weltwoche*, Zürich, 10. 9. 1971

Ein Doktortitel vor Gericht. In Sachen Zehm gegen Holz. In: *Die Zeit*, Hamburg, 3. 2. 1972

Gemauschel. Vom aufhaltsamen Aufstieg eines Modeworts. In: *Süddeutsche Zeitung*, München, 28. 2. 1972

Die Innenwelt der deutschen Misere. »Kabale und Liebe« im Deutschen Schauspielhaus Hamburg. In: *Theater heute*, Velber b. Hannover, H. 4/1972, S. 16 f.

Peter Weiss und die zweifache Praxis der Veränderung. In: *Theater heute*, Velber b. Hannover, H. 5/1972, S. 18 ff.

Amfortas und Kundry, oder die Wollust des Sterbens. In: *Programmheft »Parsifal«*, Bayreuther Festspiele 1972

K. R. Eissler, Discourse on Hamlet and Hamlet. In: *Psyche*, Stuttgart, H. 7/8/1972, S. 623 ff.

Max Frisch, Tagebuch 1966-1971. In: *Der Spiegel*, Hamburg, 12. 6. 1972

Kriechspur zwischen Stillstand und Fortschritt. (Über: Günter Grass, *Aus dem Tagebuch einer Schnecke.*) In: *Die Weltwoche*, Zürich, 16. 8. 1972

Entdeckung eines Kritikers. Gottfried Justs gesammelte Reflexionen über die Literatur der sechziger Jahre. In: *Süddeutsche Zeitung*, München, 9./10. 9. 1972

Vielfache Betrachtungen der Gartenzwerge. Neue Variationen zum Thema »Kitsch«. In: *Süddeutsche Zeitung*, München, 18./19. 11. 1972

Denkspiel oder Traumspiel? Kleists »Prinz von Homburg« im Schillertheater

und bei der Schaubühne. In: *Theater heute,* Velber b. Hannover, H. 12/
1972, S. 8 ff.

Bleibt unerklärlich: Der Fall Raddatz. In: *Die Zeit,* Hamburg, 2. 3. 1973

Augenblicke im amerikanischen Theater. In: *Süddeutsche Zeitung,* München, 30. 6./1. 7. 1973

Nachsitzen nach der Deutschstunde. Über: Siegfried Lenz, *Das Vorbild.* In: *Der Spiegel,* Hamburg 20. 8. 1973

Strehler in Salzburg oder Reinhardt dringend gesucht. In: *Theater heute,* Velber b. Hannover, H. 10/1973, S. 1 ff.

Nachwort zu: Ernst Jandl, *Dingfest. Gedichte.* Darmstadt/Neuwied 1973

Georg Büchner in unserer Zeit. In: *Kieler Vorträge zum Theater,* H. 1, Kiel 1974, S. 5 ff.

Goethe vor uns – wir vor Goethe. Wozu Literatur in der Schule? In: *Die Zeit,* Hamburg, 22. 3. 1974

Die Banalität des Guten. Simone de Beauvoirs neue Memoiren. In: *Frankfurter Allgemeine Zeitung,* 25. 5. 1974

Schwarze Wolke, Gift des Grams. Über: Elias Canetti, *Die Provinz des Menschen.* In: *Der Spiegel,* Hamburg, 27. 5. 1974, S. 142 ff.

Zwei vom Jahrgang 1874: Hofmannsthal und Kraus. In: *Theater heute,* Velber b. Hannover, H. 8/1974, S. 12 ff.

Brot für freudige Leser. Martin Kessels literarische Essays. In: *Frankfurter Allgemeine Zeitung,* 31. 8. 1974

Obszönität und Pornographie in Film und Theater. In: *Akzente,* München, Jg. 1974, S. 372 ff.

Ernst Bloch, Utopie, Literatur. In: *Germanistische Streifzüge. Festschrift für Gustav Korlèn.* Stockholm 1974

Gedanken zur Ausstellung »Zürich als Literaturexil«. In: *Der Tagesspiegel,* Berlin, 18. 8. 1974

Musik als Luft von anderen Planeten. Ernst Blochs »Philosophie der Musik« und Ferruccio Busonis »Neue Ästhetik der Tonkunst«. In: *Frankfurter Allgemeine Zeitung,* 5. 10. 1974

Goethes »Werther« nach 200 Jahren. In: *Frankfurter Allgemeine Zeitung,* 9. 11. 1974

An Aesthetic Debate of 1951: Comment on a Text by Hanns Eisler. In: *New German Critique,* 2, Wisconsin 1974, S. 58 ff.

Die Elixiere des Kammergerichtsrats. Viele Antworten und neue Fragen in Sachen E. T. A. Hoffmann. In: *Frankfurter Allgemeine Zeitung,* 11. 1. 1975

Senegalesisches Tagebuch. In: *Süddeutsche Zeitung,* München, 1./2. 2. 1975

Ein unvermuteter Zwischenfall. Über Eduard Mörikes Gedicht »Auf einer Wanderung«. In: *Frankfurter Allgemeine Zeitung,* 22. 2. 1975

Drei Schwierigkeiten mit Ernst Bloch. In: *Frankfurter Allgemeine Zeitung,* 17. 5. 1975

Zum 70. Geburtstag von Jean-Paul Sartre. In: *Frankfurter Allgemeine Zeitung,* 21. 6. 1975

Die Rückkehr eines Riesen. Zum Erscheinen von Zolas 20bändigem Romanzyklus »Die Rougon Macquart«. In: *Süddeutsche Zeitung,* München, 28./29. 6. 1975

Der Zauberer und sein Famulus. Peter de Mendelssohns Thomas Mann-Bio-graphie. In: *Die Weltwoche*, Zürich, 2. 7. 1975

Imaginäres Gespräch zwischen Albert Camus und Hermann Hesse. In: *Wege der deutschen Camus-Rezeption.* Darmstadt 1975

Der römische Brecht. »Die Verurteilung des Lukullus« von Bertolt Brecht und Paul Dessau. In: *Kieler Vorträge zum Theater*, H. 2, Kiel 1975

Nachwort zu einem Jubiläum. Über Thomas Mann. In: *Stuttgarter Zeitung*, 13. 9. 1975

Erinnerungen an Erika Mann. In: *Frankfurter Allgemeine Zeitung*, 8. 11. 1975

Germanistik und Renaissance. Heine-Preisträger Pierre Bertaux. In: *Frank-furter Allgemeine Zeitung*, 7. 11. 1975

Griechische Tragödie als Gegenaufklärung. Jan Kotts Weg vom schwarzen Shakespeare zum schwarzen Sophokles. In: *Süddeutsche Zeitung*, Mün-chen, 13. 11. 1975

Die Geheimnisse jedweden Mannes. Über »Montauk« von Max Frisch. In: *Deutsche Zeitung*, Köln, 21. 11. 1975

Claude Debussy und sein Doppelgänger. Die kritischen Schriften über Musi-ker und Musik. In: *Frankfurter Allgemeine Zeitung*, 22. 11. 1975

Eine seltsame Begegnung zwischen dem Musiker Nabokov und Rilke. Ein Beitrag zum Rilke-Jubiläum, der in den Bereich des Wunderbaren gehört. In: *Frankfurter Allgemeine Zeitung*, 24. 12. 1975

Nietzsche und wir. Ein Symposion. In: *Merkur*, Stuttgart, H. 12/1975, S. 1149 ff.

Thomas Mann und der biblische Joseph. In: *Sie werden lachen, die Bibel*, Stuttgart 1975

Thomas Mann und Bertolt Brecht. Interpretation einer Feindschaft. In: *Frankfurter Allgemeine Zeitung*, 17. 1. 1976

Vorbilder und Warnbilder des Pierre Boulez. In: *Frankfurter Allgemeine Zeitung*, 3. 4. 1976

Zusammenhänge. Dürrenmatts Essay über Israel. In: *Die Zeit*, Hamburg, 9. 4. 1976

Goethe im 20. Jahrhundert. Die Gemanisten und Goethe. In: *Rezeption der deutschen Gegenwartsliteratur im Ausland.* Tagungsbeiträge zu einem Symposium der Alexander von Humboldt-Stiftung, Bonn-Bad Godes-berg, veranstaltet vom 21.-26. 10. 1975. Stuttgart, Berlin, Köln, Mainz 1976, S. 43 ff.

Anmerkungen zu »Parsifal«. In: *Programmheft »Parsifal« des Württem-bergischen Staatstheaters*, Stuttgart 1976

Hoffmanns Erzählungen. In: *E. T. A. Hoffmann und seine Zeit.* Ausstel-lungskatalog des Berliner Museums, Berlin 1976, S. 14 ff.

Wer hat gut lachen beim »Freischütz«? In: *Programmheft »Der Freischütz« der Hamburgischen Staatsoper*, 1976

Vorwort zur Ausstellung »Literaten an der Wand« in der Akademie der Kün-ste, Berlin, 1976. In: *Katalog zur Ausstellung: Literaten an der Wand. Die Münchner Räterepublik und die Schriftsteller*, Berlin 1976

Ein Krimi von der verlorenen Zeit. Anmerkungen zu »Magnetküsse« von

Wolfgang Bauer. In: *Programmheft Magnetküsse des Akademietheaters,* Wien 1976

Nachwort zu: Michael Hamburger, *Gedichte.* Berlin 1976

Der Weibsteufel von damals. Zum 100. Todestag der Schriftstellerin George Sand. In: *Stuttgarter Zeitung,* 5. 6. 1976

Sentimentale Reisen eines Weltfremdlings. (Über Wolfgang Koeppen) In: *Frankfurter Allgemeine Zeitung,* 19. 6. 1976

Büchner und Brecht im Frühling des Drachen. Von einer Tagung der japanischen Germanisten. In: *Süddeutsche Zeitung,* München, 26./27. 6. 1976

Herr Brecht und sein Biograph. (Über Klaus Völkers Bertolt Brecht-Biographie) In: *Die Weltwoche,* Zürich, 28. 7. 1976

Ein bürgerliches Endspiel voller Gier und Mord. Über die Jubiläums-Inszenierung des »Ring des Nibelungen«. In: *Der Spiegel,* Hamburg, 2. 8. 1976

Max Frisch in zeitlicher Folge. Begegnungen mit einem Autor und seinem Werk. In: *Börsenblatt für den deutschen Buchhandel,* Frankfurter Ausgabe, 18. 8. 1976, S. 5 ff.

Die Geburt der Tragödie aus dem Geiste des Grand Magic Circus. Patrice Chereau inszenierte in Bayreuth Wagners »Ring des Nibelungen«. In: *Theater heute,* Velber b. Hannover, H. 9/1976, S. 6 ff.

Ein deutscher Gelehrter ohne Misere. Zum Tod des Leipziger Romanisten Werner Krauss. In: *Frankfurter Allgemeine Zeitung,* 3. 9. 1976

Fritz Hölderlin und Friedrich Hölderlin. (Über Peter Härtlings Roman) In: *Frankfurter Allgemeine Zeitung,* 11. 9. 1976

Der Kritiker als Poet. Über Ludwig Uhlands Gedicht »Frühlingslied des Rezensenten«. In: *Frankfurter Allgemeine Zeitung,* 2. 10. 1976

Aus dem Alltag der Lüge. »Die wunderbaren Jahre« Reiner Kunzes. In: *Frankfurter Allgemeine Zeitung,* 16. 10. 1976

Richard Wagner, Trauermarsch aus der »Götterdämmerung«. In: *Programmheft Coventgarden,* London 1976

Die Grenzen der Aufklärung. (Über Hubert Fichte, »Xango«) In: *Die Weltwoche,* Zürich, 24. 11. 1976

Und saßen an den Ufern des Hudson. Anmerkungen zur deutschen literarischen Emigration. In: *Akzente,* München, 5/1976, S. 439-446

Einige meiner Lehrer. In: *Die Zeit,* Hamburg, 18. 3. 1977

Der Mut zur Unaufrichtigkeit. (Über Christa Wolf, »Kindheitsmuster«) In: *Der Spiegel,* Hamburg, 11. 4. 1977

Ernst Toller. Eine Wiederentdeckung. In: *Theater heute,* Velber b. Hannover, H. 7/1977

Zwischen Mythos und Aufklärung. Peymann inszeniert Goethes »Iphigenie« in Stuttgart. In: *Theater heute,* Velber b. Hannover, H. 12/1977

J. J. Rousseau: Die Außenwelt und die Innenwelt. (Über Lion Feuchtwanger und Ludwig Harig) In: *Frankfurter Allgemeine Zeitung,* 20. 5. 1978

»Eine deutsche Revolution. Also keine.« (Über Alfred Döblins »November 1918«) In: *Der Spiegel,* Hamburg, 14. 8. 1978

Ein mißlungener Zusammenbruch (Über: Gabriele Wohmann, »Frühherbst in Badenweiler«) In: *Frankfurter Allgemeine Zeitung,* 9. 9. 1978

Die verbrannte Synagoge. In: *Die Zeit,* Hamburg, 10. 11. 1978

Die bösen Spiele des Ancien Régime. In: *Spiele und Vorspiele.* Hg. v. Hansgerd Schulte. Frankfurt a. M. 1978, S. 67-89

Nachwort zu: *Arnolt Bronnen gibt zu Protokoll.* Kronberg/Ts. 1978

Wir Wagnerianer heute. In: *Jahrbuch der Bayerischen Staatsoper.* München 1978, S. 34-54

Gedenkworte für Jean Améry. In: *Hermannstraße 14.* Sonderheft *Jean Améry.* Stuttgart 1978, S. 13 f.

Außenseiter in der bürgerlichen Gesellschaft. In: *Materialien zu H. Mayer »Außenseiter«.* Hg. v. Gert Ueding. Frankfurt a. M. 1978, S. 55-61

»Steppenwolf« und »Jedermann«. Ebd., S. 61-90

Über A. Döblins »November 1918«. In: *Die Weltwoche,* Zürich, 3. 1. 1979

Galilei und Brecht und die Folgen. Vortrag im Staatstheater Darmstadt 16. 9. 1979. – In: *Festschrift für E. W. Herd.* Ed. by August Obermeyer. Dunedin 1980, S. 167-179

»Halbzeit«. Überlegungen zu einem provozierenden Spiel. In: *Die Zeit,* Hamburg, 19. 10. 1979

W. I. Lenin. In: *Klassiker der Kunstsoziologie.* Hg. v. Alphons Silbermann. München 1979, S. 114-136

Heinrich Böll als Kritiker. In: *Süddeutsche Zeitung* 22./23. 12. 1979

»Russische Szene« von Grieshaber. In: *Schnittlinien. Für Hap Grieshaber.* Hg. v. Wolfgang Rothe. Düsseldorf 1979, S. 34

Augenblicke mit Ernst Busch. In: *Frankfurter Allgemeine Zeitung,* 19. 1. 1980

Die im Dunkel und die im Licht. Die Geburt der »Kritischen Theorie« und die »Zeitschrift für Sozialforschung«. In: *Die Zeit,* Hamburg, 31. 10. 1980

»Zeit«-Bibliothek der 100 Bücher. Frankfurt a. M. 1980 (Mitautor) (Beiträge über André Gide, E. T. A. Hoffmann, Franz Kafka, Thomas Mann, Wilhelm Raabe)

Der Mann mit der geretteten Zunge. (Über Elias Canetti) In: *Lui,* München, 1/1981, S. 74-77

Bin und Kilian und Herr Geiser. Ein hypothetischer Lebenslauf. In: *Begegnungen. Eine Festschrift für Max Frisch zum 70. Geburtstag.* Frankfurt a. M. 1981, S. 135-141

Es geht weiter seinen Gang. (Über Erich Loest) In: *Die Zeit,* Hamburg, 26. 6. 1981

Die Zerstörung der Zukunft. Günther Anders: Skizze zu einem Porträt. In: *Die Zeit,* Hamburg, 17. 7. 1981

Was die DDR-Prosa der bundesdeutschen voraushat. In: *Stern,* Hamburg, 8. 10. 1981

Rede anläßlich des Empfangs für die ehemaligen jüdischen Mitbürger Tübingens. 4. 9. 1981. In: *Tübinger Universitätsschriften* 1981, S. 9-15

Die Grenzen der Befragung. (Über Hubert Fichte, *»Wolli Indienfahrer«*) In: Hubert Fichte. *Text + Kritik,* H. 72, München 1981, S. 62-66

Wir Außenseiter. In: *Manuskripte.* Sondernummer Literatursymposion 1981 »Außenseiter«. Graz 1981, S. 37-41

Heinrich Heine auf dem Weg nach Italien. In: *Frankfurter Allgemeine Zeitung Magazin,* 18. 12. 1981, S. 16-22

Heinrich Heine in Lucca: »Sozusagen ein Dichter?« In: *Frankfurter Allgemeine Zeitung* Magazin, 8. 1. 1982, S. 8 ff.

Ritter Blaubart und Andorra. (Über Max Frisch, *»Blaubart«*) In: *Die Zeit*, Hamburg, 23. 4. 1982

Beweis im Kopf. (Über Thomas Bernhard, *»Ein Kind«*) In: *Stern*, Hamburg, 27. 5. 1982

Der Fackelträger und die Frau (Über Nike Wagner, *»Geist und Geschlecht«*) In: *Stern*, Hamburg, 30. 9. 1982

Thomas Manns »Zauberberg« als Roman der Weimarer Republik. In: *Religions- und Geistesgeschichte der Weimarer Republik.* Hg. v. Hubert Cancik. Düsseldorf 1982, S. 49-64

Drei Präsidenten und eine Akademie. In: *Werner Düttmann zum Gedenken.* Akademie der Künste, Berlin 1983 (Anmerkungen zur Zeit 21), S. 8-16

Nachwort zu: Anatole France, *»Aufruhr der Engel«* (Dt. v. Rudolf Leonhard) Wien/Frankfurt a. M. 1983

Bürger und Weltbürger. Klaus Dohrns Bericht über »die Dohrns«. In: *Die Zeit*, Hamburg, 2. 12. 1983

Selbstbefreiung in einer normalisierten Welt. Peter Brückner. Leben und Denken. In: *Die Zeit*, Hamburg, 20. 1. 1984

Nachwort zu: Peter Huchel, *»Margarethe Minde«. Eine Dichtung für den Rundfunk.* Frankfurt a. M. 1984

Wandlungen des Doktor Faustus. In: *1984 und danach. Beiträge zum »Orwell-Jahr«.* Hg. v. Eckard R. Wiehn. Konstanz 1984, S. 103-122

Doktor Faust und Famulus Wagner. Gedanken über Wissen und Bildung. Bertelsmann Lexikothek, München 1984, S. 1-15

Der Schriftsteller Alfred Hrdlicka. Vorwort zu: *Alfred Hrdlicka. Schaustellungen.* München 1984, S. 7-11

Kann Musik lügen? In: *Manuskripte*, Graz, Dezember 1984, S. 30-32

Brecht und Augsburg: ein liebloses Verhältnis. In: *Merian*, Heft Augsburg, Hamburg, April 1985, S. 47-50

Mozarts geschichtlicher Augenblick. (Über Ivan Nagel, *»Autonomie und Gnade«*) In: *Süddeutsche Zeitung*, München, 4./5. 5. 1985

Das Tagebuch als Spiegel. In: *Neue Zürcher Zeitung*, 11./12. 5. 1985

Wachsamer Denker: Ernst Fischer. Eine Wiederkehr. (Zur Neuausgabe seiner Werke) In: *Die Zeit*, Hamburg, 11. 10. 1985

Nachwort zu: *Bernard von Brentano. »August Wilhelm Schlegel«.* Frankfurt a. M. 1985

Mit Boulez in Bayreuth. In: *Festschrift Pierre Boulez.* Wien 1985, S. 43-47

Rede über das eigene Land: Deutschland. In: *Reden über das eigene Land: Deutschland* 3. München 1985, S. 13-35

Das mitleidlose Mitleid. (Über Käte Hamburger, *»Das Mitleid«*) In: *Die Zeit*, Hamburg, 28. 3. 1986

Rede auf Erich Fried (zum 65. Geburtstag des Dichters). In: *Tageszeitung*, Berlin, 6. 5. 1986

Selbstbefragung. Anmerkungen zum Spätwerk von Max Frisch. In: *Neue Zürcher Zeitung*, 10. 5. 1986

Nachwort zu: Heinrich von Kleist, »*Prinz Friedrich von Homburg*«. *Ein Schauspiel*. Mit Lithographien von Karl Walser. (Zum 75. Jubiläum der Insel-Bücherei) Frankfurt a.M. 1987

3. Der Herausgeber

Franz Mehring, *Die Lessing-Legende*. Basel 1946
Spiegelungen Goethes in unserer Zeit. Goethe-Studien von Walter Benjamin u.a. Wiesbaden 1949
Neue Beiträge zur Literaturwissenschaft. (Mit Werner Krauss) Berlin 1955 ff.
Meisterwerke deutscher Literaturkritik. Bd. I: *Aufklärung, Klassik, Romantik*. Berlin 1954; Stuttgart 1962
Meisterwerke deutscher Literaturkritik. Bd. II: *Von Heine bis Mehring*. Berlin 1956
Gerhart Hauptmann. *Ausgewählte Werke in acht Bänden*. Berlin 1962
Theodor Wilhelm Danzel. *Zur Literatur und Philosophie der Goethezeit. Gesammelte Aufsätze zur Literaturwissenschaft*. Stuttgart 1962
Kritiker unserer Zeit. Texte und Dokumente. Pfullingen 1964 ff. (Bd. I: *Von Oxford bis Harvard. Methoden und Ergebnisse angelsächsischer Literaturkritik*. 1964. Bd. II: *Von Paris bis Warschau. Methoden und Ergebnisse europäischer Literaturkritik*. 1966)
Deutsche Literaturkritik im zwanzigsten Jahrhundert. Kaiserreich, Erster Weltkrieg und erste Nachkriegszeit. Stuttgart 1965
Große deutsche Verrisse – von Schiller bis Fontane. Frankfurt a.M. 1967
Goethe im XX. Jahrhundert. Spiegelungen und Deutungen. Hamburg 1967
J. G. Schnabel, *Der im Irrgarten der Liebe herumtaumelnde Kavalier*. München 1968
Heinrich Heine, *Beiträge zur deutschen Ideologie*. Berlin 1971
Deutsche Literaturkritik der Gegenwart. Vorkrieg, Zweiter Weltkrieg und zweite Nachkriegszeit (1933-1968). Bd. IV, 1 Stuttgart 1971 und Bd. IV, 2 Stuttgart 1972
Über Peter Huchel, Frankfurt a.M. 1973
Karl Kraus, *Nestroy und die Nachwelt. Essays und Stücke*. Frankfurt a.M. 1975
Johannes R. Becher, *Gedichte*. Frankfurt a.M. 1975
Das Werk von Samuel Beckett. Berliner Colloquium. (Mit Uwe Johnson) Frankfurt a.M. 1975
Deutsche Literaturkritik im 19. Jahrhundert von Heine bis Mehring. Stuttgart/Frankfurt a.M. 1976
Max Frisch, *Gesammelte Werke in zeitlicher Folge*. 6 bzw. 12 Bände. (Unter Mitwirkung von Walter Schmitz) Frankfurt a.M. 1976. (Für die Jubiläumsausgabe 1986 um einen Band erweitert)

4. Der Übersetzer

Louis Aragon, *Die Reisenden der Oberklasse*, Berlin 1952 (*Les Voyageurs de l'Impériale. Le Monde réel*, Bd. III)

Louis Aragon, *Herrn Duvals Neffe*. Berlin 1955 (*Le Neveu de M. Duval*)

Louis Aragon, *Die Karwoche*. München 1961 und Berlin 1961 (*La Semaine sainte*)

Jean-Paul Sartre, *Die Wörter*. Reinbek 1965 (*Les Mots*)

Die Troerinnen des Euripides. In einer Bearbeitung von Jean-Paul Sartre. In: Jean-Paul Sartre, *Dramen II*. Reinbek 1966 (*Euripide, Les Troyennes, Adaptation de Jean-Paul Sartre*)

Von Hans Mayer erschienen im Suhrkamp Verlag

Außenseiter. 1975 (auch: *st 736*. 1981)
Nach Jahr und Tag. Reden 1945-1977. 1978
Thomas Mann. 1980 (auch: *st 1047*. 1984)
Ein Deutscher auf Widerruf. Erinnerungen I. 1982
Ein Deutscher auf Widerruf. Erinnerungen II. 1984
Aufklärung heute. Reden und Vorträge 1978-1984. 1985
Das unglückliche Bewußtsein. Zur deutschen Literatur-
  geschichte von Lessing bis Heine. 1986
Augenblicke. Ein Lesebuch. Herausgegeben von Wolfgang
  Hofer und Hans Dieter Zimmermann. 1987

In der Bibliothek Suhrkamp:
Brecht in der Geschichte. Drei Versuche. 1971. *BS 284*
Goethe. Ein Versuch über den Erfolg. 1973. *BS 367*
Doktor Faust und Don Juan. 1979. *BS 599*
Ein Denkmal für Johannes Brahms. Versuche über Musik und
  Literatur. 1983. *BS 812*
Versuche über Schiller. 1987. *BS 945*

In der edition suhrkamp:
Anmerkungen zu Brecht. 1965. *es 143*
Anmerkungen zu Richard Wagner. 1966. *es 189*
Das Geschehen und das Schweigen. Aspekte der Literatur. 1969.
  es 342
Der Repräsentant und der Märtyrer. 1971. *es 463*
Versuche über die Oper. 1981. *es 1050*
Gelebte Literatur. Frankfurter Vorlesungen zur Poetik. 1987.
  es 1427

In den suhrkamp taschenbüchern:
Georg Büchner und seine Zeit. 1972. *st 58*
Richard Wagner in Bayreuth. 1876-1976. 1978. *st 480*

Über Hans Mayer:
Über Hans Mayer. Herausgegeben von Inge Jens. 1977. *es 887*
Materialien zu Hans Mayer »Außenseiter«. Herausgegeben von
  Gert Ueding. 1978. *st 448*
Hans Mayer zu ehren. 1978

Der achtzigste Geburtstag Hans Mayers gibt Gelegenheit, Rückschau zu halten auf ein umfangreiches Werk. Einen Einblick in die Vielfalt des Werkes will dieses Lesebuch geben: Einführung in die Lektüre für denjenigen, der das Werk noch nicht hinlänglich kennt, und Fortführung der Lektüre für denjenigen, der es bereits kennt, denn der Band bietet Neues genug. Die bisher unveröffentlichten Vorträge über Karl Kraus und Beethovens »Fidelio«; das imaginäre Gespräch zwischen Felix Krull und Major von Tellheim stehen neben Erinnerungen aus *Ein Deutscher auf Widerruf*. Lese-Stücke also, die beispielhaft sind für das Gesamtwerk des Autors – einzigartig in seiner Fülle und Kontinuität.

Als promovierter Jurist begann Hans Mayer, Schüler von Hans Kelsen, mit juristischen Arbeiten. In der Genfer Emigration schrieb er seine große Untersuchung über *Georg Büchner und seine Zeit*, einen der wichtigsten Beiträge zur Büchner-Forschung bis zum heutigen Tag. Als er nach dem Krieg in das zerstörte Deutschland zurückkehrte, zeigte sich seine Begabung zum öffentlichen Vortrag, die Wirksamkeit seiner öffentlichen Rede; die beiden Bände *Nach Jahr und Tag* und *Aufklärung heute* bezeugen eine publizistische Tätigkeit von erstaunlichem Ausmaß. Hier erweist sich Hans Mayer – der Hochschullehrer, der Literarhistoriker, der Musikwissenschaftler, der Kritiker und Essayist – als eine öffentliche Instanz.

In all seinen Arbeiten, in Rezensionen ebenso gut wie in Essays, in ›Konstellatio-